리더의 격(格)

The Leader's Caliber

리더의 격(格)

ⓒ 장은갑, 2026

초판 1쇄 발행 2026년 5월 26일

지은이   장은갑
펴낸이   이기봉
편집   좋은땅 편집팀
펴낸곳   도서출판 좋은땅
주소   서울특별시 마포구 양화로12길 26 지월드빌딩 (서교동 395-7)
전화   02)374-8616~7
팩스   02)374-8614
이메일   gworldbook@naver.com
홈페이지 www.g-world.co.kr

ISBN   979-11-388-5837-3 (03320)

리더의 격(格)

The Leader's Caliber

정상의 고독에서 길어 올린 백 가지 사유

100 Meditations Drawn from the Solitude of the Summit

장은갑 지음

By Edward G. Chang

좋은땅

심연의 고독에서 길어 올린 내면의 북극성

세상은 온통 정돈되지 않은 소음으로 가득합니다. 거침없이 밀려오는 기술의 파고는 인간의 사유 속도를 앞지르고, 어제의 정답은 오늘 아침이면 빛바랜 신문지처럼 무참히 구겨져 버립니다. 정보가 범람하고 인공지능이 즉각적인 해답을 내놓는 시대라지만, 역설적으로 리더들의 갈증은 더욱 깊어만 갑니다. 이 격변의 소용돌이 한복판에서 리더라는 이름을 짊어진 이들은 때로 이름 모를 황량한 들판에 홀로 서 있는 듯한 처절한 고독을 마주하기 때문입니다. 경영이란 무엇인가, 그리고 그 경영의 주체인 나는 지금 어디를 향하고 있는가. 이 근원적인 질문은 매일 아침 리더의 책상 위에 놓이는 가장 무거운 서류이자, 깊은 밤 침대 머릿발을 지키는 서늘한 그림자가 되기도 합니다.

우리는 그동안 경영을 밖을 향한 정복으로 오해해 왔습니다. 더 높은 숫자를 쌓고, 더 넓은 영토를 점령하며, 더 빠른 속도로 상대를 압도하는 것만이 승자의 언어라고 믿었습니다. 그러나 거센 폭풍우가 몰아칠 때 배를 구하는 것은 화려한 돛의 빛깔이 아니라, 수면 아래 깊숙이 가라앉아 중심을 잡는 묵직한 닻입니다. 리더에게 그 닻은 바로 내면의 질서입니다. 밖으로 향하던 시선을 거두어 자기 안의 심연을 들여다보는 용기, 쏟아지는 정보의 파편들 속에서 본질의 뼈대를 추려 내는 통찰, 그리고 수많은 타인의 생계를 어깨에 메고도 흐트러지지 않는 영혼의 단단함이 바로 경영의 출발점이자 종착역이어야 합니다.

이 책은 경영을 단순히 부를 축적하거나 조직을 관리하는 기술적 방법론으로 다루지 않습니다. 대신, 한 인간이 리더라는 숙명을 받아들여 자신을 담금질하고, 타인의 삶에 선한 영향력을 새기며, 끝내 자기 완성의 길로 나아가는 숭고한 수행의 서사로 정의합니다. 백 편의 명상은 그 수행의 여정에서 만나는 이정표들입니다.

이제 리더라는 이름의 고독한 구도자가 되어 오르게 될 십 단계의 장엄한 산맥을 조망하고자 합니다. 이 험준하면서도 찬란한 능선을 따라 묵묵히 사유의 발걸음을 옮기다 보면, 소음 가득한 세상 속에서 잠시 잊고 지냈던 리더로서의 고결한 격(格)을 당신의 심연 가장 깊은 곳에서 다시금 마주하게 될 것입니다. 이 산행은 단순히 높이 오르는 경쟁이 아니라, 자신의 내면을 정돈하고 타인의 삶 속에 선한 길을 내는 숭고한 성찰의 여정이 될 것입니다.

제1부는 마음의 문을 여는 자세를 다룹니다. 성과라는 차가운 숫자 뒤에 숨겨진 사람의 '결'을 읽는 법을 배우게 될 것입니다. 마음이 머물지 않으면 몸은 움직이지 않는다는 진리 앞에서, 리더의 지극한 관심이 어떻게 조직의 생명력이 되는지 목격하십시오.

제2부는 관계의 생태계를 지탱하는 정직이라는 가장 영리한 전략에 대한 이야기입니다. 모두에게 좋은 사람이 되려는 유혹을 뿌리치고 명확한 선을 긋는 단호함, 그리고 타인의 후광이 아닌 자신의 빛으로 항해하는 법을 통해 리더의 진정한 권위가 어디서 오는지 깨닫게 될 것입니다.

제3부는 흔들리지 않는 내면 경영, 즉 고요한 중심의 힘을 탐구합니다. 리더의 얼굴이 곧 조직의 일기예보임을 인식하고, 분노의 파도를 가라앉혀 평온함을 유지하는 것이 어떻게 가장 값비싼 자산이 되는지를 성찰합니다.

제4부는 시대를 꿰뚫는 혜안의 시간입니다. 현재의 담장을 넘어 조직의 전경을 조망하고, 어제의 정답이 오늘의 오답일 수 있음을 인정하는 유연함으로 내일의 가치를 설계하는 법을 익히게 됩니다.

제5부는 나보다 똑똑한 '우리'를 믿는 공진화의 힘을 다룹니다. 영웅적인 리더의 시대가 가고 집단 지성이 숨 쉬는 '심리적 안정감'의 토양을 가꾸는 것이 왜 혁신의 전제 조건인지를 역설합니다.

제6부는 리더의 언어가 어떻게 사람의 마음에 닿아 공감을 일으키고, 결국 관계와 변화를 이끌어 내는지에 대한 소통의 예술을 담아낸 장입니다. 리더의 말은 조직의 온도를 결정하는 기압계이자 신뢰의 지도를 그리는 붓입니다. 화려한 정답을 제시하기보다 정갈한 질문의 여백을 남기고, 때로는 백 마디 말보다 장엄한 침묵으로 마음의 빗장을 여는 소통의 본질을 탐구합니다.

제7부는 조직의 뿌리를 단단히 다지며 내실 있는 성장을 이끄는 경영의 격과 전략적 리더십의 깊은 통찰을 담아낸 장입니다. 조직의 역사를 나침반 삼아 현장의 숨소리에 귀를 기울이고, 위기 속에서 원칙으로 신뢰를 재건하며 인사의 결단이라는 고결한 용기를 발휘하는 전략적 정수를 만납니다.

제8부는 내적 질서가 리더의 품격을 한층 높이고, 모든 경영 판단의 중심

이 되는 내면의 균형과 원칙을 깊이 있게 조명합니다. 정갈한 외양에서 비치는 내면의 거울부터 공과 사의 엄격한 경계, 절제의 미학, 그리고 고독의 시간 속에서 스스로에게 부끄럽지 않은 선택을 내리는 리더의 품격을 이야기합니다.

제9부는 끊임없이 변화하는 시대의 흐름 속에서 본질을 꿰뚫는 거시적 안목을 기르도록 이끄는 지혜를 담고 있습니다. 숫자를 넘어 삶의 맥락을 읽고, 기술의 진보를 가치 창출로 승화시키며, 갈등의 에너지를 혁신의 동력으로 바꾸어 다음 10년을 설계하는 리더의 고독한 결단을 응원합니다.

제10부는 대단원의 막을 내리며, 시대를 관통해 오래도록 빛을 잃지 않는 영속의 가치와 위대한 유산의 의미를 되새기게 합니다. 리더가 떠난 자리에 남겨질 유산과 승계의 예술, 그리고 절망 속에서도 희망의 빛을 찾는 긍정의 유전자를 다룹니다. 마지막으로 자신을 비워 모두를 채우는 '무위(無爲)'의 경지에 도달함으로써 리더십의 격을 완성합니다.

이제 이 책을 펼쳐 든 당신에게 권합니다. 서두르지 마십시오. 한 번에 모든 계단을 오르려 하기보다, 당신의 영혼이 갈증을 느끼는 어느 한 장에 머물러 보십시오. 글귀가 당신의 가슴 속에서 파문을 일으킬 때, 그 파동이 잠잠해질 때까지 가만히 눈을 감고 당신만의 목소리에 귀를 기울여 보십시오. 경영의 모든 난제에 대한 해답은 결국 당신의 내면이 이미 알고 있는 진실과 맞닿아 있습니다.

이 백 편의 명상은 당신을 위대한 정복자로 만들기 위함이 아니라, 당신이 떠난 빈자리에도 고결한 잔향이 남는 리더로 빚어내기 위함입니다. 이제 심연의 고독을 뚫고 길어 올린 당신만의 북극성을 찾아 길을 떠날 시간입니다. 이 장엄한 수행의 여정 끝에서 당신의 경영이 하나의 예술이 되고, 당신의 삶이 누군가에게 비추는 찬란한 별빛이 되기를 간절히 소망합니다.

또한, 이 명상록이 당신의 고독한 항해에 따뜻한 위로가 되기를, 그리고 당신이 내리는 모든 결정이 시대의 어둠을 밝히는 작은 등불이 되기를 기원합니다. 그리고 당신이 세상을 바꾸기 전에, 당신의 내면이 먼저 가장 고결한 가치로 채워지는 신비로운 체험을 이 책과 함께 시작해 보시기 바랍니다.

"찬 기운 머금은 겨울비가 대지를 적시는 늦은 오후, 따가이따이의 창가에 앉아 물안개 너머로 숨죽인 따알 호수의 깊은 침묵을 응시하며…"

— 저자 장 은 갑 에드워드

| 차례 |

제3부   고요한 중심: 흔들리지 않는 리더의 내면 경영

제4부   시대의 혜안: 내일의 가치를 설계하는 통찰

제7부 경영의 격(格): 조직의 내실을 다지는 전략적 리더십

제8부 내적 질서: 리더의 품격을 높이는 경영의 중심

제1부

♛

마음의 문:
리더의 품격과 공감을 여는 기술

"경영의 첫걸음은 타인을 정복하는 기술이 아니라, 그들의 영혼 앞에 스스로를 낮추어 '마음의 문'을 두드리는 겸허한 성찰에서 비롯됩니다. 한 인간의 고유한 결을 읽어 내고 진실한 인정과 신뢰의 햇살을 비출 때, 조직은 비로소 차가운 숫자의 더미를 벗어나 생동하는 생명의 숲으로 진화합니다. 리더의 격(格)이란 날카로운 명령이 아닌 따뜻한 공감의 언어로 타인의 심장에 지워지지 않는 공명을 일으키는 숭고한 예술입니다."

제1장

성과보다 앞서 사람의 내면을 살피십시오

눈부신 성취는 계절을 따라 피어났다 지는 꽃잎과 같으나 그 결실을 지탱하는 진정한 생명력은 사람의 마음이라는 깊은 뿌리에서 솟아오릅니다. 구성원의 내면을 깊이 헤아리는 리더의 따스한 시선은 진심 어린 헌신을 깨우는 고요한 울림이며 시대를 넘어 변치 않는 성공의 문을 여는 유일한 나침반입니다. 사람의 결을 읽어 내는 안목을 갖추는 일이야말로 리더로서의 기품을 결정짓는 첫 번째 출발점이 됩니다.

리더가 걷는 도정에서 가장 달콤하게 다가오는 유혹은 모든 가치를 차가운 숫자로 증명하려는 성과주의의 함정입니다. 인재가 지닌 고유한 기질과 마음의 상태를 살피기보다 단기적인 목표 달성이라는 수단으로 사람을 대할 때, 당장은 효율적인 경영처럼 보일지 모르나 결국 리더 자신의 인격적 안목을 가리고 조직의 정서적 토대를 무너뜨리게 됩니다. 숫자는 현상을 기록할 뿐, 그 이면에 숨겨진 사람의 진실과 열정까지 담아내지는 못한다는 사실을 늘 경계해야 합니다.

조직의 생리는 구성원이 자신의 존재 가치를 온전히 인정받고 있다는 심리적 충족감을 느낄 때 비로소 역동적으로 살아나기 시작합니다. 진정한 격을 갖춘 리더는 외형적인 화려함에 현혹되지 않고 사람의 내면을 집요하게 응시하며, 그곳에서 길러 낸 통찰로 타인의 마음을 섬세하게 어루만지는 사람입니다. 경청이라는 바다에 기꺼이 몸을 던지는 용기야말로 인재들이 스스로의 한계를 돌파하게 만드는 가장 예리하고 영리한 선택이 될 것입니다.

화려한 실적의 숫자는 언젠가 빛이 바래기 마련인 허상일 뿐이지만, 리더가 보여 준 사람에 대한 존중은 시련의 진흙탕 속에서도 찬란한 광휘가 발하는 고결한 유산이 됩니다. 리더가 보고서의 결과가 아닌 사람의 향기와 내면적 진실에 귀를 기울일 때 조직은 비로소 깊은 배려가 담긴 고유한 생명력을 얻게 되며, 그 당당한 자립심은 모든 동료에게 전염되어 공동체 전체를 성숙한 주역으로 성장시킵니다. 인격 존중의 경영은 시장의 변덕 속에서도 흔들리지 않는 가장 단단한 뿌리가 되어 줄 것입니다.

눈앞의 이익을 위해 타인의 자존감을 훼손하는 행위는 미래의 가능성을 스스로 차단하는 것과 다르지 않습니다. 인재를 향한 진실한 예우는 결코 리더를 배신하지 않는 유일한 자산이며, 이러한 철학이 조직에 스며들 때 우리는 비로소 일시적인 흥행을 넘어 영속하는 성취의 반열에 오를 수 있습니다. 리더십이 후대에 남길 수 있는 가장 고귀한 유산은 사람을 향한 따뜻한 시선과 그들이 남긴 긍정적인 삶의 흔적임을 가슴 깊이 새겨야 합니다.

마음이 머물지 않으면 몸은 움직이지 않는다. 사람을 얻는 자가 천하를 얻고, 사람의 마음을 읽는 자가 미래를 얻는다.

— 순자(荀子)

자본의 안개 속에서 인간의 눈빛을 읽어내다. 초바니의 함디 울루카야

미국 요거트 시장의 판도를 뒤흔든 초바니(Chobani)의 창업자 함디 울루카야(Hamdi Ulukaya)는 리더의 시선이 차가운 숫자 너머, 동료들의 고단한 삶과 그 속에 감춰진 존엄에 머물 때 조직의 격(格)이 어떻게 완성되는지를 보여 주는 가장 명징한 서사가 됩니다. 2005년, 그가 폐쇄된 낡은 공장을 인수하며 마주한 것은 버려진 기계들이 아니라, 평생을 바친 일터에서 밀려날 위기에 처한 다섯 명의 노동자가 뿜어내는 절망의 빛이었습니다.

울루카야는 자본의 효율성이라는 잣대로 그들을 '비용'이라 치부하는 대신, 함께 운명을 개척해 나갈 '인격적 동반자'로 예우했습니다. 월스트리트의 분석가들이 수익률에 집착하며 비용 절감을 압박할 때도, 그는 오히려 수익의 일부를 직원들과 나누는 '주식 배분'을 단행하고 난민들을 적극적으로 채용하며 그들의 삶에 자부심이라는 단단한 뿌리를 내리게 했습니다. 리더가 구성원들의 삶이라는 결을 정성껏 어루만지자, 동료들은 주인의식이라는 뜨거운 충성심으로 화답하며 초바니를 설립 5년 만에 매출 10억 달러의 거인으로 키워 냈습니다.

비정한 숫자의 논리보다 사람의 존엄을 우선시하는 리더의 고결한 격은, 어떤 불황에도 흔들리지 않는 영속하는 성취의 광맥을 찾아냈습니다. 숫자가 아닌 사람의 결을 먼저 읽어 낸 그의 안목은, 한 시대를 풍미하는 거대한 성공의 유산으로 완성되어 오늘날 우리에게 경영의 참된 의미를 엄숙히 일깨워 주고 있습니다. 리더가 건네는 예우의 온도가 조직의 체질을 바꾸고 세상을 더 나은 곳으로 만드는 가장 강력한 전략임을, 울루카야는 자신의 삶을 통해 증명해 낸 것입니다.

💡 성찰

- 당신은 오늘 보고서에 적힌 화려한 숫자에 안도하며, 그 숫자를 만들어 낸 구성원의 지친 눈빛과 내면의 결을 외면하지는 않았는가?
- 우리 조직은 목표 달성을 위한 효율적인 기계들의 집합인가? 아니면 서로의 본질을 예우하며 함께 성장하는 생동하는 유기체인가?
- 당신은 리더로서 자신의 유능함을 증명하려는 조급함을 내려놓고, 구성원 각자가 지닌 고유한 향기가 조직의 비전과 어우러지도록 기다려 줄 고결하고 단단한 자아를 지니고 있는가?

💗 명상

리더의 격(格)은 차가운 성과의 지표가 아니라 사람의 마음에 닿는 온기에서 증명됩니다. 눈에 보이는 성취보다 구성원의 지친 내면을 먼저 살피는 다정함을 동료들에게 건네 보세요. 당신의 그 세심한 진심은 조직을 가장 품격 있게 지탱하는 단단한 중심축이 될 것입니다.

제2장

헌신을 강요하는 자리에서
인재의 마음은 시들어 갑니다

리더가 그리는 비전은 누군가를 구속하는 사슬이 아니라 함께 꾸는 꿈을 향한 이정표 역할을 해야 마땅합니다. 억압으로 짜낸 충성은 사람의 직관을 굳게 만들고 공동체의 미래를 좀먹는 보이지 않는 그늘이 될 뿐입니다. 참된 헌신은 매정한 지시에 복종하는 것이 아니라 개개인의 내면에서 자발적으로 움트는 열정의 불꽃입니다. 그 뜨거운 의지가 일터 구석구석을 채울 때 비로소 우리가 바라는 원대한 결실의 장이 장엄하게 마련됩니다.

권위적인 위압으로 구성원을 몰입시킬 수 있다는 믿음은 조직을 위태롭게 만드는 위험한 착각에 불과합니다. 성과를 위해 개인의 희생을 당연시하고 충성을 강요하는 순간, 우리를 하나로 묶어 주던 정서적 유대는 끊어지고 유능한 인재들은 자신의 존재 가치를 지키기 위해 탈출을 꿈꾸기 시작합니다. 겉으로는 일사불란해 보일지라도 그 이면에는 냉소와 방어 기제만이 자라나, 결국 혁신의 동력을 뿌리부터 훼손하는 인지적 질식을 초래할 것입니다.

사람은 자신의 자율성이 훼손될 때 스스로 기여하고자 하는 내적 동기를 상실하며, 일방적인 강요는 인재를 단순한 기능인으로 전락시키는 심리적 폭력이 됩니다. 진정한 격을 갖춘 리더는 맹목적인 헌신을 요구하기보다 구성원이 스스로 주인공이 되고 싶어 하는 의미의 공간을 창조하는 데 주력합니다. 개인의 자아실현이 조직의 비전과 맞닿아 있음을 증명해 내는 행위야말로 리더십이 도달할 수 있는 가장 높은 차원의 예술입니다.

강압으로 이끌고 싶은 유혹을 떨쳐 내는 것은 리더가 내면의 서두름과 상대를 지배하고 싶은 욕망을 투명하게 살피며, 믿음이라는 단단한 바탕 위에 스스로를 곧게 세우는 성숙의 시간입니다. 엄격한 규율만이 조직을 구한다는 생각의 틀을 과감히 깰 때, 비로소 일터에서 발견하게 되는 가장 값진 결실은 리더의 깊은 고뇌 끝에 피어난 구성원들의 마음 어린 동참입니다. 허울뿐인 권위는 시련 앞에서 맥없이 사라질 구름에 불과하지만, 위기의 순간 가장 눈부시게 빛나며 공동체를 지켜 내는 힘은 평소 리더가 보여 준 세심한 존중을 가슴에 새긴 이들이 쏟아 내는 뜨거운 진심입니다.

궁극적으로 공동체가 일궈 낼 성취의 크기는 리더가 허용한 자유의 밀도에 의해 그 결이 결정됩니다. 일상의 업무 속에서 매 순간 구성원의 선택권을 존중하고 삶의 질을 예우하려는 노력은, 인재 및 미래와 맺는 가장 엄숙한 가치 계약입니다. 리더가 숫자의 성과보다 사람의 자부심과 내면적 진실에 마음을 쏟을 때 조직은 비로소 깊은 배려가 담긴 고유한 생명력을 얻게 되며, 그 고결한 신뢰는 모두에게 전염되어 조직 전체를 시대를 뛰어넘는 거인으로 비상하게 만드는 튼튼한 뿌리가 됩니다.

> 자유로운 인간만이 진실로 헌신할 수 있으며, 강요된 사랑이 존재할 수 없듯 강요된 열정 또한 존재할 수 없다. 리더는 그저 그들이 스스로 불타오를 수 있는 화로가 되어 줄 뿐이다.
>
> — 칼 로저스(Carl Rogers)

"직원이 행복해야 헌신한다"는 철학으로 업계 최저 이직률을 기록한 에스에이에스(SAS Institute)

세계적인 분석 소프트웨어 기업 에스에이에스(SAS Institute)의 창립자 짐 굿나이트(Jim Goodnight) 회장은, 억지스러운 헌신을 강요하지 않고도 인재의 심장을 움직이는 경영이 무엇인지를 보여 주는 가장 분명하고 강력한 사례가 됩니다. 이직이 일상처럼 빈번한 실리콘밸리라는 냉혹한 환경 속에서도, 에스에이에스는 수십 년간 3~5%라는 경이로운 이직률을 유지하며 영속하는 성취의 대서사시를 기록해 오고 있습니다.

굿나이트 회장의 철학은 단순하지만 리더가 가야 할 길에 대해 준엄한 가르침을 전합니다. 그는 직원들이 매일 아침 설레는 마음으로 출근하고 싶어 하는 환경을 만드는 것이 리더의 유일한 사명이라 믿었으며, 단 한 번도 구성원들에게 야근이나 희생을 강압적으로 요구하지 않았습니다. 대신 그는 최고 수준의 복지와 자율적인 근무 환경을 제공하며, 인재들이 자신의 전문성을 마음껏 꽃피울 수 있는 비옥한 자생적 토양을 일구는 데 모든 경영 자원을 집중하였습니다.

리더가 헌신을 명령하는 대신 인재의 삶을 진심으로 예우하자, 직원들은 전례 없는 창의성과 뜨거운 열정으로 보답하며 에스에이에스를 독보적인 기술력을 가진 위대한 기업의 반열에 올려놓았습니다. 강요가 아닌 존중이 어떻게 조직의 영혼을 구원하고 장엄한 승리의 기록을 남길 수 있는지를 보여 준 그의 찬란한 기록은, 진정한 리더십의 격(格)이 무엇인지를 우리에게 명징하게 일깨워 줍니다.

💡 성찰

- 당신은 오늘 성과라는 이름 아래 구성원의 소중한 일상을 제물로 삼으며, 그들의 영혼에 '강요된 헌신'이라는 멍에를 씌우지는 않았는가?
- 우리 조직은 리더의 명령에만 반응하는 수동적 그림자들의 집합인가? 아니면 스스로 가치를 발견하고 행동하는 주체적 리더들의 공동체인가?
- 당신은 리더로서 자신의 불안을 해소하기 위해 타인의 자유를 억압하려는 유혹을 이겨 내고, 구성원들이 안심하고 열정을 꽃피울 수 있는 '심리적 요새'가 될 단단한 자아를 지니고 있는가?

💗 명상

리더의 격(格)은 결과를 다그쳐 얻는 것이 아니라 먼저 건넨 믿음에 동료들이 마음으로 답할 때 드러납니다. 강요하기보다 상대를 귀하게 여기는 존중의 마음을 담아 따뜻한 말을 먼저 건네 보세요. 그 깊은 교감은 어떤 비바람에도 흔들리지 않는 우리만의 단단한 울타리가 되어 줄 것입니다.

제3장

서로 다른 빛깔이 어우러져 장엄한 조화를 이룹니다

제각각 다른 색채를 품은 유리 조각들이 모여 찬란한 스테인드글라스를 완성하듯 리더십의 본질은 구성원의 다름을 도려내는 것이 아니라 그 고유한 결을 살려 하나의 거대한 걸작을 빚어내는 데 있습니다. 차이를 불편한 장벽이 아닌 새로운 가능성으로 전환하는 리더의 유연한 시선은 조직을 천편일률적인 침체의 늪에서 구원하여 창조적인 변주가 공명하는 넓은 바다로 이끄는 고귀한 지휘봉이 됩니다.

조직을 가꾸는 과정에서 누구나 빠지기 쉬운 그늘은 마음이 맞는 이들로만 울타리를 쳐서 이끄는 자의 편안함만을 쫓으려는 안일한 태도입니다. 하지만 사고의 궤적이 비슷한 이들로만 가득 찬 조직은 당장은 일사불란한 효율을 내는 듯 보일지 모르나, 이는 결국 집단 사고의 함정에 빠져 시장의 미세한 균열을 감지하지 못하는 인지적 마비 상태를 초래합니다. 자신과 다른 목소리를 소음으로 치부하는 리더십은 조직의 생명력인 다양성을 억압하며, 이는 종국에는 조직 전체를 화석화된 과거의 유물로 전락시키는 전략적 근시안에 불과합니다.

전체는 부분의 합보다 커야 하며, 그 잉여의 가치는 오직 부분들 사이의 다름이 충돌하고 융합할 때 발생합니다. 진정한 격을 갖춘 리더는 구성원들의 상이한 재능과 기질을 원석으로 예우하며, 이를 세밀하게 조각하여 조직의 비전이라는 틀 안에서 조화로운 화음을 만들어 내는 사람입니다. 리더의 역할은 정답을 강요하는 독주자가 아니라, 각기 다른 악기의 음색이 서로를 침범하지 않으면서도 하나의 웅장한 교향곡을 완성하도록 이끄는 지휘자가 되어야 합니다.

다양한 개성을 조화롭게 엮는 일은 리더가 그동안 익숙하게 여겨 온 편견과 마음의 벽을 스스로 허무는 작업입니다. 모두가 같은 방향만을 바라보는 획일성이 성공의 지름길이라 믿기 쉽지만, 공동체를 지탱하는 진정한 생명력은 서로 다른 목소리가 공명하는 포용의 너른 마당에서 움트기 마련입니다. 하나의 색깔로만 채워진 일터는 작은 충격에도 쉽게 부러지는 마른 나뭇가지처럼 위태로우나, 거친 풍랑 속에서도 조직을 끝내 보호하는 것은 제각각 다른 시선들이 촘촘히 엮어 빚어낸 단단한 지혜의 연대입니다.

진정한 성취의 격은 자본의 크기가 아니라 그 자본에 숨을 불어넣는 사람들의 다채로운 색채에 의해 정해집니다. 일상의 작은 순간마다 소수의 의견을 귀하게 여기고 자신과 다른 시선에 마음의 창을 여는 태도는 함께 걷는 이들과 내일을 향해 약속하는 가장 경건한 다짐입니다. 숫자로 계산된 결과보다 개개인이 품은 고유한 빛깔과 내면의 진실에 정성을 쏟을 때 조직은 비로소 깊은 온기가 담긴 특별한 기운을 얻게 됩니다. 그 조화로운 에너지는 모두에게 번져 나가 공동체 전체를 시대를 앞서가는 장엄한 존재로 우뚝 서게 만드는 가장 단단한 밑거름이 될 것입니다.

> 진정한 조화는 같아지는 것이 아니라 서로의 다름을 존중하는 마음에서 시작된다. 리더는 거친 돌 속에서 숨겨진 보석의 결을 읽어 내는 조각가여야 한다.
>
> — 에이브러햄 매슬로(Abraham Maslow)

　100년 넘게 '다름의 힘'을 혁신의 광맥으로 삼아 온 아이비엠(IBM)의 포용 경영

　글로벌 기술 제국 아이비엠(IBM)은 다름이라는 이름의 거친 원석이 어떻게 조직의 영속성을 담보하는 가장 찬란한 보석으로 거듭날 수 있는지를 보여 주는 경영사상 가장 완벽한 상징입니다. 그들은 미국 사회에서 인권 운동의 불꽃이 본격적으로 타오르기 훨씬 이전인 1899년에 이미 여성과 장애인을 고용하기 시작하였고, 1953년에는 인종 차별 금지 정책을 공식화하는 등 시대의 보편적 상식을 뛰어넘는 자생적이고도 용기 있는 결단을 내렸습니다.

　아이비엠의 리더십은 단순히 사회적 정의를 실천하는 당위의 차원을 넘어, 서로 다른 배경과 사유를 가진 인재들이 모일 때 비로소 기술적 난제를 해결할 독창적인 시각의 여명이 밝아 온다는 진실을 깊이 간파하였습니다. 그들은 다양성 위원회를 통해 성별과 국적, 그리고 신체적 조건이 각기 다른 구성원들이 격의 없이 토론하고 사유를 섞는 문화를 조직의 뿌리로 정착시켰으며, 이러한 포용의 토양 위에서 메인 프레임의 시대부터 인공지능의 혁명에 이르기까지 끊이지 않는 혁신의 기록을 남겼습니다.

　리더가 다름을 배척의 대상이 아닌 조화로운 화음의 재료로 삼아 빚어낼 때, 기업은 한 시대를 풍미하는 존재를 넘어 세기를 관통하여 존경받는 위대한 유산으로 완성될 수 있음을 아이비엠은 장엄하게 증명하고 있습니다.

- 당신은 오늘 나와 다른 의견을 내는 구성원을 조직의 불협화음으로 여겼는가? 아니면 우리가 보지 못한 사각지대를 비춰 주는 고마운 빛으로 예우했는가?
- 우리 조직은 리더의 입맛에 맞는 인재들만 살아남는 메마른 땅인가? 아니면 각양각색의 재능이 어우러져 울창한 숲을 이루는 생동하는 유기체인가?
- 당신은 리더로서 자신의 확신을 잠시 내려놓고, 구성원들의 다양한 결이 부딪히며 만들어 내는 창조적인 불꽃을 인내심 있게 지켜볼 고결하고 단단한 자아를 지니고 있는가?

🧠 **명상**

리더의 격(格)은 다름을 지우는 강요 대신 서로 다른 색을 엮어 조화로운 풍경을 빚는 안목에서 깊어집니다. 거친 원석을 보석으로 깎아 내는 당신의 묵묵한 성실함을 동료들의 마음에 가만히 채워 보세요. 그 따뜻한 진심은 우리를 세상을 밝히는 눈부신 연대의 길로 다정하게 이끌어 줍니다.

제4장

따스한 격려의 시선이 머무는 곳에
사람이 피어납니다

사람은 누군가의 지시에 길들여지는 수동적인 존재가 아니라 리더가 보내는 진실한 예우를 자양분 삼아 스스로 자신의 가치를 증명해 나가는 생명체입니다. 동료의 내면에 숨겨진 남다른 빛을 찾아내어 그 가치를 귀하게 대접하는 세심한 배려는 메마른 일터를 창의의 숨결이 흐르는 비옥한 대지로 일구는 가장 강력한 동력이 됩니다.

실무의 소용돌이 속에서 흔히 범하는 실수는 성과를 당연한 의무로 치부하며 구성원의 노고를 차가운 보상 관계로만 재단하는 태도입니다. 결과물에만 집중한 채 숫자의 이면에 담긴 사람의 땀방울을 외면한다면, 열정의 자리에는 어느새 냉소만이 깊게 뿌리내리게 됩니다. 인정이 메마른 토양 위에서 인재는 자신의 존재 이유를 찾지 못한 채 시들어 가며, 이는 결국 공동체의 근간을 이루는 자발적인 동력을 파괴하는 정서적 가뭄을 초래할 뿐입니다.

사회적 주체로서의 인간은 자신의 존재 가치가 오롯이 인정받고 있다는 확신이 들 때 비로소 잠재된 역량을 발휘하며 자아를 실현합니다. 진정한 격을 갖춘 리더는 동료를 단순히 직무를 수행하는 부속품이 아닌 고유한 인격을 지닌 주체로 대우하며, 사소한 기여조차 따스하게 비추는 세밀한 안목을 지니고 있습니다. 이러한 인정은 단순한 기교로서의 칭찬을 넘어 구성원의 실존적 존엄을 일깨우고 조직에 대한 깊은 소속감을 부여하는 고도의 인격적 행위이자 존중의 표현입니다.

따뜻한 지지의 손길을 건네는 일은 리더가 자신의 우월함이나 공적을 독차지하려는 자만심을 정직하게 내려놓고, 겸허한 품으로 동료를 감싸안는 고귀한 헌신입니다. 질책이 사람을 성장시킨다는 오래된 믿음을 버릴 때 만나게 되는 진실은 리더의 깊은 사유 끝에 우러나오는 다정한 격려입니다. 억지로 이끌어 낸 성과는 시련 앞에 흩어지는 모래 언덕처럼 위태롭지만, 리더가 심어 준 자부심을 간직한 인재들은 위기의 순간에 강인한 투혼을 발휘하여 조직을 든든하게 지켜 줍니다.

위대한 경영이 거두는 탐스러운 열매는 눈에 보이는 자산의 물리적 규모보다 그 속에 흐르는 다정한 예우의 밀도에 의해 그 빛깔이 결정됩니다. 분주한 일과 속에서도 동료의 구체적인 결실을 기리고 그의 존재 자체에 고마움을 전하는 행위는 함께하는 이들과 내일을 기약하는 가장 경건한 언약과 같습니다. 숫자의 부침에 마음을 빼앗기기보다 사람이 걸어온 변화의 흔적과 진솔한 마음에 귀를 기울일 때 조직은 비로소 배려의 온기가 담긴 특별한 숨결을 얻습니다. 그렇게 차오른 맑은 에너지는 우리 모두를 시대를 앞서 비상하는 숭고한 존재로 일으켜 세우는 든든한 초석이 될 것입니다.

> 사람을 현재의 모습대로 대하면 그는 그대로 남을 것이다. 하지만 그가 될 수 있는 잠재력대로 대하면, 그는 비로소 되어야 할 사람이 될 것이다.
>
> — 요한 볼프강 폰 괴테(Johann Wolfgang von Goethe)

 직원들의 생일과 경조사를 직접 챙기며 '가족 같은 헌신'을 이끌어 낸 사우스웨스트 항공의 허브 켈러허

 사우스웨스트 항공(Southwest Airlines)의 공동 창업주 허브 켈러허(Herb Kelleher)는 인정(人情)이라는 따스한 햇살이 어떻게 기업의 경쟁력을 근본적으로 바꾸어 놓는지를 보여 주는 가장 명쾌한 사례의 백미가 됩니다. 그는 수만 명에 달하는 직원들의 이름을 하나하나 가슴에 새기듯 기억하려 애썼으며, 현장 직원들이 일궈 낸 사소한 성취에도 직접 정성 어린 손 편지를 써서 감사를 표하는 자생적 인정을 몸소 실천하였습니다.

 켈러허 회장은 직원이 행복해야 고객이 행복하다는 확고한 철학 아래, 리더가 먼저 직원들의 존엄한 가치를 인정해 줄 때 그들이 비로소 자발적으로 고객에게 최상의 서비스를 제공한다는 원리를 경영의 광맥으로 삼았습니다. 그는 하늘을 가르는 파일럿부터 보이지 않는 곳에서 묵묵히 땀 흘리는 수하물 담당자까지 모든 구성원을 격의 없는 동등한 동료로 예우했으며, 그들의 고단한 삶과 노고를 진심 어린 마음으로 인정해 주었습니다.

 이러한 인정의 문화는 사우스웨스트 항공이 미국 항공업계에서 유일하게 수십 년간 흑자를 기록하게 만든 경이로운 원동력이 되었으며, 거센 풍랑과 같은 위기의 순간마다 직원들이 자발적으로 임금을 반납하며 회사를 구하는 기적적인 응집력을 발휘하게 만들었습니다. 리더가 진심으로 뿌린 인정의 햇살이 위대한 성공의 유산으로 완성된 이 서사는, 리더십의 전설적인 기록으로 남아 우리 시대 경영의 진정한 격(格)이 무엇인지를 엄숙히 일깨워 주고 있습니다.

- 당신은 오늘 부하 직원이 거둔 작은 성공을 보며 "당연히 해야 할 일을 했다"고 무심히 지나치지는 않았는가? 아니면 그의 노고를 정중히 인정하며 햇살 같은 미소를 건넸는가?
- 우리 조직은 결과가 나쁠 때만 꾸짖음이 난무하는 메마른 곳인가? 아니면 과정의 성실함을 먼저 알아봐 주는 따뜻한 신뢰의 화원인가?
- 당신은 리더로서 자신의 권위를 세우기 위해 타인의 공로를 깎아내리려는 유혹을 이겨 내고, 구성원들의 성취를 진심으로 축하하며 그들이 주인공이 되도록 배려할 고결하고 단단한 자아를 지니고 있는가?

💙 **명상**

리더의 격(格)은 거느린 인재의 숫자가 아니라 숨겨진 가치를 발견해 꽃 피우는 정성에서 배어납니다. 누구에게나 있는 고유한 빛을 알아보고 따스한 인정을 건네며 동료들의 성장을 묵묵히 응원해 보세요. 그 진심 어린 배려는 각자의 향기가 어우러져 모두가 숲처럼 아름답게 피어나는 기적을 선사할 것입니다.

제5장

질문하는 겸손함이 지혜의 창고를 엽니다

스스로 모든 정답을 가졌다는 오만을 내려놓고 본질을 꿰뚫는 물음을 던지는 순간, 조직의 감춰진 지혜는 거대한 강물처럼 흐르기 시작합니다. 질문은 단순한 물음이 아니라 구성원들에게 사고의 주권을 부여하는 가장 고결한 초대이며, 리더의 겸손함이 빚어낸 그릇은 마침내 무한한 가능성을 담아내는 지혜의 보고로 완성됩니다.

흔히 리더는 모든 난제를 홀로 해결해야 한다는 전지전능의 압박에 시달리며 결론을 미리 정해 놓은 지시를 내리곤 합니다. 하지만 리더가 정답을 독점하려는 권위 뒤에 숨을 때 구성원의 창의적인 사고는 멈춰 서고, 조직은 리더 한 사람의 지능이라는 좁은 틀 속에 유폐되어 활력을 잃어 갑니다. 질문이 사라진 일터는 정체된 늪처럼 변해 시장의 급격한 변화나 보이지 않는 위기의 전조를 읽어 내지 못하는 지각 마비의 상태에 빠지게 될 뿐입니다.

오늘날 우리를 둘러싼 비즈니스의 복잡성은 한 개인의 지성으로 감당할 수 있는 한계치를 이미 아득히 넘어섰습니다. 품격을 갖춘 리더는 자신의 모름을 정직하게 인정하며, 낮은 자세로 본질을 찌르는 질문을 던짐으로써 잠자고 있던 동료들의 집단 지성을 깨우는 마중물이 됩니다. 리더의 질문은 단순히 정보를 얻는 수단을 넘어, 동료들에게 사고의 권능을 부여하고 그들이 주체적으로 길을 찾아가도록 유도하는 가장 영리한 전략적 나침반입니다.

낮은 자세로 귀를 기울인다는 것은 권위라는 안온한 자리에서 벗어나 스스로 결론을 내리고 싶은 조바심을 갈무리하며 안개가 자욱한 앞날에서도 마음의 평온을 지켜 내는 성숙한 태도입니다. 지시가 성장을 앞당긴다는 고정관념을 지워 낼 때 비로소 만나는 가치 있는 수확은 구성원들의 삶이 녹아 있는 일터의 생생한 진실입니다. 일방적인 독주로 일궈 낸 결과는 풍파 앞에 쉽게 스러지는 물거품과 같으나 칠흑 같은 위기에서 공동체를 건져 올리는 힘은 리더가 던진 화두를 자양분 삼아 피어난 동료들의 유연한 지혜입니다.

위대한 성취를 일궈 내는 결실은 리더의 독단적인 확언보다 그가 던진 물음이 품은 밀도와 깊이에서 비롯됩니다. 업무의 갈피마다 우리가 잊지 말아야 할 근본을 되새기는 자세는 함께 걷는 동료와 다가올 미래를 향해 건네는 가장 경건한 서약이 됩니다. 명령의 소란함 대신 사람의 깊은 사유와 내면의 진실에 마음을 열 때 조직은 배려가 깃든 유기적인 활기를 얻습니다. 이러한 질문의 문화는 공동체 전체를 시대를 이끄는 주역으로 우뚝 세우는 마르지 않는 샘물이 될 것입니다.

> 리더십은 정답을 주는 기술이 아니라 올바른 질문을 던지는 예술이다. 리더가 고개를 숙여 질문할 때, 비로소 조직의 지혜는 높은 파도가 되어 밀려온다.
>
> — 에드거 샤인(Edgar Schein)

"나는 정답을 모릅니다. 현장의 여러분이 가르쳐 주십시오"라는 고백으로 가전 제국의 부활을 이끈 베스트바이의 휴버트 졸리

베스트바이(Best Buy)의 전 CEO 휴버트 졸리(Hubert Joly)는 리더가 모든 정답을 가졌다는 오만을 내려놓고 겸손하게 질문을 던질 때, 조직의 감춰진 지혜가 어떻게 거대한 강물처럼 흐를 수 있는지를 보여 주는 가장 대표적인 사례입니다. 2012년 그가 부임할 당시 베스트바이는 아마존의 공세에 밀려 '쇼룸(Showroom)'으로 전락하며 파산 위기에 직면해 있었으나, 내부 조직은 전지전능한 리더의 결론만을 기다리며 시장의 급격한 변화를 읽어 내지 못하는 지각 마비의 상태에 빠져 있었습니다.

이 절체절명의 위기 속에서 졸리는 집무실에 앉아 화려한 전략을 내리는 대신, 매장 현장으로 내려가 일주일 동안 직원들과 똑같은 유니폼을 입고 "우리가 무엇을 바꿔야 고객의 마음을 돌릴 수 있습니까?"라는 본질을 찌르는 질문을 던지며 잠자고 있던 집단 지성을 깨우는 마중물이 되었습니다. 리더가 정답의 권위 뒤에 숨지 않고 자신의 '모름'을 정직하게 인정하며 낮은 자세로 귀를 기울이자, 정체된 늪처럼 침체되어 있던 현장 직원들은 비로소 사고의 주권을 되찾아 주체적으로 길을 찾아가는 영리한 나침반이 되었습니다.

리더가 던진 화두를 자양분 삼아 피어난 동료들의 유연한 지혜는 아마존과의 가격 경쟁력을 확보하고 오프라인 매장만의 고유한 가치를 재발견하는 강력한 동력이 되었습니다. 베스트바이는 이 질문하는 겸손함이라는 나침반 위에서 기적적인 경영 정상화에 성공하였으며, 이후 세계 최고의 가전 유통 기업으로 다시 서는 성취의 서사를 기록하였습니다. 리더의 낮은 자세가 지혜의 창고를 열고 조직의 잠재력을 완성한 이 기록은, 질문이야말로

구성원들에게 사고의 권능을 부여하는 가장 고결하고도 영리한 초대임을 우리에게 엄숙히 일깨워 줍니다.

💡 성찰

- 당신은 오늘 회의에서 구성원들의 입을 닫게 만드는 '지시의 언어'를 사용했는가? 아니면 그들의 숨겨진 지혜를 끌어내는 '질문의 낮은 자세'를 견지했는가?
- 우리 조직은 리더의 정답만을 복제하는 죽은 곳인가? 아니면 끊임없는 질문과 탐구를 통해 스스로 진화하는 생동하는 유기체인가?
- 당신은 리더로서 자신의 무지를 드러내는 두려움을 이겨 내고, 현장의 진실을 마주하기 위해 기꺼이 고개를 숙여 인재들에게 배움을 청할 고결하고 단단한 자아를 지니고 있는가?

💗 명상

리더의 격(格)은 화려한 답변이 아니라 동료의 내면에 깊이 심어 주는 질문의 무게에 머뭅니다. 정답을 내놓기보다 스스로 사유하게 돕는 낮은 자세의 물음을 동료들에게 가만히 건네 보세요. 그 질문의 여백은 조직을 가장 품격 있게 지탱하는 흔들림 없는 뿌리가 되어 줄 것입니다.

제6장

리더의 충성이 팀의 헌신을 부릅니다

신뢰는 구성원에게 요구하는 의무가 아니라 리더가 공동체의 안녕을 위해 먼저 내보여야 할 진실한 응답입니다. 사적인 이익보다 대의를 소중히 여기는 리더의 정직한 뒷모습을 마주할 때 동료들은 비로소 계산 없는 연대를 결심하며 위기 속에서도 흔들리지 않는 단단한 매듭이 되어 함께 나아갑니다.

권위주의에 매몰된 리더는 흔히 충성과 신뢰를 아랫사람이 당연히 바쳐야 할 의무로 여기고, 자신은 그 결실만을 수확하려는 착각에 빠지곤 합니다. 리더가 자신의 이익만을 챙기며 구성원에게 일방적인 희생을 요구하는 곳에서, 신뢰는 이미 자취를 감추고 가식적인 연기만이 그 자리를 대신하게 됩니다. 이러한 정서적 배신은 신뢰의 근간을 뿌리째 흔들어, 정작 위태로운 순간에 서로의 손을 놓치고 흩어져 버리는 허약한 공동체를 만드는 원인이 됩니다.

사람의 마음을 움직이는 헌신은 리더가 보여 준 호의와 보호에 대한 심리적 화답으로 나타나는 법입니다. 진정한 격을 갖춘 리더는 특권을 누리는 자리가 아니라, 조직의 가치와 인재의 성장을 위해 스스로를 먼저 내어 주는 '첫 번째 추종자'가 되어야 합니다. 동료의 잠재력을 굳게 믿어 주고 그들이 좌절했을 때 기꺼이 든든한 방패가 되어 주는 정직한 실천이야말로, 조직을 하나로 묶어 주는 가장 강력한 접착제가 됩니다.

참된 신뢰를 구현한다는 것은 리더 내면의 허영과 이기적인 욕구를 투명하게 직시하고, 공동체라는 거대한 흐름 속에 자신을 기꺼이 던지는 단단한 의지를 요구합니다. 위압적인 지시가 팀을 움직인다는 해묵은 오해를 걷어 낼 때, 경영의 예술에서 마주할 참된 실체는 리더의 치열한 사유를 통해 벼려진 진정성뿐입니다. 겉치레뿐인 격려는 시련의 파도 앞에 흩어질 포말에 불과하지만, 평소 보여 준 일관된 진실함은 위기의 심연에서 조직을 구원하는 가장 인격적인 연대가 됩니다.

조직이 발산하는 생동감의 원천은 리더가 동료의 안위를 위해 구축한 정서적 요새의 견고함에서 비롯됩니다. 매 순간 구성원의 권익을 최우선으로 살피며 그들이 실패를 두려워하지 않고 도전하게 돕는 행보는, 함께하는 인재들과 미래를 향해 바치는 가장 엄숙한 가치 계약입니다. 숫자로 기록되는 성과보다 사람의 마음속에 흐르는 진실에 귀를 기울일 때 조직은 비로소 영속하는 생명력을 얻게 되며, 그 신뢰의 정신은 공동체 전체를 시대를 이끄는 거인으로 비상하게 만드는 가장 귀한 마중물이 될 것입니다.

리더십은 지위가 아니라 책임이다. 리더가 먼저 팀에게 충성할 때, 팀은 리더에게 자신의 영혼을 바친다.

— 사이먼 시넥(Simon Sinek)

9·11 테러의 비극 속에서 직원과 고객을 향한 무한한 충성을 보여 준 아메리칸 익스프레스의 켄 체놀트

아메리칸 익스프레스의 전 CEO 켄 체놀트(Ken Chenault)는 리더가 조직과 사람을 향해 보여 주는 진정 어린 충성이 어떻게 구성원들의 경이로운 헌신을 길어 올리는지를 증명하는 가장 선명하고도 장엄한 실증이 됩니다. 2001년 9월 11일, 전 세계를 비탄에 빠뜨린 테러의 참화 속에서 아메리칸 익스프레스 본사는 세계무역센터와 인접한 지리적 한계로 인해 심각한 물리적 타격을 입었으며, 소속 직원들은 일상의 붕괴와 함께 형언할 수 없는 깊은 심리적 충격에 직면했습니다.

이 아수라장과 같은 위기의 한복판에서 체놀트 회장은 기업의 경제적 손실을 따지는 차가운 계산기를 내려놓고, 직원들의 고귀한 생명과 안전, 그리고 고객과 맺은 소중한 약속을 최우선 가치로 세우는 자생적 충성을 실천하였습니다. 그는 매일 수천 명의 직원과 직접 교감하며 그들의 상처 입은 영혼을 따스하게 어루만졌고, 몰아치는 재정적 압박 속에서도 단 한 명의 직원도 희생시키지 않겠다는 단호하고도 고결한 의지를 공표함으로써 조직의 흔들리는 주춧돌을 굳건히 다졌습니다.

더불어 테러의 현장에 고립되어 절망하던 고객들을 위해 한도를 초과한 결제까지 기꺼이 승인하며 브랜드가 지향하는 본질적 가치에 투신한 그의 행보는, 기업이 사회적 신뢰라는 거대한 유산을 어떻게 수호해야 하는지를 보여 주었습니다.

리더가 먼저 사람과 조직을 향해 지극한 충성을 보이자, 직원들은 마음에서 우러나오는 뜨거운 헌신으로 화답하며 밤낮없이 업무 현장을 지켜 내고 일상을 재건하는 기적을 일궈 냈습니다. 리더의 충성심이 칠흑 같은 위기

속에서 조직의 격(格)을 완성하고 영원한 신뢰의 서사를 남긴 이 기록은, 현대 경영이 도달해야 할 가장 깊고도 투명한 이정표로 기록될 것입니다.

💡 성찰

- 당신은 오늘 팀원들에게 헌신을 요구하기 전에, 리더로서 그들의 꿈과 안녕을 위해 먼저 무엇을 바치고 충성했는가?
- 우리 조직은 리더의 영광을 위해 구성원들이 소모되는 곳인가? 아니면 구성원들의 성장을 위해 리더가 기꺼이 주춧돌이 되는 따뜻한 공동체인가?
- 당신은 리더로서 위기의 순간에 자신의 책임을 회피하려는 유혹을 이겨내고, 조직의 비전을 끝까지 수호하며 팀원들의 방패가 되어 줄 고결하고 단단한 자아를 지니고 있는가?

🧠 명상

리더의 격(格)은 받는 대우의 화려함보다 팀을 향해 묵묵히 쏟아붓는 진심의 깊이에서 우러납니다. 자신을 앞세우기보다 동료들을 먼저 받쳐 주는 낮은 자세로 현장의 목소리에 귀를 기울여 보세요. 그 겸허한 성실함은 조직원들의 마음을 하나로 묶어 어떤 풍파에도 끄떡없는 든든한 버팀목이 되어 줄 것입니다.

제7장

허물을 시인하는 용기가 신뢰를 빚습니다

완벽함이라는 환상은 리더의 진실한 성장을 가로막는 보이지 않는 그늘입니다. 스스로의 과오를 가감 없이 인정하고 그에 따르는 무게를 기꺼이 짊어지는 자세는 멀어진 동료들의 마음을 하나로 잇는 가장 따뜻한 손길이며 함께 내일을 열어 가는 성숙한 연대의 주춧돌이 됩니다.

권위가 훼손될까 두려워 자신의 과오를 외면하거나 타인에게 책임을 전가하는 행위는 리더십의 종말을 고하는 비겁한 방어 기제에 불과합니다. 실책을 덮기 위해 변명의 성벽을 높이 쌓을수록 조직 내부에는 불신이라는 치명적인 독소가 번져 나가며, 이는 결국 구성원들의 비판적 사고를 마비시키고 리더를 고립된 섬으로 만드는 실존적 파멸을 초래합니다. 자신의 무오류성을 주장하는 오만은 조직의 자정 능력을 상실하게 하여, 작은 균열이 거대한 댐을 무너뜨리는 재앙으로 이어지게 만듭니다.

오류에 대한 투명한 시인은 권위의 추락이 아니라 오히려 인간적인 유대를 강화하고 조직의 심리적 안정감을 비약적으로 높이는 고도의 전략적 선택입니다. 진정한 격을 갖춘 리더는 자신의 한계를 인정하는 것을 부끄러워하지 않으며, 정직한 고백을 통해 조직이 함께 성찰하고 학습할 수 있는 자생적 토양을 구축하는 지혜를 발휘합니다. 실책을 대하는 리더의 태도는 조직 전체의 윤리적 기준이 되며, 그 투명한 정직함은 무너진 신뢰를 복원하는 가장 강력한 내적 동력이 됩니다.

자신의 과오를 시인한다는 것은 비대한 아집과 수치의 잔영을 직시하며, 진실이라는 준엄한 흐름 앞에 자아를 겸허히 내려놓는 인격의 연마 과정입니다. 빈틈없는 완벽함이 권위를 세운다는 해묵은 믿음을 걷어 낼 때, 경영의 지평에서 길러 낸 유일한 정답은 오직 리더의 정직한 자기 응시를 거쳐 빚어진 진솔한 고백뿐입니다. 겉치레로 만든 성공은 시련 앞에서 쉽게 무너지는 거품과 같습니다. 위기의 순간 조직을 안전하게 이끄는 진짜 힘은, 리더가 끝까지 지켜 온 정직과 책임감에서 나옵니다.

공동체가 나아갈 운명의 향방은 정교한 수치보다 리더가 지닌 진실함의 깊이에 달려 있습니다. 본인의 부족함을 먼저 드러내고 배움의 밑거름으로 삼는 태도는 함께 걷는 이들과 내일을 향해 약속하는 가장 경건한 다짐입니다. 개인의 평판을 지키기보다 진실의 가치를 소중히 여기는 리더의 시선은 조직의 구석구석을 따스한 존중의 기운으로 채우는 원동력이 됩니다. 이렇듯 당당한 정직은 동료들의 마음에 번져 나가 우리 모두를 시대를 이끄는 품격 있는 연대로 성장시키는 마르지 않는 샘물이 될 것입니다.

잘못을 알고도 고치지 않는 것이 진정한 잘못이다. 리더가 고개를 숙여 과오를 인정할 때, 조직은 비로소 진실 위에서 다시 일어선다.

— 공자(孔子)

"우리는 무척 수치스럽습니다"라는 진솔한 시인으로 브랜드의 위기를 인격적 승화로 바꾼 젯블루의 데이비드 닐먼

젯블루(JetBlue)의 창업자이자 전 CEO인 데이비드 닐먼(David Neeleman)은, 리더가 자신의 허물을 정직하게 시인할 때 무너진 기업의 신뢰가 어떻게 다시 세워지는지를 보여 주는 경영사상 매우 명징한 사례가 됩니다. 2007년 2월, 갑작스러운 얼음 폭풍으로 수천 명의 승객이 기내에 수 시간 동안 고립되고 대규모 결항 사태가 이어지자 젯블루는 소비자들로부터 거센 비난을 받으며 브랜드 이미지가 추락하는 파멸의 위기에 직면했습니다.

이 절체절명의 위기 속에서 데이비드 닐먼은 기상 악화라는 당연한 변명 뒤에 숨거나 허울 좋은 수사로 대중을 기만하는 대신, 자신의 무능함을 온 세상에 드러내는 자생적 결단을 내렸습니다. 그는 직접 카메라 앞에 서서 자사의 시스템 운영이 완전히 실패했음을 공개하며, "우리는 깊이 반성하고 있으며, 지금 이 상황이 무척 수치스럽고 죄송하다"라는 정직한 고백을 세상에 던졌습니다.

리더가 스스로 실패와 오판을 투명하게 인정하고 자신을 낮추자, 비난을 퍼붓던 대중은 오히려 그가 보여 준 진정 어린 용기에 마음을 열고 뜨겁게 반응하기 시작했습니다. 젯블루는 이 정직한 참회라는 마침표 위에서 업계 최초로 '고객 권리 장전(Customer Bill of Rights)'을 제정하고 과감한 고객 보상제를 단행하였으며, 이후 브랜드 신뢰도를 기적적으로 회복하며 고객 중심 경영의 선도 기업으로 다시 서는 성취의 서사를 기록하였습니다.

리더의 용기 있는 사과가 조직의 격(格)을 완성하고 신뢰의 유산을 남긴 이 기록은, 진실함이야말로 위기를 기적으로 바꾸는 리더십의 가장 강력하고도 고결한 무기임을 우리에게 엄숙히 일깨워 줍니다.

- 당신은 오늘 자신의 오판으로 발생한 손실 앞에서 권위를 지키기 위해 침묵했는가? 아니면 가장 먼저 과오를 시인하며 신뢰의 불씨를 살렸는가?
- 우리 조직은 실수를 인정하는 것을 무능으로 치부하는 경직된 곳인가? 아니면 오류를 통해 함께 지혜를 쌓아 가는 생동하는 유기체인가?
- 당신은 리더로서 자신의 이름에 흠집이 나는 두려움을 이겨 내고, 조직의 건강한 성장을 위해 기꺼이 자신의 취약함을 드러낼 고결하고 단단한 자아를 지니고 있는가?

💙 **명상**

리더의 격(格)은 티 없는 완벽함이 아니라 자신의 부족함을 마주하는 정직한 시선에 있습니다. 실수를 덮기보다 진실 앞에 기꺼이 마음을 낮추는 담백한 용기를 동료들에게 건네 보세요. 그 투명한 진심은 어떤 폭풍에도 흔들리지 않는 신뢰의 가장 깊은 뿌리가 될 것입니다.

제8장

권한의 위임이 자율의 들판을 일굽니다

권한 없는 책임은 인재의 날개를 꺾는 족쇄가 되고 책임이 결여된 권한은 조직을 독단이라는 위태로운 벼랑 끝으로 내몹니다. 구성원의 사명감을 믿고 스스로 선택할 수 있는 기회를 기꺼이 내어 줄 때 비로소 경직된 체계가 허물어지며 창의적인 혁신의 물결이 일터 구석구석을 채우게 됩니다.

경영의 일선에서 흔히 저지르는 치명적인 어리석음은, 거창한 성과를 요구하면서도 정작 중요한 의사 결정의 열쇠는 끝내 품에서 내려놓지 못하는 집착입니다. 사소한 집행 단계까지 사사건건 통제하려 드는 리더십 아래에서 인재들은 사고의 주도권을 잃고 리더의 입술만 바라보는 정서적 마비 상태에 빠지게 됩니다. 이는 창의성을 질식시키고 무기력한 관료주의를 고착화하여, 급변하는 시장의 요구에 기민하게 대응하지 못하는 조직적 지체 현상을 야기할 뿐입니다.

진정한 기품을 지닌 리더는 인재를 단순히 부리는 기술자가 아니라, 그들의 성장을 설계하고 가능성의 공간을 열어 주는 숭고한 건축가와 같아야 합니다. 구성원이 자신의 직무 범위 안에서 최선의 판단을 내릴 수 있도록 자율적 결정권을 전폭적으로 신뢰하는 행위는 리더의 지배력을 잃는 것이 아닙니다. 오히려 조직 전체의 실행력을 극대화하고 동료들의 주인 의식을 고

 리더의 격(格)

취하는 고도의 전략적 투자이자 인격적 존중의 표명입니다.

권한을 넘긴다는 것은 리더 내면의 뿌리 깊은 통제 욕구와 불확실성에 대한 근원적 불안감을 투명하게 마주하는 용기를 필요로 합니다. 통제와 감시가 사고를 막아 준다는 낡은 믿음을 걷어 낼 때, 비즈니스의 숭고한 지평 위에는 리더의 정직한 성찰이 일궈 낸 '자율적인 질서'라는 경영의 참모습이 비로소 선명히 드러납니다. 위기의 순간 조직을 지탱하는 진정한 저력은, 스스로 판단하고 행동할 수 있는 권한을 부여받은 인재들의 주체적인 투혼에서 뿜어져 나옵니다.

궁극적으로 공동체가 도달할 성취의 지평은 리더가 동료들에게 허용한 자유의 너비에 의해 그 결이 결정됩니다. 현장의 실무자들에게 판단의 기회를 과감히 양보하고 그들의 결단을 진심으로 예우하는 자세는, 인재들과 함께 그려 갈 미래를 향한 가장 성숙한 약속입니다. 리더가 통제라는 수단보다 인간의 자율성과 내면적 진실에 귀를 기울일 때 조직은 비로소 깊은 배려가 담긴 고유한 생명력을 얻게 되며, 그 자율의 향기는 조직 전체를 시대를 앞서가는 거인으로 비상하게 만드는 최고의 동력이 될 것입니다.

인재를 믿는다면 그에게 칼자루를 맡겨라. 리더가 권한을 나누어 줄 때 비로소 인재는 리더의 마음으로 일하기 시작한다.

— 앤드류 카네기(Andrew Carnegie)

"모든 상황에서 스스로의 판단력을 발휘하라"는 단 하나의 원칙으로 서비스 신화를 쓴 노드스트롬

미국의 고급 백화점 체인인 노드스트롬(Nordstrom)은 리더가 책임의 무게만큼 권한을 기꺼이 위임하는 결단이 조직에 어떤 경이로운 기적을 선물하는지를 보여 주는 가장 투명하고도 대표적인 사례입니다. 노드스트롬에는 수많은 금기와 규제로 가득 찬 복잡한 규정집 대신, 신입 사원에게 전달되는 작은 수첩 크기의 직원 수첩만이 존재합니다. 그곳에 정갈하게 적힌 단 하나의 규칙은 모든 상황에서 당신의 선한 판단력을 발휘하라는 자생적 권한 부여였으며, 이는 리더가 구성원의 인격과 역량을 전적으로 신뢰한다는 숭고한 약속이기도 했습니다.

노드스트롬의 리더십은 고객을 만족시켜야 한다는 무거운 책임감을 부여하는 동시에, 그 목적을 달성하기 위해서라면 상사의 허락 없이도 환불이나 파격적인 서비스를 즉각 제공할 수 있는 절대적인 권한의 검을 직원들에게 쥐어 주었습니다. 타 백화점에서 거절당한 타사 제품을 아무런 대가 없이 환불해 준 사례나, 고객의 집까지 물건을 직접 배달해 준 일화들은 모두 리더가 부여한 이 자율적인 권한을 바탕으로 직원들이 스스로의 양심과 판단에 따라 일궈 낸 위대한 성취였습니다. 리더가 통제라는 낡은 외투를 버리고 신뢰라는 따스한 옷을 선택했을 때, 직원들은 단순한 판매원을 넘어 스스로가 경영자라는 마음가짐으로 고객의 마음을 감동시켰으며, 이는 노드스트롬을 세계 최고의 서비스 기업이라는 독보적인 위치에 올려놓았습니다.

권한의 위임이 조직의 격(格)을 완성하고 영원한 브랜드 가치를 남긴 리더십의 찬란한 기록은, 진정한 경영의 완성은 구성원 각자가 리더의 마음으로 현장을 지키게 하는 신뢰의 미학 속에 있음을 우리에게 엄숙히 일깨워 주고 있습니다.

💡 성찰

- 당신은 오늘 부하 직원에게 성과에 대한 책임만을 강조하며, 정작 그가 결정을 내리는 순간에는 자신의 승인을 받으라며 발목을 잡지는 않았는가?
- 우리 조직은 리더의 결재판 앞에서 모든 창의성이 멈추는 경직된 곳인가? 아니면 현장의 판단이 존중받는 생동하는 유기체인가?
- 당신은 리더로서 자신의 영향력이 줄어드는 두려움을 이겨 내고, 조직의 영속성을 위해 기꺼이 자신의 권한을 후배들에게 나누어 줄 고결하고 단단한 자아를 지니고 있는가?

💟 명상

리더의 격(格)은 결정을 독점하는 힘보다 선택의 여백을 내어 주는 겸허한 용기에서 배어납니다. 책임에 걸맞은 권한을 믿고 맡기며 동료들이 스스로 길을 찾도록 조용히 지켜봐 주세요. 그 깊은 신뢰는 우리를 더 높은 성장의 무대로 이끄는 맑은 마중물이 됩니다.

제9장

리더의 감정이 조직의 기상도를 결정합니다

리더의 내면에서 이는 작은 감정의 파동은 일터라는 너른 바다의 기후를 결정짓는 보이지 않는 바람과 같습니다. 스스로를 다스려 맑은 기운을 유지하는 절제된 태도는 동료들의 불안을 씻어 내고 저마다의 창의성을 마음껏 발휘하게 만드는 가장 근본적인 경영의 토양이 됩니다.

공동체의 생태계 안에서 리더는 단순히 업무를 배분하는 관리자를 넘어, 구성원들이 호흡하는 정서적 대기를 결정하는 주권자로 존재합니다. 만약 리더가 조절되지 않은 분노나 불안을 여과 없이 쏟아 낼 경우, 조직은 순식간에 경직된 침묵에 빠져들며 인재들은 성장보다 생존을 위한 방어 기제만을 작동시키게 됩니다. 감정의 무절제는 리더의 품격을 훼손할 뿐만 아니라 소통의 흐름을 막아 집단 지성을 마비시키고, 결국 조직의 미래 동력을 고갈시키는 치명적인 정서적 오염을 초래할 뿐입니다.

정서적 전염과 신경리더십의 관점에서 볼 때, 리더의 감정 상태는 거울처럼 구성원들에게 순식간에 복제되어 조직 전체의 심리적 기상도를 형성합니다. 진정한 격을 갖춘 리더는 자신의 감정이 공공재임을 명확히 인식하며, 시련의 순간에도 평정심이라는 고결한 기상을 유지함으로써 동료들에게 흔들리지 않는 정서적 안전망을 제공합니다. 리더가 보여 주는 온화함은 단순히 개인적 성격의 문제가 아니라, 인재들이 실패를 두려워하지 않고 과감히 도전의 돛을 올릴 수 있도록 돕는 고도의 전략적 자산입니다.

리더가 자기 마음의 소용돌이를 다스리는 일은 권위라는 껍데기 뒤에 숨겨 두었던 약한 모습을 솔직하게 인정하고 내면을 단단하게 다져 가는 소중한 시간입니다. 삶이라는 치열한 현장에서 우리가 마주할 유일한 해답은 결국 리더가 정직하게 성찰하며 얻어 낸 평온한 마음가짐뿐입니다. 감정을 쏟아부어 일시적으로 얻어 낸 성과는 위기 앞에서 금방 사라질 안개와 같지만, 어려운 순간 조직을 끝까지 지켜 주는 힘은 리더가 평생에 걸쳐 쌓아 온 변함없는 품성입니다.

훌륭한 경영의 결실은 리더의 지식이나 지능보다 조직에 불어넣는 정서적인 성숙도에 의해 판가름 납니다. 매일 자신의 감정을 살피고 동료들에게 긍정적인 힘을 전하려 애쓰는 태도는 함께하는 사람들의 미래를 책임지겠다는 가장 진실한 약속과도 같습니다. 숫자나 지표로 사람을 압도하려 하기보다 동료들의 속마음에 귀를 기울일 때 조직은 비로소 배려가 깃든 생동감을 얻게 됩니다. 그 건강한 에너지는 구성원 모두를 시대를 이끄는 당당한 주역으로 키워 내는 가장 좋은 영양분이 될 것입니다.

> 리더는 희망을 배달하는 상인이어야 한다. 리더가 웃을 때 조직에 햇살이 비치고, 리더가 평온할 때 비로소 창의의 꽃이 만개한다.
>
> — 나폴레옹 보나파르트(Napoleon Bonaparte)

공포와 경쟁의 기후를 공감과 배움의 햇살로 바꾼 마이크로소프트의 사티아 나델라

　기술 제국 마이크로소프트의 CEO 사티아 나델라는 리더의 정서적 기상이 조직의 운명을 어떻게 극적으로 뒤바꾸어 놓는지를 보여 주는 가장 선명하고도 경이로운 사례가 됩니다. 그가 취임하기 전 마이크로소프트는 거대한 외형에도 불구하고, 내부적으로는 치열한 경쟁과 날카로운 독설, 그리고 타 부서를 향한 적대감이 가득한 냉혹하고 살벌한 기후 속에 갇혀 영혼을 잃어 가고 있었습니다.

　나델라는 취임 후 가장 먼저 리더의 감정 문법을 바꾸는 숭고하고도 자생적인 결단을 내렸습니다. 그는 시대를 풍미했던 과거의 거만함과 공격성 대신, 타인의 아픔에 공명하는 공감(Empathy)과 고요히 귀를 기울이는 경청, 그리고 끊임없는 성장을 지향하는 겸손함을 조직의 새로운 정서적 기상도로 선포하였습니다. 리더가 먼저 부드럽고 유연한 정서의 결을 보여 주자, 불신으로 얼어붙어 있던 조직원들의 마음이 눈 녹듯 녹기 시작했고 비난이 머물던 자리에는 협력이, 독점이 지배하던 공간에는 공유의 미학이 채워지기 시작했습니다.

　나델라의 온화하지만 단단한 감정 리더십은 마이크로소프트를 다시금 시총 1위의 영예로운 자리에 올리는 기적을 일궈 냈으며, 이는 리더의 맑고 투명한 내면이 조직 전체를 지속 가능한 번영의 숲으로 안내한다는 준엄한 진리를 실증한 찬란한 기록이 되었습니다. 리더의 정서적 격(格)이 어떻게 죽어 가는 조직에 생명력을 불어넣고 장엄한 승리의 유산을 남길 수 있는지를 보여 주는 그의 행보는, 현대 경영이 지향해야 할 가장 고결한 이정표로 남을 것입니다.

- 당신은 오늘 사무실 문을 열고 들어서며 구성원들에게 불안의 암운을 드리웠는가? 아니면 당신의 평온한 미소로 조직의 기상을 맑게 개게 했는가?
- 우리 조직은 리더의 변덕스러운 기분에 따라 얼어붙고 녹기를 반복하는 불안정한 곳인가? 아니면 일관된 신뢰의 온도가 유지되는 따뜻한 공동체인가?
- 당신은 리더로서 자신의 감정을 권력의 도구로 사용하려는 유혹을 이겨 내고, 조직의 창의적 생동감을 위해 기꺼이 자신의 내면을 맑게 닦아 낼 고결하고 단단한 자아를 지니고 있는가?

🕊 **명상**

리더의 격(格)은 그가 내뿜는 정서적 공기의 맑은 결에서 배어납니다. 마음의 풍경을 고요히 다스려 지친 동료들에게 평온한 쉼을 건네 보세요. 그 넉넉한 품은 우리를 가장 단단하게 채우는 생명의 근원이 됩니다.

제10장

사소한 약속의 이행이
거대한 신뢰의 둑을 쌓습니다

리더의 말 한마디는 공허한 울림이 아니라 조직의 내일을 지탱하는 책임 있는 약속이어야 합니다. 남들은 대수롭지 않게 넘길 법한 작은 다짐까지 기어이 지켜 내는 성실한 태도는 구성원들의 마음속에 어떤 시련에도 흔들리지 않는 단단한 믿음을 심어 주는 가장 확실한 길입니다.

경영의 전장에서 흔히 발견되는 위태로운 징후는 거창한 담론과 화려한 비전에만 집착하면서, 정작 동료나 고객과 맺은 소소한 약속은 상황에 따라 유연하게 변경할 수 있다는 안일한 인식에서 시작됩니다. 작은 약속을 소홀히 다루는 순간 조직의 기강은 소리 없이 무너져 내리며, 구성원들은 리더의 수사 뒤에 숨겨진 진정성의 결핍을 본능적으로 감지하게 됩니다. 미세한 약속의 파기는 신뢰라는 제방에 생기는 작은 틈과 같아서, 결국 조직 전체의 도덕적 권위를 약화시키고 냉소주의를 확산시키는 원인이 됩니다.

사회적 자산과 상호 호혜의 관점에서 볼 때, 신뢰는 거대한 사건 하나로 단번에 형성되는 것이 아니라 일상적인 작은 소통의 결실로 완성됩니다. 진정한 격을 갖춘 리더는 자신의 말이 곧 법이자 원칙임을 명확히 인지하며, 한 번 내뱉은 약속은 어떠한 비용을 치르더라도 반드시 지켜 내는 말과 행동의 모범이 되어야 합니다. 약속의 성실한 이행은 리더의 인격적 밀도를 증명하는 가장 확실한 척도이며, 이는 조직 내부에 정직이라는 최고의 가치 표준을 수립하는 강력한 자산이 됩니다.

작은 약속을 지키는 것은 리더가 자신의 편의를 앞세우려는 안일함을 억누르고, 신뢰라는 원칙을 지키기 위해 마음의 중심을 잡는 일입니다. 거창한 성공이 믿음을 가져다줄 거라 믿기 쉽지만, 경영에서 만나는 참된 해답은 리더가 일관되게 보여 주는 말과 행동의 발자취에 있습니다. 화려한 목표는 시련 앞에서 쉽게 흔들릴 수 있어도, 평소에 쌓아 온 소박한 신의의 조각들은 위기의 순간 조직을 지켜 내는 가장 강력한 응집력이 됩니다.

공동체가 도달할 품격의 높이는 리더가 평소 자신의 언어를 얼마나 책임 있게 대하는가에 달려 있습니다. 일상의 업무 속에서 작은 기한과 약속을 소중히 여기는 태도는 동료들과 더 나은 미래를 위해 맺는 성숙한 다짐과 같습니다. 리더가 숫자로 된 성과보다 말의 무게와 진실함에 마음을 기울일 때, 조직은 비로소 배려의 온기가 흐르는 특별한 생동감을 얻습니다. 이렇듯 단단한 신뢰는 모두의 마음에 깊이 스며들어 우리 공동체를 시대를 이끄는 당당한 주역으로 나아가게 하는 핵심적인 힘이 될 것입니다.

> 리더십은 신뢰 위에서 춤추는 예술이다. 작은 약속을 지키지 못하는 자는 결코 큰 운명을 담을 수 없으며, 진실함만이 사람의 영혼을 움직이는 유일한 열쇠다.
>
> — 스티븐 코비(Stephen Covey)

"단 한 명의 고객과의 약속도 신성하다"는 원칙으로 세계 최고의 신뢰를 구축한 리츠칼튼의 호르스트 슐츠

글로벌 호텔 제국 리츠칼튼의 공동 창립자이자 전 회장인 호르스트 슐츠는, 사소한 약속조차 책임 있게 완수하는 리더의 성실함이 어떻게 조직의 거대한 신뢰라는 유산으로 피어나는지를 보여 주는 가장 청아하고도 명징한 사례의 백미입니다.

그는 신뢰란 거창한 구호가 아니라 고객이 기대하는 아주 작은 부분까지도 완벽하게 책임지는 치열한 과정 속에서 비로소 탄생한다고 믿었으며, 이를 위해 현장 직원들에게 상사의 승인 없이도 하루 최대 2,000달러를 사용할 수 있는 전폭적이고도 자생적인 권한을 부여하는 독보적인 제도를 안착시켰습니다.

리더가 부여한 이 숭고한 권한은 단순히 물질적인 보상을 넘어, 구성원 각자가 리츠칼튼의 품격을 지키는 최후의 보루라는 자부심을 심어 주었습니다. 호텔에 소중한 서류 가방을 두고 간 고객과의 약속을 지키기 위해 직원이 직접 비행기를 타고 날아가 서류를 전달한 일화는, 리더가 심어 준 약속의 철학이 현장에서 어떻게 장엄한 실체로 발현되는지를 여실히 보여 줍니다. 슐츠 회장이 사소한 약속을 지키는 정직함을 조직의 가장 소중한 원칙으로 세우자, 직원들의 마음가짐부터 달라졌습니다. 스스로를 '존중받는 전문가'로 여기기 시작한 그들은, 고객과 마주하는 모든 순간마다 진심을 다해 단단한 신뢰를 쌓아 갔습니다. 작은 약속에 대한 리더의 집념을 리츠칼튼을 전 세계 서비스업의 표준이자 영원한 신뢰의 상징으로 완성한 이 경영사의 찬란한 기록은, 진정한 경영의 격(格)이 리더의 보이지 않는 정직함과 구성원을 향한 단단한 믿음에서 기원함을 우리에게 묵직한 울림으로 전하고 있습니다.

💡 성찰

- 당신은 오늘 부하 직원과의 사소한 면담 약속이나 작은 보상에 대한 확답을 바쁘다는 핑계로 가볍게 여기지는 않았는가?
- 우리 조직은 리더의 말이 상황에 따라 변할 수 있는 가벼운 낙서로 취급되는 곳인가? 아니면 한 번 뱉은 말은 반드시 실현되는 신뢰의 성소인가?
- 당신은 리더로서 자신의 실익을 챙기기 위해 작은 신의를 저버리려는 유혹을 이겨 내고, 조직의 도덕적 구심점이 되기 위해 기꺼이 자신의 언어를 책임질 고결하고 단단한 자아를 지니고 있는가?

🌊 명상

리더의 격(格)은 소란스러운 선포보다 묵묵히 쌓아 올린 사소한 약속의 두께에서 드러납니다. 내뱉은 말의 무게를 일상의 실천으로 증명하며 당신의 정직한 뒷모습을 동료들에게 보여 주세요. 그 성실한 발걸음은 우리를 흔들리지 않는 신뢰의 반석 위에 굳건히 세워 줄 것입니다.

제2부

정직의 전략:
관계의 생태계를 지탱하는 힘

"진정한 정직은 도덕적 결벽을 넘어 관계의 생태계를 지탱하는 가장 강력한 전략적 자산입니다. 리더가 화려한 허상을 버리고 투명한 진실의 궤적을 따라갈 때, 조직은 신뢰의 복리를 쌓으며 영속하는 명가(名家)로 진화합니다. 제2부에서는 단호한 선 긋기부터 자신의 모름을 인정하는 담대함까지, 관계의 격을 완성하는 10가지 정직의 층계를 탐구합니다. 이 여정은 정직이 왜 가장 영리한 생존 전략이자 리더십의 마지막 품격인지를 증명하는 고결한 수행의 시간이 될 것입니다."

제11장

미움받을 용기가
리더의 원칙을 바로 세웁니다

리더의 내면은 갈채에 흔들리는 거울이 아니라 원칙을 투영하는 맑은 창이어야 합니다. 모두에게 좋은 사람으로 남으려는 욕심을 비우고 때로 마주하게 될 미움까지 묵묵히 받아들이는 결단이 조직의 중심을 잡는 힘이 됩니다. 이는 구성원들이 나아갈 정직한 길을 보여 주는 리더의 가장 본질적인 의무입니다.

타인의 호감을 얻어 선한 이웃으로 남으려는 실존적 욕구는 리더의 항로에서 마주하는 가장 달콤하고도 치명적인 걸림돌이 되곤 합니다. 비판받는 것이 두려워 갈등의 매듭을 분명히 짓지 못하는 우유부단함은 당장의 평화를 가져다주는 듯 보이지만, 실상은 공동체 내에 무책임한 방종을 허용하고 유능한 인재들의 의욕을 꺾는 소리 없는 독단에 가깝습니다. 만인을 만족시키려는 시도는 필연적으로 기준의 희석을 초래하며, 조직 전체를 방향 잃은 표류선으로 전락시키는 윤리적 직무 유기에 해당합니다.

개인으로서의 선량함과 직책으로서의 단호함 사이에서 리더는 냉철한 경계선을 설정할 수 있어야 합니다. 참된 기품을 갖춘 리더는 사람을 좋아하는 감정과 인재를 평가하는 잣대를 엄격히 분리하며, 목적 달성을 위해 필요한 순간에는 기꺼이 악역을 자처하는 담대함을 보여 줍니다. 명확한 선을 굿는 결단은 결코 잔인함이 아니며, 오히려 정직한 기준을 통해 구성원들에게 예측 가능한 질서를 제공하고 공동체의 정의를 수호하는 고도의 인격적 행위입니다.

남들의 따가운 시선을 견뎌 내는 용기는 인정받고 싶은 본능과 소외되는 것에 대한 두려움을 정직하게 마주하는 일입니다. 이는 진실이라는 차가운 현실을 기꺼이 받아들이며 내면의 단단한 중심을 잡아 가는 성숙한 과정입니다. 많은 이에게 사랑받는 것을 영향력이라 믿기 쉽지만, 리더가 마주해야 할 진짜 해답은 깊은 고민 끝에 얻어 낸 냉철한 객관성입니다. 사람들의 인기에만 기댄 성과는 작은 시련에도 금방 무너지지만, 위기 속에서 조직을 끝내 지탱하는 것은 리더가 홀로 지켜 온 타협 없는 원칙의 힘입니다.

공동체가 도달할 성취의 높이는 리더가 세운 가치 기준이 얼마나 엄격한가에 따라 달라집니다. 개인적인 친분에 얽매이지 않고 공정한 평가를 내리며 조직의 비전을 위해 필요한 쓴소리를 아끼지 않는 태도는 동료들과 맺는 가장 진실한 약속입니다. 리더가 겉치레뿐인 칭찬보다 가치의 실현과 내면의 진실에 더 집중할 때, 조직은 비로소 배려와 활력이 넘치는 특별한 힘을 얻게 됩니다. 이러한 당당한 기운은 구성원 모두에게 전달되어 우리 조직을 시대를 이끄는 주역으로 키워 내는 훌륭한 밑거름이 될 것입니다.

> 리더십은 지배하는 것이 아니라 책임지는 것이다. 모두가 당신을 사랑하게 만들고 싶다면 리더가 되지 말고 아이스크림을 팔아라.
>
> — 스티브 잡스(Steve Jobs)

"우리는 가족이 아니라 프로 스포츠팀이다"라는 선언으로 혁신을 일궈 낸 넷플릭스의 리드 헤이스팅스

글로벌 스트리밍 제국 넷플릭스(Netflix)의 창립자 리드 헤이스팅스는 모두에게 좋은 사람이 되려는 유혹을 과감히 뿌리칠 때, 조직이 도달할 수 있는 성취의 정점이 어디인지를 가장 극명하고 선명하게 보여 주는 독보적인 전형입니다.

그는 넷플릭스의 기업 문화를 정립하며 '우리는 가족이 아니라 프로 스포츠팀이다'라는 자생적이고도 단호한 철학을 선포하였습니다.

헤이스팅스 회장은 리더가 정(情)이라는 이름 아래 무능한 구성원까지 무조건적으로 감싸안으려 할 때, 결국 탁월한 성과를 내는 핵심 인재들이 희생되고 조직 전체의 경쟁력이 서서히 고갈된다는 냉혹한 진실을 직시하였습니다. 그는 이를 위해 키퍼 테스트(Keeper Test)라는 엄격하고도 투명한 기준을 도입하여, 매니저들에게 "이 직원이 퇴사하겠다고 하면 기를 쓰고 붙잡겠는가?"를 끊임없이 질문하게 했습니다. 만약 그 질문에 대한 확신이 없다면, 정당한 퇴직금을 주고 신속하게 작별하는 것이 조직과 개인 모두에게 가장 정직하고 고결한 길임을 설파하였습니다.

리더가 개인적인 인정에 휩쓸리지 않고 오직 성과와 정직함에 근거한 차가운 결단을 내리자, 넷플릭스는 전 세계에서 가장 밀도 높은 인재 집단으로 거듭났으며 이는 혁신적인 콘텐츠 제국으로 도약하는 단단한 근간이 되었습니다. 단순히 좋은 사람이 되기보다 위대한 조직을 만드는 길을 선택한 리더십이 경영사에 남긴 찬란한 기록은, 진정한 경영의 격(格)이 리더의 단호한 용기와 원칙에서 기원함을 우리에게 엄숙히 일깨워 주고 있습니다.

- 당신은 오늘 조직의 기강을 위해 반드시 해야 할 쓴소리를 '좋은 리더'로 남고 싶다는 개인적인 욕심 때문에 삼키지는 않았는가?
- 우리 조직은 리더의 우유부단함 속에 적당히 안주하는 곳인가? 아니면 명확한 원칙과 기준에 따라 각자의 역량을 냉정하게 증명하는 치열한 전당인가?
- 당신은 리더로서 구성원들의 일시적인 불만과 비난을 견뎌 내고, 조직의 영속적인 번영을 위해 기꺼이 고독한 길을 걸어갈 고결하고 단단한 자아를 지니고 있는가?

💗 **명상**

리더의 격(格)은 세상의 환호보다 스스로 지켜 낸 거절의 흔적에서 배어 납니다. 때로 미움받더라도 진실을 택하는 당신의 외로운 강인함을 가만히 믿어 보세요. 그 단단한 기개는 흔들리지 않는 우리만의 고귀한 바탕이 될 것입니다.

제12장

타인의 그늘을 벗어나
나만의 지혜로 길을 내십시오

남들이 이뤄 낸 이름값은 잠깐 길을 알려 주는 참고사항일 뿐 내 삶을 끝까지 책임져 주는 동력은 아닙니다. 앞서간 이들의 발자취를 그대로 흉내 내려는 안일한 마음을 내려놓고 오직 내면의 깊은 성찰을 통해 얻은 나만의 분명한 주관을 지니십시오. 스스로를 믿고 내딛는 그 용기 있는 첫걸음이 시작될 때 당신의 경영은 누군가의 역사를 베낀 모작이 아니라 세상에 하나뿐인 위대한 서사로 기록될 것입니다.

리더에게 가장 위험한 안일함은 앞선 이들이 남긴 화려한 결과물이나 명성이라는 거대한 그늘 아래 숨어 버리는 일입니다. 과거의 성공 방식을 정답이라 믿으며 그대로 따르는 행동은 당장의 혼란을 피하는 보호막처럼 느껴지겠지만, 실제로는 리더의 창의적인 감각을 무뎌지게 하고 조직을 정체된 틀에 가둘 뿐입니다. 남의 빛을 빌려 길을 찾는 리더십은 그 빛이 사라지는 순간 큰 위험에 빠지기 마련이며, 자신만의 선명한 색깔이 없기에 동료들에게 진심 어린 울림을 주지 못하는 공허한 외침이 되고 맙니다.

리더십의 본질은 주변의 기대에 맞추려 애쓰는 수동적인 태도가 아니라 내면에 품은 진실을 세상 밖으로 용기 있게 꺼내 보이는 데 있습니다. 진정한 품격을 갖춘 리더는 세상이 정해 놓은 성공의 기준이나 거인들의 그림자에 연연하지 않으며, 부족한 환경 속에서도 자신의 직관이 가리키는 방향을 향해 묵묵히 앞길을 개척해 나갑니다. 나만의 빛으로 전진한다는 것은 과거를 부정하는 것이 아니라, 지나온 발자취를 소중한 자산으로 삼아 지금 이 시대에 꼭 필요한 새로운 가치를 만들어 가는 지혜로운 변화의 몸짓입니다.

지혜를 얻는다는 것은 내면의 열등감이나 타인과의 비교에서 오는 불안을 솔직하게 마주하는 일입니다. 남들의 방식이 무조건 안전하다는 생각을 버리고, 스스로 깊이 성찰하며 자신만의 기준을 세워야 합니다. 외부의 명성에 기대어 얻은 성과는 상황이 바뀌면 금방 사라지지만, 정말 힘든 순간에 조직을 다시 일으키는 진짜 힘은 리더가 스스로 다져 온 확고한 신념에서 나옵니다.

리더로서의 당당함은 겉치레가 아니라 진심을 다하는 태도에서 완성됩니다. 주변의 평가에 휘둘리지 않고 자신의 소신에 집중해 내린 결정은 함께하는 동료들에 대한 예우이자 미래를 향한 분명한 약속입니다. 리더가 중심을 잡고 행동할 때 조직에는 서로를 존중하는 생기가 돌며, 구성원들은 자부심을 느끼고 함께 나아갑니다. 결국 리더의 주체적인 태도는 공동체가 나아갈 방향을 알려 주는 가장 믿음직한 나침반이 될 것입니다.

천상천하 유아독존, 세상에서 가장 위대한 빛은 그대 안에 이미 존재한다. 타인의 횃불을 훔치려 하지 말고 그대 안의 심지에 불을 붙여라.

— 석가모니(Gautama Buddha)

스티브 잡스의 거대한 후광을 넘어서 애플의 새로운 시대를 연 팀 쿡

애플(Apple)의 CEO 팀 쿡(Tim Cook)은 전임자의 거대한 후광에 잠식되지 않고, 리더 고유의 빛이 어떻게 거대 조직의 명운을 새롭게 빚어내는지를 증명하는 가장 선명하고도 묵직한 기록의 주인공입니다. 2011년 스티브 잡스의 서거 이후, 전 세계는 불멸의 천재가 사라진 애플이 그 찬란했던 동력을 잃고 급격히 몰락할 것이라 예견하며 우려와 회의가 섞인 시선을 보냈습니다. 전설적인 리더가 남긴 그림자는 그만큼 깊고 무거웠으며, 그 뒤를 잇는 자에게는 감당하기 힘든 역사의 무게이자 거대한 벽으로 다가왔습니다.

그러나 팀 쿡은 잡스를 흉내 내며 그의 그림자 속으로 안주하려는 무모한 시도를 단호히 거부하는 자생적 결단을 내렸습니다. 그는 잡스의 카리스마 넘치는 독설과 직관적 창조성이라는 신화적인 후광 뒤에 숨는 대신, 자신만의 고유한 빛인 운영의 치밀함과 공급망의 혁신, 그리고 사회적 책임과 프라이버시 보호라는 새로운 시대적 가치를 경영의 전면에 내세웠습니다. 그는 잡스가 무엇을 했을까 묻지 말고, 무엇이 옳은지를 물으라는 전임자의 마지막 유언을 가슴 깊이 품고, 애플을 단순한 IT 기기 제조 기업을 넘어 지구상에서 가장 거대한 가치 공동체로 재편해 나갔습니다.

리더가 전임자의 거대한 그림자를 기꺼이 걷어 내고 자신의 진실한 빛으로 항해를 시작하자, 애플의 기업 가치는 이전과는 비교할 수 없는 수준으로 비상하였으며 이는 리더십의 본질이 화려한 모방이 아닌 독창적 자기 증명에 있음을 보여 준 찬란한 기록이 되었습니다. 전설의 시대 뒤에 온전한 자신의 시대를 열어젖힌 그의 행보는, 위대한 리더란 결국 자신만의 격(格)으로 조직의 미래를 스스로 증명해 내는 존재임을 우리에게 분명하게 보여 주고 있습니다.

- 당신은 오늘 의사 결정의 순간에 당신 자신의 직관을 믿었는가? 아니면 업계의 관행이나 성공한 선배들의 방식이라는 안전한 후광 뒤로 숨지는 않았는가?
- 우리 조직은 과거의 성공 공식에 갇혀 서서히 빛을 잃어 가는 박물관인가? 아니면 리더의 새로운 비전에 따라 매일 다른 빛깔로 박동하는 생동하는 유기체인가?
- 당신은 리더로서 타인의 박수라는 외부의 빛이 꺼진 뒤에도, 오직 자신의 내면에서 길러 낸 진실의 빛만으로 거친 바다를 헤쳐 나갈 고결하고 단단한 자아를 지니고 있는가?

💗 **명상**

리더의 격(格)은 타인의 그림자를 벗어나 자신만의 온전한 목소리를 찾는 담대함에서 시작됩니다. 화려한 세상의 소음에 흔들리지 말고 내면의 나침반이 가리키는 방향을 조용히 따라 보세요. 그 단단한 소신은 우리 모두를 변치 않는 가치의 길로 안내하는 밝은 등불이 됩니다.

제13장

직언을 충성으로 받아들일 때
조직의 눈이 열립니다

리더를 향한 달콤한 찬사는 잠시 기분을 좋게 만들지만, 때로 조직의 진짜 문제를 가리는 짙은 안개가 되기도 합니다. 조금 아프더라도 진솔한 조언을 귀하게 여기는 태도는 위기의 순간에 공동체가 나아갈 길을 알려 주는 가장 정직한 이정표가 됩니다. 비판 속에 담긴 진심을 기꺼이 받아들이는 리더의 포용력이야말로 조직이 정체를 벗어나 더 큰 미래로 나아가는 힘의 원천입니다.

직위가 높아질수록 주변에서는 리더의 입맛에 맞는 말만 전하는 현상이 생기기 쉽고, 이는 리더가 현실과 동떨어진 판단을 내리는 고립된 상황을 초래합니다. 만약 구성원의 쓴소리를 자신에 대한 도전이나 항명으로 받아들인다면, 동료들은 점차 입을 닫게 되고 리더는 결국 다가오는 위험을 감지하지 못한 채 잘못된 길로 들어서게 됩니다. 소통의 통로가 찬양의 수사로만 채워지는 순간, 조직의 위기관리 능력은 본질부터 무너져 내리는 치명적인 마비 상태에 빠지게 될 뿐입니다.

비판과 제안이 자유롭게 오갈 수 있는 환경은 공동체의 생존을 지켜 내는 가장 확실한 안전장치이자 리더십의 건강함을 증명하는 척도입니다. 진정한 격을 갖춘 리더는 자신의 판단이 항상 옳을 수는 없다는 사실을 인정하는 겸손함을 지니고 있으며, 솔직하게 의견을 말하는 인재를 최고의 조력자로 대우합니다. 개인의 자존감을 넘어 조직 전체의 이익을 위해 마음을 여는 성숙한 자세는 구성원들에게 심리적 안정감을 부여하며, 숨겨진 문제들을 수면 위로 끌어올리는 혁신의 마중물이 됩니다.

불편한 실체를 마주하는 일은 누구에게나 쉽지 않지만, 리더는 무오류성에 대한 집착을 내려놓고 비판의 목소리에 자신을 노출할 수 있는 단단한 내적 성품을 갖추어야 합니다. 단호한 독단이 빠른 성과를 내는 것처럼 보일 때도 있지만, 결국 지속 가능한 성장의 해답은 현장의 생생한 목소리를 반영한 균형 잡힌 판단에서 나옵니다. 리더가 평소 직언을 장려하며 길러 낸 정직한 문화는 풍랑이 몰아치는 위기의 순간 조직을 지탱하는 가장 든든한 버팀목이 될 것입니다.

조직이 지닌 잠재력은 리더가 얼마나 다양한 반대 의견을 경청하고 조율했느냐에 따라 그 결실의 크기가 달라집니다. 자신과 다른 목소리에 담긴 충성스러운 본질을 파악하려 노력하는 과정은 리더와 구성원 사이의 가장 깊은 신뢰를 쌓는 숭고한 여정입니다. 리더가 칭찬의 달콤함보다 진실의 무게를 더 소중히 여길 때 공동체는 건강한 생명력을 회복하며, 이러한 개방적인 기상은 모든 구성원에게 전해져 조직 전체를 시대를 선도하는 주역으로 성장시킵니다.

> 리더가 직면해야 할 가장 잔혹한 사실을 외면하지 마라. 진실이 들리지 않는 곳에서 혁신은 죽음을 맞이하며, 비판을 수용하는 리더만이 조직의 미래를 설계할 자격이 있다.
>
> — Jim Collins(짐 콜린스)

"우리의 핵심 사업을 버려야 한다"는 직언을 수용하여 대전환에 성공한 인텔의 앤디 그로브

글로벌 반도체 제국 인텔의 전 CEO 앤디 그로브는 리더가 자신을 향한 쓰라린 직언을 충성으로 받아들일 때, 조직이 어떻게 절체절명의 심연에서 생존을 넘어 영속의 반열로 올라서는지를 보여 주는 가장 투명하고도 묵직한 시대의 증언이 됩니다.

1980년대 중반, 인텔의 심장이자 자부심이었던 메모리 칩 사업은 일본 기업들의 거센 공세 앞에 궤멸적인 타격을 입으며 존폐의 벼랑 끝으로 내몰리고 있었습니다.

당시 앤디 그로브는 공동 창립자인 고든 무어와 함께 고통스러운 고심의 터널을 지나고 있었습니다. 이때 조직 내부에서는 주력 사업을 메모리에서 마이크로프로세서로 완전히 전환해야 한다는 파격적이고도 서슬 퍼런 직언들이 쏟아졌습니다. 이는 과거의 성공 신화를 스스로 부정해야 하는 가혹한 선택이었으나, 그로브는 이 쓰디쓴 진실을 회피하지 않는 자생적 결단을 내렸습니다. 그는 무어에게 만약 우리가 쫓겨나고 새로운 CEO가 온다면 그는 무엇을 하겠냐고 물었고, 메모리 사업을 버릴 것이라는 답을 얻자마자 과거의 관성에서 벗어나 대전환의 길을 선택하였습니다.

리더가 자신의 과거를 부정하는 고통스러운 직언을 충성으로 받아들여 핵심 역량을 과감히 재편하자, 인텔은 이후 수십 년간 전 세계 컴퓨팅 시장을 지배하는 위대한 유산으로 완성되었습니다. 리더의 귀가 열릴 때 조직의 눈이 열린다는 이 엄중한 진리는, 경영의 격(格)이 리더의 투명한 성찰과 진실을 마주하는 용기에서 비롯됨을 우리에게 증명한 경영사의 찬란한 기록입니다.

- 당신은 오늘 당신의 의견에 반기를 드는 부하 직원의 목소리를 조직에 대한 불충으로 여겼는가? 아니면 우리를 위기에서 구할 고귀한 직언으로 예우했는가?
- 우리 조직은 리더의 비위를 맞추는 달콤한 거짓말이 횡행하는 동토인가? 아니면 불편한 진실이 자유롭게 흐르는 생동하는 지혜의 바다인가?
- 당신은 리더로서 자신의 실수를 지적받는 수치심을 이겨 내고, 조직의 건강한 시력을 위해 기꺼이 자신의 귀를 인재들의 쓴소리에 내어 줄 고결하고 단단한 자아를 지니고 있는가?

리더의 격(格)은 안일한 찬사가 아닌 뼈아픈 진실을 마주하는 담담한 용기에 있습니다. 날 선 비평을 성장의 씨앗으로 삼아 동료의 조언을 귀하게 마음에 담아 보세요. 그 투명한 수용은 가려진 본질을 선명하게 밝히는 깊은 지혜가 되어 줄 것입니다.

제14장

공정한 기준이
조직의 도덕적 중심을 잡습니다

리더의 공정한 태도는 조직을 지탱하는 가장 든든한 뿌리입니다. 사사로운 인연에 얽매이지 않고 오직 기여도와 가치에 따라 사람을 대할 때, 구성원들은 비로소 안심하고 자신의 역량을 발휘하며 조직을 깊이 신뢰하게 됩니다.

조직의 품격을 소리 없이 붕괴시키는 가장 은밀한 균열은 리더의 내면에 스며든 연고주의와 편애의 그림자에서 시작됩니다. 지연이나 학연이라는 안개에 가려 공정의 가늠자가 휘어질 때, 유능한 인재들은 자부심을 잃고 냉소의 그늘로 숨어 버리며 일터는 어느덧 정치적 암투가 횡행하는 폐쇄적인 집단으로 전락하고 맙니다. 사적인 정을 앞세운 선택은 당장은 인간적인 미덕처럼 보일지 모르나, 실상은 공동체의 생명력을 갉아먹는 리더십의 심각한 자기기만이자 도덕적 태만일 뿐입니다.

구성원이 자신의 헌신에 대해 타인과 차별 없는 정당한 예우를 받는다는 확신을 가질 때, 조직의 역동성은 비로소 폭발적인 생명력을 얻게 됩니다. 기품을 갖춘 리더는 자신의 사적인 감정이 공적 영역을 침범하지 못하도록 엄격한 내면의 검열관을 세우며, 지위의 높낮이를 막론하고 동일한 잣대를 적용하여 모두가 승복할 수 있는 투명한 질서를 확립합니다. 공평무사함을 실천하는 행위는 단순한 분배의 기술을 넘어, 노력하면 반드시 보상받는다는 희망의 신의를 공동체 전체의 영혼에 심어 주는 리더의 고결한 책무입니다.

공정의 무게를 견뎌 낸다는 것은 리더 내면의 외로움과 주변의 서운함을 가감 없이 마주하며, 객관성이라는 서늘한 물살 속에 기꺼이 자신을 세우는 단단한 인격적 승화의 과정입니다. 유연한 처세가 조직을 매끄럽게 만든다는 착각을 내려놓을 때, 가치를 빚어내는 삶의 무대에서 마주할 진짜 실체는 오직 리더의 준엄한 자기 검열을 통과해 정제된 투명한 객관성뿐입니다. 인연의 끈으로 엮어 낸 성취는 시련의 폭풍 앞에서 쉽게 부서질 파편일 뿐이나, 위기의 순간 더욱 투명한 빛을 발하며 조직을 구원하는 것은 리더가 지켜 낸 타협 없는 정의의 힘입니다.

조직의 명운을 가르는 진정한 저력은 리더가 수호하는 정의의 밀도가 얼마나 조밀한가에 달려 있습니다. 사사로운 인연의 끈보다 실력의 궤적을 먼저 살피고 공동체의 명분을 우선시하는 결단은, 함께 걷는 동료들의 영혼에 자부심이라는 불꽃을 지피는 가장 성숙한 선언이 됩니다. 리더의 선택이 사적인 친화력을 넘어 공공의 가치와 내면적 진실에 닿아 있을 때, 공동체는 비로소 시대를 뛰어넘는 거인으로 성장할 수 있는 도덕적 자양분을 얻게 되며, 그 청렴한 기풍은 우리 모두를 역사의 주역으로 비상하게 만드는 흔들림 없는 인생의 정석이 될 것입니다.

> 천하를 다스리는 자는 사사로운 감정에 휘둘리지 않으며, 저울이 무거움과 가벼움을 가릴 때 털끝만큼의 오차도 허용하지 않듯 리더의 마음은 항상 거울처럼 맑아야 한다.
>
> — 한비자(韓非子)

"모든 직원이 똑같은 혜택을 누려야 한다"는 공평무사의 철학으로 철강 제국을 건설한 뉴코의 켄 아이버슨

미국의 철강 기업 뉴코(Nucor)의 전 회장 켄 아이버슨(Ken Iverson)은 공평무사(公平無私)라는 고결한 가치가 조직의 심장에 박동을 불어넣어 어떻게 폭발적인 성장의 대서사시를 써 내려갈 수 있는지를 증명하는, 가장 예리하면서도 묵직한 시대의 울림으로 남습니다.

그는 리더십의 본질을 흐리는 관료주의의 장막과 특권 의식이라는 독소를 혐오하였으며, 회장이라는 높은 자리부터 현장의 거친 숨소리가 가득한 노동자까지 모든 구성원이 한결같이 공정한 대우를 받아야 한다는 자생적이고도 단호한 평등주의를 경영의 대지로 삼아 실천하였습니다.

아이버슨 회장은 경영진만을 위한 전용 주차장이나 호화로운 식당이라는 가식적인 외피를 과감히 폐지하였고, 전 직원의 자녀들에게 차별 없이 똑같은 장학금을 지급하는 등 리더의 권위를 앞세운 사사로운 특권을 철저히 배격하였습니다. 특히 불황의 차가운 그림자가 덮쳤을 때, 그는 단 한 명의 직원도 해고하지 않겠다는 숭고한 약속을 지키기 위해 자신의 급여를 60%나 삭감하고 임원들의 고통 분담을 끌어내는 공정함의 저울을 명확히 세웠습니다. 리더가 스스로의 욕심을 버리고 공의로운 무게중심을 잡자, 직원들은 회사를 타인의 일터가 아닌 자신의 터전으로 아끼며 혁신적인 생산성을 일궈 냈고, 뉴코는 세계에서 가장 효율적인 철강 기업으로 도약하는 장엄한 승리를 기록하였습니다.

사사로운 정(情)의 이끌림을 넘어선 리더의 투명한 정의가 조직의 격(格)을 완성하고 영속하는 번영의 유산을 남긴 이 찬란한 기록은, 진정한 경영의 완성은 리더가 스스로의 욕망을 비우고 공정함이라는 빛을 비출 때 비로

소 달성됨을 우리에게 엄숙히 일깨워 줍니다.

- 당신은 오늘 승진이나 보상의 결정 앞에서 당신과의 친소 관계라는 안개에 눈이 멀어, 묵묵히 성과를 낸 인재의 땀방울을 외면하지는 않았는가?
- 우리 조직은 리더의 눈에 들기 위한 정치적 줄 대기가 성행하는 혼탁한 곳인가? 아니면 오직 실력과 기여로만 자신을 증명하는 투명한 연무장인가?
- 당신은 리더로서 주변 지인들의 청탁과 서운함을 견뎌 내고, 조직의 건강한 기강을 위해 기꺼이 공정함의 고독을 선택할 고결하고 단단한 자아를 지니고 있는가?

리더의 격(格)은 일시적인 호의보다 모두에게 공정한 흔들림 없는 원칙에서 빛납니다. 개인적 욕심을 걷어 내고 바른 기준을 세우는 당신의 투명한 진심을 건네 보세요. 그 깨끗한 자취는 공동체를 서로 존경하며 성장하는 고결한 자리로 올려놓습니다.

제15장

정직한 소통이 의심을 지우고 조직을 하나로 잇습니다

리더의 모호한 침묵은 불신의 씨앗이 되지만, 진솔한 정보의 공유는 멈춰 버린 조직의 동력을 다시 살려 냅니다. 위기 앞에서 자신을 투명하게 드러내는 담백한 용기는 동료들을 하나로 묶어 공동의 목표로 나아가게 하는 가장 큰 힘이 됩니다.

소통의 동맥이 막힌 조직에서 가장 먼저 나타나는 병색은 근거 없는 억측과 파괴적인 의심의 확산입니다. 정보를 독점하거나 불리한 진실을 감추려는 리더의 비겁함은 구성원들로 하여금 본업보다 리더의 의중을 살피는 데 더 많은 에너지를 낭비하게 만들며, 이는 결국 조직의 실행력을 마비시키는 결과를 초래합니다. 모호함은 무능보다 위험한 해악이며, 정직하지 못한 대화는 리더의 도덕적 권위를 스스로 실추시켜 조직을 거대한 불신의 장벽 안에 가두는 정서적 고립을 낳습니다.

불확실성이 높은 상황에서 인간은 정보의 공백을 부정적인 추측으로 채우려는 본능적 성향을 지니고 있습니다. 진정한 격을 갖춘 리더는 이러한 심리적 기제를 깊이 통찰하며, 유리한 소식뿐만 아니라 뼈아픈 실책과 위기 상황까지도 구성원들과 투명하게 공유함으로써 의심의 소지를 원천적으로 차단합니다. 정직한 소통은 단순히 사실을 전달하는 행위를 넘어, 리더와 구성원이 운명 공동체임을 확인시켜 주는 고귀한 신뢰의 의식이자 인격적 존중의 표명입니다.

솔직하게 소통한다는 것은 자신의 부족함이 드러날까 봐 걱정하는 마음을 내려놓고, 있는 그대로의 진실을 마주하려는 리더의 성숙한 태도에서 시작됩니다. 흔히 완벽해 보이는 것만이 리더의 권위라고 생각하기 쉽지만, 경영의 현장에서 정말 필요한 것은 자신의 내면을 정직하게 돌아보고 보여 주는 투명한 진심입니다. 정보를 가공해서 만든 일시적인 평온함은 시련이 닥치면 금방 사라지지만, 위기의 순간 조직을 끝내 지켜 내는 진짜 힘은 리더가 평소에 보여 준 한결같은 정직함에서 나옵니다.

조직의 신뢰 수준은 리더가 자신의 생각을 얼마나 투명하게 공유하느냐에 따라 달라집니다. 일상의 업무에서 숨은 의도 없이 비전을 명확히 설명하고 동료들의 걱정에 진심으로 답하는 모습은, 함께 일하는 사람들과 미래를 향해 맺는 가장 소중한 약속과도 같습니다. 리더가 불편한 진실을 가리기보다 솔직하게 소통하려 노력할 때, 조직은 서로를 배려하는 활기찬 분위기를 갖게 됩니다. 이러한 소통의 자세는 구성원 모두에게 긍정적인 영향을 미쳐, 우리 조직이 시대를 이끄는 당당한 주역으로 함께 성장해 나가는 든든한 밑거름이 될 것입니다.

> 소통의 부재는 불신의 온상이며, 정직한 말 한마디는 천 개의 의심을 이긴다. 리더가 진실을 말할 때 비로소 조직은 하나의 유기체로 박동하기 시작한다.
>
> ― 피터 드러커(Peter Drucker)

"모든 신호등을 빨간불로 바꿔라"는 정직한 소통으로 포드를 구한 앨런 멀랠리

포드 자동차의 전 CEO 앨런 멀랠리는 리더의 정직한 소통이 어떻게 조직을 짓누르는 의심의 안개를 걷어 내고 기적 같은 반등의 서사를 일궈 내는지를 보여 주는 가장 명료하고도 장엄한 사례가 됩니다. 2006년 그가 취임했을 당시 포드는 수십억 달러에 달하는 천문학적인 적자와 뿌리 깊은 관료주의, 그리고 부서 간의 극심한 불신으로 인해 파산 직전의 사경을 헤매며 한 시대의 종말을 예고하고 있었습니다.

멀랠리는 이 절체절명의 위기 속에서 경영진 회의를 열어 사업 현황을 신호등 색깔로 표시하게 하는 직관적인 소통 방식을 도입하였습니다. 그러나 자신의 무능이 드러날까 두려워했던 임원들은 회사가 망해 가는 참혹한 현실 앞에서도 모든 지표를 초록불로 보고하는 기만적인 행태를 이어 갔습니다. 리더가 마주한 보고서는 온통 희망적이었으나 실제 현장은 무너져 내리는 이 역설적인 상황에서, 멀랠리는 화를 내며 문책하는 대신 자신의 비전과 회사의 위기를 투명하게 공개하며 진실만이 우리를 자유롭게 할 것이라는 자생적인 신뢰의 메시지를 던졌습니다.

어느 날 한 임원이 생산 공정의 심각한 결함을 인정하며 자신의 지표를 빨간불로 표시했을 때, 멀랠리는 그를 질책하는 대신 정직하게 말해 줘서 고맙다며 따뜻한 박수를 보냈습니다. 리더가 정직한 소통을 예우하며 낮은 자세로 화답하자 비로소 숨겨져 있던 문제점들이 빨간불로 쏟아져 나오기 시작했고, 조직을 가두고 있던 의심의 안개가 걷히자 모든 구성원은 비로소 해결책을 찾기 위해 하나의 심장으로 뭉쳤습니다. 앨런 멀랠리의 이 정직한 소통 리더십은 포드를 유일하게 정부 구제금융 없이 살아남게 했을 뿐만 아니라, 리더의 투명함이 조직의 생사를 결정짓는 가장 고결한 격(格)임을 우리에게 엄숙히 실증하고 있습니다.

- 당신은 오늘 조직의 위기 상황을 구성원들에게 솔직히 알렸는가? 아니면 동요를 막는다는 명분 아래 정보를 왜곡하거나 침묵으로 일관하지 않았는가?
- 우리 조직은 리더의 눈치를 보며 좋은 소식만 보고하는 가공된 숲인가? 아니면 쓴 뿌리조차 함께 나누며 해결책을 모색하는 정직한 광장인가?
- 당신은 리더로서 자신의 실책이 공개될 때 느낄 수치심을 이겨 내고, 조직의 건강한 소통을 위해 기꺼이 자신의 투명함을 증명할 고결하고 단단한 자아를 지니고 있는가?

💗 명상

리더의 격(格)은 정보를 감추는 무게보다 이를 투명하게 나누는 소통의 솔직함에 달려 있습니다. 불신의 안개를 걷어 내고 진실을 똑바로 응시하는 당신의 담대한 소신을 행동으로 옮겨 보세요. 그 명징한 흐름은 조직의 왜곡을 막아 주는 가장 든든하고 깨끗한 이정표로 자리 잡습니다.

제16장

진심 어린 인연이 성장의 문을 엽니다

리더가 맺는 인연은 단순히 사람을 사귀는 기술이 아니라, 서로의 가치가 만나 새로운 가능성을 빚어내는 소중한 자산입니다. 눈앞의 이익을 얻으려는 요령보다 타인의 성장을 진심으로 돕는 정직한 마음이 결국 닫혀 있던 기회의 문을 여는 가장 큰 힘이 됩니다. 이렇게 넓어진 인연의 지평은 리더의 삶을 더욱 풍요롭고 깊이 있게 확장해 줄 것입니다.

리더에게 인연이란 장부에는 기록되지 않지만 무엇보다 강력한 자산입니다. 인맥을 그저 개인의 욕망을 채우는 수단이나 화려한 명함 수집으로 오해하기 쉽지만, 진실한 관계는 정직한 배려 위에서만 스스로 자라나는 생명체와 같습니다. 필요할 때만 찾는 인맥은 어려운 순간에 모래성처럼 쉽게 무너지며, 결국 리더의 진정성을 해치고 조직을 고립시키는 원인이 됩니다.

공동체의 유기적인 연결망이라는 지평에서 응시할 때, 귀한 인연은 정보의 선순환을 이끌고 혁신의 불꽃을 피워 올리는 가장 지혜로운 매개체가 됩니다.

성숙한 리더는 사람을 이용 대상으로 보지 않고 가능성을 함께 실현할 파트너로 예우하며, 자신의 지식과 자원을 먼저 기꺼이 나눕니다. 타인의 성공을 진심으로 기뻐하는 태도는 보이지 않는 신뢰를 차곡차곡 쌓아 올려,

 리더의 격(格)

훗날 리더가 마주할 거대한 벽을 허무는 가장 예리한 해법이 되어 줄 것입니다.

성장의 문을 여는 관계를 맺으려면 리더 내면의 이기적인 조급함을 내려놓고 진심이라는 깊은 우물을 파는 인내의 시간을 견뎌야 합니다. 화려한 사교 기술이 기회를 가져다준다고 믿기 쉽지만, 삶의 항로에서 만나는 진짜 해답은 리더가 정직하게 내면을 응시하며 맺어가는 밀도 높은 유대뿐입니다. 이익만을 쫓는 관계는 시련 앞에 흩어지는 안개와 같으나, 평소 정직함으로 닦아 놓은 인적 자산은 위기의 순간 리더를 구원하는 단단한 사슬이 됩니다.

공동체가 비상하는 힘은 리더 한 사람의 독주가 아니라 그가 구축한 생태계의 풍요로움에서 나옵니다. 일상의 업무 속에서 아주 사소한 인연조차 소홀히 여기지 않고 상대를 향해 정직한 예우를 다하는 것은 동료들과 맺는 가장 엄숙한 약속입니다. 리더가 숫자에 대한 집착보다 사람의 가치와 내면의 진실에 귀를 기울일 때 조직은 비로소 깊은 배려가 담긴 생동감을 얻게 됩니다. 이러한 상생의 기운은 구성원 모두에게 전해져 우리 모두를 시대를 뛰어넘는 거인으로 성장시키는 최고의 자양분이 될 것입니다.

> 혼자서 모든 것을 이룰 수 있다는 오만을 버려라. 리더의 크기는 그가 돕고 있는 사람들의 총합으로 결정되며, 정직한 연결만이 당신의 운명을 바꿀 유일한 통로다.
>
> — 에릭 슈미트(Eric Schmidt)

"인맥은 상호 투자의 예술이다"라는 철학으로 페이팔 마피아의 중심이 된 리드 호프먼

링크드인(LinkedIn)의 공동 창립자이자 실리콘밸리의 가장 위대한 네트워크 구축자로 불리는 리드 호프먼은, 인맥이라는 이름의 보이지 않는 실타래가 어떻게 성장의 마스터키가 되어 거대한 운명의 지도를 그려 나가는지를 보여 주는 가장 분명하고도 찬란한 사례가 됩니다. 그는 단순히 사람을 많이 아는 세속적인 기술을 넘어, 서로가 서로의 성장에 기여하며 함께 비상하는 동맹(The Alliance)의 철학을 비즈니스의 핵심 가치로 정립하였습니다.

호프먼은 초기 페이팔(PayPal) 시절부터 동료들과의 관계를 정직한 상호 투자의 관점에서 바라보았으며, 이는 리더가 타인의 성공을 진심으로 돕는 일이 결국 자신의 격(格)을 높이는 길임을 통찰한 자생적 지혜였습니다. 그는 자신의 네트워크에 속한 이들이 고단한 시련에 처했을 때 아무런 대가 없이 가장 먼저 따뜻한 도움의 손길을 내밀었으며, 그들의 잠재된 재능이 세상에 찬란하게 드러날 수 있도록 기꺼이 연결의 마중물 역할을 자처하였습니다. 이러한 그의 정직한 헌신은 훗날 엘론 머스크와 피터 틸 등 전설적인 창업자들로 구성된 페이팔 마피아라는 독보적인 인적 생태계를 형성하는 거대한 자생적 발판이 되었습니다.

그가 구축한 신뢰의 마스터키는 전 세계 인맥 지도를 새로 그린 링크드인을 탄생시켰을 뿐만 아니라, 수많은 스타트업이 위기를 극복하고 거대한 유니콘으로 성장하는 문을 열어 주었습니다. 리더가 사적인 이익보다 네트워크 전체의 가치 증대를 위해 정직하게 투신할 때, 그 인맥은 결코 마르지 않는 기회의 광맥이 된다는 사실을 입증한 그의 기록은, 진정한 경영의 격이 사람과 사람 사이의 진실한 연결에서 기원함을 우리에게 엄숙히 일깨워 주고 있습니다.

💡 성찰

- 당신은 오늘 누군가를 만나며 그가 나에게 줄 수 있는 이득을 먼저 계산했는가? 아니면 내가 그의 성장에 어떤 정직한 기여를 할 수 있을지를 고민했는가?
- 우리 조직의 네트워크는 이권에 따라 모이고 흩어지는 삭막한 거래처들의 집합인가? 아니면 서로의 성공을 진심으로 축복하는 신뢰의 동맹체인가?
- 당신은 리더로서 자신의 영향력을 확장하기 위해 사람을 수단화하려는 유혹을 이겨 내고, 오직 진실함으로 성장의 문을 열어 줄 고결하고 단단한 자아를 지니고 있는가?

🌊 명상

리더의 격(格)은 명함의 숫자보다 이름 사이 쌓인 신뢰의 두께로 증명됩니다. 사람을 귀하게 대하며 가치를 나누는 당신의 성실한 손길을 기꺼이 건네 보세요. 그 진심은 어떤 계절에도 시들지 않는 탁월함의 무성한 숲을 이룹니다.

제17장

침묵의 지혜가
리더의 앞길을 평탄하게 만듭니다

날카로운 말은 순간의 승리감을 주지만 조직의 앞날에는 보이지 않는 장애물을 남길 뿐입니다. 격한 감정을 다스리며 침묵을 선택하는 인내는 불필요한 원망을 잠재우고 리더가 더욱 자유롭고 품격 있게 나아갈 수 있도록 돕는 지혜로운 내면의 덕목입니다.

리더는 수많은 자극과 도발 앞에서 반응의 속도보다 침묵의 밀도를 먼저 결정해야 합니다. 자신의 정당함을 증명하려고 상대를 깎아내리거나 날카로운 말로 제압하려는 유혹은 일시적인 처세처럼 보일 수 있으나, 결국 지울 수 없는 얼룩을 남기는 소모적인 분쟁으로 귀결될 뿐입니다. 감정을 제어하지 못하고 뱉어 낸 설전은 공동체의 소중한 에너지를 건설적인 창조가 아닌 파괴적인 갈등으로 흩뜨리는 치명적인 실책이 됩니다.

내면의 울림을 가만히 길어 올리는 성찰의 눈으로 살필 때, 침묵은 방어적인 후퇴가 아니라 자아의 무질서를 정돈하는 가장 숭고한 자기 절제의 미학입니다.

진정한 기품은 자신의 말이 타인에게 미칠 파장을 엄중히 헤아리며, 비판받는 순간에도 즉각적인 반격 대신 깊은 사유를 선택하는 여유에서 나옵니다. 불필요한 전선을 확대하지 않겠다는 의지는 자신의 모든 역량을 조직의 본질적인 비전과 가치 구현에만 집중시키겠다는 강력한 신념의 표명입니다.

말의 무게를 온전히 감당하며 마음을 가다듬는 과정은 억울한 감정이나 자신을 드러내고 싶은 욕심을 잠재우고, 진실한 모습으로 본질을 마주하는 성찰의 시간입니다. 화려한 말솜씨가 권위를 만든다는 생각에서 벗어날 때, 리더는 깊은 사유 끝에 걸러진 정제된 언어를 비로소 얻을 수 있습니다. 평소 침묵을 통해 쌓아 올린 내면의 단단함은 어려운 시기에 더욱 빛을 발하며 동료들에게 안도감과 믿음을 주는 든든한 버팀목이 됩니다.

조직의 평화로운 질서는 리더가 밖으로 내뱉지 않고 스스로 삼킨 말들의 무게에 의해 그 깊이가 정해집니다. 일과 속에서 상대를 비난하고 싶은 마음을 누르고 관계에 여유를 두는 배려는, 함께 일하는 사람들과 더 나은 미래를 위해 맺는 보이지 않는 약속과 같습니다. 리더가 겉치레뿐인 말보다 침묵 속에 담긴 진실의 깊이에 마음을 기울일 때, 조직은 서로를 아끼는 생생한 활력을 얻습니다. 이러한 성숙한 태도는 우리 모두를 시대를 앞서가는 당당한 주역으로 키워 내는 최고의 자부심이 될 것입니다.

> 말을 아끼는 것은 지혜의 시작이며, 적을 만들지 않는 것은 승리의 완성이다. 현명한 리더는 침묵을 통해 상대의 마음을 얻고, 어리석은 리더는 혀를 통해 자신의 무덤을 판다.
>
> — 발타자르 그라시안(Baltasar Gracián)

"비판은 삼가고 명성은 예우한다"는 침묵의 철학으로 신뢰를 쌓은 버크셔 해서웨이의 워런 버핏

버크셔 해서웨이(Berkshire Hathaway)의 회장 워런 버핏(Warren Buffett)은 불필요한 적을 만들지 않는 리더의 침묵이 어떻게 거대한 비즈니스 제국을 견고하게 지탱하는지를 보여 주는 가장 예리한 통찰이자, 리더의 침묵이 도달할 수 있는 가장 숭고한 경지(境地)입니다.

그는 수십 년간 수많은 기업을 인수합병하는 치열한 각축장 속에서도, 피인수 기업의 경영진이나 경쟁자를 향해 단 한 번도 공개적인 비난이나 날카로운 설전을 벌이지 않는 고결한 자생적 절제를 일관되게 유지해 왔습니다.

명성을 쌓는 데는 20년이 걸리지만 이를 무너뜨리는 데는 단 5분이면 충분하다는 그의 철학은 리더가 지녀야 할 언어의 무게를 여실히 드러냅니다. 그는 설령 상대가 자신을 공격하거나 사업적 갈등의 파고가 높아지는 순간에도 감정적인 대응 대신 정중한 침묵을 지켰으며, 타인에 대한 부정적인 언사를 철저히 금기시하는 인격적 도야를 멈추지 않았습니다. 이러한 그의 태도는 시장에서 그를 가장 신사적인 인수자라는 독보적인 반열에 올려놓는 결정적인 계기가 되었습니다.

많은 기업 창업자들이 더 높은 매각 가격을 제시하는 곳을 뒤로하고 버핏을 선택하는 이유는, 그가 평소 보여 준 침묵과 예우가 자신의 경영권과 명예를 끝까지 지켜 줄 것이라는 단단한 신뢰를 주었기 때문입니다. 리더가 찰나의 승리를 탐하는 혀의 기술 대신 인격의 깊이가 담긴 침묵을 선택했을 때, 적은 안개처럼 사라지고 그 자리에는 강력한 우군들이 모여들기 시작했습니다. 버핏의 이러한 정중한 침묵 리더십은 버크셔 해서웨이를 세계에서 가장 신뢰받는 지주회사로 완성했으며, 이는 리더의 절제된 언어야말로 세상을 움직이는 가장 강력한 경영 전략임을 확실하게 입증하는 찬란한 기록이 되었습니다.

- 당신은 오늘 누군가의 과오를 지적하며 필요 이상의 날카로운 언어로 그의 자존심에 상처를 입히고, 잠재적인 적을 만들지는 않았는가?
- 우리 조직은 리더의 비판적 언사로 인해 구성원들이 서로를 공격하는 날선 곳인가? 아니면 리더의 침묵을 본받아 서로의 허물을 덮어 주는 평온한 공동체인가?
- 당신은 리더로서 자신의 정당함을 즉각적으로 증명하고 싶은 유혹을 이겨 내고, 조직의 장기적인 평화를 위해 기꺼이 침묵의 고통을 감내할 고결하고 단단한 자아를 지니고 있는가?

리더의 격(格)은 화려한 논리보다 홀로 삭여 낸 감정의 깊이에서 완성됩니다. 웅변보다 무거운 침묵으로 갈등을 씻어 내고 서로를 향한 믿음을 깊이 새겨 보세요. 그 고요한 인내는 우리 모두를 깨우는 맑은 존중의 물길이 됩니다.

제18장

진실한 고언이
조직의 건강한 성장을 이끕니다

리더에게 전하는 쓴소리는 비난의 화살이 아니라 위기의 공동체를 구하려는 절박한 외침입니다. 자신의 안위를 위해 침묵하기보다 미래를 위해 진심을 다해 건네는 조언은 리더와 동료가 함께 맺는 가장 숭고한 신뢰의 결실입니다.

일터의 평온을 깨뜨리지 않기 위해 명백한 실수를 목격하고도 입을 닫는 행위는 조직의 미래를 담보로 한 가장 위험한 거래와 다름없습니다. 리더의 비위를 맞추려는 무비판적인 추종은 당장의 관계를 부드럽게 만들지 모르나, 결국 리더의 시야를 가려 보이지 않는 암초로 인도하는 치명적인 방관이자 배신입니다. 진정한 충성심은 무조건적인 복종이 아니라, 리더가 잘못된 선택의 늪으로 발을 내디딜 때 기꺼이 그의 팔을 붙잡아 세우는 정직한 저항에서 비로소 완성됩니다.

정직한 목소리가 숨 쉴 수 있는 환경은 리더의 비대해진 아집을 막아 주는 강력한 정화 작용이자 영혼의 안전망 역할을 합니다. 기품을 갖춘 리더는 예의를 갖추되 진실을 굽히지 않는 인재를 곁에 두며, 그들의 날카로운 통찰을 조직을 향한 지극한 애정으로 예우할 줄 아는 사람입니다. 리더에게 건네는 투명한 의견은 단순한 사업계획의 수정을 넘어, 리더가 도덕적 권위를 잃지 않도록 지탱해 주는 최후의 보루가 되며 이를 장려하는 문화는 공동체의 지적 자산을 풍요롭게 만드는 근본적인 동력이 됩니다.

거부당할지도 모른다는 본능적인 공포를 뚫고 진실을 고백한다는 것은, 공동의 가치라는 거대한 흐름 속에 기꺼이 자신을 던지는 숭고한 헌신입니다. 무조건적인 찬성이 조직의 윤활유라 착각하기 쉽지만, 가치를 빚어내는 삶의 무대에서 마주할 참된 해답은 오직 리더의 정직한 성찰을 자극하는 불편한 제언뿐입니다. 아첨으로 일궈 낸 평화는 시련의 파도 앞에 쉽게 부서질 파편일 뿐이며, 위기의 순간 더욱 투명한 빛을 발하며 조직을 구원하는 것은 리더가 평소 장려해 온 인재들의 비판적 지성과 주체적인 사명감입니다.

조직에 흐르는 생동감은 리더의 독단을 견제하는 구성원들의 정직한 태도에 의해 그 깊이가 결정됩니다. 일상의 업무 속에서 자신의 권위보다 진실의 가치를 앞세우고 작은 잘못도 가볍게 여기지 않는 자세는, 동료들과 더 나은 미래를 위해 맺는 성숙한 신뢰의 약속과 같습니다. 리더가 달콤한 칭찬의 소란함 대신 때로는 가혹하게 느껴질 만큼 투명한 진실에 귀를 기울일 때, 공동체는 비로소 서로를 아끼는 진정한 생명력을 얻게 됩니다. 이러한 열린 마음가짐은 구성원 모두에게 긍정적인 영향을 미쳐 우리 조직을 시대를 이끄는 당당한 주역으로 키워 내는 훌륭한 밑거름이 될 것입니다.

> 리더에게 예(Yes)라고 말하는 것은 쉽지만, 아니오(No)라고 말하는 데는 영혼의 무게가 필요하다. 진정한 충신은 군주의 뜻을 거스르더라도 나라의 도(道)를 세우는 자다.
>
> — 맹자(孟子)

"상사의 중단 지시를 어기고 혁신을 일궈 낸 헌신", 3M의 윌리엄 맥나이트와 리처드 드루

글로벌 혁신 기업 3M의 성장을 이끈 전 회장 윌리엄 맥나이트(William McKnight)와 연구원 리처드 드루(Richard Drew)의 일화는, 리더를 향한 직언과 불복종이 어떻게 가장 고귀한 형태의 충성으로 승화될 수 있는지를 오롯이 실증하는 경영사의 기념비적인 서사입니다. 1920년대 초, 자동차 도색 작업의 편의를 위해 마스킹 테이프를 개발하던 리처드 드루는 조직의 거대한 관성과 리더의 단호한 명령이라는 장벽에 부딪혔습니다.

당시 경영진이었던 맥나이트는 드루의 연구가 회사의 주력 사업인 연마재와 무관할 뿐만 아니라 소중한 예산을 낭비하는 일이라 판단하여, 연구를 즉각 중단하라는 엄중한 지시를 내렸습니다. 그러나 드루는 상사의 명령에 맹목적으로 복종하는 안락한 길 대신, 현장의 절실한 필요와 제품이 품은 무한한 잠재력을 믿는 자생적 확신을 선택하였습니다. 그는 리더의 판단이 틀렸음을 증명하는 것이야말로 회사의 미래를 위한 진정한 충성이라 믿으며, 비밀리에 연구를 지속하는 고독하고도 치열한 투쟁을 이어 갔습니다.

훗날 드루가 마스킹 테이프 개발에 성공하여 시장의 판도를 바꿨을 때, 맥나이트 회장은 자신의 권위에 도전한 그를 질책하는 대신 "리더의 오판에 굴하지 않고 회사의 미래를 위해 소신을 지킨 고귀한 충성"이라며 찬사를 보냈습니다. 리더가 자신의 과오를 인정하고 구성원의 정직한 소신을 예우하자, 이는 곧 관리자들이 직원의 창의적 직언을 방해하지 못하도록 제도화한 '맥나이트 원칙'의 수립으로 이어졌습니다.

이 사건은 3M에 마스킹 테이프와 스카치테이프라는 불멸의 유산을 남겼을 뿐만 아니라, 리더십의 본질이 무조건적인 '예(Yes)'가 아닌 가치를 향한 정직함에 있음을 우리에게 묵직한 울림으로 증명해 보였습니다.

리더가 자신의 격(格)을 낮추어 구성원의 진실한 목소리를 받아들일 때, 조직은 비로소 시대를 앞서가는 혁신의 광맥을 찾아낼 수 있음을 이 기록은 여실히 보여 주고 있습니다.

💡 성찰

- 당신은 오늘 상사의 명백한 오류를 목격하고도 당신의 입지를 걱정하여 침묵의 공모자로 남지는 않았는가?
- 우리 조직은 리더의 비위를 맞추는 달콤한 거짓말이 횡행하는 동토인가? 아니면 상사를 진정으로 존경하기에 불편한 진실을 건넬 수 있는 따뜻한 신뢰의 바다인가?
- 당신은 리더로서 자신의 권위가 부정당할 때 느낄 분노를 이겨 내고, 조직의 건강한 성장을 위해 기꺼이 자신의 결단을 비판하는 인재들의 목소리를 충성으로 받아들일 고결하고 단단한 자아를 지니고 있는가?

💗 명상

리더의 격(格)은 맹목적인 복종보다 반대 의견을 껴안는 담백한 태도에서 빛을 발합니다. 진실을 담은 동료의 직언을 성장의 토양으로 삼아 마음의 여백을 넓혀 보세요. 그 결연한 수용은 조직을 허상 없는 진실의 반열로 이끄는 든든한 밑거름이 됩니다.

제19장

'모름'을 인정하는 담대함이
집단 지성의 문을 엽니다

완벽해야 한다는 강박에서 벗어나 자신의 부족함을 솔직하게 드러내는 용기는 조직의 가능성을 깨우는 가장 지혜로운 첫걸음입니다. 리더가 모든 답을 알고 있다는 오만을 버릴 때 동료들이 각자의 재능을 발휘할 수 있는 공간이 열립니다. 리더의 담백한 고백은 인재들을 주인공으로 만드는 마중물이 되며, 조직의 통찰을 깊게 만드는 리더십의 품격입니다.

완벽한 존재로 군림하려는 지적 허영심은 동료들의 사고를 멈추게 하여 리더의 입술만 바라보게 만드는 치명적인 장벽이 됩니다. 리더가 모르는 것을 아는 척하며 권위 뒤에 숨는 순간, 조직은 변화하는 시대의 흐름을 읽지 못한 채 과거의 확신 속에 고립되는 안목의 마비를 경험하게 됩니다. 무지를 감추려는 비겁한 침묵은 공동체의 학습 능력을 거세하고 집단 지성을 억압하여, 결국 리더 한 사람의 지능이 조직 성장의 한계선이 되는 비극적인 정체를 낳을 뿐입니다.

현대 비즈니스가 마주한 복잡한 난제들은 이미 한 개인의 지성이 감당할 수 있는 정보의 임계치를 아득히 넘어섰습니다. 진정한 리더는 자신의 무지를 수치심이 아닌 새로운 성장의 기회로 여기며, 낮은 자세로 배움을 청함으로써 구성원들이 주인공으로 무대에 설 수 있는 심리적 여백을 창조하는

리더의 격(格)

사람입니다. 이러한 고백은 단순한 사실의 시인을 넘어 조직 내부에 진실 추구의 문화를 정착시키고, 각 분야의 전문가들이 자신의 역량을 가감 없이 발휘하게 만드는 고도의 전략적 개방성이자 포용의 리더십입니다.

자신의 부족함을 대면한다는 것은 내면의 우월 의식과 완벽주의에 대한 집착을 과감히 내려놓고, 불확실성이라는 낯선 파도 속에 기꺼이 자신을 노출하는 인격적 연단의 시간입니다. 거짓 확신으로 일궈 낸 성취는 시련의 풍파 앞에 부서질 파편일 뿐이지만, 위기의 심연에서 공동체를 구원하는 힘은 리더의 진솔한 되돌아봄을 통해 길러 낸 인재들의 주체적인 지성에서 나옵니다. 리더의 투명한 진심이 잉태한 사유의 빈터야말로 시대를 꿰뚫는 진짜 정답을 찾아내는 유일한 통로가 될 것입니다.

구성원들이 자신의 능력을 마음껏 발휘하는 환경은 리더가 권위를 내려놓고 다른 사람의 지혜를 진심으로 존중할 때 만들어집니다. 업무 현장에서 전문가의 의견에 귀를 기울이고 정중하게 배움을 청하는 자세는, 함께 일하는 동료들에게 주인의식을 심어 주는 가장 성숙한 태도입니다. 리더가 일방적인 지시 대신 전문성과 내면의 진실함에 집중할 때, 조직은 비로소 서로를 배려하는 활기찬 생명력을 얻게 됩니다. 이러한 긍정적인 기운은 구성원 모두를 시대를 이끄는 당당한 주역으로 성장시키는 훌륭한 밑거름이 될 것입니다.

> 유일하고 진정한 지혜는 당신이 아무것도 모른다는 사실을 아는 것에서 시작된다. 리더가 고개를 숙여 배움을 청할 때, 비로소 천하의 모든 지혜가 그에게로 흐른다.
>
> — 소크라테스(Socrates)

"창조적 한계를 인정하고 혁신을 구걸하다", 디즈니의 부활을 이끈 밥 아이거

월트 디즈니의 전 CEO 밥 아이거(Bob Iger)는 리더의 지적 겸손이 쇠락해 가는 제국을 어떻게 다시 찬란한 영광의 정점으로 되돌려 놓을 수 있는지를 보여 주는 가장 생생한 증언이자 무게감 있는 실증이 됩니다. 2005년 그가 취임할 당시, 한때 전 세계의 상상력을 지배했던 디즈니 애니메이션 부문은 10년 넘게 흥행 참패를 거듭하며 과거의 명성이라는 거대한 감옥에 갇힌 채 서서히 침몰하고 있었습니다.

아이거는 디즈니가 더 이상 창조적이지 않다는 뼈아픈 현실을 회피하지 않는 자생적 담대함을 보여 주었습니다. 그는 취임 직후 이사회에서 "우리의 애니메이션은 죽었다"고 선언하며, 리더로서 자신의 무지와 디즈니의 한계를 투명하게 시인하였습니다. 특히 당시 신흥 강자였던 픽사(Pixar)의 기술력과 창의성에 대해 "나는 이 분야를 당신들만큼 알지 못한다"고 고백하며, 스티브 잡스와 존 라세터에게 배움을 청하는 낮은 자세를 견지하였습니다.

리더가 자신의 전능함을 포기하고 모름을 인정하자, 디즈니는 픽사를 비롯한 마블, 루카스필름 등을 적대적 관계가 아닌 파트너로 포용할 수 있었습니다. 아이거는 그들의 창조적 독립성을 철저히 보장하며 자신이 모르는 영역에 대해서는 간섭하지 않는 고결한 절제를 보여 주었습니다. 리더의 담대한 고백이 지식의 장벽을 허물자 디즈니는 역대 최대의 전성기를 구가하게 되었으며, 이는 리더십의 본질이 모든 답을 아는 것이 아니라 최고의 답을 가진 이들을 모으는 겸손에 있음을 여실히 입증하는 기록이 되었습니다. 리더의 지적 격(格)이 어떻게 죽어 가는 조직에 생명력을 불어넣고 장엄한 승리의 유산을 남길 수 있는지를 보여 주는 그의 행보는, 현대 경영이 지향해야 할 가장 뚜렷한 이정표로 남을 것입니다.

- 당신은 오늘 전문가들 앞에서 당신의 무지가 드러날까 두려워 권위적인 침묵으로 일관하거나 아는 체하며 인재들의 입을 막지는 않았는가?
- 우리 조직은 리더의 오판조차 정답으로 둔갑하는 경직된 곳인가? 아니면 "모르겠습니다"라는 정직한 고백이 새로운 탐구의 시작이 되는 생동하는 지식의 보고인가?
- 당신은 리더로서 자신의 무능함이 탄로 날 것 같은 불안을 이겨 내고, 조직의 집단 지성을 위해 기꺼이 자신의 빈 그릇을 내보일 고결하고 단단한 자아를 지니고 있는가?

💖 **명상**

리더의 격(格)은 지식의 양보다 자신의 부족함을 인정하는 진솔함에서 샘솟습니다. 모든 답을 안다는 착각을 버리고 낮은 곳에서 동료의 지혜를 가만히 청해 보세요. 그 비워 낸 터전은 동료들의 통찰이 마음껏 살아 움직이는 창의의 영토로 일궈집니다.

제20장

정직은 사라지지 않는 무형의 자본입니다

눈에 보이는 재산은 세월이 흐르면 사라지지만 정직함을 통해 쌓은 신뢰는 결코 사라지지 않는 생명력을 지닙니다. 당장의 이익을 포기하더라도 끝까지 진실을 선택하는 정직한 태도는 위기 속에서 조직을 지켜 내고 리더십을 유지하게 만드는 가장 확실한 담보가 됩니다. 이러한 가치는 리더가 다음 세대에 남길 수 있는 가장 소중한 유산이며 공동체의 뿌리를 지탱하는 힘이 될 것입니다.

조직의 성패를 가르는 가장 큰 힘은 장부상에는 보이지 않는 리더의 진실함에서 나옵니다. 많은 이들이 경영을 이익을 키우기 위한 기술적인 협상으로만 생각하지만, 가치 창출의 진짜 뿌리는 리더가 지켜 온 양심의 깊이에 있습니다. 정직을 당장의 이익을 얻기 위한 수단으로만 여기면 결국 신뢰를 잃게 되고, 결정적인 순간에 동료들의 마음을 움직일 동력마저 사라지게 됩니다.

진정성은 주변 환경이 변해도 흔들리지 않는 가장 안정적인 생존 자산입니다. 성숙한 리더는 정직을 단순한 도덕적 구호로만 외치지 않고 조직의 실질적인 경쟁력으로 삼으며, 투명한 정보 공유를 통해 구성원들의 지지를 끌어냅니다. 이러한 과정을 통해 리더의 모든 말과 행동은 조직만의 고유한 가치로 자리 잡게 됩니다.

　진실을 지켜 낸다는 것은 자신의 욕심과 단기적인 성과에 대한 갈증을 솔직하게 인정하며 스스로를 단련해 가는 과정입니다. 현실과 적당히 타협하는 것이 지혜로운 처세처럼 보일 수 있지만, 급변하는 시대에 끝까지 남는 정답은 오직 리더가 성찰을 통해 길어 올린 흔들리지 않는 원칙뿐입니다. 요령으로 얻은 성과는 금방 사라지지만, 평소 정직함으로 쌓아 온 신뢰는 위기의 순간 리더를 보호하는 가장 단단한 방패가 됩니다.

　공동체의 운명을 결정하는 힘은 리더가 보여 주는 진실함의 순도에 의해 결정됩니다. 일상의 업무에서 아주 작은 정보조차 왜곡하지 않고 진실하게 대하는 태도는 동료들에게 건네는 가장 품격 있는 신뢰의 약속입니다. 리더가 숫자나 지표로 사람을 압도하려 하기보다 내면의 진실에 귀를 기울일 때 조직은 비로소 배려가 담긴 생동감을 얻게 됩니다. 이러한 기운은 구성원 모두에게 전해져 우리 조직을 시대를 이끄는 주역으로 성장시키는 최고의 밑거름이 될 것입니다.

> 명성을 쌓는 데는 20년이 걸리지만, 그것을 무너뜨리는 데는 5분도 걸리지 않습니다. 이 점을 명심한다면 당신의 행동이 달라질 것입니다.
>
> — 워런 버핏(Warren Buffett)

"우리는 건강을 파는 기업입니다"라는 정직한 고백으로 무형의 신뢰 자본을 일궈낸 CVS 헬스의 래리 멀로

2014년 무렵, 글로벌 헬스케어 거인 CVS 헬스(CVS Health)의 래리 멀로(Larry Merlo) CEO가 내린 결단은 리더의 정직함이 어떻게 눈에 보이지 않는 거대한 신뢰 자본으로 치환되는지를 보여 주는 가장 명징한 서사이자 자명한 이치가 됩니다. 당시 CVS는 매년 20억 달러에 달하는 막대한 담배 판매 수익을 올리고 있었으나, 리더는 '사람의 건강을 돕는다'는 기업의 사명과 '질병의 원인인 담배를 파는' 모순된 현실 사이에서 회피라는 안개 뒤로 숨지 않는 정직한 선택을 내렸습니다.

그는 당장의 이익을 포기하더라도 끝까지 진실을 선택하는 정직한 태도로 "건강을 지키는 기업이 담배를 파는 것은 도덕적으로 정당하지 않다"는 자생적 선언과 함께 매장에서 모든 담배를 철수시켰습니다. 자본의 서슬 퍼런 논리로 보면 어리석은 결단처럼 보였으나, 리더가 기업의 존재 이유 앞에 정직해지자 소비자들은 CVS를 단순한 매장을 넘어 신념의 파트너로 인식하기 시작했습니다. 눈앞의 이익을 제단 위에 바치면서까지 지켜 낸 이 정직함은, 결국 위기 속에서 조직을 지탱하고 리더십을 유지하게 만드는 가장 확실한 담보가 되었습니다.

이후 CVS는 건강관리 전문 플랫폼으로 성공적으로 거듭나며 영속하는 성취의 광맥을 찾아냈고, 이는 정직이 사라지지 않는 무형의 자본이며 공동체의 뿌리를 지탱하는 가장 소중한 유산임을 전 세계 경영사에 실증해 보였습니다. 수익이 아닌 가치의 결을 먼저 읽어 낸 리더의 고결한 격(格)은, 한 시대를 풍미하는 거대한 성공의 유산으로 완성되어 오늘날 우리에게 경영의 참된 의미를 엄숙히 일깨워 주고 있습니다.

- 당신은 오늘 단기적인 이익을 지키기 위해 구성원이나 고객에게 불편한 진실을 가리고, 장기적으로 더 거대한 신뢰 자본을 잃지는 않았는가?
- 우리 조직은 정직함이 손해로 간주되는 삭막한 곳인가? 아니면 정직을 가장 가치 있는 무형의 자산으로 여기며 서로를 격려하는 신뢰의 동맹체인가?
- 당신은 리더로서 자신의 실수가 공개될 때 느낄 수치심을 이겨 내고, 조직의 영원한 자산을 지키기 위해 기꺼이 정직함의 고통을 선택할 고결하고 단단한 자아를 지니고 있는가?

리더의 격(格)은 눈부신 실적보다 그 결과를 지탱해 온 정직의 무게로 확인됩니다. 진실을 삶의 으뜸으로 여기는 당신의 투명한 소신을 일상의 실천에 심어 보세요. 그 올곧은 자취는 세월의 풍화를 견디며 우리 모두를 밝히는 영원한 별로 남습니다.

제3부

고요한 중심:
흔들리지 않는 리더의 내면 경영

"진정한 리더십은 외부의 소란을 잠재우기 전, 자신의 내면을 고요히 다스리는 성찰의 시간에서 시작됩니다. 격변하는 세상의 파고 속에서 흔들리지 않는 '고요한 중심'을 세우는 일은 리더가 마주해야 할 가장 고독하면서도 숭고한 과업입니다. 리더의 내면이 단단한 주춧돌이 될 때, 조직은 비로소 불안이라는 안개를 걷어 내고 승리를 향한 명확한 항로를 발견합니다. 리더의 격(格)이란 거친 풍랑 속에서도 침착함을 잃지 않는 단단한 자아이며, 그 평온한 광휘는 구성원들에게 전염되어 조직 전체를 영속하는 명가(名家)로 이끄는 최후의 보루가 됩니다."

제21장

리더의 얼굴은 조직의 일기예보입니다

리더의 안색은 동료들이 매일 아침 마주하는 가장 직관적인 심리 지표이며, 조직의 온도를 결정하는 기상도와 같습니다. 찰나의 표정 하나로 구성원의 의지를 북돋을 수도 있고 반대로 불안을 심어 줄 수도 있습니다. 결국 자신의 감정을 다스리는 성찰의 태도가 건강한 조직 문화를 만드는 리더십의 핵심입니다.

리더가 사무실 문을 나설 때의 안색은 그 자체로 조직의 질서를 잡아 주는 무언의 지침서가 됩니다. 동료들은 리더의 눈빛에서 희망을 찾고, 입가에 머문 미소에서 위기를 돌파할 용기를 얻는 등 깊은 정서적 공명을 경험합니다. 감정을 다스리지 못한 어두운 표정은 인재들의 창의성을 가로막는 벽이 되지만, 반대로 어려운 상황에서도 잃지 않는 평온한 미소는 다시 일어설 힘을 주는 따뜻한 햇살이 됩니다.

리더의 표정이 온화할 때 조직은 불필요한 추측이나 불안에서 벗어나 각자의 업무에 온전히 몰입할 수 있는 정서적 안전망을 얻게 됩니다. 리더가 내면의 평정을 유지하며 보여 주는 담백한 모습은 동료들에게 신뢰를 주며, 공동체가 건강한 활력을 유지하게 만드는 가장 실질적인 배려가 됩니다.

내면에서 일렁이는 감정의 파고를 차분하게 가라앉히는 일은 리더가 스스로의 인격을 닦아 나가는 숭고한 수련입니다. 마음속의 동요를 가감 없이 표출하는 것을 진실함이라 여기는 오해를 경계해야 합니다. 경영이라는 험난한 항로에서 끝내 신뢰할 수 있는 등불은 리더가 깊은 성찰을 거쳐 정갈하게 빚어낸 평온한 마음가짐입니다. 이렇듯 묵묵히 다져 온 내면의 힘은 예기치 못한 시련이 닥쳐올 때 조직을 다시 일으켜 세우는 든든한 버팀목이 됩니다.

조직에 흐르는 생동감은 리더가 내뿜는 정서적인 공기의 질에 의해 좌우됩니다. 내 안색이 주변 동료들에게 어떤 물결을 일으킬지 세심하게 헤아리는 태도는 함께하는 이들에게 긍정의 에너지를 전하겠다는 소중한 약속과도 같습니다. 외적인 지표를 앞세우기보다 구성원의 진심 어린 목소리에 정성껏 귀를 기울일 때, 일터에는 비로소 서로를 아끼는 온기가 흐릅니다. 이러한 선한 영향력은 모두에게 스며들어 우리 공동체를 시대를 이끄는 주역으로 성장시키는 가장 비옥한 밑거름이 됩니다.

> 내면의 평화가 얼굴에 깃들 때 비로소 타인을 이끌 힘이 생긴다. 지도자의 맑은 눈빛은 천만 군사의 사기를 진작시키는 가장 강력한 깃발이다.
>
> — 마르쿠스 아우렐리우스(Marcus Aurelius)

위기 속에서도 인자한 안색을 잃지 않아 닌텐도의 창의적 혼을 일깨운 이와타 사토루

2011년 무렵, 글로벌 게임 제국 닌텐도(Nintendo)가 하드웨어 판매 부진과 모바일 시장의 공세라는 역사상 최악의 경영 위기에 직면했을 때, 이와타 사토루(Satoru Iwata) 회장은 리더의 평온한 낯빛이 어떻게 무너진 조직의 주춧돌을 다시 세우는지를 보여 주는 가장 확연한 사례이자 자명한 이치가 됩니다. 당시 닌텐도는 막대한 적자와 실적 악화라는 거센 풍랑 속에서, 조직 내부에 극심한 패배주의와 불안의 안개가 짙게 깔려 영혼을 잃어 가고 있었습니다.

이와타 회장은 위기의 절정 속에서도 결코 흐트러지지 않는 침착하고 온화한 표정을 유지하며 구성원들을 대하는 자생적 절제를 보여 주었습니다. 그는 구조조정을 강행하며 공포를 조장해 동력을 얻으려 하는 대신, '모두를 미소 짓게 하는 게임'이라는 본질적인 가치를 평온한 어조와 안색으로 설파하며 리더의 얼굴을 조직의 희망찬 일기예보로 설정했습니다. 리더의 표정이 곧 조직의 심리적 기상도임을 간파한 것입니다.

리더가 어떤 폭풍우 속에서도 미소를 잃지 않는 쾌청한 기상을 보이자, 불안에 떨던 직원들은 비로소 정서적 안정을 되찾고 다시금 혁신에 매진하기 시작했습니다. 이와타의 온화한 안색 경영은 닌텐도를 다시금 세계 최고의 창의 기업 반열로 복귀시켰으며, 이는 리더의 표정이 조직의 운명을 바꾸는 가장 강력한 경영 언어이자 무언의 메시지임을 여실히 투명하게 증명해 보여 주었습니다. 리더의 내면에서 비롯된 평온한 품격이 어떻게 거대 조직의 영혼을 일깨우고 장엄한 부활의 기록을 써 내려가는지 보여 주는 이 일화는, 이 시대 경영자들이 갖춰야 할 인격적 도야의 깊이를 오롯이 비추는 가장 정직한 거울이 될 것입니다.

- 당신은 오늘 사무실 문을 열 때 당신의 얼굴이 구성원들에게 어떤 날씨를 예보하고 있는지 스스로 살폈는가?
- 우리 조직은 리더의 찌푸린 미간에 따라 얼어붙는 동토인가? 아니면 리더의 평온한 눈빛 속에 만개하는 화원인가?
- 당신은 리더로서 자신의 고단함을 내세우려는 욕망을 이겨 내고, 조직의 안녕을 위해 기꺼이 맑은 표정의 책임을 다할 단단한 자아를 지니고 있는가?

🐦 **명상**

리더의 격(格)은 그가 발산하는 정서적 대기의 깊고 고요한 농도에서 드러납니다. 내면을 맑게 닦아 지친 동료들에게 평온한 안식을 기꺼이 나누어 보세요. 그 다정한 보살핌은 시들지 않는 존엄의 숲을 이루는 단단한 밑거름이 됩니다.

제22장

리더의 뒷모습에는
말보다 깊은 울림이 있습니다

화려한 수식어는 귓가를 맴돌다 이내 흩어집니다. 고독한 순간에도 스스로 세운 원칙을 지키는 리더의 발자취는 구성원의 마음속에 오래도록 선명하게 남습니다. 아무도 보지 않는 곳에서 자신과의 약속을 이행하는 태도는 공동체의 질서를 바로잡는 가장 정직한 가르침이 됩니다. 이러한 성실한 삶의 궤적은 인재들이 자발적으로 그 길을 따르게 만드는 리더십의 본질이자 가장 경건한 훈육이라 부를 만합니다.

참된 품격은 높은 단상 위에서 쏟아 내는 웅변이 아니라, 평범한 일상의 궤적 속에 새겨진 진실함으로 증명됩니다. 입으로는 희생을 강조하면서 정작 뒤에서는 자신의 안위와 특권만을 탐닉한다면, 조직의 결속력은 모래성처럼 허무하게 무너지고 구성원들은 리더의 언어를 영혼 없는 소음으로 치부하게 됩니다. 리더의 뒷모습은 그가 살아온 삶의 진실을 비추는 거울이기에, 그 유리가 흐릿하거나 일그러져 있다면 어떤 전략적 기교도 조직을 올바른 방향으로 이끌 수 없습니다.

동료들은 리더의 거창한 훈계보다 무심결에 드러나는 작은 습관과 태도에 더 큰 영향을 받습니다. 애써 꾸미지 않은 평소의 모습이야말로 조직이 정말 중요하게 여기는 가치가 무엇인지 알려 주는 가장 정직한 교과서입니다. 진정한 리더는 권위의 무게에 기대기보다 현장의 어려움을 기꺼이 나누며 자신의 삶을 하나의 메시지로 완성해 갑니다. 행동으로 옮겨진 신념은 헛된 구호가 아니라는 사실을 몸소 증명해 보이며, 함께 일하는 사람들의 마음속에 단단한 신뢰의 이정표를 세웁니다.

타인의 시선이 닿지 않는 고독한 자리에서도 스스로 세운 원칙을 지켜 내는 태도는 조직의 기강을 바로잡는 가장 엄중한 가르침입니다. 화려한 미사여구는 시간이 지나면 잊히기 마련이지만, 고요한 어둠 속에서 묵묵히 실천한 리더의 발자취는 동료들의 영혼에 지워지지 않는 인상을 새깁니다. 이러한 성실한 삶의 궤적은 인재들이 마음을 다해 그 길을 따르게 만드는 리더십의 본질이자 가장 경건한 훈육이라 할 수 있습니다.

리더의 생애 전체가 하나의 일관된 메시지로 다가갈 때 조직은 비로소 흔들림 없는 목적지를 향해 움직입니다. 현장의 고단함을 외면하지 않고 기꺼이 그 곁을 지키며 앞장서는 모습은 어떤 연설보다 강한 설득력을 지닙니다. 이렇듯 행동으로 자신의 신념을 입증하는 과정은 우리가 지향하는 가치가 허상이 아닌 실재임을 보여 주는 선명한 인격적 증언이기도 합니다.

> 모범을 보이는 것은 타인에게 영향을 미치는 주요한 수단이 아니라, 유일한 수단이다. 리더가 먼저 행하지 않는 것은 결코 조직의 문화가 될 수 없다.
>
> — 알베르트 슈바이처(Albert Schweitzer)

"이름 없는 나눔으로 위대한 삶의 궤적을 남기다", 보이지 않는 뒷모습으로 리더의 고결함을 증명한 척 피니

세계적인 면세점 기업 DFS의 공동 창업자인 척 피니(Chuck Feeney)는 리더가 남기는 소박한 발자취가 조직과 세상에 얼마나 깊은 울림을 주는지 보여 주는 경영사의 가장 경건한 사례입니다. 그는 천문학적인 자산을 일구었음에도 불구하고, 화려한 명성 뒤로 자신을 드러내는 대신 '자신과의 약속'을 묵묵히 이행하며 가장 정직한 리더의 격(格)을 실천해 왔습니다.

피니 회장은 평생 자신의 이름을 내건 기부조차 거부하며 무려 15년 동안 익명으로 나눔을 이어 갔고, 자신은 정작 낡은 시계를 차고 대중교통을 이용하며 임대 아파트에 거주하는 소박한 삶의 궤적을 지켜 냈습니다. 이러한 행보는 단순히 개인의 검소함을 넘어, 부의 본질이 어디로 향해야 하는지에 대한 리더의 영혼 깊은 곳에서 우러나온 무언의 가르침이 되었습니다. 아무도 보지 않는 고독한 순간에도 스스로 세운 원칙을 지키는 그의 뒷모습은, 공동체의 질서를 바로잡고 인재들이 자발적으로 그 숭고한 길을 따르게 만드는 가장 강력한 훈육이 되었습니다.

리더가 권위의 성벽을 허물고 가장 낮은 곳에서 자신의 신념을 일관되게 지켜 낼 때, 그 발자취는 구성원들의 마음속에 오래도록 선명한 이정표로 남습니다. 피니의 소박하지만 단단한 뒷모습은 전 세계 경영자들에게 어떤 화려한 연설보다 깊은 영감을 주었으며, 이는 리더십의 본질이 화려한 수사가 아닌 투명한 실천의 미학에 있음을 우리에게 선명하게 일깨워 주었습니다. 리더의 삶 자체가 경영의 격이 되어 세상에 선한 생명력을 불어넣은 이 기록은, 오늘날 우리에게 리더의 뒷모습이 지닌 고결한 울림을 엄숙히 전해 주고 있습니다.

- 당신은 오늘 부하 직원들에게 열정적인 헌신을 요구하면서, 정작 당신 자신은 뒤에서 안온한 권리에만 취해 있지는 않았는가?
- 우리 조직은 리더의 말이 아닌 그의 발자국을 따라 움직이는 생동하는 유기체인가? 아니면 리더의 언행불일치 속에 냉소가 흐르는 메마른 광장인가?
- 당신은 리더로서 타인의 시선이 없는 공간에서도 조직의 가치를 지키기 위해 기꺼이 자신의 편안함을 반납할 고결하고 단단한 자아를 지니고 있는가?

🌊 **명상**

리더의 격(格)은 쏟아 내는 지시보다 몸소 실천하는 행동의 일관성에서 단단해집니다. 입술의 말보다 무거운 뒷모습으로 당신이 품은 진실을 묵묵히 보여 주세요. 그 정직한 발자취는 우리를 영속하는 가치의 길로 이끄는 강력한 동력이 됩니다.

제23장

완벽한 정보보다 신속한 결단이
조직의 맥박을 살립니다

모든 정보가 완벽하게 갖춰지길 기다리다가는 정작 중요한 기회를 놓치기 쉽습니다. 안개가 자욱한 길 위에서도 스스로의 직관을 믿고 과감하게 한 걸음을 떼는 용기가 필요합니다. 리더가 보여 주는 빠른 판단은 정체된 조직에 새로운 생기를 불어넣으며, 적절한 시기를 포착하는 민첩함이야말로 변화무쌍한 환경에서 조직의 미래를 바꾸는 가장 강력한 도구가 됩니다.

모든 조건이 완벽해질 때를 기다리는 태도는 조직의 활력을 억누르는 보이지 않는 족쇄가 되곤 합니다. 변수를 완벽히 통제하려는 강박에 빠져 보고서의 수치에만 매달리다 보면 정작 중요한 기회는 연기처럼 흩어지기 마련입니다. 세상에 결함 없는 데이터가 존재한다는 환상을 버리지 못할 때 리더는 타이밍이라는 소중한 자산을 소모하며 경쟁의 대열에서 뒤처지는 결과를 초래합니다.

급변하는 시장의 흐름 속에서 기민하게 대처하는 능력은 단순한 부가 가치를 넘어 조직 생존의 본질을 이룹니다. 현안을 예리하게 통찰하는 리더는 되돌릴 수 있는 선택과 그렇지 않은 것을 명확히 구분하며, 정보가 충분히 무르익지 않았더라도 즉각 실천에 옮기는 유연한 판단력을 발휘합니다. 과감하게 결론을 내리는 행위는 무모한 서두름이 아니라 불완전함을 경영의 필연적인 상수로 인정하고 실행을 통해 그 빈틈을 채워 나가는 고도의 지적 전략입니다.

망설임의 고리를 끊어 내고 실천으로 나아가는 과정은 리더 내면의 두려움을 정직하게 응시하며 스스로의 의지를 연마하는 숭고한 정신적 여정입니다. 치밀한 데이터 분석이 안정을 보장해 줄 것이라는 안일한 믿음을 거두어 낼 때 리더의 깊은 사유를 거친 적절한 결단이 비로소 제자리를 찾게 됩니다.

그럴듯한 이론으로 세운 계획은 작은 어려움 앞에서도 쉽게 무너지기 마련입니다. 하지만 진짜 위기가 닥쳤을 때 조직을 다시 일으켜 세우는 실체적인 저력은, 리더가 평소 묵묵히 실천하며 몸소 증명해 온 행동의 무게에서 비롯됩니다.

구성원들이 체감하는 혁신의 박동은 리더가 부여한 실행의 속도에 의해 그 결이 결정됩니다. 일상의 집무실에서 정보 부족을 핑계로 결정을 미루지 않고 현장의 부딪힘 속에서 답을 찾아가는 자세는 동료들에게 선사할 수 있는 가장 진실한 사명감의 증표입니다. 리더가 통계적인 지표에 대한 집착에서 벗어나 기회의 포착과 내면적 진실에 마음을 쏟을 때 조직은 살아 있는 생동감을 얻게 됩니다. 이러한 역동적인 기운은 우리 모두를 시대를 선도하는 주역으로 이끄는 최고의 마중물이 됩니다.

> 다음 주에 실행할 완벽한 계획보다 지금 당장 맹렬하게 실행하는 좋은 계획이 훨씬 낫다. 리더의 머뭇거림은 군대를 패배시키고, 리더의 결단은 불가능을 가능케 한다.
>
> — 조지 S. 패튼(George S. Patton)

"결정의 70% 정보면 충분하다", 아마존의 성장을 이끈 제프 베이조스의 의사 결정 원칙

세계 최대의 이커머스 제국 아마존(Amazon)의 창립자 제프 베이조스(Jeff Bezos)는 리더의 지체 없는 결단이 정체된 조직의 혈류를 어떻게 다시 흐르게 하고 멎어 가는 맥박을 살려 내는지를 보여 주는 가장 확연하고도 강렬한 실증적 사례가 됩니다. 그는 아마존을 운영하며 의사 결정을 돌이킬 수 없는 문(Type 1)과 언제든 돌아올 수 있는 문(Type 2)으로 구분하는 독창적인 자생적 시스템을 구축하였습니다.

베이조스 회장은 대부분의 경영 결정이 잘못되었을 경우 다시 돌아올 수 있는 두 번째 문에 해당함에도 불구하고, 수많은 리더가 이를 첫 번째 문처럼 무겁고 신중하게만 다루며 천금 같은 시간을 허비하고 있다고 날카롭게 지적하였습니다. 그는 정보가 70퍼센트 정도 모였다고 판단되면 즉시 결정을 내리고 실행에 옮기라는 철학을 세웠습니다. 완벽을 기하며 90퍼센트 이상의 정보를 기다리는 것은 이미 너무 늦은 선택이며, 차라리 빠르게 결정하고 틀렸을 때 수정하는 것이 조직의 생존에 훨씬 효율적이라는 사실을 실천으로 증명해 보였습니다.

리더가 정보의 완벽함보다 결단의 속도를 예우하자, 아마존은 클라우드 서비스인 AWS와 킨들 같은 혁신적인 사업에 누구보다 먼저 뛰어들어 시장의 광맥을 선점할 수 있었습니다. 베이조스의 신속한 결단 리더십은 아마존을 세계에서 가장 역동적으로 움직이는 유기체로 완성하였으며, 이는 리더의 과감한 선택이 조직의 생존을 결정짓는 최고의 에너지임을 여실히 투영하는 기록이 되었습니다. 결단의 속도가 조직의 격(格)을 결정한다는 이 엄중한 원리는, 변화의 파고가 높은 현대 경영사에서 우리가 지향해야 할 리더십의 본질을 오롯이 실증하고 있습니다.

- 당신은 오늘 정보가 부족하다는 이유로 당신의 결정을 기다리는 구성원들을 불확실성의 늪에 방치하지 않았는가?
- 우리 조직은 완벽한 보고서를 만드느라 기회를 놓치는 거대한 거북이인가? 아니면 부족함 속에서도 실행을 통해 길을 찾아내는 기민한 표범인가?
- 당신은 리더로서 자신의 판단이 틀릴지도 모른다는 공포를 이겨 내고, 조직의 맥박을 살리기 위해 기꺼이 결단의 칼을 뽑아 들 고결하고 단단한 자아를 지니고 있는가?

💚 **명상**

리더의 격(格)은 완벽한 정보보다 망설임을 끊고 결단하는 순간에 선명해집니다. 막막한 안개 속에서 용기 있게 길을 터 주는 정직한 안내자가 되어 보세요. 당신의 단호한 선택은 시간이 흘러도 변치 않는 단단한 신뢰를 쌓아 줍니다.

제24장

리더의 존재감은
사무실 벽 너머 현장에서 완성됩니다

리더의 진실한 가치는 안온한 집무실이 아니라 동료들의 거친 숨소리가 들리는 현장에서 비로소 빛을 발합니다. 권위라는 장벽을 허물고 구성원들과 같은 곳을 응시하며 묵묵히 곁을 지키는 행위는 정체된 공동체에 생기를 불어넣는 가장 정직한 헌신이라 할 수 있습니다. 일상의 고단함을 함께 나누며 쌓아 올린 유대감은 리더를 단순한 관리자를 넘어 조직의 정신적 지주로 세워 주는 숭고한 여정이 됩니다.

일상의 업무 속에서 경계해야 할 가장 은밀한 덫은 정제된 데이터와 매끄러운 보고서 뒤에 숨어 현장의 실체를 효율이라는 잣대로만 재단하는 관성입니다. 리더가 현장의 흙먼지를 외면한 채 서류상의 논리에만 안주할 때, 조직의 전략은 공허한 구호로 전락하며 구성원들은 리더를 자신들의 고충을 모르는 감시자로 여기게 됩니다. 뿌리 없는 나무가 시장의 미세한 변화를 감지하지 못하듯, 현장을 잃은 리더십은 결국 조직을 거대한 환상 속에 고립시키는 인지적 소외를 초래할 뿐입니다.

어려운 문제의 해답은 서류 뭉치 속이 아니라 문제가 처음 싹을 틔운 바로 그 현장의 흙 내음 속에 숨겨져 있기 마련입니다. 격을 갖춘 리더는 화려한 직함이 만드는 거리감을 지우고 동료들의 고단한 삶 속으로 깊숙이 걸어

 리더의 격(格)

들어가 사소한 아픔까지 정성껏 어루만지는 사람입니다. 일터를 직접 발로 밟는 행위는 단순한 시찰의 차원을 넘어 조직의 실체적 진실과 정직하게 마주하겠다는 리더의 엄숙한 다짐을 의미합니다. 이러한 만남은 구성원들과 정서적 주파수를 맞추며 보이지 않는 신뢰의 뿌리를 내리는 깊은 인격적 공명이라 할 수 있습니다.

발길을 옮기는 행위는 리더 내면에 깃든 우월감과 격식이라는 단단한 허물을 과감히 벗어던지고, 평범함의 서늘한 물살 속에 자신을 던지는 성숙한 실천입니다. 우리는 흔히 높은 곳에 머무는 것이 곧 위엄이라 오해하지만, 가치를 빚어내는 삶의 항로에서 만나는 진짜 정답은 오직 리더의 정직한 성찰을 통과해 길어 올린 현장의 날것 그대로의 지혜뿐입니다. 사무실 안에서만 잉태된 지시는 시련의 파도 앞에 흩어질 거품일 뿐이지만, 위기의 순간 더욱 투명하게 빛나며 조직을 구원하는 것은 리더가 평소 현장에서 쌓아 온 두터운 신뢰의 유대입니다.

공동체가 빚어내는 궁극의 기품은 매끄럽게 다듬어진 보고서의 정교함이 아닌, 리더가 일터의 거친 숨결 속에서 직접 길어 올린 진실의 무게로 증명됩니다. 동료들의 땀방울이 서린 현장으로 달려가 그들의 손을 맞잡으며 고단함을 헤아리는 행위는, 우리 앞에 놓인 미래를 향해 건네는 가장 성숙하고도 단단한 신뢰의 고백입니다. 외적인 성과에 매몰되기보다 사람의 진심과 내면이 내는 목소리에 정성껏 귀를 기울일 때, 조직은 비로소 대체 불가능한 고유의 생동감을 얻습니다. 이러한 생생한 기운은 구성원 모두에게 깊이 뿌리내려, 우리 공동체를 시대를 이끄는 당당한 주역으로 도약하게 만드는 가장 비옥한 토양이 됩니다.

> 진실은 현장에 있고, 현장에는 답이 있다. 리더의 구두 밑창이 닳아 없어지는 만큼 조직의 신뢰는 단단해진다. — 샘 월튼(Sam Walton)

"비행기 대신 트럭을 타고 현장을 누비다", 월마트의 신화를 쓴 샘 월튼의 현장 경영

글로벌 유통 제국 월마트(Walmart)의 창립자 샘 월튼(Sam Walton)은 리더의 진정한 존재감이 안온한 사무실의 벽을 넘어 치열한 삶의 현장에서 어떻게 비로소 완성되는지를 보여 주는 경영사의 독보적인 귀감이자 살아 있는 증거가 됩니다. 그는 세계 최고의 부호라는 영예를 얻은 후에도 화려한 집무실에 머물기보다, 낡은 픽업트럭을 직접 몰고 미국 전역의 매장을 방문하는 자생적 현장주의를 평생의 신념으로 실천하였습니다. 이는 리더가 권위라는 이름의 박제된 우상이 아니라, 현장의 숨소리와 함께 호흡하는 살아 있는 유기체여야 함을 여실히 보여 주는 대목입니다.

월튼 회장은 매장에 도착하면 화려한 의전이나 경영진의 보고를 받는 대신, 가장 먼저 계산대의 직원이나 어두운 창고에서 땀 흘리는 직원들을 찾아가 그들의 고충에 귀를 기울이고 현장의 아이디어를 구했습니다. 그는 경쟁사의 매장을 방문할 때도 늘 낡은 수첩을 들고 다니며 현장의 아주 작은 디테일까지 꼼꼼히 기록하였고, 이러한 정직한 정보들을 바탕으로 월마트만의 독보적인 물류 혁신과 가격 경쟁력이라는 핵심 역량을 구축하였습니다. 리더가 스스로 권위의 성벽을 허물고 가장 낮은 곳에서 구성원들과 깊이 교감하자, 직원들은 리더의 진정성에 뜨겁게 반응하며 회사의 주인으로서 자발적인 역동성을 발휘하기 시작했습니다.

샘 월튼의 현장 중심 리더십은 월마트를 세계 최대의 기업으로 성장시켰을 뿐만 아니라, 리더가 현장을 지킬 때 조직의 영혼이 비로소 살아난다는 불멸의 교훈을 남겼습니다. 리더의 구두에 묻은 현장의 흙이 그 어떤 화려한 훈장보다 고결한 리더십의 가치를 증명한다는 이 자명한 진실은, 경영의 격(格)을 고민하는 우리 시대의 모든 리더에게 뚜렷한 이정표가 되고 있습니다.

💡 성찰

- 당신은 오늘 에어컨 바람으로 시원한 사무실에서 가공된 수치에 안주했는가? 아니면 땀 냄새 가득한 현장에서 구성원들의 거친 손을 맞잡았는가?
- 우리 조직은 리더의 현장 방문을 의례적인 검열로 여겨 긴장하는 곳인가? 아니면 자신들의 목소리를 들어줄 진정한 대변인의 등장으로 반기는 생동하는 유기체인가?
- 당신은 리더로서 자신의 품위를 지키려는 욕망을 이겨 내고, 조직의 실체적 진실을 마주하기 위해 기꺼이 낮은 곳으로 임할 고결하고 단단한 자아를 지니고 있는가?

🌊 명상

리더의 격(格)은 높은 자리가 아니라 현장에서 직접 발로 뛴 거리에서 증명됩니다. 현장의 땀방울을 삶의 나침반으로 삼아 동료들과 함께 묵묵히 걸어 보세요. 그 정직한 실천은 우리 공동체를 지탱하는 가장 단단하고 깊은 뿌리가 됩니다.

제25장

회피라는 이름의 안개 속에 숨지 마십시오

위기 속에서 조직을 지탱하는 힘은 리더가 현실을 얼마나 정직하게 직시하느냐에 달려 있습니다. 불편한 진실을 피하지 않고 마주하는 용기가 있을 때, 조직은 비로소 시련을 버텨 낼 내성을 갖추게 됩니다. 불안해하는 구성원들을 다시 일으켜 세우는 진짜 동력은, 화려한 수사보다 리더가 행동으로 증명하는 '정직한 태도'에서 나옵니다.

리더의 행로에서 가장 달콤하면서도 위험한 덫은 당장의 평온을 위해 문제를 덮어 두려는 정서적 회피입니다. 위기의 징후를 보고도 시간이 해결해 주리라 믿으며 외면하거나 장밋빛 수치 뒤로 숨어 버릴 때, 조직의 병폐는 보이지 않는 곳에서 깊게 곪아 터져 결국 손쓸 수 없는 재앙으로 번지게 됩니다. 회피는 잠시 비난을 피하게 해 주는 안락한 도피처처럼 보이지만, 실제로는 자신의 인격적 부채를 미래로 떠넘기는 비겁한 행위이자 공동체의 자생력을 갉아먹는 치명적인 독소입니다.

리더에게 닥친 현실을 있는 그대로 받아들이는 용기는 모든 매듭을 푸는 출발점이자 결코 소홀히 할 수 없는 첫 번째 의무입니다. 품격을 지닌 이는 자신의 위신이 깎일까 염려하여 허물을 덮어 두는 어리석음을 범하지 않습니다. 오히려 가장 아픈 진실을 담담하게 꺼내 놓으며 동료들과 머리를 맞대고 함께 길을 찾아가는 지혜를 발휘합니다. 불확실한 안개 속으로 자신을 숨기지 않는 태도는 단순한 정직함을 넘어서는 고결한 행위입니다. 이는 공동체의 미래를 자신의 어깨에 온전히 얹고 격변의 파도 속으로 기꺼이 나아가겠다는 단단한 결의의 표현이라 할 수 있습니다.

나의 무능함이 세상에 드러날지도 모른다는 그 근원적인 공포를 정면으로 응시하십시오. 막연한 낙관론에 기대어 잠시의 위안을 얻으려는 유혹은 리더의 눈을 멀게 하는 독배와 다름없습니다. 차가운 진실의 물살 속에 스스로를 던져 내면의 토대를 다지는 고독한 훈련만이 우리를 지켜 줄 것입니다. 허울 좋은 희망으로 쌓은 성벽은 고난의 바람 앞에 허망하게 무너지지만, 정직한 성찰로 빚어낸 투명한 현실 인식은 위기의 심연에서 조직을 구원하는 가장 예리한 무기가 됩니다.

공동체의 명운은 리더가 마주한 진실의 선명도에 의해 최종적으로 판가름 납니다. 사무실의 문을 열고, 동료들에게 가장 나쁜 소식부터 가감 없이 보고해 달라 청하십시오. 핵심 문제를 회피하지 않고 실체와 마주하는 그 단단한 결기야말로 인재들에게 건넬 수 있는 가장 성숙한 신뢰의 언어입니다. 정보를 가리고 본질을 흐리려는 욕심을 내려놓을 때, 우리는 비로소 어떤 시대적 격랑 속에서도 항로를 흩뜨리지 않는 경영의 나침반을 손에 쥐게 될 것입니다.

> 리더의 첫 번째 책임은 현실을 정의하는 것이다. 진실을 외면하는 리더는 이미 그 자격을 상실한 것이며, 고통스러운 사실 앞에 마주 설 때 비로소 변화의 문이 열린다.
>
> — 맥스 드프리(Max De Pree)

"우리의 품질은 일본에 뒤처진 부끄러운 현실입니다"라는 정직한 참회로 전설의 고동 소리를 되살린 할리데이비슨의 본 빌스

1981년 파산 위기에 직면했던 할리데이비슨(Harley-Davidson)을 인수한 본 빌스(Vaughn Beals)는 리더가 자부심이라는 안개 뒤로 숨지 않고 가혹한 진실을 정면으로 마주할 때 조직에 어떤 기적이 일어나는지를 보여 준 경영사의 위대한 이정표입니다. 당시 할리데이비슨은 기름이 새고 잦은 고장을 일으키는 저질 품질로 인해 '미국적 가치'라는 허상 속에서 침몰하고 있었으며, 내부 구성원들은 일본 오토바이의 공세 앞에서도 과거의 명성에만 매달려 현실을 부정하고 있었습니다.

본 빌스 회장은 취임 직후 모든 임직원에게 가공되지 않은 뼈아픈 실상을 선포하며 그들의 오만을 깨뜨리는 자생적 용기를 보여 주었습니다. 그는 "할리의 품질은 경쟁사인 일본 기업들에 비해 한참 뒤처져 있으며, 이대로라면 전설은 영원히 사라질 것"이라고 정직하게 고백하였습니다. 리더가 브랜드의 결함을 회피하거나 헛된 애국심에 호소하는 대신 가혹한 품질의 현실을 투명하게 공개하자, 조직 내부를 지배하던 안일함은 사라지고 생존을 위한 구성원들의 절박한 지혜가 모이기 시작했습니다.

그는 일본 공장을 직접 시찰하며 배우는 고통스러운 과정을 회피하지 않았고, 리더가 진실 앞에 겸허히 서자 구성원들은 다시금 신뢰의 끈을 부여잡았습니다. 할리데이비슨은 이후 철저한 품질 개선을 통해 매출이 급성장하는 전설적인 부활을 일궈 냈습니다. 리더의 정직한 직면이 조직의 격(格)을 완성하고 영속하는 부의 유산을 남긴 이 찬란한 기록은, 진정한 경영의 힘이 꾸며진 수사가 아닌 진실의 무게에서 비롯됨을 우리에게 자명하게 보여 주고 있습니다.

💡 성찰

- 당신은 오늘 조직의 중대한 결함을 발견하고도 갈등이 두려워 혹은 당신의 업적에 흠집이 날까 두려워 회피의 안개 속으로 숨지는 않았는가?
- 우리 조직은 나쁜 소식을 전하는 자가 질책 받는 폐쇄적인 곳인가? 아니면 가혹한 진실을 공유하며 함께 돌파구를 찾는 정직한 터전인가?
- 당신은 리더로서 자신의 실패가 만천하에 드러나는 수치심을 이겨 내고, 조직의 생존을 위해 기꺼이 진실의 제단 위에 자신을 세울 고결하고 단단한 자아를 지니고 있는가?

🌱 명상

리더의 격(格)은 화려한 영광보다 타인의 아픔을 짊어지는 책임의 무게에서 증명됩니다. 불편한 진실 앞에 정직하게 자신을 세우며 공동체를 이끄는 환한 등대가 되어 보세요. 그 성실한 자취는 시대를 넘어 영원히 빛나는 고결한 유산으로 우리 곁에 남습니다.

제26장

리더의 에너지는
자신을 비우고 돌볼 때 채워집니다

리더의 마음은 쉬지 않고 돌아가는 기계가 아닙니다. 때로는 소란스러운 일상에서 한 걸음 물러나 조용히 자신을 돌아보는 시간이 꼭 필요합니다. 잠시 멈추는 것은 시간을 낭비하는 것이 아니라, 더 좋은 리더십을 발휘하기 위해 마음을 채우는 과정입니다. 이런 휴식을 통해 얻은 맑은 기운은 결국 조직 전체를 건강하게 만드는 소중한 밑거름이 됩니다.

많은 리더가 휴식 없이 분주하게 움직이는 것만이 조직을 향한 진정한 헌신이라고 믿는 착각의 늪에 빠지곤 합니다. 하지만 스스로를 돌보지 못한 채 한계까지 몰아붙이는 행위는 결국 판단력을 흐리게 하고 조직 전체를 정서적인 고갈로 몰아넣는 지름길이 될 뿐입니다. 비워 내지 못한 그릇에 새로운 가치를 담을 수 없듯이, 리더의 소진은 공동체의 활력을 앗아 가는 무거운 침체를 불러오는 원인이 됩니다.

멈춤은 단순히 동작을 중단하는 것이 아니라, 더 멀리 도약하기 위해 내면의 질서를 새롭게 정립하는 역동적인 회복의 과정입니다. 품격을 갖춘 리더는 자신의 체력과 열정이 유한하다는 사실을 정직하게 인정하며, 의도적인 고립을 통해 영혼의 평온을 되찾는 미학을 실천합니다. 이러한 자기 존중의 태도는 구성원들에게도 지속 가능한 일의 방식을 보여 주는 살아 있는 가르침이 되어 조직의 건강함을 유지하는 든든한 토대가 됩니다.

진정으로 마음을 비운다는 것은 리더로서 느끼는 막연한 불안감이나 무거운 책임감을 잠시 내려놓는 용기를 뜻합니다. 흔히 쉬지 않고 몰아치는 것만이 성실함이라 생각하기 쉽지만, 사실은 차분한 사유를 통해 얻은 맑은 정신이 가장 큰 가치를 만들어 냅니다. 이렇게 채워진 마음의 여유는 예기치 못한 위기가 닥쳤을 때 조직이 흔들리지 않고 중심을 잡을 수 있게 돕는 든든한 밑거름이 됩니다.

우리 조직이 내뿜는 활력의 온도는 결국 리더가 자신을 얼마나 아끼고 살피는지에 달려 있습니다. 눈앞의 성과에만 매달리는 대신 자신의 내면과 진실하게 마주하는 시간은, 함께 걷는 동료들에게 전하는 가장 깊은 배려이기도 합니다. 리더에게서 배어 나오는 평온한 분위기는 자연스럽게 구성원들에게 전해져, 우리 모두를 더 큰 미래로 이끄는 가장 따뜻한 격려가 될 것입니다.

> 서른 개의 바퀴살이 하나의 축에 모여 있으나, 그 가운데가 비어 있기에 수레가 굴러갈 수 있다. 그릇의 쓸모는 비어 있음에 있고, 리더의 지혜는 그 비어 있는 마음에서 나온다.
>
> — 노자(老子)

탈진의 끝에서 '수면과 비움'의 가치를 발견하고 기업 문화를 재편한 아리아나 허핑턴

허핑턴 포스트의 창립자 아리아나 허핑턴(Arianna Huffington)은 내면의 비움과 자기 돌봄이라는 정적인 질서가 어떻게 리더십의 가장 역동적인 핵심 역량으로 승화될 수 있는지를 웅변하는 경영사의 독보적인 귀감이 됩니다. 그녀는 한때 오직 외형적인 성공만을 쫓으며 하루 18시간 이상 업무에 매몰된 삶을 살았으나, 결국 과로로 쓰러지는 자생적 위기를 겪으며 리더십의 본질에 대한 근원적인 성찰에 직면하게 되었습니다.

이 사건을 계기로 그녀는 리더의 탈진이 단순히 개인의 건강 문제를 넘어 조직 전체에 얼마나 치명적인 해악을 끼치는지를 깊이 통찰하였으며, 더 이상 번아웃을 성공의 훈장으로 여기지 않기로 결단하였습니다. 허핑턴은 잠시 일을 내려놓고 충분한 수면과 명상을 통해 내면을 비워 내는 자기 돌봄의 시간을 가졌으며, 이를 통해 얻은 깨달음을 바탕으로 조직의 성과와 직원의 안녕이 조화롭게 공존하는 새로운 경영 모델을 정립하였습니다. 이는 리더가 먼저 자신을 돌볼 때 비로소 타인을 온전히 이끌 수 있다는 리더십의 오롯한 진실을 보여 줍니다.

리더가 먼저 비움의 가치를 실천하고 자기 돌봄을 경영의 최우선 순위에 두자, 조직 전체의 창의성과 생산성은 오히려 이전보다 비약적으로 향상되는 기적을 일궈 냈습니다. 아리아나 허핑턴의 사례는 리더가 자신을 비우고 돌볼 때 비로소 조직을 지속 가능한 번영으로 이끌 에너지를 얻게 된다는 진리를 자명하게 증명한 찬란한 기록입니다. 그녀가 보여 준 정서적 격(格)은 현대 경영이 지향해야 할 진정한 풍요로움이 어디에서 기원하는지를 우리에게 여실히 일깨워 주고 있습니다.

- 당신은 오늘 조직을 위한다는 명분 아래 당신의 몸과 마음이 보내는 휴식의 신호를 애써 외면하지는 않았는가?
- 우리 조직은 늦게까지 일하는 것을 미덕으로 여기는 메마른 곳인가? 아니면 리더가 먼저 쉼의 본을 보이며 에너지를 채우는 생동하는 유기체인가?
- 당신은 리더로서 모든 것을 직접 챙겨야 한다는 강박을 내려놓고, 조직의 지속 가능성을 위해 기꺼이 자신을 비워 낼 고결하고 단단한 자아를 지니고 있는가?

🧠 **명상**

리더의 격(格)은 바쁜 시간이 아닌 내면의 고요한 질서에서 드러납니다. 충분한 휴식으로 생명력을 비축하여 조직을 지탱하는 단단한 지층이 되세요. 당신의 평온한 기운은 어떤 위기에도 흔들리지 않는 명확한 통찰을 만듭니다.

제27장

진정한 내면의 힘은
고독한 결정의 순간을 견디는 데 있습니다

결단을 내리는 마지막 찰나, 리더는 세상의 모든 소음이 사라진 고요한 심연과 마주합니다. 수많은 의견을 뒤로하고 오직 자신의 신념만으로 결론을 내려야 하는 그 고독한 순간은 피할 수 없는 리더의 숙명입니다. 다른 사람의 평가에 휘둘리지 않고 스스로의 내면에서 길러 낸 정직한 기준을 믿고 나아가십시오. 이 묵직한 책임감을 온전히 받아들일 때, 조직은 거친 파도 앞에서도 흔들리지 않는 명확한 길을 찾게 됩니다.

공동체의 명운을 결정해야 하는 숙명적인 고갯길에서 마주하는 진짜 적은 물리적 위기가 아니라, 합의라는 안온한 그늘 뒤로 숨어 책임의 무게를 분산시키려는 리더 내면의 정서적 유약함입니다. 많은 이가 다수결이라는 방패 뒤로 몸을 피하려 하지만, 이는 결국 결정의 선명함을 흐리고 조직을 평범함의 수렁에 빠뜨리는 안일한 처세일 뿐입니다. 고독을 견디지 못하고 타인의 승인에 목마른 리더십은 폭풍우 치는 바다 위에서 나침반을 버리고 타인의 손짓에 키를 맡기는 것과 같으며, 이는 조직 전체를 방향 없는 표류 상태로 전락시키는 치명적인 안목의 마비를 초래합니다.

리더가 가진 내면의 단단함은 외부의 박수나 지지가 아니라, 자기 자신을 믿는 굳건한 마음에서 나옵니다. 남들의 시선에서 벗어나 홀로 남겨진 시간은 두려워해야 할 재앙이 아니라, 오히려 진실을 마주하며 스스로를 돌아보는 귀중한 기회입니다. 모두가 반대하는 순간에도 자신의 직관과 가치가 가리키는 방향을 향해 묵묵히 나아가는 주체적인 항해자가 되어야 합니다. 고독하게 결단을 내리는 과정은 독단이 아니라, 내 영혼이 명령하는 진실에 대해 끝까지 책임지겠다는 가장 정직한 다짐입니다.

누군가에게 인정받고 싶은 욕구와 실패할지 모른다는 근원적인 두려움을 정면으로 마주하는 일은 결코 쉽지 않습니다. 하지만 이 시린 과정을 통해 리더의 정신적 근력은 비로소 단련됩니다. 화려한 박수갈채 속에서 이룬 성취는 시련의 바람이 불면 의외로 무기력하게 흩어지기도 합니다. 정작 위기의 순간에 조직을 구하는 진정한 힘은, 리더가 고독한 시간을 견디며 스스로 쌓아 올린 확고한 신념에서 나옵니다. 사람들은 흔히 화려한 소통 기술이 리더십의 전부라고 믿곤 합니다. 그러나 경영의 현장에서 마주하는 수많은 난제에 대한 참된 해답은 소음이 아닌 정적 속에서 찾아옵니다. 리더 스스로가 정직하게 사유하고 깊게 고민하여 얻어 낸 그 정갈한 통찰이야말로, 우리 공동체를 올바른 길로 인도하는 가장 확실한 이정표가 됩니다.

조직이 도달하는 품격의 결실은 결단의 속도가 아니라 그 고독을 감내한 리더의 영혼이 지닌 순수함에 의해 최종적으로 결정됩니다. 매일의 사무가 끝난 뒤 스스로의 내면과 마주하며 외부의 평가라는 소음 대신 양심의 소리에 귀를 기울이는 자세는, 함께 걷는 인재들에게 보여 줄 수 있는 가장 숭고한 신의의 표상입니다. 리더의 선택이 수치적 지배보다 내면적 진실에 깊이 뿌리내릴 때, 공동체는 비로소 어떤 격변에도 무너지지 않는 영속적인 생명력을 얻게 되며 그 강인한 기상은 동료들에게 전염되어 우리 모두를 역사의 주역으로 우뚝 세우는 최고의 버팀목이 될 것입니다.

결정적인 순간에 리더는 언제나 혼자다. 그 고독을 피하지 않고 정면
으로 응시할 때 비로소 진정한 리더십의 격이 완성되며, 내면의 힘이
외부의 폭풍을 압도할 때 조직은 흔들리지 않는 신화를 쓴다.

— 해리 S. 트루먼(Harry S. Truman)

📖 사례

**주주들의 거센 비난 속에서도 '분기 실적 보고 폐지'라는 고독한 결단을 내린
유니레버의 폴 폴먼**

글로벌 소비재 기업 유니레버의 전 CEO 폴 폴먼(Paul Polman)은 고독한
결단의 무게를 묵묵히 버텨 내는 리더의 내면적 강인함이 조직의 근본적인
체질을 어떻게 혁신하고 재건해 내는지를 보여 주는 경영사의 독보적인 실
증 사례가 됩니다. 2009년 취임 직후, 그는 기업의 단기적인 이익 추구가 지
구와 인류의 미래를 파괴하고 있다는 자생적 성찰을 바탕으로 경영 역사상
가장 파격적이고도 고독한 결단을 내렸습니다.

폴먼은 주주와 시장의 강력한 반대를 무릅쓰고 분기별 실적 보고를 중단
하겠다고 선포하였습니다. 그는 단기 실적에 연연하는 경영이 조직의 장기
적 가치를 훼손한다고 믿었으며, 유니레버의 존재 이유를 단순히 숫자의 증
대가 아닌 지속 가능한 삶의 실현으로 재정립하였습니다. 당시 시장과 투자
자들은 그를 미쳤다고 비난하며 주가를 투매하는 등 가혹한 압박을 가했지
만, 폴먼은 자신의 신념을 굽히지 않고 그 외로운 시간을 묵묵히 견뎌 내는
인격적 도야를 보여 주었습니다.

리더가 고독 속에서 지켜 낸 그 신념의 결과로 유니레버는 단기적 부침에
흔들리지 않고 장기적 투자에 집중할 수 있었으며, 이후 10년 동안 주주 수
익률 290퍼센트라는 경이로운 성취를 일궈 냈습니다. 폴 폴먼의 사례는 리

더가 대중의 기호에 영합하지 않고 자신의 정직한 내면이 가리키는 올바른 길을 선택할 때, 비로소 시대를 관통하는 위대한 성취의 숲을 이룰 수 있음을 자명하게 증명한 기록입니다. 리더의 내면적 격(格)이 어떻게 조직의 영혼을 구원하고 장엄한 승리의 유산을 남길 수 있는지를 보여 주는 그의 행보는, 현대 경영이 지향해야 할 가장 뚜렷한 이정표로 남을 것입니다.

💡 성찰

- 당신은 오늘 결단의 순간에 당신의 내면이 속삭이는 진실을 따랐는가? 아니면 비난이 두려워 타협의 목소리에 귀를 기울이지 않았는가?
- 우리 조직은 리더의 단단한 신념 위에서 안정감을 느끼는 곳인가? 아니면 리더의 흔들리는 마음을 보며 불안해하는 표류선인가?
- 당신은 리더로서 홀로 책임을 짊어져야 하는 그 적막한 고독의 무게를 기꺼이 감내하며, 당신의 영혼이 부끄럽지 않은 결단을 내릴 고결하고 단단한 자아를 지니고 있는가?

🌀 명상

리더의 격(格)은 화려한 찬사가 아니라 홀로 견뎌 낸 고독의 깊이에서 나옵니다. 내면의 소리에 집중하며 진실을 지키는 단호한 결단을 행동으로 직접 옮겨 보세요. 그 고귀한 성찰은 우리를 영원히 빛나게 만드는 가장 단단한 기틀이 됩니다.

제28장

일관성이라는 닻이 거친 파도를 이겨 냅니다

상황이 바뀌어도 어제의 약속을 묵묵히 지켜 내는 태도는 단순한 고집이 아니라 조직을 지탱하는 리더의 철학입니다. 말이 행동으로 이어지는 그 우직한 과정을 곁에서 지켜보며 동료들은 비로소 불안을 떨치고 미래를 향해 발을 내딛습니다. 리더가 스스로 세운 원칙을 일관되게 지켜 낼 때, 공동체는 나아가야 할 방향을 명확히 깨닫고 흔들림 없는 성장을 이어 가게 됩니다.

당장의 이득을 얻기 위해 신념을 쉽게 뒤집는 기회주의는 리더가 가장 경계해야 할 함정입니다. 리더의 결정이 원칙 없이 흔들릴 때, 동료들은 혼란에 빠져 창의적인 혁신보다는 리더의 눈치를 보느라 소중한 에너지를 허비하게 됩니다. 일관성을 잃어버린 모습은 조직 전체에 불신이라는 어두운 그림자를 드리우며 결국 공동체의 전략적 기반을 무너뜨리는 결과를 낳습니다.

우리는 리더가 일관되게 행동하는 과정을 지켜보며 그가 지향하는 가치를 신뢰하고 미래를 예측합니다. 진정한 리더십은 자신의 말에 끝까지 책임을 지는 태도에서 시작됩니다. 때로는 손해를 감수하더라도 원칙을 지켜 내는 그 강인한 의지는, 외부의 어떤 압력에도 굴하지 않고 내면의 진실을 지켜 내겠다는 선명한 의지 표명입니다.

원칙을 끝까지 지키는 태도는 조급한 마음과 주변의 압박을 이겨 내며 스스로를 다독이는 성숙한 과정입니다. 현장의 수많은 난관 속에서 길을 찾는 확실한 방법은 리더의 마음속에 이미 자리 잡은 확고한 철학을 믿고 따르는 것입니다. 평소에 묵묵히 다져 온 일관된 성품은 위급한 순간에 비로소 진가를 발휘하며 조직을 안전하게 이끄는 힘이 됩니다. 깊은 성찰 끝에 세워진 원칙이 있다면, 그 어떤 시련이 닥쳐도 다시 일어설 수 있는 단단한 용기를 얻게 될 것입니다.

조직의 성공은 리더가 얼마나 한결같이 자신의 가치를 실천하느냐에 달려 있습니다. 어제의 약속이 오늘도 변함없는지 스스로를 끊임없이 살피는 태도는 함께하는 동료들에게 전할 수 있는 가장 확실한 믿음의 증표입니다. 눈앞의 이익보다 소중한 가치를 먼저 생각하며 진심을 다할 때, 그 든든한 에너지는 구성원 모두에게 자연스럽게 스며듭니다. 이렇게 하나로 뭉친 기운은 조직이 어떤 변화의 파도에도 굴하지 않고 새로운 시대를 당당히 이끌어 가는 강력한 원동력이 됩니다.

> 우리가 반복적으로 하는 행동이 바로 우리 자신이다. 그러므로 탁월함은 하나의 행위가 아니라 하나의 습관이며, 리더의 일관성은 그 습관을 완성하는 가장 위대한 힘이다.
>
> — 아리스토텔레스(Aristotle)

"인간으로서 무엇이 옳은가"라는 일관된 철학으로 두 번의 기적을 만든 이나모리 가즈오

일본에서 경영의 성자(聖者)로 추앙받는 교세라(Kyocera)의 창립자 이나모리 가즈오는, 리더가 고수하는 철학의 일관성이 어떻게 조직의 명운을 근본적으로 뒤바꾸고 새로운 생명력을 불어넣는지를 보여 주는 경영사의 독보적인 귀감이자 오롯한 실증이 됩니다. 그는 교세라 창업 초기부터 일본항공(JAL)의 기적적인 부활에 이르기까지 평생 동안 "인간으로서 무엇이 옳은가?"라는 본질적인 질문에 정직하게 답하는 자생적 일관성을 경영의 핵심 가치로 삼아 왔습니다. 이는 수많은 경영 기법보다 리더의 흔들리지 않는 중심이 조직의 격(格)을 결정한다는 사실을 여실히 투영하는 대목입니다.

이나모리 회장은 경기의 부침에 상관없이 직원들을 가족처럼 소중히 여기고, 정직한 회계와 투명한 경영이라는 원칙을 단 한 번도 어기지 않는 인격적 도야를 보여 주었습니다. 특히 파산 직전의 일본항공 CEO로 부임했을 때, 그는 화려한 구조 조정 기술이나 숫자상의 지표에 매몰되는 대신 리더와 구성원의 마음가짐을 일관되게 정렬하는 데 온 힘을 쏟았습니다. 리더가 사심을 버리고 공공의 이익을 위해 헌신하는 진실한 모습을 보이자, 불신과 패배주의에 가득 찼던 직원들은 다시금 신뢰의 닻을 내리고 한마음으로 뭉치는 자생적 역동성을 발휘하기 시작했습니다.

이나모리 가즈오의 일관된 철학은 교세라를 세계적인 기업으로 키웠을 뿐만 아니라, 일본항공을 단 1년 만에 흑자로 전환하는 경이로운 기록을 남겼습니다. 리더가 상황에 흔들리지 않는 일관성의 닻을 내릴 때 조직은 비로소 어떤 거친 파도도 뚫고 나아갈 수 있음을 증명한 이 찬란한 기록은, 진정한 경영의 힘이 기술이 아닌 리더의 고결한 신념에서 기원함을 자명하게 보여

주고 있습니다. 리더의 내면적 격(格)이 조직의 영혼을 어떻게 깨우는지를 보여 주는 그의 행보는 현대 경영사에서 뚜렷한 이정표로 남을 것입니다.

💡 성찰

- 당신은 오늘 상황의 유불리에 따라 어제 내린 약속이나 원칙을 번복하여 구성원들에게 불신의 씨앗을 심지는 않았는가?
- 우리 조직은 리더의 일관된 철학 아래 안심하고 도전하는 곳인가? 아니면 시시각각 변하는 리더의 의중을 살피느라 눈치를 보는 표류선인가?
- 당신은 리더로서 단기적인 성과를 위해 평생 지켜 온 가치를 저버리려는 유혹을 이겨 내고, 조직의 영원한 신뢰를 위해 기꺼이 일관성의 고통을 감내할 고결하고 단단한 자아를 지니고 있는가?

🌀 명상

리더의 격(格)은 매번 새로운 지시보다 흔들림 없는 원칙의 일관성에서 확립됩니다. 격랑 속에서도 일관성의 닻을 내려 조직의 중심을 단단하게 지키는 무게감을 보여 주세요. 당신의 한결같은 태도는 시대를 관통하여 모두를 이끄는 고귀한 이정표가 됩니다.

제29장

분노의 파도를 가라앉혀야
승리의 항로가 보입니다

리더가 감정을 다스리지 못하고 격하게 쏟아 내면, 공동체는 이성적인 판단력을 잃고 혼란에 빠집니다. 요동치는 마음을 차분히 가라앉혀 내면의 평화를 유지하는 절제는 구성원들을 공포에서 벗어나게 하는 힘이 있습니다. 이렇게 얻은 맑은 정신은 우리가 승리를 향해 나아갈 때 무엇을 보아야 하는지 정확히 알려 주는 리더의 가장 고귀한 재산입니다.

리더가 분노라는 감정의 고삐를 놓치는 순간, 조직 내 소통의 흐름은 순식간에 얼어붙고 생동감을 잃게 됩니다. 구성원들은 문제의 본질적인 해결책을 고민하기보다 리더의 노여움을 피하는 데만 온 신경을 쏟게 되기 때문입니다. 진실을 왜곡하거나 변명 뒤로 숨는 분위기가 형성되면 조직 전체는 정서적 불안 상태에 빠지고, 결국 합리적인 판단이 불가능한 지적 마비 상태에 이릅니다. 감정의 과잉은 리더 개인의 품격을 깎아내리는 것은 물론, 공동체가 가진 소중한 지적 자산마저 침묵의 감옥에 가두는 결과를 초래합니다.

인간의 사유를 관장하는 신경계의 정교한 섭리로 고찰할 때, 격앙된 감정은 창조적 영감을 길어 올리는 뇌의 기능을 마비시키고 오직 원초적인 생존 본능만을 일깨우는 치명적인 장애가 됩니다.

진정한 기품을 갖춘 리더는 자신의 정서 상태가 조직의 기상도를 결정하는 공공의 인프라임을 깊이 자각하는 사람입니다. 폭발적으로 반응하고 싶은 유혹을 이겨 내고 심호흡을 하며 이성적인 사유의 공간을 확보하는 결단이 필요합니다. 이러한 정서적 조절은 나약함의 증거가 아니라, 자신을 온전히 다스릴 줄 아는 리더만이 보여 줄 수 있는 가장 강력한 자기 지배의 표명이라 할 수 있습니다.

내면에서 소용돌이치는 감정의 파도를 잠재우기 위해 홀로 견디는 시간은 자신의 미성숙함과 권력에서 오는 오만을 정직하게 응시하는 숭고한 성찰의 과정입니다. 위압적인 호통으로 기강을 잡을 수 있다는 믿음은 권위라는 껍데기에 갇힌 착각일 때가 많으며, 공포로 얻어 낸 복종은 시련의 파도가 덮치면 허망하게 부서지기 마련입니다. 위기의 심연에서 조직을 구원하는 진정한 힘은 리더가 평소 보여 준 정서적 일관성에서 나옵니다. 이렇게 다져진 온화함은 어떤 고난 속에서도 동료들을 다시 일으켜 세우는 형형한 빛이 됩니다.

우리 공동체가 도달하는 성취의 품격은 리더가 내뿜는 평온한 기운의 질에 의해 결정됩니다. 바쁜 일상 속에서 무심코 던진 언행이 타인에게 상처를 주지는 않았는지 스스로 엄격하게 검열하는 태도는 함께 일하는 인재들에게 보여 줄 수 있는 가장 성숙한 예우입니다. 리더가 외적인 지배력에 의존하기보다 마음의 평온과 내면의 진실에 정성을 쏟을 때, 조직은 비로소 독창적인 생명력을 얻습니다. 리더로부터 시작된 맑은 기운은 모든 동료에게 전염되어 우리 모두를 시대를 선도하는 주역으로 우뚝 세워 주는 최고의 에너지가 됩니다.

> 분노는 리더의 눈을 가리는 가리개와 같고, 평온은 세상을 보는 망원경과 같다. 자신을 다스리지 못하는 자는 결코 타인을 이끌 수 없으며, 마음의 파도를 잠재운 자만이 진정한 승리의 해안에 닿을 수 있다.
>
> — 세네카(Seneca)

"비난의 문화를 책임의 문화로", 분노 대신 소통을 선택하여 GM을 재건한 메리 바라

제너럴 모터스(GM)의 CEO 메리 바라(Mary Barra)는 리더가 분노의 격랑을 고요히 가라앉히고 평정의 지혜를 발휘할 때, 조직이 어떻게 칠흑 같은 절망의 심연에서 벗어나 부활의 길로 나아갈 수 있는지를 여실히 증명하는 경영사의 독보적인 실증 사례가 됩니다. 2014년 그녀가 취임하자마자 십수 년간 방치되었던 점화 스위치 결함 문제가 터져 나오며, 수많은 인명 피해와 천문학적인 배상금이라는 초유의 사태가 발생했습니다.

과거의 GM 리더십이었다면 분노를 터뜨리며 책임자를 색출하고 비난의 화살을 돌리는 데 급급했겠지만, 메리 바라는 자생적 평정심을 유지하며 정직한 정면 돌파를 선택하였습니다. 그녀는 의회 청문회와 대중의 가혹한 비판 앞에서도 감정적인 대응을 자제하며, "우리는 이 비극을 잊지 말고 더 나은 기업으로 거듭나는 발판으로 삼아야 한다"는 일관된 메시지를 전달했습니다. 리더의 안색이 흔들리지 않는 평온한 기상을 유지하자, 조직을 지배하던 공포의 안개가 서서히 걷히기 시작했습니다.

그녀는 분노와 공포가 지배하던 조직 내부에 '비난하지 않는 책임감(Accountability without Blame)'의 문화를 이식하였습니다. 리더가 감정의 파도를 가라앉히고 문제의 본질을 투명하게 대면하자, 직원들은 비로소 방어기제를 내려놓고 안전과 품질이라는 핵심 가치에 집중하기 시작했습니다. 메리 바라의 절제된 리더십은 GM을 파산의 위기에서 구해 내어 전기차 시대의 선두 주자로 탈바꿈시켰으며, 이는 리더의 평온함이 조직을 구원하는 가장 날카로운 전략적 도구임을 웅변하는 찬란한 기록입니다. 리더의 정서적 격(格)이 어떻게 무너진 제국을 재건하는지를 보여 주는 그녀의 행보는 현대 경영사에서 뚜렷한 이정표로 남을 것입니다.

💡 성찰

- 당신은 오늘 부하 직원의 실수 앞에서 당신의 명성을 지키기 위해 분노의 화염을 내뿜어 조직의 창의적 불꽃을 꺼트리지는 않았는가?
- 우리 조직은 리더의 변덕스러운 감정 기복에 따라 숨죽이는 폐쇄적인 곳인가? 아니면 리더의 평온한 중심 아래 자유로운 사유가 흐르는 생동하는 지혜의 바다인가?
- 당신은 리더로서 자신의 즉각적인 감정 분출이 주는 카타르시스를 이겨 내고, 조직의 승리를 위해 기꺼이 인내의 침묵을 지켜 낼 고결하고 단단한 자아를 지니고 있는가?

�️ 명상

리더의 격(格)은 밖으로 뿜는 격정보다 내면의 깊고 고요한 평온에서 발현됩니다. 감정을 다스려 시야를 확보하고 동료를 비추는 맑은 거울이 되어 보세요. 그 평온한 통찰은 조직을 흔들림 없는 지혜의 길로 든든히 안내합니다.

제30장

리더의 철학이
조직의 붕괴를 막는 최후의 보루입니다

리더에게 정말 위험한 결핍은 눈에 보이는 자본의 부족이 아니라, 내면에 간직한 가치의 빈곤입니다. 어떤 경영 전략도 통하지 않는 절체절명의 순간에 조직을 다시 일으켜 세우는 힘은 리더의 영혼에 깊이 박힌 신념에서 나옵니다. 이러한 철학적 뿌리는 공동체가 흩어지지 않도록 방어하는 가장 견고한 요새이며, 세대를 이어 가며 존경받는 조직의 품격을 완성하는 최후의 보루입니다.

리더의 발걸음이 가장 위태로워지는 순간은 외부의 거센 공격이 닥칠 때가 아닙니다. 오히려 내면을 지탱하던 철학적 중심이 흔들리기 시작할 때 진짜 위기가 찾아옵니다. 당장의 숫자에 매몰되어 자신의 신념을 수시로 바꾸는 행위는 조직의 나침반을 스스로 던져 버리는 것과 같습니다. 가치관이 선명하지 못한 경영은 기초가 부실한 건축물처럼 작은 시련의 진동에도 허망하게 무너질 수밖에 없는 구조적 한계를 지닙니다.

진정한 격을 갖춘 리더는 비즈니스를 단순히 재화를 생산하는 도구로 보지 않습니다. 자신의 철학을 사회적 가치로 승화시키는 숭고한 여정으로 대우합니다. 확고한 신념은 조직의 정체성을 규정하는 유전자이자, 위기를 극복하기 위한 가장 강력한 소통의 언어가 됩니다. 어떤 불확실성 속에서도 혼들리지 않는 판단 기준은 인재들에게 자부심이라는 고귀한 동기를 부여하는 가장 큰 선물이 될 것입니다.

자신의 가치관을 지키는 일은 생각보다 쉽지 않습니다. 적당히 타협하고 싶은 유혹이나 남들의 시선을 의식하는 마음과 정직하게 싸워야 하기 때문입니다. 이것은 마치 거친 파도 속에서 스스로를 단단히 붙잡아 두는 고통스러운 훈련과도 같습니다. 리더가 가치를 만들어 내는 과정에서 붙들어야 할 정답은 결국 '변하지 않는 원칙' 하나입니다. 기회주의적으로 얻은 성과는 시련 앞에서 금방 사라지지만, 평소 꾸준히 지켜 온 가치는 위기의 순간에 조직을 구하는 가장 강력한 힘이 됩니다.

조직이 시대를 앞서가는 힘은 리더가 이익보다 가치를 먼저 선택할 때 나옵니다. 자신의 모든 결정을 철학적 기준에 비추어 돌아보는 태도는 함께 일하는 동료들에게 보여 줄 수 있는 가장 진실한 헌신입니다. 리더의 신념이 깊어질수록 조직 전체에도 건강한 기운이 스며듭니다. 이런 기운이 퍼질 때 우리 조직은 단순히 모여 있는 집단을 넘어, 서로를 배려하고 생동감이 넘치는 품격 있는 공동체로 성장하게 됩니다.

기업은 사회의 공기이며, 경영자의 가장 큰 책임은 그 공기를 맑게 유지하는 철학을 세우는 것이다. 철학이 없는 리더는 눈먼 지휘자와 같고, 철학이 바로 선 리더는 역사를 바꾸는 문장가와 같다.

— 마쓰시타 고노스케(Matsushita Konosuke)

"기술의 본질과 두 번째 창업 정신"이라는 철학으로 코닥의 몰락 속에서 살아남은 후지필름의 고모리 시게타카

글로벌 필름 시장의 종언이라는 실존적 소멸의 위기 앞에서, 리더의 철학이 어떻게 조직의 해체를 막아 내고 새로운 생존의 지평을 여는 견고한 보루가 되는지를 보여 주는 고모리 시게타카 회장의 행보는 경영사의 오롯한 실증이자 장엄한 기록이 됩니다. 2000년대 초, 디지털카메라의 거센 파도가 주력 사업인 필름 시장을 삼키기 시작했을 때, 업계의 절대 강자였던 코닥은 과거의 영광에 안주하며 현실을 외면하다 몰락의 길을 걸었으나 후지필름은 전혀 다른 자생적 성찰의 길을 선택했습니다.

고모리 회장은 '후지필름의 존재 이유와 본질이 무엇인가?'라는 근원적인 철학적 질문을 스스로에게 던졌습니다. 그는 기업의 핵심 가치가 단순히 필름이라는 유형의 제품을 파는 것이 아니라, 그 필름을 제조하기 위해 수십 년간 축적해 온 정교한 화학 기술과 미세 공정의 정수에 있음을 꿰뚫어 보았습니다. 이는 리더가 절체절명의 순간에 현상의 껍데기를 벗겨 내고 본질의 핵심을 포착하여 조직의 격(格)을 새롭게 정의한 결정적 장면이었습니다.

그는 제2의 창업이라는 단호한 철학적 깃발 아래, 필름 기술을 응용하여 화장품과 의약품이라는 전혀 낯선 영토로 진출하는 파격적인 대전환을 단행했습니다. 내부의 완강한 저항과 시장의 차가운 회의론 속에서도 그는 "우리 기술의 영혼은 사라지지 않는다"는 확고한 신념을 굽히지 않는 인격적 도야를 보여 주었습니다. 리더가 숫자로 표현되는 위기를 가치 창출의 기회로 재해석하는 철학적 힘을 발휘하자, 분열될 뻔한 조직은 하나의 목표를 향해 무섭게 결집하였습니다.

고모리 시게타카의 철학 경영은 후지필름을 헬스 케어와 고기능성 소재

기업으로 완전히 탈바꿈시켰으며, 이는 리더의 철학이야말로 기업의 생사를 결정짓는 최후의 수호신임을 자명하게 증명한 찬란한 기록입니다. 본질을 지키며 형식을 바꾸는 그의 리더십은 변화의 풍랑 속에서 조직을 구원하는 가장 확실한 이정표가 될 것입니다.

💡 성찰

- 당신은 오늘 위기 앞에서 임시방편의 대책을 찾기에 급급했는가? 아니면 당신이 평생을 걸쳐 정립한 경영 철학의 본질을 다시 되새겼는가?
- 우리 조직은 리더의 명확한 가치관 아래 일사불란하게 움직이는 성채인가? 아니면 철학의 부재 속에서 각자도생하는 모래성인가?
- 당신은 리더로서 거대한 이익의 유혹 앞에서도 당신의 철학적 자존심을 지키기 위해 기꺼이 손실을 감내할 고결하고 단단한 자아를 지니고 있는가?

💗 명상

리더의 격(格)은 화려한 기술보다 삶 끝까지 지켜 낼 숭고한 철학 위에 세워집니다. 가치의 보루를 지키려는 당신의 신실한 의지를 공동체의 단단한 뿌리로 삼아 보세요. 그 결연한 수호는 우리를 시대를 관통하여 퇴색하지 않는 존엄의 길로 이끕니다.

제4부

시대의 혜안:
내일의 가치를 설계하는 통찰

"경영자의 시선이 현재의 담장에 갇히는 순간 조직은 성장을 멈추고 화석화의 길로 접어듭니다. 진정한 혜안이란 찰나의 성취를 넘어 내일의 가치를 설계하는 전경(全景)을 바라보는 힘입니다. 리더의 격(格)은 보이지 않는 미래를 현재의 언어로 번역하여 조직의 나침반을 세우는 숭고한 통찰에서 완성됩니다."

제31장

현재의 담장을 넘어
조직의 전경(全景)을 바라보십시오

리더의 시선이 당장 손에 잡히는 이익에만 머물면 조직은 활력을 잃고 정체되기 마련입니다. 하지만 멀리 지평선 너머의 시대 흐름을 읽어 내는 넓은 안목을 갖춘다면, 우리 공동체는 어떤 변화에도 흔들리지 않는 튼튼한 토대를 쌓을 수 있습니다. 이렇게 리더가 보여 주는 긴 호흡의 비전은 동료들에게 오늘을 견뎌 낼 이유를 찾아 주고, 내일을 향해 당당히 나아갈 수 있는 가장 확실한 에너지가 되어 줍니다.

사무공간의 창 너머로 펼쳐지는 풍경은 단순한 물리적 시야가 아니라 리더가 마음속에 품은 미래의 크기를 상징합니다. 많은 이가 눈앞에 놓인 작은 장애물을 넘는 데 급급하여 그 뒤에 펼쳐진 광활한 가능성을 보지 못하며, 당장의 실적이라는 단기적 과실에 도취되어 조직의 근간이 흔들리는 징후를 놓치곤 합니다. 현재의 담장에 갇힌 리더십은 조직의 에너지를 소모적인 전투에만 집중시키며, 이는 결국 거대한 전쟁의 흐름을 읽지 못하고 역사의 뒤안길로 사라지게 만드는 치명적인 전략적 근시안을 초래할 뿐입니다.

시스템 사고와 장기주의의 관점에서 고찰할 때, 리더의 진정한 실력은 개별적인 사건의 나열이 아니라 전체적인 전경을 조망하는 연결의 힘에서 나옵니다. 진정한 격을 갖춘 리더는 오늘의 담장 아래에서 안온함을 찾기보다 담장 위로 올라가 시대의 거대한 해류와 조직의 위치를 냉철하게 파악하는 사람입니다. 전경을 바라본다는 것은 단순한 낙관이 아니라 현재의 결핍 속에서도 내일의 풍요를 설계하는 창조적 상상력이며, 조직의 모든 자원을 본질적인 가치를 향해 정렬시키는 고도의 지적 행위입니다.

미래를 설계하는 일은 당장 성과를 내고 싶은 조급함을 다스리는 것부터 시작됩니다. 흔히 빠른 대응이 리더십의 전부라고 생각하기 쉽지만, 사실 더 중요한 것은 세상의 흐름을 가만히 지켜보며 깊이 성찰하는 시간입니다. 눈앞의 작은 문제를 해결하는 데만 급급하면 정작 큰 위기가 닥쳤을 때 공동체 전체가 방향을 잃기 마련입니다. 리더가 미리 그려 놓은 큼직한 미래의 밑그림이 있을 때, 우리는 어떤 풍파 속에서도 흔들리지 않고 당당하게 앞길을 개척할 수 있습니다.

경영의 진짜 가치는 얼마나 선명하게 보느냐보다 얼마나 넓게 내다보느냐에 달려 있습니다. 오늘 내가 내린 결정이 10년 뒤 우리 동료들에게 어떤 흔적을 남길지 매일 스스로에게 물어보십시오. 단기성과의 유혹에서 벗어나 시대의 큰 변화와 우리 내면의 진실에 집중할 때 비로소 조직은 고유한 생명력을 회복합니다. 리더의 이런 넓은 시야는 구성원들의 가슴 속에 깊은 자부심을 심어 주며, 우리 모두를 역사의 물줄기를 바꾸는 당당한 주역으로 우뚝 세워 줄 것입니다.

> 시력이 없는 것보다 더 나쁜 것은 시력은 있으나 비전이 없는 것이다. 리더가 전경을 보지 못하면 조직은 길을 잃고 비전이 없는 리더는 미래를 설계할 자격이 없다.
>
> — 헬렌 켈러(Helen Keller)

📖 사례

"물리적 유통의 담장을 넘어 스트리밍이라는 장대한 전경을 설계하다", 넷플릭스의 리드 헤이스팅스

넷플릭스의 창업자 리드 헤이스팅스는 DVD 우편 대여 사업이 시장의 정점에 올라 수익이 극대화되던 시기에, 오히려 현재의 성공이라는 견고한 담장 너머를 응시했습니다. 당시 대다수의 기업이 눈앞의 실적이라는 단기적 과실에 집중하며 안온함을 찾고 있을 때, 그는 인터넷 속도의 비약적인 발전이 가져올 콘텐츠 소비 방식의 근본적인 변화, 즉 '스트리밍'이라는 거대한 시대적 전경(全景)을 미리 포착했습니다. 그는 주력 사업의 매출을 스스로 잠식할 수 있다는 내부의 우려와 시장의 비판 속에서도, 조직의 모든 자원을 디지털 플랫폼 구축이라는 장기적 가치를 향해 과감하게 정렬시켰습니다.

시스템 사고와 장기주의의 관점에서 볼 때, 헤이스팅스의 이러한 결단은 개별적인 사건의 나열이 아니라 기술과 시장의 연결 고리를 조망하는 리더의 실력에서 나온 결과입니다. 그는 당장 손에 잡히는 이익에만 머물지 않고 지평선 너머의 흐름을 읽어 내는 넓은 안목을 통해, 넷플릭스를 일개 대여점에서 전 세계 미디어 생태계를 주도하는 독보적인 주역으로 탈바꿈시켰습니다. 리더가 미리 그려 놓은 이 큼직한 밑그림은 구성원들에게 오늘을 견뎌 낼 이유와 내일을 향해 당당히 나아갈 확신을 주었으며, 우리 공동체가 어떤 풍파 속에서도 흔들리지 않고 역사적 물줄기를 바꾸는 핵심적인 에너지가 되었습니다.

💡 성찰

- 당신은 오늘 당면한 문제 해결이라는 담장에 갇혀 조직이 5년 뒤 혹은 10년 뒤에 서 있어야 할 전경을 놓치지는 않았는가?
- 우리 조직은 눈앞의 이익을 쫓아 이리저리 흔들리는 표류선인가? 아니면 리더가 제시한 거시적 비전 아래 흔들림 없이 전진하는 거함인가?
- 당신은 리더로서 주변의 단기적인 비난과 압박을 이겨 내고 조직의 영원한 가치를 위해 기꺼이 먼 미래를 바라보는 고독을 선택할 고결하고 단단한 자아를 지니고 있는가?

💗 명상

리더의 격(格)은 머무는 자리가 아니라 아득한 미래를 바라보는 시선의 깊이에 있습니다. 현실에 안주하지 않고 내일의 가치를 빚는 명징한 혜안을 조용히 일깨워 보세요. 그 숭고한 통찰은 우리를 영원히 퇴색하지 않는 미래의 지평으로 정직하게 인도합니다.

제32장

어제의 정답이
오늘의 오답이 될 수 있음을 인정하십시오

리더가 손에 쥔 과거의 성공이라는 낡은 지도는, 급격히 변모하는 미래의 지형 앞에서는 도리어 항로를 이탈하게 만드는 치명적인 유혹의 덫이 될 수 있습니다. 한때의 정답이 오늘의 오답일 수 있다는 가혹한 실존적 진실을 겸허히 수용하는 지적 겸손이야말로, 조직이 과거에 머물지 않고 시대의 흐름에 맞춰 끊임없이 스스로를 혁신하며 나아갈 수 있습니다.

리더십의 여정에서 마주하는 가장 강력한 적은 외부에 있는 경쟁자가 아니라, 리더 자신의 뇌리에 깊이 박힌 과거의 성공 방정식입니다. 한 분야에서 승리를 거머쥐었던 경험은 리더에게 무오류성이라는 환상을 심어 주며, 이는 새로운 시대의 징후를 무시하고 낡은 방식을 고수하게 만드는 인지적 관성의 늪으로 인도합니다. 어제의 영광이 오늘의 정체를 정당화하는 순간 조직의 혁신은 멈추게 되며, 이는 결국 급변하는 생태계에서 도태되는 비극적인 전략적 경직성을 초래할 뿐입니다.

학습 민첩성과 파괴적 혁신이라는 관점에서 시대의 변화를 깊이 들여다볼 때, 리더의 진정한 위대함은 손에 쥔 정답의 개수가 아니라 자신의 오답을 기꺼이 시인하고 익숙한 과거를 비워 내는 용기에서 비로소 완성됩니다.

참된 격을 갖춘 리더는 자신의 신념조차 시대의 요구에 따라 기꺼이 해체할 수 있는 용기를 지닌 사람이며, 어제의 답이 오늘을 망치는 걸림돌이 되지 않도록 매 순간 깨어 있는 자생적 성찰을 유지합니다. 비우고 다시 채우는 과정은 나약함이 아니라, 변화라는 거대한 흐름에 몸을 맡겨 조직의 생존력을 극대화하는 고도의 지적 유연성입니다.

자신의 오판을 대면한다는 것은 리더 자신의 자존심과 권위라는 단단한 껍질을 가감 없이 벗겨 내고, 불확실성이라는 시린 파도 속에 기꺼이 자신을 던져 정신의 근력을 단련하는 일입니다. 확신에 찬 결단이 리더의 미덕이라는 통념과 달리, 가치 창조의 항로에서 마주하는 진정한 해답은 오직 리더의 처절한 성찰을 통해 정제된 유연한 사고의 발현에 있습니다. 과거의 성공 방식에 머물며 누리는 평온함은 작은 위기 앞에서도 금세 바닥을 드러내기 마련입니다. 어려운 상황일수록 조직의 길을 찾아내어 다시 일어서게 만드는 힘은, 리더가 평소 보여 준 지적 개방성입니다.

공동체가 도달할 궁극의 가치는 지식의 축적이 아니라 그것을 쇄신하는 속도에서 판가름 납니다. 일상의 사무 환경에서 스스로의 판단이 혹여 낡은 확신에 매몰되어 진실을 왜곡하고 있지는 않은지 끊임없이 자문하는 태도는, 인재의 가능성을 깨우고 미래의 지평을 여는 리더가 보여 줄 수 있는 가장 고결한 인격적 증거입니다.

리더가 가시적인 지표의 고수보다 가치의 진화와 내면적 진실에 귀를 기울일 때 조직은 비로소 고유한 생명력을 얻게 되며, 그 역동적인 기상은 구성원들에게 전염되어 공동체 전체를 끊임없이 진화하는 유기체로 거듭나게 하는 가장 선명한 진리의 파동이 될 것입니다.

> 21세기의 문맹은 읽고 쓰지 못하는 사람이 아니라, 배우고 배운 것을 잊으며 다시 배울 줄 모르는 사람이다. 리더가 어제의 답을 버리지 못하면 조직은 내일의 문을 열 수 없다. — 앨빈 토플러(Alvin Toffler)

"낡은 성공의 레시피를 폐기하고 기술과 맛의 조화라는 새로운 정답을 쓰다", 도미노 피자의 패트릭 도일

2010년 패트릭 도일(Patrick Doyle)이 도미노 피자의 CEO로 취임할 당시, 조직은 '배달 속도'라는 과거의 성공 방정식 안에 갇혀 심각한 정체기를 겪고 있었습니다. 30년 넘게 고수해 온 '30분 배달 보장'은 한때 업계를 지배했던 절대적인 정답이었으나, 오직 속도에만 매몰된 결과 '골판지 같은 맛'이라는 오명을 얻으며 브랜드의 존립을 위협하는 치명적인 오답으로 변질되어 있었습니다. 대부분의 리더가 과거의 영광을 정당화하며 안온함을 찾으려 할 때, 도일은 리더의 가장 강력한 적은 외부에 있는 경쟁자가 아니라 자신의 뇌리에 박힌 과거의 성공 공식임을 직시했습니다.

그는 자사의 피자가 형편없다는 고객들의 혹평을 여과 없이 광고에 내보내는 파격적인 결단을 내렸습니다. 이는 어제의 정답이 오늘의 성장을 가로막는 걸림돌이 되었음을 전 세계 앞에 겸허히 인정하는 지적 겸손의 발현이었습니다. 리더의 이러한 용기 있는 고백은 조직 전체에 자생적 성찰의 파동을 일으켰고, 단순히 맛을 개선하는 수준을 넘어 조직의 정체성을 '피자를 배달하는 기술 기업'으로 재정의하는 파괴적 혁신으로 이어졌습니다.

자신의 신념조차 시대의 요구에 따라 기꺼이 해체할 줄 알았던 그의 지적 유연성은 도미노 피자를 시가총액 기준 선도 기업으로 부활시킨 결정적인 기반이 되었습니다. 이는 리더가 숫자의 유지보다 가치의 진화에 귀를 기울일 때 조직이 비로소 고유한 생명력을 회복한다는 사실을 보여 주며, 우리 공동체가 끊임없이 진화하는 유기체로 거듭나게 하는 가장 선명한 지표가 되었습니다.

- 당신은 오늘 당신이 가진 지식이 절대적이라 믿으며 구성원들의 새로운 제안을 과거의 경험이라는 잣대로 재단하며 묵살하지는 않았는가?
- 우리 조직은 과거의 성공 공식을 성전처럼 모시는 박물관인가? 아니면 매일 새로운 진실을 탐구하며 정답을 갱신해 나가는 생동하는 연무장인가?
- 당신은 리더로서 자신의 실수가 공개될 때 느낄 수치심을 이겨 내고, 조직의 진화를 위해 기꺼이 어제의 정답을 버릴 고결하고 단단한 자아를 지니고 있는가?

🌊 명상

리더의 격(格)은 굳건한 확신보다 자신의 균열을 살피는 깊은 성찰에 머뭅니다. 낡은 관성을 버리고 내일의 가능성을 채우는 부단한 정진을 지금 시작해 보세요. 그 용기 있는 비움은 우리를 영원히 진화하게 만드는 생생한 숨결이 됩니다.

제33장

가장 위험한 함정은
당신의 '오래된 확신'입니다

과거에 거둔 승리는 소중하지만, 그 방식만을 정답이라 고집하면 지금 눈앞에 있는 진실을 놓치게 됩니다. 한때는 나를 지켜 주던 확신이 어느 순간 새로운 변화를 가로막는 장애물이 될 수도 있다는 사실을 기억하십시오. 내가 알고 있는 지식이 틀릴 수 있음을 인정하고 스스로를 끊임없이 의심하는 용기야말로, 우리 조직을 과거의 늪에서 건져 내어 무한한 가능성의 세계로 이끄는 가장 강력한 힘이 됩니다.

조직 내부에서 리더의 안목을 가장 은밀하게 가리는 장막은 실패에 대한 두려움보다 오히려 성공의 기억이 빚어낸 견고한 고정관념입니다. 한때 조직을 구원했던 승리의 공식은 리더의 무의식 속에 절대적인 진리로 박제되어, 변화하는 시대가 보내는 미세한 경고음을 소음으로 치부하게 만드는 지적 둔감을 낳습니다. 오래된 확신에 매몰된 리더십은 새로운 가능성을 거부하는 배타적인 성벽을 쌓게 되며, 이는 결국 공동체의 유연성을 마비시키고 리더 자신을 과거의 영광 속에 유폐시키는 비극적인 전략적 고립을 초래할 뿐입니다.

인지 심리학이 규명한 확증 편향과 정신적 모델이 설계한 마음의 지도를 따라가 보면, 리더의 확신은 정보를 선별적으로 거르는 여과 장치가 되어

리더의 격(格)

우리가 보고 싶은 진실만을 선택적으로 허락합니다.

진정한 품격을 갖춘 경영자는 자신의 신념이 시대의 흐름과 충돌할 때 기꺼이 과거의 자신을 부정할 줄 아는 담대함을 지닌 사람이며, 어제의 정답이 오늘의 독이 될 수 있음을 시인하는 정직한 회의주의를 견지하는 사람입니다. 낡은 확신을 버린다는 것은 리더의 정체성을 잃는 것이 아니라, 오히려 변화하는 진실에 맞추어 리더십의 외연을 부단히 확장해 나가는 주체적인 진화의 여정입니다.

자신의 확신을 의심한다는 것은 리더 내면의 우월감과 확실성에 대한 집착을 가감 없이 대면하고, 불확실성이라는 시린 파도 속에 기꺼이 자신을 던져 내면의 강직함을 길러 내는 일입니다. 흔들리지 않는 신념이 리더의 미덕이라는 통념과 달리, 가치 창조의 길 위에서 마주하는 진정한 해답은 오직 리더의 정직한 성찰을 거쳐 빚어진 개방적인 탐구심에 있습니다. 자신의 생각이 옳다는 확신에만 기대어 얻은 안정은 갑작스러운 변화 앞에서 속수무책으로 무너지기 마련입니다. 위기의 순간 조직을 다시 일으켜 세우는 실질적인 힘은, 리더가 '나의 확신이 틀릴 수 있다'는 사실을 잊지 않고 유연하게 대처하는 태도에서 비롯됩니다.

공동체의 성패는 확신의 견고함이 아니라 그것을 갱신하는 유연함에 의해 최종적으로 판가름 납니다. 일상의 사무 환경에서 현재의 판단이 혹여 낡은 관습에 매몰되어 진실을 보지 못하는 것은 아닌지 끊임없이 자문하는 태도는, 인재들과 함께 그려 갈 미래를 향한 가장 성숙한 신의의 표상입니다. 리더가 이익의 보존보다 가치의 진화와 내면적 진실에 마음을 쏟을 때 조직은 비로소 생동하는 생명력을 얻게 되며, 그 개방적인 기상은 구성원들에게 전염되어 공동체 전체를 시대를 선도하는 개척자로 거듭나게 하는 가장 강력한 원동력이 될 것입니다.

진리를 구하는 자는 우선 자신의 확신을 버려야 한다. 확신은 감옥과 같아서 그 안에 갇힌 자는 결코 새로운 하늘을 볼 수 없으며, 스스로를 부정하는 리더만이 조직의 미래를 설계할 자격이 있다.

— 프리드리히 니체(Friedrich Nietzsche)

📖 사례

"우리의 심장을 팔고 새로운 미래를 선택하다", 킴벌리클라크의 다윈 스미스

미국의 생활용품 기업 킴벌리클라크를 세계 최고의 반열에 올려놓은 CEO 다윈 스미스는, 리더를 눈멀게 하는 오래된 확신의 함정을 과감히 깨부수고 나아가는 지혜가 무엇인지를 웅변하는 경영사의 독보적인 실증적 귀감입니다. 1971년 그가 취임했을 당시 킴벌리클라크는 100년 넘게 종이 생산이라는 관성적인 확신에 뿌리를 둔 평범한 제지 회사에 불과했습니다. 오랜 역사만큼이나 단단하게 굳어진 조직의 정체성은 변화를 거부하는 거대한 벽이 되어 있었습니다.

다윈 스미스는 회사의 주력 사업이었던 코팅지 생산이 미래에는 경쟁력을 잃을 것이라는 자생적 통찰을 얻었습니다. 그는 조직 내부에 견고하게 자리 잡았던 '우리는 제지 회사다'라는 낡은 신념을 정면으로 부정하는 파격적인 결단을 내렸습니다. 그는 회사의 심장과도 같았던 거대 제지 공장들을 모두 매각하고, 그 자본을 하기스(Huggies)와 크리넥스(Kleenex) 같은 소비자 제품 사업에 쏟아붓는, 당시로서는 도박에 가까운 전율적인 전환을 단행했습니다. 이는 리더가 과거의 영광을 스스로 불태워 미래의 불꽃을 피워 올린 결단이었습니다.

당시 시장과 전문가들은 100년 전통을 버린 그를 미쳤다고 비난했으나, 그는 과거의 성공이라는 달콤한 함정에 빠지지 않고 변화된 미래를 향해 묵

　　　　　　　　　　　　　　　　　　　　리더의 격(格)

묵히 전진했습니다. 결과적으로 킴벌리클라크는 코카콜라와 제너럴 일렉트릭을 압도하는 경이로운 수익률을 기록하며 세계 최고의 소비자 제품 기업으로 도약했습니다. 다윈 스미스의 사례는 리더가 과거의 확신을 과감히 폐기하고 시대의 준엄한 요구에 응답할 때 비로소 조직이 시대를 관통하는 위대한 성취를 지속할 수 있음을 여실히 보여 줍니다. 리더의 결단이 조직의 격(格)을 어떻게 새롭게 빚어내는지를 보여 주는 그의 행보는, 안주하는 모든 이들에게 영속하는 번영을 향한 고결한 화두로 남을 것입니다.

💡 성찰

- 당신은 오늘 부하 직원의 혁신적인 제안을 '내 경험에 비추어 볼 때 안 된다'라는 오래된 확신의 잣대로 재단하며 묵살하지는 않았는가?
- 우리 조직은 과거의 성공 공식을 성전처럼 받드는 폐쇄적인 곳인가? 아니면 매일 새로운 진실 앞에서 어제의 확신을 기꺼이 수정하는 생동하는 유기체인가?
- 당신은 리더로서 자신의 오랜 신념이 틀렸음을 인정할 때 느낄 수치심을 이겨 내고, 조직의 진화를 위해 기꺼이 자기 부정의 고통을 선택할 고결하고 단단한 자아를 지니고 있는가?

🌀 명상

리더의 격(格)은 단단한 확신보다 그 틀을 스스로 깨는 파격의 용기에서 완성됩니다. 낡은 과거를 떠나 낯선 미래를 정직하게 바라보며 변화의 발걸음을 떼어 보세요. 그 결연한 해체는 우리를 시대를 넘어 끊임없이 재탄생시키는 성장의 원동력입니다.

제34장

실패라는 파도를 타야 더 넓은 대양으로 나아갑니다

리더로 살아가며 마주하는 좌절은 앞길을 가로막는 절벽이 아닙니다. 그 것은 오히려 우리를 더 넓은 지혜로 이끄는 파도에 가깝습니다. 지금의 상 실에 머무르기보다, 흔들림 속에서 나아갈 방향을 스스로 묻는 정직한 용기 를 가져야 합니다. 안주하고 싶은 마음을 내려놓고 불확실함을 향해 한 걸 음 내딛는 태도야말로, 우리 조직을 더 큰 무대로 이끄는 가장 중요한 힘이 됩니다.

리더가 시련을 대하는 방식은 공동체가 도달할 수 있는 한계선을 결정짓 는 가장 핵심적인 척도가 됩니다. 많은 이가 실수를 수치로 여기며 이를 은 폐하거나 타인에게 책임을 전가함으로써 당장의 위기를 모면하려 하지만, 이는 결국 조직의 학습 역량을 마비시키고 더 큰 재앙을 부르는 인지적 회 피에 불과합니다. 도전의 파도가 없는 고요한 호수에만 머물려는 안일함은 조직의 영혼을 서서히 부식시키는 가장 치명적인 정체를 낳을 뿐입니다.

혁신으로 나아가는 길에서 실패는 피할 수 없는 과정입니다. 사실 실패 는 우리가 무엇을 놓치고 있는지 알려 주는 가장 정직한 데이터이기도 합니 다. 성숙한 리더는 예상치 못한 결과가 나왔을 때 담당자를 탓하기보다, 우 리 시스템의 어느 부분에 한계가 있었는지 차분히 살핍니다. 좌절의 순간에 비난 대신 "우리가 여기서 무엇을 배울 수 있을까?"라는 질문을 던져 그 경험을 조직원 모두와 공유하는 것입니다. 파도를 타는 리더는 이처럼 실패의 에너지를 앞으로 나아가는 힘으로 바꾸어, 아무도 가 보지 않은 영역을 향해 주체적으로 발을 내딛습니다.

실패를 정면으로 마주하는 일은 자신의 약점이 드러날지 모른다는 두려움 때문에 결코 쉽지 않습니다. 하지만 이 어려운 과정을 통해 리더의 내면은 비로소 단단해집니다. 리더가 모든 상황에서 완벽해야 한다는 강박에서 벗어나야 합니다. 진짜 해답은 정직한 성찰을 통해 얻은 '다시 시작하려는 의지'에 있기 때문입니다. 위기의 순간에 조직을 구하는 힘은 화려한 기술이 아니라, 리더가 평소 시련을 겪으며 길러 온 강인한 회복 탄력성에서 나옵니다.

경영의 진짜 결실은 몇 번 성공했느냐가 아니라, 패배를 딛고 얼마나 높이 일어섰느냐에 따라 결정됩니다. 일상의 바쁜 업무 속에서도 시련 속에 숨겨진 승리의 씨앗을 찾으려 노력해 보십시오. 리더가 단순히 눈앞의 성과를 사수하는 데 연연하기보다 도전을 멈추지 않는 태도를 보일 때, 조직은 비로소 생동감을 얻습니다. 리더로부터 시작된 이 역동적인 기운은 모든 동료에게 전염되어, 우리 모두를 세계 무대의 주역으로 우뚝 세워 주는 최고의 길잡이가 될 것입니다.

> 나의 성공은 99퍼센트의 실패를 바탕으로 일궈 낸 1퍼센트의 결과물이다. 실패를 두려워하지 마라. 실패는 우리에게 무엇이 잘못되었는지를 알려 주는 가장 친절하고 정직한 스승이다.
>
> — 혼다 소이치로(Honda Soichiro)

"수천 번의 실패를 성장의 연료로 삼아 엔진 제국을 건설하다", 혼다의 혼다 소이치로

일본의 자동차 산업을 세계 최정상의 반열로 견인한 혼다(Honda)의 창립자 혼다 소이치로는, 실패라는 위태로운 파도에 휩쓸리지 않고 도리어 그 기운을 타고 넘는 경영의 지혜를 확연하게 드러내는 경영사의 독보적이고도 강렬한 실증적 사례가 됩니다. 그는 젊은 시절 피스톤 링 제조에 도전하며 수없이 많은 불량품과 자금난이라는 실패의 파도에 직면했습니다. 끊임없이 밀려오는 시련은 평범한 이들에게는 포기의 이유가 되었겠지만, 그에게는 오히려 더 깊은 본질을 탐구하게 하는 자생적 동력이 되었습니다.

혼다 회장은 실패할 때마다 좌절하기보다 왜 실패했는가를 묻는 자생적 탐구심을 결코 잃지 않았습니다. 그는 전 재산을 탕진하고 아내의 보석까지 팔아야 했던 절체절명의 위기 속에서도, 실패는 연구의 과정일 뿐이라는 확고한 철학으로 50회 이상의 시행착오를 거쳐 결국 완벽한 피스톤 링을 개발해 냈습니다. 제2차 세계대전의 폐허 속에서 그가 만든 자전거 보조 엔진은 단순한 제품이 아니라, 그가 겪은 수많은 실패가 응축된 신뢰의 결정체였습니다. 이는 리더가 고통스러운 실패의 시간을 어떻게 승리의 자산으로 치환해 낼 수 있는지를 여실히 투영하는 대목입니다.

리더가 실패를 두려워하지 않고 현장에서 기름때를 묻히며 끊임없이 도전하자, 직원들은 실패를 두려워하지 않는 패기(Pioneer Spirit)를 갖게 되었습니다. 이러한 문화는 훗날 혼다가 전 세계 오토바이 시장과 포뮬러 원(F1) 레이스, 그리고 자동차 시장을 제패하는 원동력이 되었습니다. 혼다 소이치로의 사례는 리더가 실패를 성장의 필연적인 경로로 예우할 때, 비로소 조직이 한계를 뛰어넘어 더 넓은 세계로 나아갈 수 있음을 자명하게 증명한 기록입니다. 리더의 도전이 조직의 격(格)을 어떻게 완성하는지를 보여 주는 그의 삶은, 시대를 막론하고 위대한 성취를 꿈꾸는 모든 경영자에게 부인할 수 없는 진리의 궤적으로 남을 것입니다.

💡 성찰

- 당신은 오늘 부하 직원의 정직한 시도를 실패라는 결과만으로 재단하며 그의 열정을 꺾지는 않았는가?
- 우리 조직은 실패를 비난하며 새로운 도전을 기피하는 정적인 연못인가? 아니면 실패를 성장의 발판으로 삼아 끊임없이 도약하는 역동적인 바다인가?
- 당신은 리더로서 자신의 실패가 타인에게 알려지는 수치심을 이겨 내고, 조직의 발전을 위해 기꺼이 자신의 오류를 공개할 고결하고 단단한 자아를 지니고 있는가?

🫀 명상

리더의 격(格)은 화려한 승전보다 실패의 자리에서 다시 일어서는 담대함으로 입증됩니다. 어제의 상처를 내일의 항로를 비추는 이정표로 삼아 우리만의 단단한 기초를 세워 보세요. 시련을 통과한 그 정직한 용기는 세월을 이기고 숭고한 성취의 넓은 지평을 열어 줍니다.

제35장

사명(Mission)이라는 북극성이 당신의 자원을 지킵니다

사명은 불확실한 환경 속에서도 리더가 중심을 잃지 않게 하는 기준입니다. 눈앞의 이익에 흔들리지 않도록 조직을 붙들고, 흩어지기 쉬운 마음을 하나로 묶는 조용한 약속이기도 합니다. 확고한 사명은 모든 고민과 노력을 의미 있는 결실로 이끄는 길잡이가 됩니다.

많은 리더가 사명을 단순히 사무실 벽을 장식하는 멋진 문구 정도로 여기곤 합니다. 하지만 정작 현장에서 예기치 못한 파도가 몰아칠 때 명확한 기준이 없으면 조직의 역량은 사방으로 분산되고 맙니다. 뚜렷한 지표가 없는 상태에서 유행하는 사업이나 당장의 수익에만 급급해 자원을 쏟아붓다 보면, 정작 우리가 가진 핵심 역량은 금방 바닥나고 결국 어디에도 도달하지 못한 채 표류하게 됩니다. 사명이라는 원칙이 빠진 확장은 진정한 성장이 아니라 그저 덩치만 키우는 비대화일 뿐이며, 이는 조직의 정수를 갉아먹어 결정적인 순간에 심각한 생존 위기를 초래합니다.

한정된 에너지를 어디에 집중하고 무엇을 과감히 포기할지 결정할 때, 사명은 가장 명확한 여과 장치가 되어 줍니다. 진정한 격을 갖춘 리더는 개인적인 야망이나 시장의 일시적인 유혹이 공동체의 근간을 흔들지 않도록 스스로를 절제할 줄 아는 사람입니다. 명확한 지향점을 가지고 있다는 것은 단순히 목표를 세우는 것을 넘어, 수많은 선택지 중에서 우리가 '하지 말아야 할 일'을 분명하게 가려내는 고도의 지적 행위입니다. 이러한 선택과 집중이 뒷받침될 때 비로소 조직의 소중한 유산은 온전히 보존되며 지속 가능한 성장의 길을 담보할 수 있습니다.

사명의 가치를 지킨다는 것은 내면에서 불쑥 올라오는 조급함이나 막연한 불안을 정직하게 마주하는 일에서 시작됩니다. 단순히 사업을 여러 갈래로 넓히는 다각화가 마음의 평온을 보장해 주지는 않습니다. 경영의 현장에서 만나는 참된 정답은, 깊은 사유를 통해 정제된 사명에 대해 변치 않는 마음으로 헌신하는 태도뿐입니다. 눈앞의 이익에만 매달려 만든 안정은 작은 위기 앞에서도 쉽게 흔들리고 맙니다. 하지만 평소 기업의 사명을 묵묵히 실천하며 쌓아 온 내면의 단단함은, 어려운 순간에 조직을 하나로 묶어 주는 가장 실질적인 동력이 됩니다.

우리가 거두는 결실의 가치는 단순히 자원의 규모가 아니라, 그 자원이 사명을 향해 얼마나 일관되게 정렬되어 있는가에 달려 있습니다. 일상의 업무 속에서 우리의 시간과 노력이 공동체의 지향점과 제대로 맞닿아 있는지 스스로 살피는 태도는, 함께하는 인재들에게 보여 줄 수 있는 가장 성숙한 신뢰의 표시입니다. 리더가 외적인 확장보다 가치의 수호와 내면의 진실에 정성을 쏟을 때, 조직은 비로소 독창적인 생명력을 얻게 됩니다. 리더로부터 시작된 이 단단한 진심은 모든 동료에게 전해져 우리 공동체를 역사의 흐름을 선도하는 주역으로 세워 주는 최고의 원동력이 될 것입니다.

> 배를 만들고 싶다면 사람들에게 나무를 모으게 하거나 업무를 배분하지 마라. 대신 그들에게 끝없이 광활한 바다에 대한 동경심을 심어 주어라. 사명은 그 동경심을 실현하는 유일한 길이다.
>
> — 앙투안 드 생텍쥐페리(Antoine de Saint-Exupéry)

"우리의 신조(Credo)가 1억 달러의 손실보다 소중하다", 존슨앤드존슨의 제임스 버크

글로벌 헬스 케어 기업 존슨앤드존슨의 전 CEO 제임스 버크는, 조직의 영혼을 지탱하는 사명이라는 북극성이 절체절명의 폭풍우 속에서 어떻게 길을 잃은 거함을 구원해 내는지를 오롯이 실증하는 경영사의 위대한 기록입니다. 1982년, 예기치 못한 독극물 테러로 인해 무고한 시민들이 생명을 잃는 참혹한 사태가 발생했을 때, 타이레놀이라는 거대한 성벽은 한순간에 무너져 내릴 위기에 처했습니다. 회사의 존폐가 벼랑 끝에 선 그 순간, 리더가 마주한 선택은 눈앞의 천문학적인 손실을 막느냐 아니면 보이지 않는 신뢰의 가치를 수호하느냐는 정직한 시험대였습니다.

버크 회장은 사내의 완강한 반대와 재무적 타격에 대한 우려를 뒤로하고, 회사의 근간인 신조(Our Credo)의 첫 문장을 심장으로 다시 읽어 내는 자생적 결단을 내렸습니다. 그는 환자와 의료진, 그리고 부모에 대한 책임이라는 약속을 실천하기 위해 전 미국에 유통되던 3,100만 병의 제품을 단호히 회수하여 폐기하는 고결한 희생을 선택했습니다. 당시 가치로 1억 달러가 넘는 재무적 손실은 당장 뼈아픈 상처처럼 보였으나, 리더가 지켜 낸 정직함은 오히려 소비자들의 마음속에 깨지지 않는 신뢰의 금자탑을 세우는 계기가 되었습니다.

단기적인 이익을 버리고 사명을 선택하자 타이레놀은 불과 몇 달 만에 시장 점유율을 회복하며 이전보다 더 강력한 브랜드 자본을 형성하는 기적을 일궈 냈습니다. 제임스 버크의 사례는 리더가 사명이라는 가치를 향해 자원을 투입할 때, 그것이 당장은 거대한 손실처럼 보일지라도 결국 기업을 영속하게 만드는 가장 강력한 생존 전략이 됨을 자명하게 보여 줍니다. 눈앞의 숫자를 넘어 가치의 무게를 선택한 그의 결단은, 경영의 격(格)이 리더가 마주한 진실의 깊이에 비례함을 우리 시대에 엄숙히 일깨워 주고 있습니다.

💡 성찰

- 당신은 오늘 당장의 수익을 얻기 위해 조직의 핵심 사명과 어긋나는 사업에 소중한 인재와 자본을 낭비하고 있지는 않은가?
- 우리 조직은 사명이라는 명확한 필터 아래 일관된 길을 걷는 성채인가? 아니면 유행에 따라 자원이 흩어지는 모래성인가?
- 당신은 리더로서 거대한 이익의 유혹 앞에서도 사명을 수호하기 위해 기꺼이 단기적인 손실을 감내할 고결하고 단단한 자아를 지니고 있는가?

💗 명상

리더의 격(格)은 가진 자원의 양보다 사명을 향해 힘을 모으는 결단에서 확립됩니다. 흔들림 없는 신념을 삶의 지표로 삼아 공동체의 단단한 뿌리를 정직하게 내려 보세요. 그 고귀한 집중은 시대를 관통하여 우리를 영속하는 가치의 반열로 당당히 이끕니다.

제36장

정답이 없는 경영, 상황에 맞는
최선의 답을 찾으십시오

경영에는 미리 정해진 정답이 따로 없습니다. 시대의 흐름과 우리 조직의 상황이 맞물려 돌아가며 그때그때 만들어 내는 유연한 과정과 같습니다. 뻔한 답을 따르기보다 지금 우리에게 가장 필요한 것이 무엇인지 상황의 이면을 살피는 유연함을 가지십시오. 고정관념에 갇히지 않고 최선의 선택을 내리려는 리더의 지혜가 조직을 더 넓은 성장의 길로 안내할 것입니다.

리더가 가장 경계해야 할 태도는 다른 조직의 성공 사례를 우리에게 무분별하게 적용하려는 조급함입니다. 경영은 수학 공식처럼 딱 떨어지는 것이 아니어서, 당시에는 묘책이었던 방법이 지금 우리에게는 오히려 해가 될 수도 있습니다. 정해진 정답이 있다는 착각에 빠지면 구성원들의 창의성을 억누르게 되고, 결국 변화에 대처하는 조직의 유연함마저 사라지게 됩니다.

진정한 역량은 무엇이 옳고 그른지를 따지는 이분법적 사고를 넘어, '지금 우리에게 가장 적합한 것'을 골라내는 분별력에서 나옵니다. 품격 있는 경영자는 세상의 화려한 유행에 휘둘리기보다 우리 조직의 체질과 사명을 먼저 정직하게 살핍니다. 적절한 해법을 찾는다는 것은 정적인 완벽함을 추구하는 행위가 아니라, 끊임없이 변하는 파도 위에서 최적의 균형을 유지하려는 노력과 같습니다.

모호한 현실을 마주한다는 것은 리더 스스로 '내가 다 안다'는 오만과 확신을 내려놓는 고독한 과정입니다. 경영이라는 숭고한 영역에서 만나는 진짜 해답은 외부에서 가져온 매뉴얼이 아니라, 리더의 치열한 고민을 통해 빚어진 '맥락에 맞는 적합성'뿐입니다. 위기의 순간에 조직을 구하는 힘은 평소 현장에서 갈고닦은 감각과 조화를 이루려는 지혜에서 나옵니다.

우리 조직이 만들어 가는 최종적인 모습은 선택의 화려함이 아니라 그 결정이 얼마나 진심 어린가에 따라 달라집니다. 업무를 수행하는 매 순간 타인의 정답에 기대려는 조급함은 없었는지 스스로 엄격히 돌아보는 태도는, 함께 걷는 인재들에게 보여 줄 수 있는 가장 성숙한 신뢰의 표시입니다. 리더의 생각이 외적인 확장보다 조직의 조화와 내면의 진실에 깊이 뿌리내릴 때, 우리만의 독창적인 생존 방식이 완성될 것입니다.

심오한 진리의 반대는 거짓이 아니라 또 다른 심오한 진리일 때가 많다. 리더의 임무는 정답을 맞히는 것이 아니라 상황에 맞는 최선의 조화를 창조하는 것이다.

— 닐스 보어(Niels Bohr)

📖 사례

"전문가들의 정답을 거부하고 통합의 해법으로 IBM을 부활시킨 루 거스너"

글로벌 IT 제국 IBM의 부활을 이끈 루 거스너(Lou Gerstner) 회장은, 정해진 정답이 존재하지 않는 경영의 거친 망망대해에서 리더가 어떻게 유연한 통찰로 최적의 해법을 길어 올려야 하는지를 여실히 보여 주는 경영사의 독보적인 실증 사례가 됩니다. 1993년 그가 취임했을 당시 IBM은 비대한 덩치와 관료주의의 늪에 빠져 파산 직전의 사경을 헤매고 있었으며, 당시의 모든 전문가와 언론은 IBM을 여러 회사로 쪼개어 해체하는 것만이 유일한 생존 비책이라고 강력히 권고하고 있었습니다.

거스너 회장은 외부에서 규정된 세속적인 정답에 매몰되지 않는 자생적 통찰을 보여 주었습니다. 그는 고객들이 진정으로 원하는 것은 파편화된 개별 기술이 아니라, 그 기술들을 하나로 묶어 주는 거대한 통합 서비스라는 맥락을 정확히 읽어 냈습니다. 그는 회사를 분할하라는 세상의 정답을 단호히 거부하고, 오히려 'One IBM'이라는 기치 아래 하드웨어 중심의 기업을 서비스 중심의 통합 솔루션 기업으로 재편하는 정직하고도 파격적인 해법을 도출했습니다. 이는 리더가 고정관념이라는 낡은 지도를 버리고 현장의 목소리라는 새로운 나침반을 선택한 결단이었습니다.

당시 전문가들은 그의 결정을 자살행위라 비판했으나, 거스너는 자신의 직관과 고객의 목소리가 만나는 지점의 진실을 굳게 믿었습니다. 리더가 세상이 강요하는 공식이 아닌 조직의 체질에 가장 적합한 길을 선택하자 IBM은 기적적으로 부활했으며, 이는 리더십의 본질이 공식의 암기가 아니라 상황에 대한 정직한 해석과 적절한 결단에 있음을 자명하게 증명한 기록이 되었습니다. 리더의 혜안이 조직의 격(格)을 어떻게 다시 세우는지를 보여 주는 그의 행보는, 정답 없는 경영의 길을 걷는 모든 이들에게 영원히 마르지 않는 지혜의 샘이 될 것입니다.

💡 성찰

- 당신은 오늘 우리 조직의 맥락을 고려하지 않은 채 유행하는 경영 기법이나 타사의 성공 공식을 무비판적으로 이식하려 하지는 않았는가?
- 우리 조직은 리더가 정한 정답만을 쫓는 경직된 곳인가? 아니면 변화하는 환경에 맞추어 가장 적절한 해법을 함께 고민하는 생동하는 지혜의 보고인가?
- 당신은 리더로서 세상의 보편적인 정답과 당신의 직관이 충돌할 때, 조직의 특수성을 믿고 고독한 적절함의 길을 선택할 고결하고 단단한 자아를 지니고 있는가?

💗 명상

리더의 격(格)은 지식의 나열보다 상황에 꼭 들어맞는 해법의 정교함에서 나타납니다. 복잡한 맥락 속에서 전체의 조화를 빚어내는 깊은 분별력을 매일의 일상에 녹여 내 보세요. 그 유연한 선택은 우리 공동체를 영속하는 공존의 지평으로 이끄는 든든한 등불이 되어 줍니다.

제37장

품질은 타협할 수 없는 경영의 마지막 자존심입니다

리더가 고집하는 품질은 우리 조직이 세상에 전하는 진심입니다. 작은 빈틈도 허용하지 않는 철저함은 동료들이 스스로를 자랑스럽게 여기게 만드는 힘이 됩니다. 품질과 타협하지 않는 태도가 구성원에게 자부심을 심어줄 때, 우리의 결과물은 시장에서 가장 신뢰받는 목소리가 됩니다. 이것이 리더십의 격을 완성하는 마지막 자존심입니다.

비즈니스 현장에서 리더가 가장 쉽게 빠지는 유혹은 적당히 품질과 타협해 눈앞의 이익과 속도를 챙기려는 조급함입니다. 리더가 스스로 세운 기준을 허무는 순간 조직의 신뢰는 안에서부터 무너지기 시작하며, 결국 구성원들은 자부심을 잃고 스스로를 소모품처럼 느끼게 됩니다. 품질은 단순한 제품의 규격이 아니라 리더가 시장과 맺는 가장 정직한 약속입니다. 이 약속이 깨지는 순간, 조직의 위상은 돌이킬 수 없이 추락하고 맙니다.

장인 정신을 바탕으로 품질을 관리하는 태도는 조직의 품격을 결정하는 가장 명확한 지표입니다. 진정한 리더는 완벽함을 비용의 관점이 아니라 생존의 차원에서 바라보며, 자신의 이름이 부끄럽지 않은 결과물을 내놓기 위해 단기적인 손해를 기꺼이 감수하는 강직함을 지녀야 합니다. 타협 없는 품질을 추구한다는 것은 단순히 완벽주의를 넘어, 제품과 서비스를 통해 리더의 진실함을 세상과 나누는 고차원적인 소통 방식입니다.

진실한 기준을 세운다는 것은 안일함과 타협하려는 유약함을 이겨 내고, 정직이라는 어려운 길을 선택하는 과정입니다. 화려한 마케팅이 브랜드의 본질이라고 착각하기 쉽지만, 결국 마지막까지 남는 해답은 리더의 정직한 성찰이 담긴 무결한 결과뿐입니다. 요령으로 만든 일시적인 안온함은 시련 앞에 무너지기 쉽지만, 평소 목숨처럼 지켜 온 품질에 대한 고집은 위기의 순간에 조직을 다시 일으켜 세우는 단단한 힘이 됩니다.

공동체가 도달할 진정한 가치는 규모가 아니라 결과물에 담긴 진심의 농도에 의해 결정됩니다. 우리가 만드는 결과물이 조직의 지향점과 제대로 맞닿아 있는지 매 순간 스스로에게 묻는 태도는, 함께 걷는 인재들에게 보여 줄 수 있는 가장 성숙한 신뢰의 표시입니다. 리더가 외형적인 팽창보다 본질적인 완성도에 마음을 쏟을 때 조직은 비로소 생명력을 얻게 되며, 그 당당한 기운은 우리 모두를 시대를 선도하는 독보적인 존재로 우뚝 세워 줄 것입니다.

> 품질은 가격이 잊힌 후에도 오래도록 기억되는 유일한 가치다. 품질은 타협의 대상이 아니라 지도자가 지켜야 할 마지막 자존심이며, 그것이 무너질 때 리더십도 함께 무너진다.
>
> — 헨리 로이스(Henry Royce)

"15만 대의 불량 휴대폰을 불태우며 품질의 격을 세우다", 삼성의 애니콜 화형식

삼성을 세계 최고의 기술 기업으로 도약시킨 1995년의 무선전화기 화형식은, 품질이 리더의 꺾이지 않는 마지막 자존심이자 조직의 영혼을 지탱하는 최후의 보루임을 강렬하게 웅변하는 경영사의 가장 기념비적인 실증 사례가 됩니다. 당시 삼성은 양적인 성장에만 치중한 나머지 휴대폰 불량률이 11퍼센트까지 치솟으며, 브랜드의 존립 자체가 위협받는 심각한 자생적 위기에 직면해 있었습니다.

당시 리더십은 불량품을 적당히 수리해서 파는 임시방편의 타협 대신, 품질에 대한 근본적인 철학을 다시 세우는 고통스러운 결단을 내렸습니다. 구미 공장 운동장에 전 직원을 모아놓고 불량 휴대폰 15만 대를 쌓아 올린 뒤, 이를 망치로 부수고 불태우는 전례 없는 의식을 거행한 것입니다. 이는 당시 가치로 500억 원이 넘는 자산을 스스로 폐기하는 행위였으나, 리더는 이를 단순히 돈을 태우는 것이 아니라 우리의 부끄러움을 태우는 것이라 정의하며 조직의 격(格)을 바로 세웠습니다.

리더가 품질을 위해 천문학적인 손실을 기꺼이 감내하며 타협 없는 의지를 보이자, 직원들의 인식은 근본적으로 변화하기 시작했습니다. 이 사건은 삼성의 품질 경영이라는 불멸의 철학을 낳았고, 애니콜(Anycall)이 세계 시장을 제패하는 결정적인 변곡점이 되었습니다. 리더가 품질이라는 마지막 자존심을 수호하기 위해 정직한 정면 돌파를 선택했을 때, 조직은 비로소 시대를 관통하는 위대한 성취의 반열에 오를 수 있음을 증명한 이 찬란한 기록은, 진정한 경영의 가치가 어디에 있는지를 우리에게 엄숙히 일깨워 주고 있습니다.

- 당신은 오늘 납기나 비용의 압박 때문에 품질의 결함을 알고도 적당히 넘어가며 당신의 양심과 타협하지는 않았는가?
- 우리 조직은 리더의 엄격한 품질 기준 아래 구성원들이 장인 정신을 발휘하는 곳인가? 아니면 결과물에 대한 부끄러움을 감추며 일하는 메마른 곳인가?
- 당신은 리더로서 완벽한 품질을 위해 기꺼이 단기적인 성과를 포기하고 구성원들에게 올바른 가치의 지표를 제시할 고결하고 단단한 자아를 지니고 있는가?

💗 **명상**

리더의 격(格)은 화려한 구호보다 보이지 않는 곳에서 버린 불량품의 양으로 가늠됩니다. 타협하지 않는 책임감을 자신의 자존심으로 여겨 공동체의 단단한 자부심을 북돋워 보세요. 그 준엄한 실천은 세월의 파도를 넘어 시들지 않는 고결한 명성을 묵묵히 쌓아 갑니다.

제38장

작은 실패를 넘어 더 큰 승리를 그리십시오

잠시 뒤로 물러나는 것은 더 높이 도약하기 위해 숨을 고르는 시간입니다. 지금의 시련은 리더의 지혜를 깊게 만드는 꼭 필요한 과정이며, 당장의 성과보다 먼 미래를 내다보는 차분한 인내심이 필요합니다. 이러한 넓은 시야는 우리 공동체를 어려움 속에서 건져 내어 결국 더 큰 성공으로 이끄는 가장 단단한 힘이 되어 줄 것입니다.

비즈니스라는 긴 여정에서 마주하는 작은 실패는 무언가를 잃는 것이 아니라, 오히려 우리가 몰랐던 시장의 실상을 깨닫게 해 주는 귀한 공부의 시간입니다. 많은 이들이 당장 눈앞의 손해에만 매몰되어 누군가를 탓하거나 책임을 묻는 데 에너지를 쏟곤 하지만, 이는 정작 중요한 도전 정신을 위축시키는 결과를 초래합니다. 실패를 지나치게 두려워하는 마음은 결국 조직을 정체시키고, 더 큰 기회를 스스로 포기하게 만드는 가장 큰 장애물이 됩니다.

건강한 리더는 작은 패배를 성장을 위한 필수적인 과정으로 여깁니다. 위기의 순간에도 비난보다는 성찰의 언어를 선택하여, 구성원들이 다시 일어설 용기를 얻도록 돕는 사람입니다. 단순히 마음을 위로하는 데 그치는 것이 아니라, 실패 속에 담긴 원인을 차분히 분석하여 다음 승리를 위한 전략으로 다시 설계하는 지혜가 무엇보다 필요합니다.

완벽해야 한다는 강박이나 우월감을 내려놓고, 우리의 부족함을 있는 그대로 인정하는 태도가 중요합니다. 정직한 성찰을 통해 길러진 단단한 마음의 근력은 어떤 시련의 파도가 닥쳐도 우리를 지탱해 주는 힘이 됩니다. 눈앞의 편안함만 쫓아 얻은 성취는 금방 사라지기 쉽지만, 평소 시련을 겪으며 길러 온 회복 탄력성은 조직을 지탱하는 흔들리지 않는 중심축이 되어 줄 것입니다.

결국 공동체가 도달할 성취의 높이는 리더가 실패를 어떻게 정의하느냐에 달려 있습니다. 결과의 좋고 나쁨에 일희일비하기보다, 오늘의 아쉬움을 내일의 승전보로 바꿔 내려는 리더의 단단한 시선이 동료들에게는 가장 든든한 신뢰의 밑거름이 됩니다. 숫자로 증명되는 이익보다 우리 안에 축적되는 가치의 성숙에 진심을 쏟아 보십시오. 리더가 시련 앞에서도 담대하게 중심을 잡고 있을 때, 우리 조직은 어떤 풍파에도 흔들리지 않는 독보적인 존재감을 지닌 명가로 거듭날 것입니다.

> 승리는 가장 끈기 있는 자에게 돌아가며 위대한 승리는 수많은 작은 패배의 조각들이 모여 완성되는 모자이크와 같다. 리더의 임무는 패배를 비난하는 것이 아니라 그 패배를 승리의 주춧돌로 바꾸는 것이다.
>
> — 나폴레옹 보나파르트(Napoleon Bonaparte)

"마자그란의 패배로 프라푸치노의 영광을 일궈 내다", 스타벅스의 하워드 슐츠

스타벅스(Starbucks)를 세계 최고의 커피 제국으로 일궈 낸 하워드 슐츠(Howard Schultz)는, 작은 전투의 패배라는 쓰디쓴 연단을 어떻게 장엄한 승리의 비옥한 토양으로 개간해 내야 하는지를 오롯이 실증하는 경영사의 독보적인 실전 귀감이 됩니다. 1994년 스타벅스는 야심 차게 병 커피 시장에 진출하며 탄산이 가미된 커피 음료인 마자그란(Mazagran)을 출시했으나, 소비자들의 싸늘한 외면 속에 참혹한 패배의 쓴잔을 마셔야 했습니다.

슐츠 회장은 마자그란의 실패를 단순히 인사 고과의 실책으로 규정하여 담당자를 문책하는 대신, 그 쓰라린 잔해 속에서 시장의 진실을 읽어 내는 자생적 통찰력을 발휘하였습니다. 그는 이 패배를 통해 소비자들이 진정으로 갈망하는 차가운 커피의 본질이 무엇인지, 그리고 병 음료 시장의 복잡한 유통 구조가 어떻게 작동하는지를 명확히 학습하는 계기로 삼았습니다. 이 패배의 거름 위에서 맺은 찬란한 결실이 바로 펩시코와의 파트너십을 통한 병 음료 프라푸치노(Frappuccino)였으며, 이는 스타벅스가 전 세계인의 일상 속에 깊숙이 파고드는 결정적인 전기가 되었습니다.

작은 전투인 마자그란에서는 패배했으나 그로부터 얻은 뼈아픈 학습을 바탕으로 거대한 전쟁인 글로벌 음료 시장의 패권을 쟁취한 것입니다. 하워드 슐츠의 사례는 리더가 패배의 고통을 성장의 자양분으로 삼을 때 비로소 조직이 한계를 뛰어넘어 더 넓은 대양으로 나아갈 수 있음을 자명하게 보여 주고 있습니다. 리더가 실패를 대하는 태도가 조직의 격(格)을 어떻게 완성하는지를 보여 주는 그의 기록은, 시련 앞에 선 모든 리더에게 영원히 마르지 않는 영감의 원천이 될 것입니다.

- 당신은 오늘 작은 프로젝트의 실패를 마주하며 구성원들을 질책하는 데 급급했는가? 아니면 그 패배 속에 숨겨진 거대한 전쟁의 승리 공식을 찾으려 노력했는가?
- 우리 조직은 패배를 수치로 여기며 도전을 멈추는 위축된 곳인가? 아니면 작은 패배를 훈장으로 여기며 더 큰 승리를 준비하는 역동적인 연무장인가?
- 당신은 리더로서 자신의 판단이 틀렸음을 인정할 때 느낄 수치심을 이겨내고 조직의 승리를 위해 기꺼이 패배의 거름 위에 자신을 세울 고결하고 단단한 자아를 지니고 있는가?

💗 **명상**

리더의 격(格)은 승리의 기록보다 패배를 대하는 당신의 고결한 태도에서 고스란히 풍깁니다. 실패의 상처를 성장의 씨앗으로 여겨 공동체의 토양을 기름지게 가꾸는 일에 정성을 다하십시오. 진실을 마주하는 단단한 의지는 쇠락하지 않는 영원한 성공의 길을 당당히 개척합니다.

제39장

고요한 정체보다
역동적인 불안이 조직을 살립니다

리더가 가장 경계해야 할 것은 평온함의 탈을 쓴 채 아무것도 하지 않는 정체입니다. 오히려 적절한 긴장과 불안은 우리가 새로운 도전을 꿈꾸게 만드는 가장 뜨거운 에너지가 됩니다. 현실에 안주하려는 습관에서 벗어나 동료들의 가슴 속에 숨겨진 열정을 일깨우는 결단을 내리십시오. 이런 움직임이 조직을 정체에서 구해 내고, 끊임없이 변화하며 성장하게 만드는 진짜 힘이 될 것입니다.

가끔 아무런 갈등 없이 평온한 사무실 풍경을 보며 안도하곤 합니다. 하지만 이 무색무취의 고요함은 사실 조직이 서서히 굳어 가고 있다는 위험한 신호일 수 있습니다. 많은 리더가 갈등 없는 상태를 성공의 지표로 삼으려 하지만, 이러한 정서적 안주는 구성원들의 도전 정신을 무디게 만들고 시장의 급격한 변화를 감지할 감각마저 마비시킵니다. 긴장감이 사라진 공동체는 안에서부터 서서히 활력을 잃게 되며, 결국 거대한 폭풍이 다가오는 소리조차 듣지 못하는 심각한 위기에 직면하게 됩니다.

모든 조직은 내부에서 역동적인 충돌이 일어나고 새로운 에너지가 끊임없이 유입될 때 비로소 진화합니다. 성숙한 리더는 때로 인위적인 안정을 깨뜨리고 의도적으로 위기감을 조성하여 조직의 맥박을 다시 뛰게 만들 줄 알아야 합니다. 이는 단순히 공포를 조장하는 것이 아니라, 현재의 성취에 만족하려는 본능을 거부하고 더 높은 가치를 향해 나아가려는 '기분 좋은 불편함'을 조직의 문화로 정착시키는 과정입니다.

변화라는 시련의 파도 속에서 불안을 느끼는 것은 지극히 자연스러운 일입니다. 중요한 것은 안주하고 싶은 욕망과 실패에 대한 두려움을 정직하게 인정하고, 그 에너지를 새로운 길을 여는 동력으로 전환하는 단단한 의지입니다. 겉보기에 평화로운 일상이 리더십의 이상향처럼 보일 수 있지만, 우리가 찾는 진정한 해답은 치열한 성찰 끝에 얻어지는 '창조적 긴장감'에 있습니다. 시련 앞에서 조직을 지켜 내는 힘은 안온함 속에 박제된 과거의 영광이 아니라, 평소 적절한 불안과 마주하며 단련해 온 조직의 기민함에서 나옵니다.

우리 공동체가 도달할 미래의 높이는 현재의 만족도가 아니라, 더 나은 내일을 향해 느끼는 갈증의 깊이에 의해 판가름 납니다. 오늘의 성공에 취해 내일의 불안을 외면하고 있지는 않은지 스스로를 매섭게 돌아보는 태도는, 함께 걷는 인재들에게 전하는 가장 진실한 약속입니다. 리더가 단순히 지위를 보존하는 데 급급하기보다 혁신이 동반하는 정당한 고통을 기꺼이 수용할 때, 조직의 생명력은 비로소 깨어납니다. 이러한 리더의 단단한 진심이 구성원들의 가슴에 가닿을 때, 우리 조직은 시대를 선도하며 끊임없이 진화하는 독보적인 존재로 자리매김할 것입니다.

> 성공은 서서히 당신의 눈을 가리고 귀를 막는다. 성공한 리더가 해야 할 가장 중요한 일은 조직 내에 건강한 불안을 유입시켜 모두가 다시 깨어나게 만드는 것이다.
>
> — 빌 게이츠(Bill Gates)

"우리는 망하기까지 단 30일 남았다"는 주문으로 인공지능 제국을 건설한 엔비디아의 젠슨 황

전 세계 반도체 산업의 궤적을 근본적으로 재정의한 엔비디아(NVIDIA)의 CEO 젠슨 황은, 조직의 혈맥 속에 흐르는 실존적 불안이 어떻게 경이로운 도약을 일구어 내는 창조적 긴장으로 승화될 수 있는지를 가장 입체적으로 조명하는 경영사의 강렬한 실증적 귀감입니다. 그는 시가총액이 급등하고 세계 최고의 기업으로 칭송받는 영광의 정점에서도, 직원들에게 우리는 언제든 망할 수 있다는 경고를 멈추지 않는 자생적 긴장감을 유지해 왔습니다.

젠슨 황은 엔비디아의 모든 미팅에서 "우리 회사는 망하기까지 단 30일 남았다(Our company is thirty days from going out of business)"는 문구를 가슴에 새기라고 강조합니다. 이는 구성원을 옥죄는 단순한 위협이 아니라, 기술의 급격한 변화 속에서 잠시라도 정체되는 순간 도태될 수밖에 없다는 정직한 현실 인식의 발현입니다. 리더가 의도적으로 주입한 이 역동적인 불안은 엔비디아가 그래픽 카드를 넘어 인공지능 컴퓨팅의 독보적인 선두 주자로 끊임없이 변신하게 만든 핵심 동력이 되었습니다.

조직이 안온한 성공의 늪에 빠지려 할 때마다 리더가 위기라는 파도를 일으켜 잠든 세포를 깨운 것입니다. 젠슨 황의 사례는 리더가 고요한 정체를 거부하고 역동적인 불안을 경영의 상수로 받아들일 때, 비로소 조직이 시대를 관통하는 영속하는 성취를 거둘 수 있음을 부인할 수 없는 증거로 제시하고 있습니다. 리더의 사유가 빚어낸 이 건강한 불안은, 거대한 변곡점 위에 선 모든 조직이 지녀야 할 가장 예리한 생존의 칼날이 될 것입니다.

💡 성찰

- 당신은 오늘 조직 내에 흐르는 고요함을 성공의 증거라 믿으며 새로운 변화를 위한 불편한 질문을 삼키지는 않았는가?
- 우리 조직은 현재의 성과에 도취되어 미래의 위협을 애써 외면하는 정체된 곳인가? 아니면 리더가 불어넣은 건강한 불안 속에서 매일 새로운 답을 찾는 생동하는 연무장인가?
- 당신은 리더로서 구성원들의 일시적인 불만을 견뎌 내고 조직의 영원한 생존을 위해 기꺼이 정적을 깨는 불안의 파도를 일으킬 고결하고 단단한 자아를 지니고 있는가?

🧠 명상

리더의 격(格)은 안주하는 안락함보다 가슴 뛰는 도전을 깨우는 긴장감에서 차오릅니다. 정체된 현실을 박차고 불안을 창조적 동력으로 바꾸는 결연한 의지를 기꺼이 보여 주세요. 그 역동적인 흐름은 시대를 넘어 흔들리지 않는 가치의 새벽을 정직하게 깨웁니다.

제40장

보이지 않는 가치가
조직의 영속을 결정합니다

리더의 시선이 재무제표라는 숫자에만 갇히면 성장은 이내 한계를 맞이합니다. 재무제표 너머 동료들의 진심 어린 헌신과 우리만의 고유한 문화를 깊이 들여다보십시오. 눈에 보이지 않는 본질을 찾아내고 가꾸는 리더의 통찰은 조직을 시공간의 제약 없이 이어지게 하며, 후대의 기억 속에 남는 가장 단단한 자취가 될 것입니다.

경영의 길을 걷다 보면 눈앞에 보이는 성과와 보이지 않는 기반 사이에서 깊이 고민하는 순간을 마주하게 됩니다. 대다수 리더는 당장 손에 잡히는 매출 증대나 점유율 확대에 마음을 뺏겨, 조직의 근간을 이루는 무형의 자산들을 소홀히 여기곤 합니다. 하지만 외형적인 성장은 내면에 축적된 가치가 밖으로 드러난 결과일 뿐입니다. 신뢰와 철학이라는 밑바탕이 마르면 아무리 화려했던 성공도 순식간에 신기루처럼 증발하고 맙니다. 본질을 도외시하는 리더십은 뿌리를 보지 못한 채 꽃의 화려함만을 탐하는 것과 같으며, 이는 결국 조직의 생명력을 갉아먹는 태도가 될 뿐입니다.

조직의 진짜 저력은 물리적 자산이 아니라 구성원들이 공유하는 일의 의미와 연대감에서 나옵니다. 성숙한 리더는 단기적인 지표의 유혹에 흔들리지 않으며, 우리 조직만이 가진 고유한 분위기와 인재들의 잠재력이라는 비가시적 광맥을 정성스럽게 길러 내는 사람입니다. 수치화할 수 없는 영역까지 책임지겠다는 리더의 밀도 높은 진심은 시간이 흐를수록 복리로 쌓여, 어떤 경쟁자도 흉내 낼 수 없는 독보적인 브랜드로 완성됩니다.

본질을 꿰뚫는 안목은 화려한 겉치레를 걷어 내고 스스로를 고독한 사유의 시간 속에 던져 넣을 때 비로소 깨어납니다. 조급함에 쫓겨 만든 설익은 문화는 작은 시련에도 금방 바스러지지만, 리더의 철저한 자기 성찰을 거쳐 빚어진 진정성은 조직의 뼈대를 단단하게 세우는 힘이 됩니다. 우리가 마주할 경영의 진실은 외부의 요란한 성공 방정식이 아니라, 보이지 않는 곳에서 묵묵히 다져 온 우리만의 고유한 정신적 깊이에 깃들어 있습니다.

경영의 진짜 가치는 눈에 보이는 자산의 크기가 아니라 그 이면에 흐르는 보이지 않는 진심의 농도로 결정됩니다. 매 순간의 선택이 조직의 뿌리를 얼마나 깊고 튼튼하게 내렸는지 자문하는 리더의 태도는, 함께 걷는 이들에게 전할 수 있는 가장 정직한 유산입니다. 숫자의 나열보다 가치의 흐름에 집중해 보십시오. 리더가 본질적인 완성도에 모든 정성을 쏟을 때, 조직은 시대를 관통하며 후대에 깊은 영감을 남기는 독보적인 전설로 기록될 것입니다.

세상에서 가장 소중한 것은 눈에 보이지 않는다. 마음으로 보아야 비로소 진실이 보이며, 리더가 보이지 않는 가치에 눈을 뜰 때 비로소 조직은 영원의 길로 들어선다.

— 앙투안 드 생텍쥐페리(Antoine de Saint-Exupéry)

"행복이라는 무형의 가치를 팔아 전설적인 브랜드를 만든 자포스의 토니 세이"

온라인 신발 쇼핑몰 자포스(Zappos)의 창립자 토니 세이(Tony Hsieh)는, 눈에 보이지 않는 무형의 가치를 포착하는 리더의 심미안이 어떻게 평범한 기업을 영속하는 전설로 승화시키는지를 오롯이 실증하는 경영사의 기념비적인 기록입니다. 그는 단순히 신발이라는 물성을 파는 상인을 넘어, '행복을 배달한다(Delivering Happiness)'는 자생적 철학을 경영의 중심에 두며 비즈니스의 격(格)을 인간 존엄의 차원으로 격상시켰습니다.

토니 세이는 기술적 마케팅의 정교함이나 가격 경쟁이라는 가시적 전술에 매몰되는 대신, 기업 문화와 고객 서비스라는 형체 없는 가치의 광맥에 자신의 모든 신념을 전폭적으로 투여하였습니다. 그는 초 단위의 효율성을 따지는 콜센터의 관습을 거부하고, 고객과의 정서적 공명과 진심 어린 교감을 최고의 경영 지표로 설정하는 자생적 파격을 보여 주었습니다. 특히 조직의 핵심 가치라는 영혼에 어긋나는 인재라면, 비록 뛰어난 능력을 갖췄을지라도 거액의 퇴직금을 주어 떠나보내는 결단을 통해 조직의 순수성을 고결하게 수호하였습니다.

훗날 아마존이 거액을 들여 자포스를 품에 안은 진정한 이유는 정교한 물류 시스템이 아니라, 누구도 흉내 낼 수 없는 '행복의 문화'라는 보이지 않는 유산의 찬란한 빛 때문이었습니다. 리더가 보이지 않는 문화와 신뢰를 가장 귀중한 자산으로 예우하자, 자포스는 고객들이 스스로 전설을 이야기하는 독보적인 팬덤을 형성하게 되었습니다. 숫자라는 견고한 담장 너머에 존재하는 가치의 지평을 응시했던 토니 세이의 궤적은, 진정한 경영의 승리가 눈에 보이는 실적이 아닌 보이지 않는 마음의 영토를 얻는 데 있음을 여실히 투영하고 있습니다. 그의 철학은 시대를 관통하며 사랑받는 영속하는 기업을 꿈꾸는 모든 리더에게 부인할 수 없는 진실의 울림으로 남을 것입니다.

💡 성찰

- 당신은 오늘 매출과 이익이라는 숫자에 가려져 우리 조직의 구성원들이 느끼는 자부심이나 신뢰라는 무형의 에너지가 고갈되고 있음을 간과하지는 않았는가?
- 우리 조직은 리더가 심어 놓은 보이지 않는 가치들이 서로 얽혀 단단한 생태계를 이루는 숲인가? 아니면 눈에 보이는 성과만을 쫓아 뿌리 없이 흔들리는 들판인가?
- 당신은 리더로서 당장의 손실이 따르더라도 조직의 고유한 품격을 지키기 위해 기꺼이 보이지 않는 원칙을 수호할 단단한 자아를 지니고 있는가?

💗 명상

리더의 격(格)은 통장의 숫자보다 사람의 신뢰를 먼저 살필 때 비로소 높아집니다. 임시방편을 버리고 정직한 원칙을 세우는 구체적 행동에 집중하며 당당히 솔선하십시오. 눈앞의 이익 대신 구성원의 성장을 돕는 헌신이 단단한 번영을 힘차게 일굽니다.

제5부

공진화의 힘:
집단 지성으로 도약하는 공동체

"리더 한 사람의 영특함은 복잡한 현대 사회의 난제를 해결하기에 너무도 협소한 그릇입니다. 진정한 진화는 리더가 자신의 한계를 인정하고, 나보다 똑똑한 '우리'의 지혜를 신뢰할 때 비로소 시작됩니다. 제5부에서는 개개인의 고유한 빛이 모여 집단 지성이라는 거대한 광휘가 발하고, 조직이 단순한 합을 넘어 생태계 전체와 함께 공진화하는 격 높은 공동체의 길을 모색합니다."

제41장

나보다 똑똑한 '우리'를 믿을 때
진화는 시작됩니다

리더가 자신의 부족함을 솔직하게 인정할 때, 동료들이 가진 다채로운 지혜가 비로소 빛을 발하기 시작합니다. 혼자만의 판단에 갇히지 않고 집단의 창의성을 진심으로 신뢰해 보십시오. 한 사람의 상상력으로는 결코 가닿을 수 없는 새로운 가능성이 열릴 것입니다. 서로를 향한 이 견고한 믿음은 우리 공동체를 지탱하고 계속 나아가게 하는 가장 실질적인 동력입니다.

사무실 안에서 리더가 가장 경계해야 할 태도는 자신이 모든 해답을 알고 있다는 착각입니다. 동료들을 단순히 지시를 수행하는 사람으로만 대할 때, 우리 조직의 사고 수준은 리더 한 사람의 한계선 아래로 고착되고 맙니다. 이는 예측 불가능한 외부의 위협에 기민하게 대응할 수 있는 유연한 복원력을 잃게 만들 뿐입니다. 타인의 재능을 성장의 기회가 아닌 위협으로 받아들이는 경직된 마음은 결국 조직 전체를 정체된 관료주의의 늪으로 밀어 넣는 결과를 초래합니다.

공동체가 발휘하는 진짜 저력은 각자의 뛰어남이 어우러져 만들어 내는 거대한 시너지에서 시작됩니다. 품격 있는 리더는 자신의 판단이 틀릴 수도 있다는 사실을 겸허히 전제하며 대화를 이끌어 갑니다. 현장의 인재들이 자유롭게 의견을 나누고 때로는 충돌하며 더 나은 답을 빚어낼 수 있도록 심리적인 토양을 마련해 주는 것이 중요합니다. '우리'를 믿는다는 것은 방임이 아니라, 집단의 이성이 가진 정화 작용을 신뢰하며 리더의 권위를 스스로 내려놓는 고도의 인격적 결단입니다.

집단지성에 귀를 기울인다는 것은 리더가 자신의 인정 욕구를 내려놓고 겸손이라는 정직한 길을 선택하는 과정입니다. 홀로 내린 결정은 변화무쌍한 시장 환경에서 쉽게 한계를 드러내기 마련이지만, 서로에 대한 신뢰로 엮인 동료들의 합리적인 이성은 불확실한 상황에서 조직을 지탱하는 가장 실질적인 해법이 됩니다. 리더의 독단보다 집단의 지혜가 모일 때, 조직은 비로소 예상치 못한 위기 앞에서도 흔들리지 않는 단단한 내면의 근력을 갖추게 됩니다.

조직이 도달할 궁극적인 위치는 리더 한 사람의 명석함이 아니라, 구성원 모두가 얼마나 깊이 있게 소통하고 사유했느냐에 달려 있습니다. 오늘 우리가 나눈 대화가 단순히 지시를 확인하는 자리는 아니었는지, 혹은 서로의 지혜가 모이는 활기찬 장이었는지 스스로 돌아보는 태도는 함께하는 인재들에게 전할 수 있는 가장 성숙한 배려입니다. 단기적인 성과 지표보다 관계의 질과 내면의 진정성에 집중해 보십시오. 리더로부터 시작된 이러한 열린 문화가 조직의 고유한 체질로 자리 잡을 때, 우리 공동체는 어떤 시련 속에서도 독창적인 성장을 거듭하며 시대를 선도하는 독보적인 존재로 남게 될 것입니다.

> 우리 중 누구도 우리 모두를 합친 것만큼 똑똑하지 않다. 리더의 임무는 정답을 내놓는 것이 아니라, 모두의 정답이 흘러나올 수 있는 통로가 되는 것이다.
>
> — 켄 블랜차드(Ken Blanchard)

"브레인 트러스트(Braintrust)로 집단 지성의 꽃을 피운 픽사의 에드 캣멀"

세계 최고의 애니메이션 스튜디오 픽사(Pixar)의 공동 창립자 에드 캣멀(Ed Catmull)은, 리더가 '나'라는 단독자의 지적 한계를 겸허히 인정하고 '나보다 똑똑한 우리'라는 집단 지성의 연대를 온전히 신뢰할 때 조직이 어떤 경이로운 진화의 지평을 열어젖힐 수 있는지를 여실히 입증하는 경영사의 독보적이고도 전형(典型)적인 사례가 됩니다. 그는 리더가 모든 답을 가져야 한다는 완벽주의의 강박에서 벗어나는 자생적 용기를 보여 주었습니다.

캣멀 회장은 감독 한 사람의 천재성에 기댄 독단적 판단 대신, 동료들이 서로의 작품을 가감 없이 비평하고 도와주는 '브레인 트러스트(Braintrust)'라는 독창적인 자생적 시스템을 구축하였습니다. 이 시스템 안에서 리더의 역할은 자신의 권위를 이용해 결론을 내리는 것이 아니라, 위계질서라는 장벽을 허물고 누구나 자신의 진실한 의견을 말할 수 있는 안전한 심리적 토양을 수호하는 것이었습니다. 이러한 정직한 비평의 과정은 리더가 미처 감지하지 못한 치명적인 오류들을 동료들의 날카로운 통찰로 수정하게 하였고, 이는 《토이 스토리》부터 《코코》에 이르기까지 픽사가 전무후무한 연속 흥행 기록을 세우는 강력한 엔진이 되었습니다.

리더가 자신의 지적 독점을 포기하고 집단의 지혜를 예우하자, 픽사는 단순히 영화를 생산하는 회사를 넘어 매번 새로운 기술과 서사의 지평을 여는 창조적 공동체로 진화하였습니다. 에드 캣멀의 사례는 리더가 집단 지성의 힘을 경외할 때 비로소 조직이 한 개인의 한계를 넘어 영속하는 성취의 반열에 오를 수 있음을 오롯이 실증하고 있습니다. 그가 보여 준 지적 겸손의 격(格)은, 독단과 오만의 덫에 걸리기 쉬운 모든 리더에게 영구히 마르지 않을 지혜의 광맥으로 남을 것입니다.

- 당신은 오늘 중요한 결정의 순간에 당신의 판단을 관철하려 했는가? 아니면 당신보다 그 분야를 더 잘 아는 구성원의 목소리에 진심으로 귀를 기울였는가?
- 우리 조직은 리더의 영특함만을 따르는 수동적인 군대인가? 아니면 수많은 지혜가 부딪히며 더 나은 해법을 찾아가는 생동하는 유기체인가?
- 당신은 리더로서 당신의 의견이 틀렸음을 구성원들 앞에서 인정할 때 느낄 수치심을 이겨 내고, 조직의 진화를 위해 기꺼이 공동체의 통찰을 수용할 고결하고 단단한 자아를 지니고 있는가?

🐦 **명상**

리더의 격(格)은 홀로 낸 정답보다 동료의 집단적 사고를 일깨우는 깊이에 달렸습니다. 나보다 나은 우리를 믿고 정직한 연대를 공동체의 든든한 주춧돌로 묵묵히 다지십시오. 그 조화로운 지혜는 시대를 관통하여 영속하는 성취의 지도를 비로소 힘차게 펼쳐 냅니다.

제42장

리더의 색채가 조직의 성장을
가로막는 벽이 되지 않게 하십시오

리더의 강한 기질은 위기를 넘어서는 추진력이 되지만, 때로는 동료들의 창의성을 가로막는 장애물이 되기도 합니다. 과거의 성공 방식에만 머물지 말고, 구성원들이 각자의 역량을 마음껏 펼칠 수 있도록 기꺼이 자리를 내어 주는 용기를 가지십시오. 자신의 영향력을 유연하게 조율할 줄 아는 리더의 태도가 조직에 새로운 활력을 불어넣고 더 넓은 성장의 길을 열어 줄 것입니다.

리더의 성공 경험이 조직 내에서 누구도 건드릴 수 없는 불문율로 굳어지는 순간, 변화를 향한 동력은 급격히 식어 버립니다. 모든 판단의 기준이 리더 한 사람의 취향에 고착되면, 구성원들은 시장의 흐름을 읽기보다 리더의 눈치를 살피는 데 소중한 역량을 낭비하게 됩니다. 결국 조직은 넓은 세상으로 나아가는 대신, 단 한 사람의 시야 속에 갇힌 폐쇄적인 공간으로 전락하고 맙니다.

조직의 진정한 성장은 리더가 자신의 한계를 얼마나 정직하게 인정하고 뛰어넘느냐에 달려 있습니다. 품격 있는 경영자는 자신의 고집스러운 스타일이 혹시 동료들의 가능성을 차단하고 있지는 않은지 부단히 살피는 사람입니다. 필요할 때 자신의 고유한 색깔을 지워 내 전체가 다채로운 하모니를 낼 수 있도록 배려하는 행위는 권위의 상실이 아니라, 신뢰와 제도를 통해 조직의 그릇을 키우는 가장 고도의 전략적 선택입니다.

자신의 우월감이나 완벽주의를 객관적으로 바라보며 변화라는 거대한 파도 앞에 자아를 노출하는 과정은 리더의 정신을 새롭게 확장해 줍니다. 강렬한 개성을 리더의 전유물로 여기는 통념과 달리, 가치를 창조하는 현장에서 끝내 승리하는 해답은 개인적인 선호를 걷어 낸 '객관적 합리성'에 있습니다. 리더의 고집을 다스려 얻은 집단적 유연함이야말로 시련 앞에 무너지기 쉬운 일시적인 안정을 넘어 위기의 순간에 조직을 지탱하는 가장 실질적인 동력이 됩니다.

우리 공동체가 일궈 낼 궁극적인 위상은 리더의 존재감이 얼마나 강력한가가 아니라, 그 에너지가 구성원들과 얼마나 유연하게 공명하느냐에 의해 결정됩니다. 의사 결정의 매 순간 자신의 낡은 습관이 동료들의 새로운 통찰을 억압하지 않았는지 매섭게 돌아보는 태도는, 미래의 파트너들에게 보여 줄 수 있는 가장 진실한 예우입니다. 리더가 외적인 지배력보다 내면의 진실과 조화에 깊이 뿌리를 내릴 때, 조직은 비로소 스스로 움직이는 생명력을 얻습니다. 이러한 리더의 단단한 중심이 구성원들에게 고스란히 전해질 때, 우리 조직은 시대를 선도하며 영원히 살아 숨 쉬는 독창적인 존재로 우뚝 서게 될 것입니다.

> 지극한 덕을 가진 리더는 자신의 공적을 드러내지 않고, 참된 리더는 자신의 이름을 남기려 하지 않는다(至德不得, 神人無功, 聖人無名).
>
> ― 장자(莊子)

"리더의 그림자를 걷어 내고 구성원을 전면에 세우는 '역피라미드'를 설계하다", HCL의 비네트 나야르

글로벌 IT 서비스 기업인 HCL 테크놀로지스의 전 CEO 비네트 나야르(Vineet Nayar)는 리더의 강한 개성과 지시 중심의 문화가 오히려 조직의 자율성과 창의성을 가두는 '벽'이 되고 있음을 간파했습니다. 그는 리더가 모든 판단의 기준이 되고 구성원들이 리더의 눈치만을 살피는 폐쇄적인 구조에서는, 변화하는 시장의 흐름에 기민하게 대응할 수 없다는 사실을 직시했습니다.

나야르는 자신의 색채를 앞세우기보다 리더의 존재감을 의도적으로 지워 내는 '역피라미드 경영(Employees First, Customers Second)'을 선포했습니다. 그는 리더가 모든 해답을 가진 완벽한 존재라는 환상을 깨기 위해 자신의 경영 실적과 평가를 전 직원에게 공개하며 스스로를 검증의 도마 위에 올렸습니다. 이는 리더의 권위라는 단단한 껍질을 벗겨 내고, 현장에서 가치를 만드는 구성원들이 조직의 진정한 주인공이 되도록 배려하는 고도의 전략적 선택이었습니다.

리더가 고집스러운 스타일을 버리고 객관적인 합리성을 수용하자, 정체되어 있던 조직의 활기가 급격히 살아나기 시작했습니다. 나야르의 이러한 유연한 태도는 리더십을 외적인 지배력이 아닌 내면의 진실과 조화의 영역으로 옮겨 놓았으며, HCL을 업계에서 가장 빠르게 성장하는 혁신 기업으로 도약시키는 결정적인 기폭제가 되었습니다. 리더의 스타일이 사라질 때 조직 고유의 스타일이 완성된다는 사실을 보여 주며, 우리 공동체가 시대를 선도하는 독창적인 존재로 우뚝 서게 하는 가장 선명한 지표가 되었습니다.

💡 성찰

- 당신은 오늘 부하 직원이 가져온 새로운 제안을 당신의 과거 경험이나 선호하는 방식에 맞지 않는다는 이유로 거절하지는 않았는가?
- 우리 조직은 리더의 취향에 맞추어 보고서가 작성되는 경직된 곳인가? 아니면 리더의 스타일을 넘어 진실된 가치가 소통되는 열린 광장인가?
- 당신은 리더로서 자신의 오랜 습관이 조직의 성장을 가로막는 장애물임을 깨달았을 때, 기꺼이 자신을 변화시키고 새로운 방식을 수용할 용기를 지니고 있는가?

💞 명상

리더의 격(格)은 밖으로 뿜는 카리스마보다 자신의 자아를 먼저 비워 내는 용기에 결정됩니다. 조직의 빈틈을 메우기 위해 리더가 먼저 낮아지는 겸허한 실천을 오늘 행동하십시오. 비워 낸 공간은 구성원의 성장을 돕는 단단한 존엄의 지평으로 우리를 올곧게 안내합니다.

제43장

인재의 다채로움이
조직의 탁월함을 결정합니다

획일적인 잣대로 동료를 평가하는 행위는 리더가 범하기 쉬운 가장 큰 실수입니다. 각자가 지닌 원석의 가치를 세심하게 포착해 보십시오. 개별적인 재능이 조직의 사명과 자연스럽게 어우러질 때, 우리 팀은 단순히 모여 있는 집단을 넘어 하나의 완성도 높은 하모니를 만들어 낼 것입니다.

효율이라는 명목 아래 사람을 규격화된 부품처럼 다루는 태도는 사무 공간을 무색무취의 정막으로 채울 뿐입니다. 정해진 틀에 사람을 억지로 끼워 맞추려 들면, 그가 지닌 고유한 창의성은 이내 숨을 죽이고 맙니다. 팀원이 가진 남다른 결을 보지 못하는 리더십은 보석의 가치를 모른 채 원석을 그저 돌덩이로 여기는 것과 같으며, 이는 조직이 가진 가장 강력한 자산인 인적 잠재력을 스스로 포기하는 행위입니다.

조직의 성과는 결점을 보완하는 데 급급하기보다 각자의 강점을 극대화하는 지점에서 폭발적으로 일어납니다. 실력 있는 경영자는 팀원 한 사람 한 사람이 가진 독특한 서사와 기질을 있는 그대로 인정하며, 그들이 자신의 재능을 온전히 발휘할 수 있는 최적의 자리를 찾아 주는 데 정성을 쏟습니다. 숨겨진 빛을 찾아낸다는 것은 단순한 관찰의 차원을 넘어, 인재의 삶에 깊은 애정을 가지고 그들의 가능성을 먼저 믿어 주는 정서적인 헌신을 의미합니다.

타인의 가능성을 예우하기 위해서는 리더 자신이 가진 고정관념과 편견을 가감 없이 내려놓아야 합니다. 깊은 성찰을 통해 자신의 내면을 단단하게 가꾸는 과정이 선행될 때, 비로소 타인의 진면목이 선명하게 보이기 시작합니다. 강압적인 카리스마로 일궈 낸 평온함은 작은 시련에도 쉽게 깨질 파편에 불과합니다. 위기의 순간에 조직을 다시 일으켜 세우는 진짜 힘은 평소 개개인의 개성을 존중하며 키워 온 조직의 다채로운 창의성에서 나옵니다.

우리가 도달할 궁극적인 도약은 인재의 숫자가 아니라 그들이 발산하는 빛이 얼마나 조화롭게 어우러지느냐에 따라 결정됩니다. 오늘 우리가 나눈 대화가 동료의 장점을 살리는 시간이었는지, 혹은 리더의 잣대로 그들을 위축시키지는 않았는지 냉철하게 돌아보는 태도가 필요합니다. 숫자로 표현되는 지배력보다 사람의 성장과 내면의 진실에 마음을 쏟아 보십시오. 이러한 변화의 흐름이 조직의 고유한 문화로 안착될 때, 우리 공동체는 어떤 풍파 속에서도 자신만의 항로를 개척하며 시대를 앞서가는 독보적인 존재로 거듭날 것입니다.

> 모든 사람은 저마다의 천재성을 지니고 있다. 하지만 물고기를 나무에 오르는 능력으로 평가한다면 그 물고기는 평생 자신이 바보라고 믿으며 살 것이다. 리더의 역할은 물고기가 바다를 헤엄치게 돕는 것이다.
>
> — 알베르트 아인슈타인(Albert Einstein)

"우리는 똑똑한 사람이 아니라, 서로 다른 시각을 가진 사람들을 모읍니다"
라는 철학으로 다채로운 인재의 조화를 이끈 IDEO의 데이비드 켈리

글로벌 디자인 컨설팅 기업 IDEO의 창업자 데이비드 켈리(David Kelley)
는, 리더가 구성원 각자가 지닌 원석의 가치를 어떻게 포착하여 조직의 탁
월함으로 승화시켜야 하는지를 보여 주는 가장 신선하고 명징한 사례가 됩
니다. 그는 효율성이라는 명목 아래 사람을 규격화된 부품처럼 다루는 전통
적인 기업 문화를 거부하며, 팀원 각자가 지닌 고유한 창의성이 숨을 죽이
지 않도록 그들의 '남다른 결'을 존중하는 데 정성을 쏟았습니다.

켈리는 인류학자, 공학자, 심리학자, 예술가 등 전혀 다른 배경을 가진 인
재들이 모여 각자의 서사를 마음껏 펼칠 수 있는 '다학제적 협력'의 장을 구
축했습니다. 그는 리더의 잣대로 타인을 평가하기보다, 동료들이 자신의 재
능을 온전히 발휘할 수 있는 최적의 자리를 찾아 주는 정서적 헌신을 실천
했습니다. 리더가 고정관념을 내려놓고 구성원의 가능성을 먼저 믿어 주자,
서로 다른 빛을 내는 인재들은 단순히 모여 있는 집단을 넘어 세상에 없던
혁신을 만들어 내는 완성도 높은 하모니를 이루기 시작했습니다.

개개인의 다채로움을 예우하며 일궈 낸 이 유연한 창의성은 IDEO를 전
세계 경영자들이 영감을 얻기 위해 찾는 최고의 혁신 기업으로 성장시킨 강
력한 동력이 되었습니다. 리더가 숫자로 표현되는 지배력보다 사람의 성장
과 내면의 진실에 귀를 기울일 때 조직이 도달할 수 있는 궁극적인 도약이
무엇인지를 몸소 증명해 낸 것입니다. 인재의 숫자가 아니라 그들이 발산하
는 빛의 조화를 최우선 가치로 삼았던 그의 리더십은, 각자가 지닌 원석의
가치가 조직의 사명과 어우러질 때 비로소 진정한 격(格)이 완성됨을 우리
에게 엄숙히 일깨워 줍니다.

- 당신은 오늘 부하 직원의 사소한 실수를 나무라기보다 그가 가진 잠재적인 재능 하나를 찾아내어 진심으로 격려해 주었는가?
- 우리 조직은 직원을 숫자로 관리하는 차가운 기계 장치인가? 아니면 각자의 빛이 모여 하나의 성좌를 이루는 따스한 공동체인가?
- 당신은 리더로서 자신의 스타일을 강요하려는 욕망을 이겨 내고, 팀원이 자신만의 방식으로 성과를 낼 수 있도록 기꺼이 믿고 기다려 줄 단단한 자아를 지니고 있는가?

🧘 명상

리더의 격(格)은 인재의 머릿수보다 개개인의 숨겨진 가치를 발견하는 통찰에서 비롯됩니다. 한 사람 한 사람의 고유함을 귀하게 여기는 존중을 조직의 비옥한 토양으로 힘껏 경작하십시오. 그 깊은 포용은 공동체를 시대를 넘어 지속되는 영속적 성장의 길로 밀어 올립니다.

제44장

권위라는 자리에 머물지 말고
유연한 역할로 다가가십시오

리더십의 정체성은 타인 위에 군림하기 위한 견고한 성벽이 아니라, 공동체의 당면한 난제를 해결하기 위해 매 순간 형태를 바꾸는 유연한 흐름이어야 합니다. 직위라는 고정된 틀을 벗어나 가장 필요한 지점에서 묵묵히 소임을 다하는 그 겸허한 변모야말로, 구성원들의 자발적 공명을 이끌어 내어 우리를 더 넓은 가치의 대지로 안내하는 가장 선명한 지혜의 등불이 될 것입니다.

직급이 주는 편안함에 안주하려는 태도는 리더의 시야를 가로막는 가장 위험한 걸림돌입니다. 자신의 인격을 권위라는 외피와 동일시하여 높은 담장을 쌓기 시작하면, 조직 내의 활발한 소통은 이내 멈추고 맙니다. 구성원들이 주체성을 잃고 결재 서류의 눈치만 살피는 수동적인 존재로 남는다면, 그 조직은 현장의 살아 있는 목소리를 담아내지 못하는 경직된 관료주의로 흐를 가능성이 높습니다.

공동체의 진정한 힘은 계급의 높낮이가 아니라 각자가 맡은 역할의 적정성에서 나옵니다. 품격을 갖춘 리더는 자신의 권한을 특권이 아닌 과업을 완수하기 위한 도구로 여깁니다. 해결해야 할 문제의 성격에 맞추어 때로는 앞장서서 길을 열고, 때로는 뒤에서 든든한 조력자가 되어 자신의 위치를 자유롭게 이동시키는 지혜를 발휘하십시오. 이러한 유연한 대처는 통제권을 내려놓는 나약함이 아니라, 목적 달성을 위해 가장 효율적인 지점에 자신을 배치하는 고도의 이성적인 겸손입니다.

주관적인 지위를 내려놓는 행위는 리더 내면의 인정 욕구를 다스리고, 헌신이라는 실천 속에 자신을 녹여 내는 단단한 내면을 완성하는 과정입니다. 엄격한 위계가 질서의 근본이라는 믿음에서 벗어나, 가치를 창조하는 현장에서 상황에 가장 알맞은 자리를 스스로 찾아가는 역동적인 태도가 필요합니다. 권위로 일궈 낸 일시적인 평온은 작은 풍파에도 쉽게 허물어지기 마련입니다. 위기의 순간에 조직을 지탱하는 진짜 저력은 리더가 평소 유연한 태도로 쌓아 온 구성원들과의 수평적인 신뢰 관계에서 나옵니다.

조직이 도달할 품격의 깊이는 리더가 가진 직함의 화려함이 아니라 그가 수행하는 역할의 진실성에 의해 결정됩니다. 업무가 이루어지는 매 순간 권위 뒤에 숨어 있지는 않았는지, 혹은 마땅히 있어야 할 현장에서 소임을 다했는지 스스로 돌아보는 태도는 함께 걷는 인재들에게 보여 줄 수 있는 가장 성숙한 신의의 표시입니다. 리더의 관심이 외적인 지배력보다 내면의 진실과 조화에 깊이 뿌리내릴 때, 그 유연한 기운은 구성원 모두에게 자연스럽게 전해집니다. 이러한 리더의 단단한 정신적 지주 역할은 우리 공동체가 어떤 격랑 속에서도 중심을 잃지 않고 앞으로 나아가게 하는 강력한 힘이 될 것입니다.

> 승리의 기쁨을 나눌 때는 뒤에서 동료들을 앞세우고, 위기의 순간에는 가장 앞줄에 서십시오. 그때 비로소 사람들은 당신의 진정한 리더십을 인정할 것입니다.
>
> — 넬슨 만델라(Nelson Mandela)

"직함이 없는 격자 조직에서 자연스럽게 발현되는 리더십을 일구다. 고어텍스의 빌 고어"

혁신적 소재인 고어텍스(Gore-Tex)를 통해 인류의 활동 지평을 획기적으로 넓힌 빌 고어(Bill Gore)는, 박제된 권위의 위계 대신 생동하는 유연한 역할의 변주가 어떻게 조직의 내밀한 잠재력을 일깨울 수 있는지를 여실히 보여 주는 경영사의 경이로운 실증적 귀감입니다. 그는 창립 초기부터 상사나 부하라는 계급적 언어를 과감히 도려내고, 모든 구성원을 평등한 '동료(Associate)'로 명명하며 조직 전체를 수평적인 격자형 구조(Lattice Structure)로 설계하는, 수평적 가치가 숨 쉬는 조직의 토대를 마련하는 독보적인 결단을 내렸습니다.

빌 고어는 리더십이란 특정 직위에서 부여되는 훈장이 아니라, 다른 이들이 스스로 따르기로 선택할 때 비로소 발현되는 내발적 현상임을 굳게 믿었습니다. 이러한 철학에 따라 고어사(社)에는 공식적인 조직도나 고정된 관리직이 존재하지 않으며, 새로운 프로젝트가 잉태될 때마다 그 일에 가장 적합한 역량을 가진 사람이 자연스럽게 리더의 역할을 맡고 다른 이들은 그를 돕는 유동적 체계를 유지합니다. 리더가 권위의 방석에 앉아 지시하는 대신 구성원들과 함께 현장의 진흙탕을 구르며 문제를 해결하는 역할을 자처하자, 인재들의 창의성과 책임감은 극대화되었습니다.

리더가 권위라는 무거운 갑옷을 벗고 유연한 조력자의 역할을 입자, 고어 앤 어소시에이츠는 수십 년 동안 가장 혁신적인 기업이자 일하기 좋은 직장으로 선정되며 압도적인 성취를 거두었습니다. 빌 고어의 사례는 리더가 직위의 무게를 내려놓고 역할의 본질에 집중할 때, 비로소 조직이 경직된 틀을 깨고 영속하는 생명력을 지닌 공동체로 진화할 수 있음을 자명하게 증명하고 있습니다. 리더의 내면적 격(格)이 조직의 형식을 어떻게 재정의하는 지를 보여 주는 그의 궤적은, 권위주의의 덫에 갇힌 현대 경영자들에게 시 대를 관통하는 묵직한 성찰의 화두가 될 것입니다.

💡 성찰

- 당신은 오늘 결재판 위의 직함으로 당신의 권위를 증명하려 했는가? 아 니면 현장에서 팀원들이 가장 필요로 하는 역할을 수행하며 그들의 마음 을 얻었는가?
- 우리 조직은 직급의 높낮이에 따라 목소리 크기가 결정되는 경직된 곳인 가? 아니면 전문성과 역할에 따라 누구든 리더가 될 수 있는 유연한 광장 인가?
- 당신은 리더로서 자신의 고정된 지위가 위태로워질지 모른다는 불안을 이겨 내고, 조직의 성과를 위해 기꺼이 조력자의 역할을 맡을 단단한 자 아를 지니고 있는가?

🫶 명상

리더의 격(格)은 손에 쥔 권력보다 상황에 맞춰 자신을 바꾸는 유연함에 있습니다. 직위의 권위를 버리고 구성원을 위해 헌신하는 낮은 자리를 기꺼 이 오늘 선택하십시오. 이러한 겸허한 실천이 조직의 단단한 바탕이 되어 영속하는 존엄을 비로소 완성합니다.

제45장

일방적인 지시보다
정중한 협조 요청이 팀을 움직입니다

지시는 수동적인 반응을 만들지만, 진심 어린 부탁은 동료를 주도적으로 움직이게 합니다. 직급이라는 권위의 무게로 상대를 압도하기보다 인간적인 예우로 협력을 구하십시오. 팀원을 존중하는 리더의 태도가 자발적인 참여를 끌어내며, 조직에 활기를 불어넣는 가장 확실한 동력이 됩니다.

리더가 직급을 내세워 일방적으로 업무를 몰아붙이면 팀 내 소통은 막히기 마련입니다. 강압적인 말투는 당장 결과를 낼지는 몰라도, 팀원들에게는 시키는 일만 하겠다는 소극적인 태도와 소외감만 남깁니다. 결국 리더가 없으면 스스로 움직이지 않는 경직된 팀이 되고 말죠. 진짜 리더십은 자신의 부족함을 인정하고 팀원들에게 진솔하게 도움을 요청할 때 비로소 시작됩니다.

팀의 저력은 억지로 시켜서 하는 의무감이 아니라, 각자의 자발적인 선택에서 나옵니다. 실력 있는 리더는 권한을 휘두르기보다 업무의 어려움을 솔직하게 나누며 정중하게 협력을 구하는 지혜를 발휘합니다. 팀원을 업무 도구가 아닌 든든한 파트너로 대하는 태도가 그들에게 자신이 꼭 필요한 존재라는 사실을 느끼게 합니다. 이러한 신뢰는 책임감 있게 업무에 몰입하게 만드는 귀한 에너지가 됩니다.

자발적인 참여를 이끌어 내려면 리더부터 고집을 버리고 마음을 열어야 합니다. 억지로 짜낸 분위기는 위기 상황에서 금방 무너지기 쉽습니다. 리더가 진심으로 다가갈 때 팀원들도 마음을 열고 함께 헌신하게 됩니다. 평소 이런 정서적 공감대를 쌓아 두는 것이 어려울 때 팀을 지탱하는 가장 단단한 힘이 됩니다.

팀이 살아나는 순간은 압박이 아니라 확실한 동기부여가 있을 때입니다. 업무를 진행하면서 내 말투가 팀원들을 위축시키지는 않았는지, 충분히 존중하며 협조를 구했는지 돌아봐야 합니다. 리더가 지표만 챙기기보다 사람과 진실에 집중할 때 팀은 비로소 건강해집니다. 이런 문화가 자리 잡으면 어떤 변화 속에서도 우리 팀은 확고한 경쟁력을 유지하며 함께 성장할 수 있습니다.

> 명령은 머리로 이해하게 하지만 부탁은 가슴으로 응답하게 한다. 사람의 마음을 얻는 가장 빠른 길은 그에게 당신의 도움이 필요하다는 사실을 정중히 알리는 것이다.
>
> — 바실리 레온티예프(Wassily Leontief)

"철강 왕국을 일군 동반자 리더십, 뉴코어의 켄 아이버슨"

미국의 척박한 철강 산업을 세계 최정상의 경쟁력을 지닌 강소 기업으로 일궈 낸 뉴코어(Nucor)의 CEO 켄 아이버슨(Ken Iverson)은, 리더의 정중한 청유와 그 속에 깃든 투명한 지성(至誠)이 어떻게 조직원들의 마음을 움직여 거대한 변화의 물결을 추동하는지를 웅변하는 경영사의 독보적이고도 숭고한 실증적 귀감입니다. 그는 수만 명의 직원을 둔 대기업의 수장이었지만, 리더에게 주어지는 화려한 특권을 거부하고 구성원들과 평등한 위치에서 소통하는, 내면에서 길러 낸 단단한 소신을 고수했습니다.

아이버슨 회장은 현장을 방문할 때마다 일방적인 지시를 내리는 대신 "우리가 더 나은 품질을 만들 수 있도록 당신의 지혜를 빌려주겠나?" 혹은 "이 문제를 해결하기 위해 어떤 도움이 필요한가?"와 같은 요청의 언어를 사용했습니다. 그는 명령이 아닌 부탁의 형식을 빌려 현장 노동자들을 단순한 피고용인이 아닌, 공동의 목표를 향해 나아가는 존엄한 파트너로 예우했습니다. 리더가 권위의 성벽을 허물고 진심 어린 요청을 보내자, 직원들 사이에서는 '우리가 회사의 주인이다'라는 자발적 자부심이 깨어났으며, 이는 뉴코어를 세계에서 가장 생산성이 높은 철강 회사로 이끄는 강력한 동력이 되었습니다.

리더가 명령의 권위보다 부탁의 진심을 앞세울 때, 조직은 위기의 순간에도 한 명의 해고 없이 똘똘 뭉쳐 시련을 극복해 냈습니다. 켄 아이버슨의 사례는 리더십의 본질이 억압적인 지배가 아니라 구성원의 지혜를 정중히 구하는 겸손에 있음을 자명하게 입증하고 있습니다. 리더의 내면적 격(格)이 빚어낸 이 투명한 지성의 서사는, 효율성만을 쫓는 현대 경영자들에게 시대를 관통하는 묵직한 영감의 울림으로 남을 것입니다.

💡 성찰

- 당신은 오늘 부하 직원에게 마땅히 해야 할 일을 시킨다는 우월감으로 그의 감정을 상하게 하는 명령조의 언어를 쓰지는 않았는가?
- 우리 조직은 리더의 지시에 일사불란하게 움직이는 기계적인 집단인가? 아니면 서로의 부족함을 부탁의 진심으로 채워 주며 함께 성장하는 따스한 공동체인가?
- 당신은 리더로서 자신의 지위를 낮추어 타인에게 도움을 구하는 행위가 권위의 손상이 아니라 진정한 존중의 표현임을 깨달을 단단한 자아를 지니고 있는가?

💗 명상

리더의 격(格)은 행사하는 강제력보다 구성원의 자발적 동의를 이끌어 내는 진심에 좌우됩니다. 명령의 위압을 내려놓고 정중한 부탁으로 동료의 인격을 예우하는 태도를 체득하십시오. 상호존중의 질서는 조직을 시대를 넘어 조화로운 성장의 길로 힘차게 견인합니다.

제46장

팀원의 성장을 돕는 솔직한 피드백을 주저하지 마십시오

리더의 솔직한 조언은 동료가 자신의 부족함을 깨닫고 더 높이 올라가게 돕는 가장 큰 배려입니다. 갈등이 불편해서 진실을 덮어 두기보다, 잘못된 부분을 제대로 짚어 주는 용기가 필요합니다. 이러한 노력이 팀을 매너리즘에서 구해 내고 더 큰 성과로 이끄는 리더의 진짜 책임입니다.

팀원에게 쓴소리를 건네는 일은 리더에게도 늘 곤혹스러운 숙제와 같습니다. 하지만 동료가 제자리에 머물지 않고 성장하기를 바란다면, 때로는 껄끄러운 이야기라도 가감 없이 전해야 합니다. 좋은 게 좋은 거라는 식의 안일한 태도는 팀원에게 필요한 자극을 주지 못하고, 결국 조직 전체의 역량을 떨어뜨리는 결과를 낳습니다. 솔직한 소통은 상대의 기를 꺾는 공격이 아니라, 그가 더 유능한 인재로 거듭나게 돕는 가장 실질적인 지원책입니다.

갈등이 생길까 봐 입을 닫는 행위는 배려라기보다 리더의 책임을 피하는 것에 가깝습니다. 문제가 보이는데도 방치하면 팀원은 자신이 무엇을 고쳐야 하는지 모른 채 같은 실수를 반복하게 됩니다. 이는 개인의 발전을 가로막을 뿐만 아니라 팀의 사기를 꺾는 원인이 되기도 하죠. 불편한 상황을 감수하고서라도 팀원의 허물을 따뜻하게 교정해 주는 태도는 공동체의 수준을 한 단계 높이는 중요한 출발점이 됩니다.

리더의 격(格)

피드백을 줄 때는 감정적인 비난을 덜어 내고 객관적인 사실과 대안을 중심으로 대화하는 기술이 중요합니다. 비판을 위한 비판이 아니라, 팀원의 잠재력을 믿기에 건네는 진심 어린 조언이라는 점이 전달되어야 합니다. 리더가 중심을 잡고 명확한 방향을 제시할 때, 팀원은 자신의 위치를 정확히 파악하고 다시 뛸 힘을 얻습니다. 이러한 과정은 서로에 대한 신뢰를 두텁게 하고, 어떤 시련에도 흔들리지 않는 단단한 팀워크를 만드는 밑거름이 됩니다.

건강한 조직은 서로의 부족함을 솔직하게 말해 주고 함께 채워 가는 문화를 가지고 있습니다. 오늘 내가 건넨 피드백이 동료의 성장에 정말 도움이 되었는지, 혹은 갈등이 두려워 꼭 필요한 말을 삼키지는 않았는지 스스로 돌아봐야 합니다. 리더가 과정을 무시하고 결과와 성과에만 매몰되지 않고, 사람의 발전과 변화에 진심을 쏟을 때 팀은 비로소 활기를 띱니다. 이러한 정직한 소통이 자리를 잡으면 우리 팀은 어떤 변화 앞에서도 기민하게 대처하며 월등한 성과를 내는 주인공이 될 것입니다.

> 진실은 언제나 고통스럽지만, 그 고통을 통과하지 않고는 누구도 위대해질 수 없다. 리더가 침묵할 때 조직은 죽어 간다. 사랑한다면 끝까지 진실을 말하라.
>
> — 레이 달리오(Ray Dalio)

"급진적 투명성으로 세계 최고의 헤지펀드를 일군 브릿지워터의 레이 달리오"

세계 최대의 헤지펀드 제국을 건설한 브릿지워터 어소시에이츠의 창립자 레이 달리오(Ray Dalio)는, '가차 없는 피드백'이라는 정직한 거울이 어떻게 조직의 눈을 가린 오만의 안개를 걷어 내고 성장의 대양을 향한 숭고한 나침반이 되는지를 여실히 증명해 보인 경영사의 독보적인 실증적 귀감입니다. 그는 '급진적 투명성(Radical Transparency)'과 '급진적 진실(Radical Truth)'이라는 자생적 원칙을 바탕으로, 모든 구성원이 서로의 과오를 투명하게 마주하는 독보적인 기풍을 정착시켰습니다.

레이 달리오 회장은 리더를 포함한 그 누구도 비평의 성역이 될 수 없음을 시종일관 강조해 왔습니다. 그는 실수를 숨기는 것이야말로 조직의 영혼을 좀먹는 가장 큰 죄악이라 규정하고, 모든 회의를 녹음하여 공개하며 서로의 약점을 정직하게 파고드는 문화를 수립했습니다. 이러한 과정은 초기에는 당혹스럽고 고통스러운 연단처럼 느껴지지만, 결과적으로는 정보의 왜곡을 막고 최선의 의사 결정을 도출하는 강력한 필터가 되었습니다.

리더가 먼저 자신의 오류를 인정하고 타인의 피드백을 수용하는 인격적 도야를 보이자, 구성원들은 비난에 대한 공포를 딛고 오직 진실과 성장을 위해 소통하기 시작했습니다. 브릿지워터의 경이로운 수익률은 바로 이 정직한 피드백의 토양 위에서 피어난 집단 지성의 결실이었습니다. 레이 달리오의 사례는 리더가 피드백의 고통을 성장의 필연적인 동력으로 예우할 때, 비로소 조직이 한계를 뛰어넘어 영속하는 성취의 반열에 오를 수 있음을 오롯이 입증하고 있습니다. 리더의 내면적 격(格)이 빚어낸 이 투명한 진실의 서사는, 자아의 껍질 속에 갇힌 현대 경영자들에게 시대를 관통하는 묵직한 지혜의 거울로 남을 것입니다.

💡 성찰

- 당신은 오늘 부하 직원의 명백한 개선점을 발견하고도 관계가 서먹해질까 두려워 침묵이라는 비겁한 안식처를 선택하지 않았는가?
- 우리 조직은 리더의 비평을 인격적 공격으로 오해하는 유약한 곳인가? 아니면 성장을 위한 소중한 자양분으로 예우하는 강인한 토양인가?
- 당신은 리더로서 타인에게 정직한 피드백을 주기 위해 먼저 자신의 내면을 맑게 닦고, 진실을 말할 때의 고통을 기꺼이 감내할 단단한 자아를 지니고 있는가?

💗 명상

리더의 격(格)은 단순한 호의의 양보다 타인에게 전하는 진실의 깊이에서 온전히 드러납니다. 뼈아픈 비평을 성장의 선물로 치환하는 신실한 용기를 조직의 현장에 즉시 발휘하십시오. 이러한 정직한 성찰은 우리를 영속하는 가치의 지평으로 시대를 넘어 묵묵히 동행합니다.

제47장

핵심 인재를 향한 선택과 집중이
팀의 실력을 결정합니다

성과를 주도하는 소수 인재의 몰입은 팀 전체를 움직이는 강력한 에너지가 됩니다. 이들이 역량을 마음껏 펼칠 수 있도록 환경을 조성하고 자원을 집중하는 것은 리더의 중요한 전략입니다. 뛰어난 인재의 활약이 팀의 기준을 높일 때, 조직은 한계를 넘어 새로운 성장의 기회를 잡게 됩니다.

모든 팀원에게 똑같은 에너지를 쏟는 것이 공평해 보일 수 있지만, 비즈니스 현장에서는 오히려 위험한 선택이 될 수 있습니다. 한정된 시간과 자원을 효율적으로 쓰려면, 결국 팀의 성과를 실질적으로 이끄는 핵심 인재들에게 힘을 실어 줘야 합니다. 이들이 조직 내에서 자유롭게 제 실력을 발휘할 수 있게 돕는 것은 단순한 배려를 넘어 팀의 생존을 위한 리더의 필수적인 판단입니다.

진정한 형평성은 모두를 똑같이 대우하는 것이 아니라, 기여도에 따라 적절한 보상과 기회를 주는 데서 시작됩니다. 실력이 뛰어난 인재들이 조직에 실망해 떠나지 않도록 특별한 관심을 기울여야 합니다. 이들이 더 큰 책임을 맡고 도전적인 과업을 수행할 때 팀의 전체적인 수준도 자연스럽게 올라갑니다. 인재의 차이를 인정하고 그 가치를 제대로 예우하는 유연한 태도가 필요합니다.

핵심 인재의 영향력은 단순히 숫자상의 성과에 그치지 않고 동료들에게 긍정적인 자극을 줍니다. 뛰어난 동료와 함께 일하며 배우는 과정은 다른 팀원들에게도 최고의 자기 계발 기회가 되기 때문입니다. 리더가 중심을 잡고 탁월한 성과를 내는 사람들을 확실히 지원하면, 팀 안에는 실력으로 증명하려는 건강한 경쟁 분위기가 형성됩니다. 이러한 역동적인 흐름은 조직이 정체되지 않고 계속 발전하게 만드는 밑거름이 됩니다.

결국 팀의 품격은 리더가 인재를 얼마나 깊이 이해하고 적재적소에 배치하느냐에 달려 있습니다. 오늘 내가 팀의 성과를 이끄는 핵심 인재들을 충분히 격려했는지, 혹은 이들이 제 역량을 발휘하지 못하도록 방치하지는 않았는지 꼼꼼히 체크해 보십시오. 리더가 수치적인 실적관리보다 사람의 잠재력과 성장에 진심을 쏟을 때 조직은 건강해집니다. 이러한 문화가 자리를 잡으면 우리 팀은 어떤 변화 앞에서도 기민하게 움직이며 창의적인 경쟁력을 갖춘 최고의 전문가 그룹으로 인정받을 것입니다.

> 뛰어난 인재 한 명이 천 명, 만 명을 먹여 살린다. 리더의 임무는 그 한 명을 찾아내고, 그가 마음껏 뛸 수 있는 운동장을 만들어 주는 것이다.
>
> — 이병철(Byung-chull Lee)

"20%의 핵심 인재로 세계 최고의 인재 사관학교를 만든 GE의 잭 웰치"

제너럴 일렉트릭(GE)의 찬란한 전성기를 견인했던 리더 잭 웰치(Jack Welch)는, 핵심 인재를 향한 단호한 선택과 집중의 에너지가 어떻게 조직이라는 거함을 정체된 지면에서 끌어올려 드넓은 성취의 창공으로 비상케 하는지를 웅변하는 경영사의 독보적인 실증적 귀감입니다. 그는 취임 후 조직의 역동성을 회복하기 위해 인재들을 상위 20%, 핵심 70%, 하위 10%로 구분하는 이른바 '활력 곡선(Vitality Curve)'을 도입하여 자생적 경쟁 체제를 구축했습니다.

잭 웰치 회장은 특히 상위 20%의 핵심 인재들에게 전폭적인 지원과 보상을 집중했습니다. 그는 이들이 단순히 성과를 내는 사람이 아니라, GE의 가치를 전파하고 다른 구성원들을 교육하는 리더로 성장하도록 독려했습니다. 리더가 탁월한 인재들을 예우하고 그들에게 더 큰 책임을 부여하자, 조직 전체에는 더 높은 곳을 향해 도전하려는 열망이 샘솟기 시작했습니다. 이러한 인재 차별화 전략은 GE를 세계에서 가장 경쟁력 있는 기업으로 만들었으며, 수많은 글로벌 CEO를 배출하는 '인재 사관학교'로서의 격(格)을 완성하게 했습니다.

리더가 모든 이에게 적당히 친절한 경영을 포기하고 핵심 인재의 날개를 강화하는 데 집중하자, GE라는 거함은 무거운 관성을 뚫고 혁신의 하늘로 비상할 수 있었습니다. 잭 웰치의 사례는 리더가 인재의 가치를 정확히 선별하고 집중할 때, 비로소 조직이 한계를 뛰어넘어 영속하는 성취의 반열에 오를 수 있음을 고스란히 실증하는 기록입니다. 리더의 단호한 결기가 조직의 격(格)을 어떻게 혁명적으로 바꾸는지를 보여 주는 그의 궤적은, 평범함의 함정에 빠진 현대 경영자들에게 시대를 관통하는 서늘하고도 묵직한 통찰의 이정표가 될 것입니다.

💡 성찰

- 당신은 오늘 모든 직원에게 똑같은 관심을 쏟는다는 명분 아래, 정작 조직을 견인하는 핵심 인재들의 열정을 방치하고 있지는 않았는가?
- 우리 조직은 뛰어난 인재가 질투의 대상이 되어 고립되는 곳인가? 아니면 그들의 날갯짓을 보며 모두가 함께 비상을 꿈꾸는 역동적인 연무장인가?
- 당신은 리더로서 내부의 평등주의적 저항을 이겨 내고, 조직의 미래를 위해 기꺼이 핵심 인재에게 자원을 집중할 단단한 자아를 지니고 있는가?

🫶 명상

리더의 격(格)은 관리하는 인원보다 핵심 인재의 밀도를 높이는 선구적 안목에서 비롯합니다. 탁월함을 우대하는 정직함과 단단한 소신을 조직의 흔들림 없는 실무 원칙으로 삼으십시오. 이러한 명확한 기준은 우리를 시대를 관통하는 승리라는 고결한 반열에 당당히 세워 줍니다.

제48장

성공의 기쁨을 나눌 때
조직의 승리 본능이 깨어납니다

성공의 결실은 리더 혼자만의 전유물이 아닙니다. 함께 땀 흘린 동료들과 성과를 온전히 나눌 때, 다음 승리를 향한 팀의 본능이 비로소 깨어납니다. 기쁨을 함께 향유하는 리더의 열린 마음은 구성원들에게 강한 동기를 부여하며, 우리를 더 큰 도전으로 이끄는 가장 확실한 에너지원이 됩니다.

어렵게 얻은 성과를 리더가 독차지하려 들면 팀의 사기는 금세 꺾이기 마련입니다. 결과가 좋았을 때 고생한 팀원들의 이름을 하나하나 불러 주고 공을 돌리는 태도가 필요합니다. 리더가 스포트라이트를 동료들에게 양보할 때, 구성원들은 비로소 자신이 조직의 진짜 주인이라는 사실을 체감하게 됩니다. 보상을 투명하게 나누는 문화는 팀원들이 다음 프로젝트에서도 기꺼이 최선을 다하게 만드는 가장 강력한 유인책이 됩니다.

성과는 눈에 보이는 지표도 중요하지만, 그 과정에서 쌓인 팀워크가 더 큰 자산입니다. 잘된 일은 모두의 덕분으로 돌리고, 아쉬운 점은 리더가 책임지는 모습을 보여 주십시오. 작은 성공이라도 함께 축하하며 기쁨을 나누는 분위기가 형성되면, 팀 안에는 이기는 습관이 자연스럽게 자리를 잡습니다. 동료들의 기여를 인정하고 그 가치를 제대로 대우해 주는 환경이 결국 최고의 성과를 지속시키는 비결입니다.

함께 이뤄 낸 기쁨을 만끽해 본 팀은 어떤 어려운 과제가 닥쳐도 두려워하지 않습니다. 승리의 기억이 구성원들의 가슴에 자부심으로 남을 수 있도록 리더가 앞장서서 성취감을 공유해야 합니다. 단순히 숫자를 달성하는 데 그치지 않고, 우리 모두가 성장했다는 확신을 주는 것이 중요합니다. 리더가 개인의 욕심을 내려놓고 팀의 화합에 집중할 때, 조직은 시련 앞에서도 무너지지 않는 단단한 결속력을 갖추게 됩니다.

리더의 진짜 실력은 성공의 순간에 팀원들을 어떻게 예우하느냐에서 증명됩니다. 오늘 우리가 거둔 결실이 모두에게 충분한 보상과 자부심으로 돌아갔는지 냉정하게 돌아봐야 합니다. 리더가 손익계산에만 매몰되지 않고 사람의 마음을 얻는 데 진심을 다한다면 조직의 활력은 배가 됩니다. 기쁨을 나눌 줄 아는 리더와 함께할 때, 우리 팀은 어떤 불확실한 미래 앞에서도 서로를 믿고 과감하게 도전하는 지속적인 경쟁력을 유지하게 될 것입니다.

> 사람들은 자신이 얼마나 중요한 존재인지 느끼고 싶어 한다. 리더가
> 할 수 있는 가장 위대한 일은 타인의 성공을 진심으로 축하하고 그 결
> 실을 함께 누리는 것이다. 기쁨은 나눌 때 비로소 완성된다.
>
> — 메리 케이 애시(Mary Kay Ash)

"모두를 주인공으로 만든 인정과 보상의 미학, 메리 케이 애시"

글로벌 뷰티 제국 메리 케이(Mary Kay Cosmetics)를 일군 리더 메리 케이 애시는, 성취의 찬란한 결실을 공동체와 온전히 향유하는 고결한 나눔이 어떻게 조직원들의 심장 속에 잠들어 있던 승리를 향한 뜨거운 야성을 일깨우는지를 웅변하는 경영사의 독보적인 사례입니다. 그녀는 성공이라는 전리품을 독점하지 않고 구성원 개개인의 공헌을 예우하며 기쁨의 자리를 넓힘으로써, 조직이 안주라는 기슭을 떠나 끝없는 성장의 대양으로 나아가게 하는 강력한 정서적 연대감을 구축해 냈습니다. 이러한 인격적 감화야말로 공동체가 스스로 승리의 길을 개척하게 만드는 리더십의 가장 우아하고도 장엄한 동력이 됩니다.

메리 케이 회장은 여성들이 사회적으로 정당한 대우를 받지 못하던 시대에, 개개인의 성취를 공개적으로 축하하고 그에 걸맞은 파격적인 보상을 제공하는 자생적 철학을 실천했습니다. 그녀는 성과를 낸 영업 컨설턴트들에게 분홍색 캐딜락을 수여하거나 화려한 시상식을 열어 주는 등, 성공의 결과물을 시각화하고 공유하는 데 주저하지 않았습니다. 그녀에게 보상은 단순히 금전적 가치를 넘어 "당신은 해낼 수 있고, 우리는 당신의 노력을 기억한다"라는 존중의 언어였습니다. 리더가 구성원의 작은 성공조차 축제로 만들어 주자, 여성들은 잠재되어 있던 승리 본능을 발휘하기 시작했고 메리 케이는 전 세계 수백만 명의 파트너를 거느린 거대 기업으로 진화했습니다.

리더가 성공의 영광을 독점하지 않고 구성원 각자를 주인공으로 예우하자, 조직은 외부의 유혹이나 시련에도 흔들리지 않는 강력한 응집력을 갖게 되었습니다. 메리 케이 애시의 사례는 리더가 성공의 기쁨을 아낌없이 나눌 때 비로소 조직이 한계를 뛰어넘어 영속하는 성취의 반열에 오를 수 있음을 여실히 투영하고 있습니다. 리더의 내면적 격(格)이 빚어낸 이 찬란한 나눔의 서사는, 성과를 숫자로만 치환하려는 현대 경영자들에게 시대를 관통하는 묵직한 지혜의 울림으로 남을 것입니다.

💡 성찰

- 당신은 오늘 큰 프로젝트를 마친 뒤 구성원들의 공로를 가감 없이 인정하며 그들과 승리의 기분을 충분히 만끽했는가?
- 우리 조직은 성공의 결실이 리더에게만 집중되는 불평등한 곳인가? 아니면 작은 승리도 함께 축하하며 다음 도전을 꿈꾸는 생동하는 공동체인가?
- 당신은 리더로서 자신의 몫을 줄여서라도 인재들의 헌신에 보답하고, 그들이 승리자로 거듭나는 모습에서 진정한 경영의 희열을 느낄 단단한 자아를 지니고 있는가?

💗 명상

리더의 격(格)은 자신의 부유함보다 동료와 함께 나눈 성취의 무게에서 부각됩니다. 승리의 열매를 모든 구성원과 투명하게 공유하는 숭고한 나눔을 즉시 시행하십시오. 이러한 정직한 배분은 공동체의 시대를 넘어서는 영속적인 승리를 굳건히 약속합니다.

제49장

시너지를 넘어 공진화하는 생태계를 구축하십시오

리더가 지향할 목표는 홀로 돋보이는 성공이 아니라, 주변과 어우러져 함께 성장하는 숲을 가꾸는 일입니다. 내부의 결속을 넘어 외부 파트너와 유연하게 협력해 보십시오. 이러한 공생의 태도는 급변하는 환경 속에서도 조직이 흔들리지 않고 오랫동안 생명력을 유지하게 만드는 가장 실질적인 힘이 됩니다.

조직의 문을 닫고 우리끼리의 결속에만 매몰되는 것은 변화를 거부하는 것과 같습니다. 시장의 흐름은 예측하기 어려울 정도로 빠르게 변하는데, 내부 논리에만 갇혀 있으면 새로운 기회를 포착하기 어렵습니다. 외부의 다양한 파트너들과 손을 잡고 서로의 강점을 나누는 열린 자세가 필요합니다. 건강한 조직은 홀로 존재하는 섬이 아니라, 수많은 관계망 속에서 함께 성장하는 역동적인 생태계에 가깝습니다.

진정한 실력은 우리 팀의 이익만 챙기는 것이 아니라, 협력사와 파트너들이 함께 윈-윈(Win-Win)할 수 있는 구조를 만드는 데서 나옵니다. 단기적인 성과에 급급해 주변을 살피지 못하면 결국 고립될 가능성이 큽니다. 리더가 앞장서서 외부와 소통하고 상생의 문화를 조성할 때, 우리 팀은 더 넓은 시장에서 신뢰받는 동반자로 자리매김합니다. 이 과정에서 얻는 유연함은 어떤 위기 상황에서도 조직을 지탱하는 단단한 기초가 됩니다.

함께 성장하려는 노력은 단순히 좋은 이미지를 만드는 홍보 활동이 아니라, 생존을 위한 필수적인 전략입니다. 서로의 부족함을 채워 줄 수 있는 파트너십이 견고할수록 팀의 경쟁력은 배가됩니다. 리더는 우리 조직의 울타리를 낮추고, 외부의 신선한 지혜와 자원이 자연스럽게 흘러 들어올 수 있는 통로를 열어 두어야 합니다. 이러한 개방적인 태도가 팀원들에게도 긍정적인 자극을 주어 창의적인 시너지를 만들어 내는 원동력이 됩니다.

결국 리더십의 완성은 우리 조직이 세상에 얼마나 가치 있는 기여를 하느냐에 달려 있습니다. 오늘 내가 내린 결정이 우리만의 이익을 위한 것이었는지, 혹은 파트너들과 함께 나아갈 미래를 고려한 것이었는지 돌아봐야 합니다. 리더가 위계에 의한 지배력보다 관계의 깊이와 공생의 가치에 진심을 쏟을 때 조직은 비로소 건강해집니다. 이러한 상생의 철학이 뿌리내리면 우리 팀은 시대를 선도하며 오랫동안 사랑과 존경받는 존재로 성장할 것입니다.

> 자연계에서 혼자만 잘 사는 생명체는 없다. 꽃은 벌에게 꿀을 주고 벌은 꽃의 수분을 돕듯이, 리더는 조직을 넘어 사회 전체와 함께 숨 쉬는 생태계를 가꾸어야 한다.
>
> — 에드워드 윌슨(Edward O. Wilson)

"오하나(Ohana) 정신으로 공진화하는 비즈니스 생태계를 구축한 세일즈포스의 마크 베니오프"

클라우드 컴퓨팅이라는 미답의 지평을 개척한 세일즈포스(Salesforce)의 리더 마크 베니오프(Marc Benioff)는, 단순한 시너지를 초월하여 파트너와 공동체가 함께 숨 쉬고 성장하는 '공진화(Co-evolution)'의 생태계가 조직에 어떻게 영구 불변하는 생명력을 부여하는지를 여실히 증명해 보이는 경영사의 대표적인 사례입니다. 그는 개별 기업의 성취라는 협소한 프레임을 깨뜨리고, 생태계 전체의 번영을 도모하는 상생의 기풍이 격변하는 시대의 파고 속에서 조직을 지탱하는 가장 견고한 정신적 요새가 됨을 온몸으로 입증하였습니다. 이러한 광활한 포용의 이해야말로 한 조직을 일시적인 성공의 기슭에서 건져 내어 영속하는 가치의 대양으로 인도하는 리더십의 가장 위대한 정수임이 틀림없습니다.

마크 베니오프 회장은 하와이 언어로 가족을 뜻하는 '오하나(Ohana)' 정신을 경영의 핵심 가치로 삼아, 고객과 파트너 그리고 지역 사회가 한데 어우러져 성장하는 독보적인 모델을 정립했습니다. 그는 세일즈포스라는 플랫폼 위에 외부 개발자들이 자신만의 앱을 만들어 팔 수 있는 '앱엑스체인지(AppExchange)'를 구축함으로써, 단순히 외부의 힘을 빌리는 수준을 넘어 파트너사들이 수익을 창출해야 세일즈포스도 함께 성장한다는 공진화의 논리를 실천했습니다. 리더가 이익을 독점하지 않고 생태계 구성원들에게 기회의 장을 열어 주자, 수만 개의 파트너사가 세일즈포스와 운명을 함께하며 세계에서 가장 강력한 소프트웨어 생태계를 형성하게 되었습니다.

리더가 폐쇄적인 경쟁 대신 개방적인 상생을 선택하자 세일즈포스는 단순한 기업을 넘어 하나의 거대한 산업 생태계로 진화했습니다. 마크 베니오프의 사례는 리더가 공진화의 철학으로 무장할 때 비로소 조직이 한계를 뛰어넘어 영속하는 성취의 반열에 오를 수 있음을 자명하게 보여 주는 기록입니다. 리더의 내면적 격(格)이 빚어낸 이 포용의 서사는, 각자도생의 위기에 직면한 현대 경영자들에게 시대를 관통하는 묵직한 지혜의 나침반이 될 것입니다.

💡 성찰

- 당신은 오늘 우리 조직의 이익만을 극대화하기 위해 파트너사의 희생을 강요하거나 그들의 성장을 가로막지는 않았는가?
- 우리 조직은 경쟁자를 꺾어야만 살아남는 투기장인가? 아니면 파트너들과 함께 진화하며 새로운 가치를 창출하는 생동하는 숲인가?
- 당신은 리더로서 자신의 단기적인 독점 이익을 포기하고, 생태계 전체의 안녕을 위해 기꺼이 상생의 룰을 지켜 낼 단단한 자아를 지니고 있는가?

💗 명상

리더의 격(格)은 시장 점유율보다 구성원과 창출한 공유 가치에서 빛을 발합니다. 동행의 신의를 바탕으로 함께 변화하며 성장하는 정직한 문화를 당장 정착시키십시오. 이러한 상생의 노력은 공동체의 영속적인 번영과 진정한 승리를 확실히 담보합니다.

제50장

누구나 편하게 말할 수 있는
팀 분위기가 집단 지성을 깨웁니다

팀원들이 자신의 부족한 점을 솔직하게 드러낼 수 있을 때 비로소 집단 지성이 발휘됩니다. 어떤 의견을 내놓아도 비난받지 않는다는 믿음이 팀 전체에 퍼져야 합니다. 이런 심리적 안정감은 동료들의 잠재력을 깨우고, 예상치 못한 어려움 속에서도 팀을 지키는 가장 실질적인 힘이 됩니다.

회의 시간에 무거운 침묵이 흐르는 이유는 팀원들이 낼 아이디어가 없어서가 아닙니다. 엉뚱한 의견을 냈다가 비웃음을 사거나, 실수를 인정했을 때 무능해 보일까 봐 걱정하기 때문입니다. 이런 분위기가 계속되면 팀은 새로운 시도를 멈추고 검증된 안전한 길만 찾게 됩니다. 결국 조직의 성장은 멈추고, 리더 한 사람의 생각에만 의존하는 수동적인 집단으로 변질될 위험이 큽니다.

집단 지성이 힘을 발휘하려면 무엇보다 '심리적 안정감'이 밑바탕에 깔려 있어야 합니다. 내가 어떤 파격적인 의견을 내더라도 비난받지 않을 것이라는 확신이 팀 전체에 흐를 때 동료들은 비로소 입을 엽니다. 서로의 약점을 비난의 도구로 쓰지 않고 부족함을 채워 주는 파트너로 인식할 때 팀의 창의성은 살아납니다. 솔직하게 소통할 수 있는 토양을 가꾸는 일은 실질적인 성과를 내기 위한 리더의 가장 중요한 전략입니다.

리더부터 자신의 부족함을 먼저 드러내는 용기를 보여 주십시오. 완벽한 척하기보다 "이 부분은 저도 도움이 필요합니다"라고 말하며 팀원들의 지혜를 구하는 태도가 팀 전체의 경계심을 허뭅니다. 리더가 먼저 마음을 열 때 팀원들도 비로소 각자의 잠재력을 쏟아 내기 시작합니다. 이런 건강한 소통 문화는 예상치 못한 위기 앞에서도 팀을 하나로 묶어 주고 다시 일어서게 만드는 단단한 연결 고리가 됩니다.

우리가 지향하는 목표는 갈등 없는 평온함이 아니라, 자유롭게 아이디어를 던지며 최선의 답을 찾아가는 역동적인 과정에 있습니다. 오늘 우리 팀의 대화가 누구나 편하게 의견을 낼 수 있는 자리였는지, 혹은 리더의 위세에 눌려 필요한 말을 삼키지는 않았는지 꼼꼼히 돌아봐야 합니다. 리더가 결과 수치에만 매몰되지 않고 안전한 소통 환경을 만드는 데 진심을 다할 때 조직은 건강해집니다. 이러한 변화의 흐름이 자리를 잡으면 우리 공동체는 어떤 시련 속에서도 기민하게 대처하며 독보적인 성장을 거듭할 것입니다.

> 두려움은 지능을 마비시키고 신뢰는 지혜를 깨운다. 리더가 구성원들에게 줄 수 있는 가장 큰 자유는 실패해도 괜찮다는 안도감이며, 그 안도감 위에서만 집단 지성은 위대한 성취를 일궈 낼 수 있다.
>
> — 에이미 에드먼드슨(Amy Edmondson)

무엇이 최고의 팀을 만드는가, 구글의 아리스토텔레스 프로젝트가 남긴 교훈

기술 혁신의 최전선에서 시대를 선도하는 구글(Google)은, 2012년부터 수년에 걸쳐 전개된 '아리스토텔레스 프로젝트(Project Aristotle)'라는 장대한 지적 탐사를 통해 심리적 안정감이 조직의 성과를 결정짓는 가장 본질적인 기저임을 확고히 천명하기에 이르렀습니다. 이는 리더가 구축해야 할 가장 시급하고도 근본적인 토양이 차가운 데이터의 분석을 넘어, 구성원 각자가 비난의 두려움 없이 자신의 고유한 색채를 드러낼 수 있는 인격적 연대감에 있음을 확연하게 규명한 경영사의 기념비적인 실증 사례라 할 것입니다. 그들은 최고의 성과를 내는 팀의 공통점을 찾기 위해 수백 개의 팀을 정밀하게 분석했으며, 초기에는 인재들의 지능이나 기술적 숙련도가 결정적일 것이라고 예상했습니다.

그러나 연구 결과는 통념을 깨뜨리는 전혀 다른 사실을 우리 앞에 증명해 보였습니다.

팀의 성과를 결정짓는 압도적인 요인은 구성원들의 화려한 이력이 아니라, 바로 팀 내에 흐르는 심리적 안정감이었습니다. 누군가 질문을 하거나 실수를 인정했을 때 비웃음을 사거나 처벌받지 않을 것이라는 믿음이 있는 팀이 그렇지 않은 팀보다 훨씬 더 혁신적이고 높은 성과를 거두었습니다. 리더가 팀원 한 사람 한 사람의 발언권을 고르게 보장하고 정서적 공감대를 형성했을 때, 집단 지성은 그 한계를 뛰어넘어 폭발적인 창의성을 발휘했습니다.

리더가 정답의 독점을 포기하고 질문의 공간을 열어 주자, 구글의 수많은 팀은 각자의 불완전함을 결합하여 완전한 해법을 도출하는 자생적 공동체로 진화했습니다. 구글의 사례는 리더가 심리적 안정감이라는 토양을 가꾸는 일에 헌신할 때, 비로소 조직이 한계를 뛰어넘어 영속하는 성취의 반열에 오를 수 있음을 명확하게 실체화한 기록입니다. 리더의 내면적 격(格)이 빚어낸 이 인격적 신뢰의 서사는, 효율과 성과만을 앞세우다 조직의 영혼을 놓치기 쉬운 현대 경영자들에게 거부할 수 없는 본질적 지표로 남을 것입니다.

💡 성찰

- 당신은 오늘 부하 직원이 가져온 나쁜 소식이나 미숙한 제안에 대해 질책보다 그 정직한 태도를 먼저 격려해 주었는가?
- 우리 조직은 리더의 눈치를 보며 침묵이 지배하는 차가운 곳인가? 아니면 어떤 의견이든 자유롭게 섞이며 새로운 답을 찾아가는 따뜻한 공동체인가?
- 당신은 리더로서 자신의 권위가 도전받는 듯한 불편함을 이겨 내고, 구성원들의 심리적 안녕을 위해 기꺼이 낮은 자세로 경청할 단단한 자아를 지니고 있는가?

💗 명상

리더의 격(格)은 권력의 높이보다 구성원이 누릴 정서적 안전의 너비에서 정해집니다. 침묵을 깨고 신뢰를 심는 진실한 대화를 매일의 현장에서 즉각 실천에 옮기십시오. 이러한 용기 있는 진정성은 우리를 시대를 관통하는 승리의 지표로 확실히 안착시킵니다.

리더의 언어:
마음을 움직이는 소통의 기술

"지도자의 언어는 단순히 정보를 전달하는 매개체가 아니라, 리더의 영혼이 구성원의 심장으로 들어가는 가장 정직한 통로입니다. 경영자의 입술을 떠난 한마디는 누군가에게는 인생을 바꾸는 격려가 되고 누군가에게는 지울 수 없는 상처의 낙인이 되기에, 단어 하나에 서린 무게를 살피고 진심의 온기를 담아내는 소통의 기예야말로 조직의 운명을 결정짓는 가장 예리하고도 숭고한 리더십의 도구가 됩니다."

제51장

리더의 말 한마디가
조직의 신뢰를 결정합니다

리더의 말은 조직에 큰 파장을 일으킵니다. 가벼운 한마디가 신뢰를 깎아 먹는 사이, 진실한 대화는 동료들의 마음에 깊은 믿음을 심어 줍니다. 자신의 발언이 가져올 결과를 생각하며 늘 신중함을 유지하는 태도는 팀을 지탱하는 리더의 기본적인 책임입니다.

사무실에서 리더가 무심코 던진 말 한마디는 생각보다 훨씬 큰 힘을 가집니다. 본인은 가볍게 농담조로 건넸거나 감정적으로 내뱉었을지 몰라도, 이를 듣는 팀원들에게는 업무 지시나 평가로 들리기 쉽습니다. 리더의 말은 단순한 소리가 아니라 조직의 방향을 정하는 신호탄과 같기에, 늘 자신의 발언이 어떤 결과를 불러올지 먼저 고민해야 합니다.

팀의 신뢰는 화려한 연설이 아니라 매일 주고받는 담백하고 진솔한 대화 속에서 쌓입니다. 리더가 상황을 과장하거나 사실을 숨기지 않고 정직하게 소통할 때, 구성원들은 비로소 안심하고 업무에 몰입할 수 있습니다. 겉치레만 번지르르한 수사법보다는 상대의 상황을 배려하고 진심을 담은 표현을 선택하는 것이 동료들의 마음을 얻는 가장 빠른 길입니다.

리더가 사용하는 언어 습관은 곧 그 팀의 문화가 됩니다. 비꼬는 투나 모호한 지시는 팀원들 사이에 불필요한 오해를 낳고 사기를 꺾는 원인이 되곤 합니다. 반대로 명확하고 긍정적인 피드백은 팀 전체에 활기를 불어넣고 서로를 믿게 만드는 단단한 연결 고리가 됩니다. 말의 무게를 알고 이를 지키려는 노력은 건강한 업무 환경을 만들기 위한 리더의 전략적인 선택이어야 합니다.

결국 리더십의 가치는 입술을 떠난 말이 동료들에게 어떤 영향을 주었는가로 결정됩니다. 오늘 내가 팀원들과 나눈 이야기가 그들에게 용기를 주었는지 아니면 오히려 혼란을 주지는 않았는지 꼼꼼히 돌아봐야 합니다. 리더가 자신의 말에 책임을 지고 진중하게 행동할 때 조직은 안정감을 얻습니다. 이러한 밀도 높은 신뢰의 언행이 습관으로 자리 잡으면 우리 팀은 어떤 불확실한 상황에서도 서로를 믿고 함께 성과를 내는 최고의 파트너가 될 것입니다.

> 말은 마음의 소리이고 행실은 마음의 자취다. 리더의 말이 가벼우면 조직의 뿌리가 흔들리고, 리더의 말이 무거우면 그 그림자가 만 리를 간다.
>
> — 발타자르 그라시안(Baltasar Gracián)

"단 한 번의 진실한 연설로 군대의 붕괴를 막은 조지 워싱턴"

미국 건국의 아버지라 칭송받는 리더 조지 워싱턴(George Washington)은, 리더의 언어에 깃든 장중한 무게가 어떻게 시대의 거대한 조류를 바꾸고 역사의 물길을 새로운 지평으로 인도하는지를 장엄하게 입증하는 경영사의 독보적인 귀감입니다. 1783년 뉴버그(Newburgh) 음모 사건 당시, 오랜 전쟁과 임금 체불에 분노한 장교들이 반란을 꾀하려 했을 때 워싱턴은 그들 앞에 섰습니다. 분노의 불꽃이 조직을 집어삼키려던 절체절명의 순간, 그는 화려한 웅변이나 위압적인 명령 대신 리더의 생애가 응축된 자생적 진실함을 선택했습니다.

워싱턴은 장교들에게 보낼 편지를 읽기 위해 안경을 꺼내며 이렇게 말했습니다. "여러분, 저도 여러분을 위해 봉사하다가 머리가 희어지고 눈도 거의 보이지 않게 되었습니다." 이 짧고도 진실한 한마디는 분노에 차 있던 장교들의 마음을 단숨에 녹였으며, 리더가 짊어져 온 세월의 무게와 진심이 담긴 언어는 그 어떤 강력한 통제보다 큰 힘을 발휘했습니다. 이는 리더가 평소 말의 무게를 지키며 쌓아 온 신뢰가 위기의 순간 단 몇 마디의 언어로 조직을 구원할 수 있음을 여실히 투영하는 대목입니다.

장교들은 눈물을 흘리며 반란의 뜻을 꺾었고, 이는 미국이 민주주의 국가로 출발할 수 있었던 결정적인 변곡점이 되었습니다. 조지 워싱턴의 사례는 리더의 진실한 언어가 화려한 기교보다 더 강력하게 사람의 마음을 움직이고 영속하는 성취를 가능케 함을 자명하게 뒷받침하고 있습니다. 리더의 내면적 격(格)이 빚어낸 이 숭고한 진정성의 서사는, 소통의 기교에만 매몰되기 쉬운 현대 경영자들에게 시대를 관통하는 묵직한 사유의 울림으로 남을 것입니다.

- 당신은 오늘 리더로서의 직위를 이용해 생각 없이 던진 한마디가 부하 직원의 가슴에 깊은 상처를 남기지는 않았는가?
- 우리 조직은 리더의 말이 시시각각 바뀌어 신뢰를 잃은 혼란스러운 곳인가? 아니면 한 번 뱉은 말은 끝까지 책임지는 리더의 무게 아래 안정을 찾은 곳인가?
- 당신은 리더로서 자신의 언어가 가진 파괴력과 창조력을 동시에 인식하며, 타인에게 말하기 전에 먼저 자신의 내면에서 그 말의 정당성을 충분히 성찰할 단단한 자아를 지니고 있는가?

💚 **명상**

리더의 격(格)은 화려한 미사여구보다 내뱉은 말을 끝까지 지키는 성실함으로 정의됩니다. 약속을 이행하기 위해 고통을 감내하는 책임 있는 자세를 당당히 견지하십시오. 말의 무게를 수호하는 신의는 조직을 시대를 넘어 영원한 승리로 이끌어 줍니다.

제52장

경청은 가장 적극적인 전략적 공격입니다

리더의 경청은 상대의 진심을 길어 올리는 가장 능동적인 사유입니다. 자신의 고정관념을 비워 내고 타인의 언어에 온전히 머물 때, 구성원들은 스스로 해법을 찾아내며 조직의 새로운 길을 열어 갑니다. 침묵으로 빚어낸 이 깊은 포용이야말로 조직을 지탱하는 가장 실체적인 저력이 됩니다.

사무 현장에서 범하기 쉬운 지적 태만은 말을 많이 하는 행위를 리더의 유능함으로 착각하는 것입니다. 리더의 입이 열려 있는 동안 조직의 지혜는 굳게 닫히며, 이는 현장의 살아 있는 정보가 경영의 중심부로 유입되는 통로를 스스로 차단하는 결과를 초래합니다. 침묵을 지키며 타인의 말에 귀를 기울이는 것은 단순히 듣는 행위가 아니라 상대의 마음속에 숨겨진 전략적 자산을 발굴하는 능동적인 탐색이며, 이를 통해 리더의 사유 체계는 더욱 견고하고 풍성해집니다.

리더의 경청은 구성원의 불안을 걷어 내고 본질에 몰입하게 하는 가장 깊은 지지입니다. 불필요한 긴장이 사라진 자리에 비로소 성장을 향한 창의적 에너지가 채워집니다. 마음의 안도가 일의 성취로 이어지는 이 고요한 변화야말로 리더가 보여 줄 수 있는 최고의 품격입니다. 참된 리더는 침묵의 힘을 믿으며, 동료의 발언이 끝날 때까지 기다려 주는 인내를 통해 그들의 전문성을 존중한다는 무언의 신뢰를 전달합니다. 귀를 기울인다는 것은 상대의 존재를 예우하는 가장 고귀한 예절이며, 이러한 태도는 리더가 조직 전체의 지성을 결집하여 더 나은 결정을 내리게 하는 강력한 동력이 됩니다.

현장의 숨겨진 목소리를 대면한다는 것은 리더 자신의 우월감과 판단을 잠시 비워 내고 타인의 시선으로 세상을 바라보는 용기를 의미합니다. 빠른 결단이 리더의 유능함으로 비칠 때가 많지만, 진짜 해답은 대개 마지막까지 경청한 뒤에야 비로소 그 모습을 드러냅니다. 리더의 독단으로 쌓은 성벽은 작은 시련 앞에서도 허망하게 무너지기 마련입니다. 정작 어려운 순간 조직을 다시 일으켜 세우는 저력은, 평소 동료들의 다채로운 의견을 정성껏 귀담아 두었던 리더의 경청에서 시작됩니다.

우리가 함께 도달할 지향점의 깊이는 리더의 유려한 언변이 아니라 그가 얼마나 진정성 있게 타인의 영혼을 읽어 냈는가에 의해 결정됩니다. 사무를 처리하는 매 찰나에 내가 동료의 발언을 가로막지는 않았는지, 혹은 내가 듣고 싶은 말만 골라 들으려 하지는 않았는지 냉정하게 돌아보는 자세는 함께 걷는 인재들에게 건넬 수 있는 가장 성숙한 신의의 표상입니다. 리더의 관심이 성과에 따른 지배보다 마음의 공명과 내면적 진실에 깊이 뿌리내릴 때 조직은 비로소 생동하는 생명력을 얻게 되며, 그 고결한 기운은 구성원들에게 번져 우리 공동체를 역사의 흐름을 선도하는 주역으로 우뚝 세우는 최고의 이정표가 될 것입니다.

> 성공적인 소통의 비결은 무엇을 말하느냐가 아니라 무엇을 듣느냐에 있다. 리더가 귀를 열면 인재들의 마음이 열리고, 인재들의 마음이 열리면 비로소 승리의 길이 보인다.
>
> — 피터 드러커(Peter Drucker)

"현장의 진실만이 무너진 기업을 다시 세울 수 있습니다", 제록스의 앤 멀케이

2001년 파산 위기에 처했던 복사기 제국의 상징 제록스(Xerox)의 CEO로 취임한 앤 멀케이(Anne Mulcahy)는, 리더가 휘두르는 날카로운 칼날보다 '정성 어린 경청'이 조직의 상처를 치유하는 더 강력한 도구임을 증명했습니다. 당시 대부분의 전문가는 제록스의 몰락을 기정사실로 받아들였으나, 멀케이는 책상 위에서 재무제표를 분석하는 대신 직접 현장으로 내려가 10만 마일이 넘는 거리를 이동하며 구성원들의 고통 섞인 목소리를 가감 없이 경청했습니다.

멀케이는 현장 직원들과 대화하며 경영진이 미처 파악하지 못했던 조직의 고질적인 병폐를 발견했습니다. 직원들은 여전히 회사를 사랑하고 있었지만, 경직된 관료주의와 현장의 목소리를 외면하는 경영 방식에 깊이 좌절하고 있었습니다. 그녀는 이들의 의견을 단순히 수렴하는 데 그치지 않고, 현장의 제안을 바탕으로 기술 혁신과 고객 서비스 강화라는 '정직한 회생 전략'을 수립했습니다. 리더가 권위를 내려놓고 현장의 진실에 귀를 기울였을 때, 조직은 비로소 자발적인 생명력을 되찾았으며 제록스는 불과 몇 년 만에 부채를 탕감하고 흑자 전환에 성공하는 기적을 일궈 냈습니다.

이러한 정직한 경청의 리더십은 구성원들에게 '우리의 목소리가 변화를 만든다'는 단단한 신뢰를 심어 주었으며, 이는 조직의 모든 지성을 결집해 위기를 돌파하는 가장 강력한 토대가 되었습니다. 리더가 마음의 공명을 통해 인재들의 진심을 읽어 냈을 때, 제록스는 시대의 유물이 아닌 혁신의 주역으로 다시 우뚝 설 수 있었습니다. 이는 리더의 경청이 단순한 배려를 넘어, 정체된 조직의 흐름을 바꾸고 새로운 길을 여는 가장 예리한 전략적 결단임을 보여 주는 최고의 이정표입니다.

- 당신은 오늘 회의에서 구성원들의 아이디어가 채 완성되기도 전에 당신의 경험을 근거로 말을 끊거나 결론을 내버리지는 않았는가?
- 우리 조직은 리더의 지시만을 기다리는 정적인 곳인가? 아니면 리더의 경청 아래 수많은 현장의 지혜가 활발하게 공유되는 생동하는 광장인가?
- 당신은 리더로서 자신의 주장이 틀릴 수 있음을 인정하고, 타인의 비판적인 목소리조차 조직의 성장을 위한 선물로 수용할 단단한 자아를 지니고 있는가?

💗 **명상**

리더의 격(格)은 장황하게 쏟아 내는 말보다 타인의 진심을 수렴하는 깊이에서 발현됩니다. 침묵으로 인재를 깨우는 정직한 포용을 조직의 가장 단단한 소통법으로 고수하십시오. 포용의 진정성은 공동체를 시대를 관통하는 승리라는 영속적 성취의 길로 보전합니다.

제53장

해답을 내리는 리더가 아닌 질문을 던지는 리더가 되십시오

리더가 내놓는 명쾌한 해답은 당장의 난관을 돌파하는 지름길이 될 수는 있으나, 구성원들의 사유를 멈추게 하는 보이지 않는 족쇄가 되기도 합니다. 해답을 제시하려는 조급한 욕망을 억누르고 인재들의 내면에 잠자고 있는 지혜를 깨우는 예리한 물음을 던지는 리더의 용기야말로, 조직을 정답의 감옥에서 해방시켜 무한한 창조의 대양으로 나아가게 하는 리더십의 가장 숭고한 정수가 될 것입니다.

리더의 사무실에서 가장 경계해야 할 태도는 자신이 모든 매듭을 풀어야 한다는 전지전능한 해결사로서의 강박입니다. 리더가 성급하게 정답을 발설할 때 조직의 위계는 강화될지 모르나 구성원들의 자발적인 탐구심은 거세되며, 이는 결국 조직 전체를 리더 한 사람의 지적 한계 안에 가두는 결과를 초래합니다. 질문은 상대의 무능을 묻는 취조가 아니라 그가 가진 잠재력을 이끌어 내는 마중물이며, 리더가 정답의 독점을 포기할 때 비로소 조직원들은 자신의 과업을 스스로 정의하고 해법을 찾아가는 주체적인 인재로 진화합니다.

조직의 저력은 외부에서 주어지는 단순한 정보가 아니라 구성원 스스로 찾아낸 통찰에서 나옵니다. 진정한 실력을 갖춘 리더는 입을 열어 지시하기보다 질문을 통해 동료의 지혜를 이끌어 내는 사람입니다. 근본적인 물음을 던져 인재들이 문제의 본질에 스스로 접근하도록 돕는 조력자의 역할을 수행합니다. 질문을 던지는 행위는 상대방의 지성을 전적으로 신뢰한다는 가장 강력한 인격적 예우입니다. 이러한 존중의 토양 위에서 집단 지성은 비로소 확실한 결실을 맺습니다.

자신의 유능함을 증명하려는 욕구를 내려놓는다는 것은 리더 내면의 인정 욕구와 통제 성향을 가감 없이 대면하고, 인내라는 깊은 성찰 속에 기꺼이 자신을 녹여 내는 단단한 자아를 완성하는 일입니다. 우리는 흔히 빠른 정답이 효율적인 경영이라 믿기 쉽지만, 가치 창조의 항로에서 마주하는 진정한 해답은 리더의 본질적인 질문을 통해 정제된 구성원들의 내발적 동기뿐입니다. 지시로 일궈 낸 평온은 작은 시련에도 쉽게 무너질 허상일 뿐이며, 위기의 순간 더욱 확연하게 가치를 발하는 것은 리더가 평소 질문을 통해 단련해 온 구성원들의 집요한 문제 해결 능력입니다.

공동체가 자아내는 최종적인 품격은 리더가 가진 답의 개수가 아니라 그가 남긴 질문의 깊이에 의해 결정됩니다. 사무를 관장하는 매 순간 오늘의 내가 부하 직원에게 정답을 강요하지는 않았는지, 혹은 그가 스스로 길을 찾을 수 있도록 충분히 기다려 주었는지 매섭게 되짚어 보는 자세는 함께 걷는 인재들에게 건넬 수 있는 가장 성숙한 신의의 표상입니다. 리더의 관심이 수치적 지배보다 성장의 조화와 내면적 진실에 깊이 뿌리내릴 때 조직은 비로소 생동하는 생명력을 얻게 되며, 그 공진화하는 기운은 모든 구성원에게 번져 우리를 시대를 선도하는 주역으로 우뚝 세우는 가장 강력한 원동력이 될 것입니다.

> 사람을 그의 대답이 아니라 그의 질문으로 판단하라. 리더가 정답을 말하는 순간 탐구는 끝나지만, 리더가 질문을 던지는 순간 새로운 세상이 열린다.
>
> — 볼테르(Voltaire)

"질문으로 운영되는 기업 문화를 정착시킨 구글의 에릭 슈미트"

구글(Google)의 전 CEO 에릭 슈미트(Eric Schmidt)는 리더가 정답이라는 종착지를 일방적으로 제시하는 대신, 날카로운 질문이라는 나침반을 건넬 때 조직 내부에서 어떠한 혁신의 소용돌이가 휘몰아치는지를 여실히 증명해 보인 독보적인 실증 사례입니다. 그는 스스로 해답을 독점하려는 지적 유혹을 갈무리하고 구성원들의 능동적인 사유를 촉발하는 질문의 가교를 놓음으로써, 구글이 세계 최고의 기술 기업으로 비상하게 만드는 결정적인 지적 토양을 구축하였습니다. 이러한 질문의 미학이야말로 집단 지성을 깨워 미답의 영역을 개척하게 만드는 리더십의 가장 예리한 경영 도구로 자리매김하고 있습니다.

그는 "우리는 정답이 아니라 질문으로 회사를 경영한다(We run this company by questions, not answers)"는 철학을 바탕으로 구글의 독보적인 수평적 소통 문화를 정착시켰습니다. 슈미트 회장은 회의 석상에서 자신의 의견을 먼저 내놓는 법이 없었습니다. 대신 그는 "당신은 이 데이터에서 무엇을 보았는가?" 혹은 "우리가 놓치고 있는 가장 큰 위험은 무엇인가?"와 같은 질문을 끊임없이 던지며 엔지니어와 기획자들이 스스로 한계를 돌파하도록 자극했습니다. 리더가 정답을 내리는 순간 회의가 종료된다는 사실을 잘 알고 있었기에, 그는 질문을 통해 토론의 장을 확장하고 모든 구성원이 자신의 지성을 최대한 발휘하도록 유도하는 자생적 환경을 조성했습니다.

리더가 질문이라는 도구로 인재들의 두뇌를 깨우자 구글은 검색 엔진을 넘어 자율주행, 인공지능 등 미지의 영역을 선점하는 세계 최고의 기술 공동체로 진화했습니다. 에릭 슈미트의 사례는 리더가 정답의 입을 닫고 질문의 가슴을 열 때 비로소 조직이 한계를 뛰어넘어 영속하는 성취의 반열에 오를 수 있음을 실체적으로 뒷받침하고 있습니다. 리더의 내면적 격(格)이 빚어낸 이 탐구의 서사는, 결론의 권위에 안주하기 쉬운 현대 경영자들에게 시대를 관통하는 묵직한 지적 각성의 울림으로 남을 것입니다.

♀ 성찰

- 당신은 오늘 부하 직원의 질문에 대해 즉각적인 답을 제시하며 당신의 유능함을 과시하려 했는가? 아니면 질문으로 되받아쳐 그가 스스로 답을 찾을 기회를 주었는가?
- 우리 조직은 리더의 정답만을 받아 적는 경직된 강의실인가? 아니면 끊임없는 질문과 탐구가 교차하는 생동하는 토론의 광장인가?
- 당신은 리더로서 자신이 답을 모른다는 사실을 정직하게 시인하고, 구성원들과 함께 진실을 찾아 나설 수 있는 고결하고 단단한 자아를 지니고 있는가?

♡ 명상

리더의 격(格)은 답의 화려함보다 구성원 가슴에 심은 질문의 무게로 형성됩니다. 성급한 해답을 유보하고 인재의 성장을 돕는 지혜로운 기다림을 묵묵히 지켜 내십시오. 이러한 정직한 기다림은 공동체를 시대를 관통하는 승리의 반열에 도달하게 합니다.

제54장

진심 어린 격려가
동료의 숨겨진 재능을 일깨웁니다

리더의 진솔한 인정은 동료의 내면에 숨겨진 재능을 끌어내어 실질적인 성과로 연결하는 따뜻한 힘입니다. 타인의 강점을 세심하게 발견하여 동료들 앞에서 정중하게 예우하는 리더의 태도는 구성원들이 스스로 한계를 극복하도록 돕습니다. 이러한 정서적 지지는 팀원들이 더 높은 목표를 향해 주도적으로 나아가게 만드는 리더십의 핵심적인 동력입니다.

리더의 사무실에서 흔히 저지르는 실책은 엄격한 규율만이 조직을 바로 세운다는 강박에 사로잡혀 동료들의 노고를 당연시하는 것입니다. 비판에는 날카롭고 칭찬에는 인색할 때 조직의 온기는 차갑게 식어 가며, 이는 결국 구성원들의 열정을 메마르게 하고 '최소한의 역할'만을 수행하는 수동적인 문화를 고착시킵니다. 인정을 아끼는 것은 절약이 아니라 조직의 가장 강력한 도약 동력을 사장시키는 무책임한 방관이며, 인재의 가능성을 가두는 어둠을 자초하는 일입니다.

인간이 가진 가장 근원적인 욕구이자 창의성을 폭발시키는 기폭제는 바로 자신의 가치를 온전히 인정받는 것입니다. 참된 격을 갖춘 리더는 아첨과 찬사를 구별할 줄 알며, 구성원의 구체적인 노력과 성취를 정확히 짚어내어 격려하는 예리한 관찰력을 지닌 사람입니다. 햇살이 만물을 소생시키

리더의 격(格)

듯, 리더의 적절한 격려는 조직 내에 긍정적인 파동을 일으켜 인재들이 스스로 자신의 가치를 증명하기 위해 더 높은 탁월함을 지향하도록 유도합니다.

동료의 성취를 진심으로 기뻐한다는 것은 리더 자신의 우월감과 시기심을 완전히 걷어 내고, 타인의 성장을 통해 공동체의 완성을 보려는 광활한 도량을 갖추는 일입니다. 흔히 비판이 인재를 키운다고 생각하기 쉽지만, 가치를 만들어 가는 과정에서 마주하는 진짜 정답은 리더의 진솔한 인정을 통해 피어난 구성원들의 자발적 자부심입니다. 강압으로 만든 질서는 작은 위기 앞에서도 금세 바닥을 드러내기 마련입니다. 하지만 평소 리더의 진심 어린 격려를 자양분 삼아 다져 온 구성원들의 자발적인 의지는, 어려운 순간 조직을 지탱하는 가장 실체적인 저력이 됩니다.

경영의 진정한 결실은 리더의 지시가 얼마나 엄격한가가 아니라 그가 보낸 찬사가 인재의 심장을 얼마나 뜨겁게 했는가에 의해 결정됩니다. 경영의 매 순간 동료의 숨은 공로를 찾아내어 빛을 비추어 주었는지, 혹은 나의 인색함으로 그들의 열정을 꺼뜨리지는 않았는지 세심하게 되짚어 보는 자세는 미래의 파트너들과 함께 그려 갈 비전을 향한 가장 성숙한 신의의 표상입니다. 리더의 관심이 수치적 지배보다 관계의 온기와 내면적 진실에 깊이 뿌리내릴 때 조직은 비로소 생동하는 생명력을 얻게 되며, 그 공진화하는 기운은 구성원들에게 번져 우리를 시대를 선도하는 주역으로 우뚝 세우는 가장 강력한 원동력이 될 것입니다.

> 나는 비판을 통해 사람의 사기를 꺾는 것보다 더 나쁜 일은 없다고 믿는다. 사람의 잠재력을 최고로 끌어올리는 방법은 오직 격려와 칭찬뿐이다. 리더는 타인의 장점을 찾아내는 탐험가가 되어야 한다.
>
> — 찰스 슈왑(Charles Schwab)

"인정을 통해 노동자의 자부심을 깨우고 철강 산업의 전설이 된 찰스 슈왑"

앤드루 카네기의 가장 신뢰받는 조력자이자 미국 철강 산업의 전성기를 구가했던 상징적 리더 찰스 슈왑(Charles Schwab)은, 칭찬이라는 부드러운 언어가 어떻게 거대한 조직의 심장을 다시금 고동치게 만드는지를 여실히 투영하는 경영사의 가장 고전적이면서도 깊은 울림을 주는 실증적 귀감입니다. 그의 행보는 진심 어린 격려가 인재의 잠재력을 일깨우는 가장 강력한 동력임을 증명하는 소중한 기록으로 남았습니다.

그는 비록 기술적인 천재성은 아니었으나, 사람의 마음을 얻어 그들의 능력을 극한까지 끌어올리는 인격적 감화력만큼은 당대 최고로 손꼽혔습니다. 슈왑 회장은 공장을 방문할 때마다 결함을 찾아내어 꾸짖기보다, 성실히 일하는 노동자들의 이름을 하나하나 기억하고 그들의 숙련된 기술을 동료들 앞에서 드높여 세워 주는 자생적 소통을 즐겼습니다.

한 번은 실적이 저조한 공장을 방문했을 때, 그는 야간 근무 조가 생산한 수치를 바닥에 분필로 크게 적어 두었습니다. 다음날 아침 조는 그 숫자를 보고 묘한 승부욕을 느껴 더 많은 생산을 해냈고, 슈왑은 이 과정에서 단 한 마디의 질책 대신 그들의 성취를 뜨겁게 격려하며 조직 내부에 칭찬의 문화를 깊이 심었습니다. 이는 리더가 강압적인 명령보다 구성원의 자긍심을 건드리는 섬세한 자극을 통해 얼마나 경이로운 결과를 도출할 수 있는지를 자명하게 뒷받침하는 대목입니다.

리더가 인재들의 작은 성취에도 햇살 같은 찬사를 보내자, 공장에는 활력이 넘쳤고 생산성은 비약적으로 향상되었습니다. 찰스 슈왑의 사례는 리더가 비판의 채찍을 과감히 버리고 칭찬의 언어를 선택할 때, 비로소 조직이 한계를 뛰어넘어 영속하는 성취의 반열에 오를 수 있음을 확연하게 입증하고 있습니다. 리더의 내면적 격(格)이 빚어낸 이 따스한 격려의 서사는, 효율의 논리에만 매몰되어 사람의 마음을 놓치기 쉬운 현대 경영자들에게 시대를 관통하는 묵직한 지혜의 숨결로 남을 것입니다.

💡 성찰

- 당신은 오늘 부하 직원이 당연히 해야 할 일을 했다고 치부하며, 그가 들였을 남모를 고충과 노력을 외면한 채 침묵하지는 않았는가?
- 우리 조직은 실수가 드러날까 두려워 복지부동하는 차가운 그늘인가? 아니면 작은 성취도 서로 축하하며 더 높은 곳을 향해 비상하는 햇살 가득한 광장인가?
- 당신은 리더로서 타인을 칭찬하는 행위가 자신의 권위를 낮추는 것이 아니라, 오히려 조직의 품격을 높이는 숭고한 투자임을 깨달을 단단한 자아를 지니고 있는가?

〰️ 명상

리더의 격(格)은 날카로운 지시보다 베푼 인정의 따스함에서 비로소 선명하게 피어납니다. 인재의 숨은 빛을 찾아내어 진심으로 응원하는 살뜰한 지지를 매일 표현하십시오. 이러한 따뜻한 격려는 공동체를 시대를 관통하는 승리의 길로 고요히 인도합니다.

제55장

팀원을 성장시키는 피드백은
따뜻한 예우에서 시작됩니다

리더의 조언은 동료의 부족함을 보완하는 소중한 지표이지만, 상대의 자존감을 해치지 않도록 세심하게 전달해야 합니다. 성장을 위한 피드백은 정중한 태도를 갖출 때 비로소 진정한 가치를 발휘합니다. 동료의 인격을 존중하며 개선이 필요한 부분을 명확히 짚어 주는 리더의 절제된 소통은 조직의 건강한 변화를 이끄는 핵심 역량입니다.

리더의 사무실에서 행해지는 비평은 조직의 건강을 유지하기 위한 필수적인 수술과 같습니다. 그러나 준비되지 않은 비평, 즉 배려가 결여된 날카로운 지적은 상대방의 방어 기제를 자극하여 진실을 외면하게 만들고 리더와의 정서적 유대를 끊어 버리는 부작용을 낳습니다. 비평의 목적은 굴복이 아니라 변화이며, 질책이 아니라 개선이어야 합니다. 리더가 자신의 감정을 배설하듯 쏟아 내는 지적은 인재를 위축시킬 뿐이며, 이는 결국 조직 내에 나쁜 소식이 숨겨지는 폐쇄적인 문화를 고착시키는 치명적인 경영의 누수가 됩니다.

효과적인 조언은 리더와 구성원 사이에 쌓인 신뢰의 깊이에 비례하여 그 성패가 결정됩니다. 진정한 실력을 갖춘 리더는 업무의 과오를 짚어 주기에 앞서, 평소 동료에 대한 깊은 관심과 존중을 충분히 표현하며 소통의 토대를 단단히 다집니다. 본격적인 피드백을 전하기 전, 이 지적이 상대의 발전

 리더의 격(格)

을 돕기 위한 진심 어린 지원임을 느끼게 하는 정서적 공감대가 선행되어야 합니다. 이러한 정성스러운 과정이 바탕이 될 때 리더의 따끔한 충고는 상대를 위축시키는 공격이 아니라, 잘못된 습관을 바로잡고 역량을 끌어올리는 가장 실용적인 조력의 수단이 됩니다.

진실을 아프게 말한다는 것은 리더 자신의 미움받을지 모른다는 공포와 타인을 지배하려는 욕망을 동시에 대변하고, 진정성이라는 맑은 거울 앞에 자신을 세우는 단단한 자아를 완성하는 일입니다. 리더의 거친 독설을 흔히 '솔직함'이나 '화끈한 성격'으로 오해하곤 합니다. 하지만 성취의 과정에서 조직에 진짜 필요한 해답은, 리더의 정직한 성찰을 거쳐 따뜻한 시선으로 다듬어진 '애정 어린 비평'입니다. 압박으로 얻어 낸 복종은 작은 위기 앞에서도 힘없이 무너지는 신기루에 불과합니다. 진짜 시련이 닥쳤을 때 조직을 지탱하는 실체적인 힘은, 평소 리더가 건넨 사려 깊은 조언을 자양분 삼아 자라난 구성원들의 단단한 자생력에서 나옵니다.

조직이 도달하는 성숙의 높이는 오류의 교정 자체보다 그 이면에 서린 리더의 진정성이 동료의 심장에 얼마나 깊은 울림을 주었는가에 의해 결정됩니다. 사무 활동이 이루어지는 모든 찰나에 나의 비평이 상대를 위축시키는 독설이 아닌 그의 성장을 돕는 자양분이었는지 엄격히 되짚어 보는 자세는, 함께 걷는 인재들에게 건넬 수 있는 가장 성숙한 동반자적 예우입니다. 리더의 사유가 외적인 지배보다 인격의 존중과 내면적 진실에 머물 때 공동체는 비로소 생동하는 생명력을 얻게 되며, 그 고결한 기운은 구성원들에게 전염되어 우리를 시대를 선도하는 주역으로 우뚝 세우는 가장 강력한 정신적 지주가 될 것입니다.

비평은 빗줄기와 같아야 한다. 사람의 뿌리를 상하게 하지 않으면서도
그 성장을 돕기에 충분할 만큼 부드러워야 하기 때문이다. 칼날은 집

안에 있을 때 가장 안전하고, 비평은 애정 안에 있을 때 가장 강력하다.

— 윌리엄 워즈워스(William Wordsworth)

📖 사례

"직설적 솔직함으로 사람을 살리는 비평의 정수를 보여 준 셰릴 샌드버그"

구글과 메타(Meta)의 경이로운 성장을 견인했던 리더 셰릴 샌드버그(Sheryl Sandberg)는, 날카로운 비평의 촉끝을 따스한 배려라는 칼집에 정성껏 갈무리하여 전달하는 지혜가 조직의 성장에 얼마나 결정적인 역할을 하는지를 여실히 보여 주는 가장 현대적이고도 자명한 경영의 전형(典型)입니다. 그녀의 행보는 진심 어린 조언이 상대의 영혼을 다치게 하지 않으면서도 어떻게 변화의 동력을 이끌어 낼 수 있는지를 입체적으로 입증하는 독보적인 실증 귀감으로 평가받기에 충분합니다.

샌드버그는 자신의 저서 《실리콘밸리의 팀장들(Radical Candor)》의 저자 킴 스콧(Kim Scott)에게 전한 전설적인 피드백을 통해 이 원칙을 몸소 실천하였습니다. 킴 스콧이 구글 재직 시절 성공적인 프레젠테이션을 마친 후, 샌드버그는 그녀에게 다가와 의례적인 찬사 대신 서늘할 만큼 날카로운 비평을 던졌습니다. 그녀는 스콧이 말을 할 때마다 '음(um)'이라는 추임새를 너무 자주 쓴다는 점을 직설적으로 지적했습니다. 처음에 스콧이 이를 가볍게 여기자, 샌드버그는 단호한 어조로 "당신이 세 단어마다 '음'이라고 할 때, 당신은 아주 멍청해 보여요(look stupid)"라고 말했습니다. 이 말은 분명 상대의 자존심을 벨 수 있는 날카로운 칼날이었지만, 스콧은 전혀 상처받지 않았습니다.

그 이유는 샌드버그가 평소 스콧의 커리어와 삶에 대해 지극히 깊은 관심을 쏟으며 견고한 '배려의 집'을 지어 놓았기 때문입니다. 리더가 평소 보여 준 진정성 있는 유대감이 있었기에, 스콧은 그 지적이 자신을 깎아내리려는 공격이 아니라, 자신을 더 뛰어난 전문가로 만들기 위한 리더의 자생적 구원임을 직감할 수 있었습니다. 셰릴 샌드버그의 사례는 리더가 구성원과 깊은 인격적 유대를 먼저 형성했을 때, 비평의 칼날이 비로소 인재를 살리는 성장의 도구가 될 수 있음을 확연하게 뒷받침하고 있습니다. 리더의 내면적 격(格)이 빚어낸 이 '완전한 솔직함'의 서사는, 관계의 불편함을 피하려다 성장의 기회를 놓치기 쉬운 현대 경영자들에게 시대를 관통하는 묵직한 사유의 나침반이 될 것입니다.

💡 성찰

- 당신은 오늘 부하 직원의 실수를 지적할 때, 그의 성장을 바라는 진심을 먼저 전했는가? 아니면 당신의 짜증 섞인 감정을 칼날처럼 휘둘렀는가?
- 우리 조직은 비평이 두려워 실수를 은폐하는 경직된 곳인가? 아니면 리더의 자애로운 배려 아래 서로의 부족함을 솔직하게 보완하는 생동하는 공동체인가?
- 당신은 리더로서 타인에게 쓴소리를 하기 전에, 먼저 그와 충분한 신뢰의 자본을 쌓았는지 스스로의 내면을 정직하게 들여다볼 단단한 자아를 지니고 있는가?

🌊 명상

리더의 격(格)은 비평의 날카로움보다 언어를 감싸는 배려의 두께에서 나타납니다. 인재를 아끼는 진실한 마음을 담아 정직한 피드백을 오늘 즉시 실천하십시오. 품격 있는 진정성은 조직을 시대를 관통하는 영속적 승리의 길로 인도합니다.

제56장

이야기의 힘이
조직의 비전을 생동하게 만듭니다

리더의 비전이 단순한 구호나 숫자 기록에 그친다면 팀원들을 실질적으로 움직이기 어렵습니다. 하지만 그 목표에 리더의 철학이 담긴 구체적인 이야기가 더해질 때 조직은 비로소 강력한 추진력을 얻습니다. 보이지 않는 가치를 공감할 수 있는 서사로 전달하는 능력은 평범한 업무를 의미 있는 여정으로 바꾸는 리더십의 핵심 역량입니다.

리더의 사무실에서 선포되는 화려한 구호들이 구성원들의 냉소를 부르는 이유는 그 속에 사람의 체취가 배어 있지 않기 때문입니다. 논리는 이해를 돕지만 이야기는 행동을 부릅니다. 리더가 공동체의 목표를 설명할 때 데이터 뒤에 숨겨진 인재들의 땀방울과 극복해 낸 시련의 과정을 이야기로 풀어 낼 때, 비전은 비로소 구성원 개개인의 삶과 연결됩니다. 서사가 부재한 비전은 방향 잃은 나침반과 같으며, 이는 결국 조직의 에너지를 결집하지 못하고 흩어지게 만드는 경영의 빈곤을 초래할 뿐입니다.

사람은 단순한 수치나 데이터보다 맥락이 살아 있는 이야기를 더 오래 기억하고 깊이 신뢰합니다. 실력 있는 리더는 단순히 정보를 나열하는 전달자에 머물지 않고, 업무에 담긴 진정한 의미를 찾아내어 전달하는 이야기꾼이 되어야 합니다. 지금 우리 팀이 겪는 시행착오와 어려움을 더 큰 성장을 위한 필수적인 과정으로 재정의하여 동료들과 공유해 보십시오. 조직의 발자취를 승리와 성장의 기록으로 바꾸어 전달하는 소통 능력은 구성원들이 눈앞의 난관을 극복하고 공동의 목표에 몰입하게 만드는 가장 강력한 동력이 됩니다.

업무의 의미를 정의하는 일은 리더 자신의 진솔한 경험을 바탕으로 조직의 지향점을 공유하고, 자신의 가치관을 진정성 있게 실천하는 과정입니다. 우리는 흔히 화려한 발표 자료가 비전을 전달한다고 믿지만, 가치를 창출하는 과정에서 찾는 진정한 해결책은 리더의 정직한 삶이 담긴 살아 있는 이야기입니다. 단순한 구호로 만든 일시적인 안온함은 어려운 상황에서 금방 사라지는 허상에 그칠 가능성이 큽니다. 오히려 위기의 순간에 확실한 가치를 발휘하는 힘은 리더가 평소 소통을 통해 동료들과 쌓아 온 일치된 신념입니다.

조직이 거둘 최종적인 성과는 리더의 지시가 얼마나 정확한지가 아니라, 그가 전하는 이야기가 동료들의 공감을 얼마나 끌어냈는지에 따라 결정됩니다. 업무 현장에서 일어나는 매 순간의 사건들을 조직의 성장 기록으로 어떻게 남길지 깊이 고민하는 자세는 함께 일하는 동료들에 대한 성숙한 존중입니다. 리더의 생각이 권위적인 통제보다 가치의 공유와 내면의 진실에 집중할 때 조직은 비로소 활력을 얻습니다. 이러한 주도적인 에너지는 모든 구성원에게 전달되어 우리 팀을 시대를 선도하는 주인공으로 도약하게 하며, 조직의 지속 가능한 미래를 완성하는 핵심적인 자산으로 자리 잡습니다.

> 세상에서 가장 강력한 사람은 스토리텔러다. 그는 다음 세대가 가질 가치관과 비전을 결정하는 권능을 가졌기 때문이다. 리더가 들려주는 이야기가 곧 그 조직의 미래다.
>
> — 스티브 잡스(Steve Jobs)

"Think Different 서사로 무너진 애플의 영혼을 부활시킨 스티브 잡스"

애플(Apple)의 창립자 스티브 잡스(Steve Jobs)는, 비전이라는 무형의 가치가 리더의 강렬한 서사(Narrative)를 입었을 때 조직이 얼마나 역동적으로 비상할 수 있는지를 보여 주는 경영사의 가장 독보적이고도 상징적인 사례가 됩니다. 그는 기술의 차가운 금속성 안에 인간적 감성을 불어넣는 서사의 마법을 부림으로써, 조직의 비전이 단순히 박제된 구호에 머물지 않고 모든 구성원의 심장 속에서 생동감 있게 춤추게 만든 위대한 경영의 실증적 귀감으로 평가받기에 충분합니다.

1997년 파산 직전의 애플로 복귀했을 때, 잡스는 새로운 제품의 성능을 나열하는 대신 애플의 존재 이유를 설명하는 서사를 선택했습니다. 그는 'Think Different' 캠페인을 통해 세상을 바꾼 미친 이들, 즉 반항아와 부적응자들의 이야기를 들려주며 애플이 바로 그런 사람들을 위한 도구를 만드는 회사라는 정체성을 다시 세웠습니다. 그는 직원들에게 우리가 만드는 것은 단순한 컴퓨터가 아니라 인간의 창의성을 확장하는 마법의 도구라는 서사를 심어 주었습니다. 리더가 비전을 한 편의 장엄한 서사로 예술적으로 승화시키자, 패배주의에 빠져 있던 직원들은 다시금 세상을 바꿀 수 있다는 열망을 회복했습니다.

리더가 데이터 시트 뒤에 숨지 않고 영감을 주는 이야기로 소통하자, 애플은 단순한 기술 기업을 넘어 하나의 문화적 상징으로 진화했습니다. 스티브 잡스의 사례는 리더가 비전에 강력한 서사를 입힐 때 비로소 조직이 한계를 뛰어넘어 영속하는 성취의 반열에 오를 수 있음을 실증한 기록입니다. 리더의 내면적 격(格)이 어떻게 차가운 기계에 영혼의 숨결을 불어넣는지를 보여 주는 그의 궤적은, 기술의 정점에 선 모든 경영자에게 시대를 관통하는 선명한 사유의 흔적으로 남을 것입니다.

💡 성찰

- 당신은 오늘 부하 직원들에게 이번 달 목표 수치만을 반복했는가? 아니면 우리가 이 일을 함으로써 고객의 삶이 어떻게 변할지에 대한 가슴 벅찬 이야기를 들려주었는가?
- 우리 조직은 무미건조한 매뉴얼에 의해 움직이는 기계적인 집단인가? 아니면 리더가 들려주는 승리와 성장의 서사 아래 모두가 주인공이 되어 움직이는 생동하는 무대인가?
- 당신은 리더로서 자신의 삶에서 우러나온 정직한 고백을 통해 구성원들과 정서적으로 연결될 수 있는 고결하고 단단한 자아를 지니고 있는가?

🧡 명상

리더의 격(格)은 소유한 정보의 양보다 비전을 깊은 서사로 풀어내는 역량에서 우러납니다. 수치 대신 가슴 뛰는 이야기를 전하며 구성원의 열정을 깨우는 소통을 매일 도모하십시오. 깊은 공명은 시대를 선도하는 승리의 거대한 물결을 조직 내부로 힘차게 불러들입니다.

제57장

경청을 위한 침묵이
화려한 언변보다 큰 힘을 발휘합니다

리더의 진정한 영향력은 유창한 말솜씨가 아니라 동료들의 생각을 담아낼 수 있는 고요한 여백에서 나옵니다. 자신의 의견을 앞세우기보다 침묵으로 경청의 자리를 마련하는 절제는 구성원들이 스스로 해답을 찾도록 돕는 성숙한 소통 방식입니다. 이러한 사려 깊은 기다림은 조직 내 숨겨진 지혜를 깨우고 팀의 질서를 견고하게 다지는 리더십의 실질적인 토대가 됩니다.

조직의 의사 결정이 이루어지는 치열한 현장에서 리더가 가장 경계해야 할 유혹은 자신의 논리로 장내를 장악하려는 조급함입니다. 말이 많아질수록 언어의 힘은 옅어지고, 리더의 지시는 구성원들에게 단순한 소음으로 전락할 위험이 큽니다. 침묵은 단순히 말을 멈추는 부재의 상태가 아니라, 상대방이 내뱉는 언어 이면의 맥락을 포착하고 조직의 에너지를 본질에 집중시키기 위한 능동적인 전략입니다. 리더가 입을 닫을 때 비로소 인재들의 사고가 작동하기 시작하며, 그 고요한 틈새에서 조직이 직면한 난제를 풀 열쇠가 발견됩니다.

언어의 절제와 리더십의 본질적인 태도라는 면에서 살펴보면, 리더의 침묵은 구성원에게 자신의 역량을 증명할 수 있는 심리적 여백을 마련해 줍니다.

진정한 격을 갖춘 리더는 자신의 지식을 과시하기보다 질문 후의 정적을 견뎌 낼 줄 아는 인내를 지닌 사람이며, 그 무게감 있는 고요를 통해 메시지에 권위를 부여하는 기예를 발휘하는 사람입니다. 침묵을 지킨다는 것은 상대에 대한 무관심이 아니라, 그의 존재와 의견을 온전히 담아내겠다는 가장 깊은 수준의 인격적 경청입니다.

자신의 언어를 통제한다는 것은 리더 내면의 과시욕과 불안감을 가감 없이 대변하고, 겸손이라는 맑은 거울 앞에 자신을 세우는 단단한 내적 기틀을 마련하는 일입니다. 화려한 언변이 조직을 빠르게 움직인다는 믿음은 착각일 때가 많습니다. 말로 쌓은 평화는 위기 앞에서 무력하지만, 리더가 침묵으로 기다려 준 시간은 동료들의 '깊은 생각'이라는 실체적인 힘으로 되돌아옵니다. 리더가 말을 아끼고 사유의 공간을 내어 줄 때, 조직은 비로소 어떤 시련에도 흔들리지 않는 단단한 자생력을 갖추게 됩니다.

조직이 도달하는 성숙의 높이는 리더의 입술이 아니라 그가 만들어 낸 고요의 깊이에 의해 결정됩니다. 경영 활동을 수행하는 매 찰나에 내가 불필요한 참견으로 동료의 사고를 방해하지는 않았는지, 혹은 나의 침묵이 그들에게 신뢰의 신호로 전달되었는지 냉철하게 되짚어 보는 자세는 함께 걷는 인재들에게 건넬 수 있는 가장 성숙한 신의의 표상입니다. 리더의 관심이 지배력의 과시보다 관계의 공명과 내면적 진실에 깊이 뿌리내릴 때 조직은 비로소 생동하는 생명력을 얻게 되며, 그 공진화하는 기운은 모든 구성원에게 번져 우리 공동체를 시대의 흐름을 선도하는 주역으로 우뚝 세우는 가장 강력한 정신적 원동력이 될 것입니다.

> 말하는 것은 지식의 영역이고 듣는 것은 지혜의 영역이다. 그러나 침묵하는 것은 신의 영역이다. 리더가 침묵할 때 비로소 진실이 그 자리를 채운다.
>
> — 피타고라스(Pythagoras)

**"화려한 지시의 수사학을 버리고 침묵의 경청으로 조직의 신뢰를 복원하다",
홈디포의 프랭크 블레이크**

홈디포(Home Depot)의 CEO로 취임한 프랭크 블레이크(Frank Blake)는 리더의 진정한 영향력이 유창한 말씀씨가 아니라 동료들의 생각을 담아낼 수 있는 '고요한 여백'에서 나온다는 사실을 실천적으로 증명했습니다. 그는 전임자의 강압적인 지시와 화려한 언변으로 인해 구성원들이 입을 닫고 눈치만 살피던 경직된 문화를 타파하기 위해, 리더가 먼저 입을 닫고 현장의 목소리가 흐르게 하는 능동적인 전략을 선택했습니다.

블레이크는 회의실에서 자신의 의견을 앞세우기보다 침묵으로 경청의 자리를 마련하는 성숙한 소통 방식을 고수했습니다. 그는 리더가 말을 많이 할수록 언어의 힘은 옅어지고 지시는 소음으로 전락할 위험이 크다는 점을 직시했습니다. 대신 그는 질문 후의 정적을 견뎌 낼 줄 아는 인내를 통해 부하 직원들에게 자신의 역량을 입증할 수 있는 심리적 여백을 선사했습니다. 이러한 수사학적 절제는 상대방의 존재와 의견을 온전히 담아내겠다는 가장 깊은 수준의 인격적 경청이었으며, 구성원들은 그 고요한 틈새에서 조직이 직면한 난제를 풀 열쇠를 스스로 발견하기 시작했습니다.

리더가 자신의 지식을 과시하려는 조급함을 버리고 정제된 침묵을 거쳐 숙성된 해결책을 기다려 주자, 조직은 비로소 생동하는 생명력을 회복했습니다. 블레이크의 이러한 태도는 함께 걷는 인재들에게 건넬 수 있는 가장 성숙한 신의의 표상이 되었으며, 홈디포를 다시금 업계 선도 기업으로 우뚝 세우는 강력한 정신적 원동력이 되었습니다. 리더의 침묵이 단순한 부재의 상태가 아니라 상대의 영혼을 읽어 내려는 숭고한 전략적 탐색임을 보여 준 그의 행보는, 우리 공동체의 미래를 선도하는 주역들에게 가장 확실한 이정표가 될 것입니다.

💡 성찰

- 당신은 오늘 의견이 대립하는 순간에 상대를 논리로 제압하려 했는가? 아니면 무거운 침묵으로 상대가 스스로를 돌아볼 기회를 주었는가?
- 우리 조직은 리더의 끝없는 훈계로 인재들의 생각이 닫힌 곳인가? 아니면 리더의 절제된 침묵 아래 새로운 아이디어가 샘솟는 생동하는 광장인가?
- 당신은 리더로서 침묵이 흐를 때 느껴지는 어색함을 이겨 내고, 진실이 드러날 때까지 기다려 줄 수 있는 단단하고 고요한 자아를 지니고 있는가?

💗 명상

리더의 격(格)은 화려한 언어보다 묵묵히 견뎌 온 침묵의 무게 속에서 완성됩니다. 말을 아껴 동료의 진심이 머물 공간을 내어 주는 배려를 힘써 일구십시오. 이 고요한 힘은 조직이 어떤 격랑에도 흔들리지 않도록 단단히 보듬어 줍니다.

제58장

부드러우면서도 단호한 언어가
팀의 심리적 장벽을 허뭅니다

리더의 말은 팀원들에게 가장 직접적으로 전달되는 정서적인 신호입니다. 냉정한 이성만 앞세우면 상대의 의욕을 꺾기 쉽고, 과한 감정은 메시지의 본질을 흐리게 만듭니다. 논리적인 명확함과 인격적인 존중이 균형을 이룬 소통은 구성원의 경계심을 낮추고 조직의 목표에 자발적으로 몰입하게 만드는 성숙한 리더십의 품격입니다.

인간의 마음이 교차하는 모든 경영의 접점에서 리더의 목소리가 지닌 온도는 결과의 성패를 가르는 보이지 않는 변수가 됩니다. 많은 경영자가 논리적 완결성이나 위계의 엄격함에만 매몰되어 언어가 운반하는 정서적 파장을 간과하곤 합니다. 차갑기만 한 언어는 상대의 귀를 닫게 하고 뜨겁기만 한 언어는 이성을 마비시키며, 이는 결국 조직 내에 진실된 소통이 사라지고 형식적인 동조만 남게 되는 치명적인 관계의 부식을 초래합니다. 리더의 사무실에서 울려 퍼지는 한마디는 단순한 지시를 넘어 동료들의 의욕을 북돋거나 꺾어 버리는 실질적인 에너지가 됨을 잊지 말아야 합니다.

리더의 실력은 메시지의 강압적인 강도가 아니라 이를 전달하는 태도의 유연함에서 드러납니다. 성숙한 리더는 개인의 감정에 휘둘리지 않으면서도 동료의 상황을 깊이 이해하는 평정심을 유지합니다. 부드러운 단호함은 상대의 인격을 존중하면서도 조직의 원칙과 목표에 대해서는 타협하지 않는 균형 잡힌 감각을 의미합니다. 이러한 절제된 소통 방식은 구성원들에게 명확한 업무 방향을 제시하며, 자신이 존중받고 있다는 심리적 안정감을 제공합니다.

리더가 자신의 언어를 다듬는 과정은 스스로의 조급함이나 과시욕을 내려놓고 정직하게 성찰하는 시간을 갖는 것입니다. 강한 어조가 권위를 만든다는 생각에서 벗어나, 진심을 담아 정제한 적절한 표현을 선택하는 태도가 필요합니다. 위압적인 소통으로 얻은 일시적인 안정은 어려운 상황에서 쉽게 무너지지만, 평소 부드러운 단호함으로 구축한 정서적 유대는 조직을 지탱하는 실질적인 힘이 됩니다.

조직이 거두는 최종적인 성과는 리더의 일방적인 지시가 아니라, 그 언어가 동료들에게 전달한 신뢰의 깊이에 따라 결정됩니다. 일상의 대화 속에서 자신의 표현이 상대에게 오해를 주지는 않았는지, 혹은 너무 모호하여 방향을 흐리지는 않았는지 스스로 점검하는 자세는 동료를 향한 성숙한 예우입니다. 리더의 관심이 외적인 지배력보다 관계의 조화와 진실함에 머물 때 조직은 비로소 건강하게 작동합니다. 이러한 진솔한 소통은 팀 전체로 확산되어 우리를 시장의 변화를 주도하는 주인공으로 도약하게 하며, 조직의 고유한 가치를 완성하는 탄탄한 기틀로 자리 잡습니다.

> 사람들은 당신이 한 말이나 행동은 잊을 수 있지만 당신이 그들에게 느끼게 해 준 감정은 결코 잊지 않는다. 리더의 언어에 담긴 온도가 곧 그 조직의 기후를 결정한다.
>
> — 마야 안젤루(Maya Angelou)

"세계에서 가장 영향력 없는 CEO를 꿈꾸다", 슈퍼셀의 일카 파나넨

핀란드의 혁신 기업 슈퍼셀(Supercell)의 CEO 일카 파나넨(Ilkka Paananen)은 리더가 권위의 언어를 내려놓을 때 조직의 자율성이 어디까지 확장될 수 있는지를 보여 주는 독보적인 사례입니다. 그는 스스로를 '세계에서 가장 영향력 없는 CEO'라 정의하며, 리더의 진정한 성취는 자신이 어떤 결정도 내리지 않아도 조직이 탁월하게 돌아가는 상태에 있음을 역설해 왔습니다.

슈퍼셀의 성장은 독립적인 소규모 팀인 '셀(Cell)'에 모든 의사결정 권한을 위임하는 구조에서 시작되었습니다. 파나넨은 어떤 프로젝트를 출시하거나 중단할지 결정하는 전능한 심판관이 되기를 거부합니다. 대신 그는 현장의 전문가들이 내린 선택을 전적으로 신뢰하며, 리더의 지시라는 차가운 명령 대신 '실패를 축하하는 따뜻한 언어'를 선택했습니다. 개발 중인 게임이 중단될 때마다 구성원들이 모여 샴페인을 터뜨리며 그 과정에서 얻은 배움을 기쁘게 공유하는 문화는, 리더가 건네는 신뢰의 온도가 어떻게 조직의 회복탄력성을 키우는지를 상징적으로 보여 줍니다.

이러한 자율의 리더십은 구성원들에게 '내 일의 주인'이라는 단단한 자부심을 심어 주었으며, 슈퍼셀을 세계에서 가장 창의적인 게임사로 성장시킨 실질적인 동력이 되었습니다. 리더가 지배의 언어를 성찰과 예우의 언어로 바꿀 때 비로소 조직이 시대를 관통하는 위대한 성취를 거둘 수 있음을 몸소 증명해 낸 것입니다. 리더의 내면적 격(格)이 빚어낸 이 자율의 서사는, 여전히 통제의 관성에서 벗어나지 못하는 현대 경영자들에게 시대를 앞서가는 묵직한 지혜의 이정표가 될 것입니다.

💡 성찰

- 당신은 오늘 부하 직원의 실수에 대해 감정적으로 폭발하여 그의 자존감에 씻을 수 없는 차가운 상처를 남기지는 않았는가?
- 우리 조직은 리더의 강압적인 어조에 질려 모두가 침묵하는 겨울 공화국인가? 아니면 부드러운 단호함 아래 건강한 논쟁이 살아 숨 쉬는 봄의 대지인가?
- 당신은 리더로서 상대를 배려하는 온화함을 유지하면서도 조직의 핵심 가치를 수호하기 위해 기꺼이 쓴소리를 할 수 있는 고결하고 단단한 자아를 지니고 있는가?

💗 명상

리더의 격(格)은 말의 날카로움보다 상대의 마음을 데우는 배려의 온도에 담겨 있습니다. 부드러움으로 사람을 얻고 원칙을 지키는 단호함으로 정직한 미래를 향해 나아가십시오. 조화로운 균형은 우리 공동체를 시대를 넘어 영원히 빛나는 승리로 이끕니다.

제59장

논리를 넘어 마음으로 연결될 때
팀은 비로소 하나가 됩니다

리더의 지혜는 냉철한 논리를 따뜻한 공감의 언어로 바꾸어 전달할 때 빛을 발합니다. 일방적인 지시를 넘어서는 정서적인 유대감은 팀원들이 공동의 목표에 자발적으로 몰입하도록 돕습니다. 이러한 깊은 신뢰 관계는 어떤 위기 앞에서도 조직이 흔들리지 않게 지탱하는 가장 실질적인 토대가 됩니다.

조직의 지향점이 오직 합리적인 정당성에만 매몰될 때, 구성원들은 이성적으로는 수긍할지 모르나 가슴으로는 움직이지 않는 심리적 괴리 현상을 겪게 됩니다. 논리는 방향을 제시할 뿐이지만 행동을 촉발하는 근원적인 에너지는 언제나 마음의 동요에서 비롯되기 때문입니다. 리더가 성과의 효율성에만 집착하여 인재들의 내면적인 주파수를 외면할 때, 사무실의 분위기는 기계적인 결합체에 머물게 되며 이는 작은 외부 충격에도 쉽게 각자도생의 길로 흩어지는 치명적인 응집력의 빈곤을 초래할 뿐입니다.

리더의 실질적인 영향력은 논리적인 설득에 앞서 동료의 상황에 깊이 공감하는 태도에서 나옵니다. 팀원 개개인의 목표가 조직의 비전과 자연스럽게 어우러질 수 있도록 세심하게 배려하는 노력이 중요합니다. 마음으로 연결된다는 것은 단순한 친밀함을 넘어 동일한 가치관 아래 서로를 전문가로 대우하며 함께 호흡하는 성숙한 협업 상태를 의미합니다.

타인의 감정을 수용하기 위해서는 리더 스스로 권위적인 태도를 내려놓고 정직하게 자신을 돌아보는 시간이 필요합니다. 이성적인 판단만이 최선이라는 고정관념에서 벗어나 진심 어린 소통으로 쌓은 신뢰를 중심에 두어야 합니다. 논리로만 구축한 관계는 위기 상황에서 쉽게 흔들리지만, 평소 쌓아 온 정서적 유대는 동료들이 자발적으로 헌신하게 만드는 실질적인 바탕이 됩니다.

조직의 진정한 가치는 리더가 얼마나 영리한지가 아니라 동료들의 마음을 얼마나 움직였느냐에 따라 결정됩니다. 일상 업무 속에서 팀원의 고충을 진심으로 헤아리려 노력하는 자세는 함께 걷는 동료를 향한 성숙한 예우입니다. 리더의 시선이 지배나 통제보다 관계의 조화와 내면의 진실에 머물 때 조직은 비로소 건강해집니다. 이러한 상생의 문화는 팀 전체에 긍정적인 변화를 일으키며, 우리를 시장의 변화를 선도하는 주인공으로 도약하게 만드는 든든한 뿌리로 자리 잡습니다.

당신이 얼마나 많이 아는지는 중요하지 않습니다. 당신이 자신들을 얼마나 아끼는지 알기 전까지 사람들은 아무런 관심이 없기 때문입니다.
— 시어도어 루스벨트(Theodore Roosevelt)

"냉혹한 시장의 논리를 넘어 진심 어린 공감으로 조직의 유대감을 지켜내다", 에어비앤비의 브라이언 체스키

에어비앤비(Airbnb)의 공동 창업자인 브라이언 체스키(Brian Chesky)는 팬데믹으로 인해 여행 산업이 완전히 붕괴되었던 절체절명의 순간, 리더가 보여 주는 공감의 깊이가 어떻게 조직의 해묵은 관성을 타파하고 새로운 생명력을 불어넣을 수 있는지를 여실히 보여 주었습니다. 당시 매출이 80%나 급감하며 대규모 감원이 불가피해진 상황에서, 그는 단순히 숫자의 효율성에만 집착하여 인재들을 기계적인 결합체로 대하는 우를 범하지 않았습니다.

체스키는 차가운 해고 통보 대신, 남겨진 자와 떠나는 자 모두의 마음을 움직이는 '진심 어린 소통'을 선택했습니다. 그는 감원 대상자들에게 보내는 편지에 자신의 미안함과 고뇌를 가감 없이 담아냈으며, 떠나는 직원들이 새로운 일자리를 찾을 수 있도록 '얼룸나이(Alumni) 디렉토리'를 개설하고 주식 옵션을 제공하는 등 파격적인 예우를 갖추었습니다. 이는 논리적인 설득에 앞서 동료들의 상황에 깊이 공감하는 태도에서 나온 것이며, 리더가 내면의 진실에 머물 때 조직이 비로소 건강해질 수 있음을 입증한 숭고한 가치의 실천이었습니다.

이러한 상생의 문화는 팀 전체에 긍정적인 변화를 일으켰고, 남겨진 팀원들이 조직의 비전과 정서적으로 더욱 강력하게 결합되도록 돕는 실질적인 토대가 되었습니다. 리더가 영악한 손익 계산보다 동료들의 마음을 움직이는 데 집중했을 때, 에어비앤비는 위기를 딛고 시장의 변화를 선도하는 주인공으로 다시 도약할 수 있었습니다. 이는 리더의 시선이 지배나 통제보다 관계의 조화에 머물 때 공동체가 어떤 격랑 속에서도 중심을 잃지 않고 앞으로 나아가는 강력한 힘을 얻게 됨을 보여 주는 독보적인 전형입니다.

💡 성찰

- 당신은 오늘 부하 직원이 가져온 문제에 대해 데이터상의 오류만을 지적했는가? 아니면 그가 그 문제를 해결하며 느꼈을 심리적 압박감을 먼저 보듬어 주었는가?
- 우리 조직은 차가운 논리와 성과 지표만이 소통의 도구인 삭막한 일터인가? 아니면 서로의 감정을 예우하며 하나의 비전을 공유하는 따스한 공동체인가?
- 당신은 리더로서 자신의 감정을 정직하게 표현하고 구성원들과 인격적으로 연결될 수 있는 고결하고 단단한 자아를 지니고 있는가?

💗 명상

리더의 격(格)은 지식의 양보다 마음으로 자아낸 정서적 공명의 깊이로 명확히 나뉩니다. 사람의 마음을 정직하게 얻어 미래로 함께 나아가는 소통의 보폭을 지금 넓히십시오. 이러한 진심 어린 유대는 공동체를 시대를 관통하는 영원한 승리의 길로 꽃피웁니다.

제60장

기록하는 습관이 리더의 생각을
선명한 전략으로 바꿉니다

글을 쓰는 행위는 복잡한 현장의 현안 속에서 본질적인 핵심을 찾아내고 생각을 정리하는 유익한 습관입니다. 흩어져 있는 아이디어를 명확한 문장으로 기록하는 과정은 리더십의 논리적인 근거를 탄탄하게 마련해 줍니다. 이러한 기록의 축적은 찰나의 영감을 구체적인 실행 계획으로 전환하며, 조직의 목표를 일관성 있게 추진하게 만드는 지적인 기반이 됩니다.

리더가 일상에서 주고받는 수많은 대화는 기록되지 않으면 금세 사라지고 맙니다. 리더가 정성껏 가다듬은 사유의 궤적은 내면에 깊숙이 자리 잡아, 어떤 경영의 파고 앞에서도 조직을 지탱하는 흔들림 없는 신념의 중심축이 됩니다. 글을 쓴다는 것은 자신의 한계를 객관적으로 파악하려는 노력이며, 그 성찰의 깊이만큼 조직의 역량을 키워 나가는 실천적인 행동입니다.

생각을 구조화하는 관점에서 볼 때, 문장을 채워 가는 시간은 복잡한 현안을 명료한 해결책으로 바꾸는 중요한 훈련 과정입니다. 실력 있는 리더는 화려한 수사보다 진실이 담긴 담백한 문장의 힘을 신뢰하며, 부단한 기록을 통해 과거의 오류를 오늘의 지표로 바꾸는 성장을 거듭합니다. 글을 쓰는 것은 단순히 자취를 남기는 행위를 넘어, 자신의 언어에 책임을 지고 행동의 일관성을 유지하겠다는 자신과의 엄숙한 약속입니다.

자신의 생각을 글로 정리하는 과정은 스스로의 부족함을 정직하게 인정하고 보완해 나가는 자기 확장과 같습니다. 속도감 있는 지시가 곧 효율이라는 믿음은 때로 본질을 가리는 장막이 되기도 합니다. 가치 창조의 여정에서 마주하는 진짜 해답은, 리더가 정직한 기록으로 빚어낸 묵직하고도 정교한 통찰의 깊이에서 비로소 그 모습을 드러냅니다. 구두로만 전해지는 비전은 작은 변화에도 쉽게 왜곡될 수 있지만, 리더가 평소 기록을 통해 다져온 경영 철학은 조직을 지탱하는 핵심적인 원칙이 됩니다.

조직이 거두는 최종적인 성과는 리더가 내뿜는 위세가 아니라 그가 남긴 문장에 담긴 사유의 무게에 의해 결정됩니다. 매 순간의 판단이 우리 조직의 본질적인 지향점과 일치하는지 부단히 문장으로 다듬는 태도는 함께 걷는 인재들에게 건넬 수 있는 가장 성숙한 예우입니다. 리더의 관심이 외적인 지배보다 내면의 성찰과 조화에 머물 때 조직은 비로소 생동감을 얻습니다. 이러한 투명한 에너지는 모든 구성원에게 전달되어 우리 팀을 시대를 선도하는 주인공으로 도약하게 하며, 조직의 지속 가능한 미래를 완성하는 소중한 자산으로 남습니다.

> 글을 쓰지 않는 리더는 깊이 생각하지 않는 리더와 같다. 문장은 사유의 옷이며, 그 옷이 정갈할 때 비로소 리더의 뜻이 만인에게 명확히 전달된다. 기록하는 자만이 역사를 이끌 자격이 있다.
>
> — 정약용(Jeong Yak-yong)

"작은 수첩에 기록된 현장의 목소리를 위대한 혁신의 실마리로 바꾸다", 버진 그룹의 리처드 브랜슨

버진 그룹(Virgin Group)의 창립자 리처드 브랜슨(Richard Branson)은 화려한 디지털 기기보다 낡은 수첩을 항상 몸에 지니고 다니며, 리더의 기록이 단순한 자취를 넘어 조직의 명확한 전략적 이정표가 될 수 있음을 평생의 습관으로 입증했습니다. 그는 일상에서 떠오르는 찰나의 영감이나 현장에서 마주치는 고객의 불편함을 즉시 기록하지 않으면, 리더의 통찰은 금세 휘발되어 버리고 조직의 지능은 정체된다는 사실을 깊이 직시했습니다.

브랜슨에게 기록은 생각을 구조화하고 자신의 언어에 책임을 지는 가장 엄숙한 약속이었습니다. 그는 비행기 안에서나 식당에서나 장소를 가리지 않고 동료들의 아이디어와 고객의 불만을 꼼꼼히 기록했으며, 이 '기록의 축적'을 바탕으로 다음 날 아침 구체적인 실행 계획을 지시하는 기민함을 보여주었습니다. 수만 개의 메모로 채워진 그의 수첩은 버진 그룹이 수백 개의 계열사를 거느리면서도 일관성 있는 브랜드 철학을 유지할 수 있게 만든 실질적인 지적 기반이자 성찰의 거울이었습니다.

리더가 정제된 글쓰기를 통해 복잡한 현안을 명료한 해결책으로 다듬어 나갈 때, 조직은 비로소 구두로만 전해지는 모호한 비전에서 벗어나 생동하는 생명력을 얻게 되었습니다. 브랜슨의 이러한 실천적인 행동은 함께 걷는 인재들에게 리더의 관심이 어디에 머물고 있는지를 보여 주는 가장 성숙한 예우가 되었으며, 버진을 시대를 선도하는 파괴적 혁신의 아이콘으로 도약시킨 핵심적인 원칙이 되었습니다. 기록하는 자만이 역사를 이끌 자격이 있다는 정약용 선생의 가르침처럼, 리더의 정직한 기록은 조직의 지속 가능한 미래를 완성하는 소중한 자산으로 남았습니다.

💡 성찰

- 당신은 오늘 경영의 난제 앞에서 조급하게 입을 열기보다, 펜을 들어 그 문제의 본질을 한 줄의 문장으로 정리해 보았는가?
- 우리 조직은 리더의 휘발성 있는 지시 한마디에 우왕좌왕하는 곳인가? 아니면 정제된 기록과 문장을 통해 명확한 철학을 공유하는 지적인 공동체인가?
- 당신은 리더로서 자신의 성찰 일기를 통해 스스로의 부끄러운 실책까지 정직하게 기록하고 이를 성장의 자양분으로 삼을 단단한 자아를 지니고 있는가?

💗 명상

리더의 격(格)은 화려한 언변보다 홀로 고뇌하며 정제한 문장의 정직함에 존재합니다. 매일 밤 사유를 글로 닦아 내는 성실한 노력을 리더의 고유한 습관으로 확립하십시오. 정직한 성찰이 밴 문장은 공동체를 시대를 관통하는 영원한 승리의 반열에 올립니다.

제7부

경영의 격(格): 조직의 내실을 다지는 전략적 리더십

"전략적 리더십이란 화려한 팽창의 수사 뒤에 숨겨진 조직의 연약함을 직시하고, 본질적인 내실을 기하여 어떤 풍파에도 흔들리지 않는 뿌리 깊은 공동체를 구축하는 고도의 통치 기술입니다. 경영의 격은 밖으로 드러나는 숫자의 크기가 아니라 안으로 갈무리된 시스템의 견고함과 역사적 자부심에서 발현되기에, 과거의 유산을 현재의 자양분으로 삼아 내일의 항로를 설계하는 지도자의 안목이야말로 공동체를 영속하는 승리로 이끄는 가장 엄숙한 전략적 토대가 됩니다."

제61장

조직의 발자취는 미래를 안내하는
가장 정직한 지표입니다

공동체가 지나온 과거의 기록은 단순히 멈춰 있는 기록이 아니라, 오늘날의 변화에 대응할 지혜가 담긴 소중한 자산입니다. 창업의 초심과 성장의 과정에서 얻은 교훈을 바탕으로 내일의 방향을 설정하는 통찰은 조직의 정체성을 지키는 핵심입니다. 이러한 역사적 경험은 불확실한 경영 환경 속에서도 리더가 올바른 판단을 내리도록 돕는 가장 신뢰할 만한 기준이 됩니다.

리더가 결정을 내릴 때 가장 경계해야 할 태도는 과거의 경험을 낡은 유산으로 치부하며 매 순간 새로운 유행만을 쫓는 가벼움입니다. 조직의 역사는 성공의 환희뿐만 아니라 뼈아픈 실책의 상흔까지 고스란히 간직한 가장 정직한 거울입니다. 현재의 난제는 대개 과거에 해결하지 못한 과업의 연장선에 있기에, 리더가 공동체의 발자취를 깊이 천착할 때 비로소 반복되는 실수의 고리를 끊고 우리 조직만이 가진 고유한 강점을 극대화할 전략적 실마리를 발견할 수 있습니다.

공동체의 미래는 지나온 경로를 어떻게 재해석하고 변주하느냐에 달려 있습니다. 진정한 격을 갖춘 리더는 조직의 연대기를 단순한 연표가 아닌 살아 있는 유기체로 예우하며, 선배 세대가 남긴 헌신과 철학을 현재의 혁신과 연결하는 가교 역할을 수행하는 사람입니다. 역사를 나침반으로 삼는다는 것은 정체된 과거에 머무는 것이 아니라, 조직의 근본적인 힘을 깊이 이해함으로써 가장 우리다운 방식으로 세상을 변화시키겠다는 전략적 자신감의 발현입니다.

조직의 뿌리를 확인하는 과정은 리더 내면의 조급함과 단기 성과주의를 냉정하게 돌아보고, 공동의 지향점을 향해 자신을 가다듬는 단단한 기틀을 마련하는 일입니다. 흔히 파격적인 변화만이 조직을 혁신한다고 믿기 쉽지만, 지속 가능한 성장을 이끄는 진정한 해답은 리더의 정직한 역사 인식을 거쳐 도출된 명확한 지향점에 있습니다. 근거 없는 새로움으로 얻은 일시적인 안정은 작은 위기에도 쉽게 흔들리는 결과로 이어집니다. 위기의 순간에 조직을 지탱하는 진정한 가치는 리더가 평소 역사를 통해 공유해 온 구성원들의 일치된 자부심입니다.

경영이 자아내는 최종적인 풍경은 리더의 기교가 아니라 그 결정이 조직의 본질적 기풍과 얼마나 아름답게 공명하느냐에 의해 채색됩니다. 사무를 집행하는 매 찰나에 오늘의 선택이 우리가 지켜 온 핵심 가치와 충돌하지 않는지 매섭게 되짚어 보는 자세는, 함께 걷는 인재들에게 건넬 수 있는 가장 성숙한 신의의 표상입니다. 외적인 수치보다 내면의 진정성과 관계의 화합을 소중히 여기는 리더의 시선은 조직을 살아 숨 쉬게 하는 가장 투명한 자양분이 됩니다. 이 고결한 흐름이 구성원 개개인의 영혼에 스며들 때, 우리는 시대를 이끄는 등불이 되어 새로운 역사의 지평을 거침없이 열어젖히게 될 것입니다.

> 더 멀리 뒤를 돌아볼수록 더 멀리 앞을 내다볼 수 있다. 역사는 죽은 과거가 아니라 현재를 비추고 미래를 설계하는 가장 위대한 스승이다.
>
> — 윈스턴 처칠(Winston Churchill)

"본질인 '레고 브릭'의 역사로 돌아가 파산을 극복한 레고의 외르겐 비 크누드스토르프"

세계적인 완구 기업 레고(LEGO)를 파산의 절벽에서 구해 내어 경이로운 부활을 견인했던 CEO 외르겐 비 크누드스토르프(Jørgen Vig Knudstorp)는, 조직이 지닌 고유한 역사의 궤적을 나침반으로 삼는 지혜가 불확실성의 시대를 돌파하는 데 얼마나 압도적인 위력을 발휘하는지를 웅변하는 경영사의 가장 선구적이고도 자명한 실증적 귀감입니다. 그는 단순히 과거의 답습에 머물지 않고 레고의 뿌리 깊은 정체성 속에서 미래를 향한 새로운 생명력을 길어 올림으로써, 리더가 조직의 유산을 어떻게 창조적으로 계승하고 혁신의 자양분으로 승화시켜야 하는지를 여실히 증명해 보였습니다. 이러한 그의 행보는 전통의 무게를 비상의 날개로 바꾼 리더십의 위대한 이정표이자, 역사를 잊지 않는 조직만이 지속 가능한 성취의 지평을 열 수 있음을 보여 주는 독보적인 사례로 평가받기에 충분합니다.

2004년 그가 취임했을 당시 레고는 무분별한 사업 다각화로 인해 창립 이래 최대의 파산 위기에 직면해 있었습니다. 그는 화려한 신사업을 구상하는 대신 레고가 70년 넘게 지켜 온 '레고 브릭(Brick)'의 역사와 '놀이의 본질'에 집중하는 자생적 복원력을 선택했습니다. 그는 레고의 창고를 뒤져 초기 모델들을 연구하고, 레고의 역사를 가장 잘 아는 오랜 팬들과 직원들의 목소리에 귀를 기울였습니다. 리더가 "레고는 왜 존재하는가?"라는 역사적 질문을 던지며 근본으로 돌아가자, 흩어져 있던 조직원들의 에너지는 다시금 '조립의 즐거움'이라는 핵심 가치로 무섭게 결집되었습니다.

리더가 과거의 유산을 혁신의 동력으로 삼자 레고는 파산 위기를 넘기고 유구한 역사를 가진 세계 최고의 완구 회사로 재탄생했습니다. 크누드스토

　　　　　　　　　　　　　　　　　　　　　리더의 격(格)

르프의 사례는 리더가 조직의 역사를 정직한 나침반으로 삼아 본질을 수호할 때, 비로소 조직이 한계를 뛰어넘어 영속하는 성취의 반열에 오를 수 있음을 실체적으로 입증한 기록입니다. 리더의 내면적 격(格)이 빚어낸 이 온고지신(溫故知新)의 서사는, 앞만 보고 달리는 속도전 속에서 조직의 영혼을 잃어 가는 현대 경영자들에게 시대를 관통하는 묵직한 지혜의 울림이 될 것입니다.

💡 성찰

- 당신은 오늘 새로운 전략을 수립할 때, 우리 조직이 과거의 위기를 어떻게 돌파했는지 그 정직한 기록을 먼저 살펴보았는가?
- 우리 조직은 창업 정신이 퇴색된 채 표류하는 정체성 잃은 집단인가? 아니면 유구한 역사의 줄기 위에서 새로운 미래를 꽃피우는 생동하는 유기체인가?
- 당신은 리더로서 과거의 실수를 미화하거나 은폐하지 않고, 이를 성장의 자양분으로 삼을 수 있는 고결하고 단단한 자아를 지니고 있는가?

💗 명상

리더의 격(格)은 화려한 건물의 높이보다 지탱하는 역사적 뿌리에서 시작됩니다. 과거의 소중한 교훈을 오늘을 이끄는 정직한 동력으로 매일 승화시키십시오. 이러한 단단한 근간은 공동체를 시대를 초월한 위대한 승리로 뒷받침합니다.

제62장

비전은 설계도가 아닌 '공사 현장'의 땀방울로 완성됩니다

리더의 비전은 종이 위에 머무는 정적인 계획이 아니라, 구성원들의 실질적인 노력이 더해져 현장에서 완성되는 역동적인 실체입니다. 화려한 구호를 구체적인 성과로 바꾸기 위해 실무자들과 긴밀하게 소통하며 독려하는 리더의 책임감은 조직의 목표를 현실로 구현하는 가장 확실한 방법입니다. 관념적인 논의를 넘어 불확실한 미래를 구체적인 성취로 증명해 나가는 태도는 팀의 신뢰를 쌓고 공동체의 내실을 다지는 소중한 기틀이 됩니다.

실천의 현장에서 리더가 빠지기 쉬운 가장 달콤한 함정은 세련된 전략 보고서가 조직의 승리를 보장해 줄 것이라는 착각입니다. 비전은 결코 사무실의 안락한 의자 위에서 완성되지 않습니다. 현장이라는 무대에서 발생하는 수만 가지의 변수와 예기치 못한 난관들을 정면으로 돌파하며, 리더와 구성원이 함께 흘리는 정직한 땀방울만이 추상적인 목표에 생명력을 불어넣습니다. 현장을 외면한 비전은 기초 공사 없는 마천루와 같으며, 이는 작은 시련의 바람에도 쉽게 붕괴하는 조직의 구조적 부실을 야기할 뿐입니다.

비전의 완성도는 화려한 전략의 수사가 아니라, 현장을 파고드는 정교한 실행의 밀도에서 결정됩니다. 진정한 실력을 갖춘 리더는 설계도를 그리는 기획자에 머물지 않고, 직접 현장의 문제를 해결하는 숙련된 전문가가 되어야 합니다. 현장에서 비전을 완성한다는 것은 구성원들에게 일방적인 희생을 강요하는 것이 아닙니다. 리더가 먼저 어려운 환경에 서서 실천의 고단함을 공유하고 그 가치를 행동으로 증명해 내는 책임 있는 자세를 의미합니다.

관념의 세계에서 벗어난다는 것은 리더 내면의 조급함과 현장에 대한 막연한 두려움을 냉정하게 성찰하고, 실무라는 실행의 토대 위에 자신을 세우는 단단한 내실을 가꾸는 일입니다. 우리는 흔히 천재적인 영감이 조직을 구원한다고 믿지만, 조직의 가치를 실현하는 과정에서 얻는 진정한 해답은 리더의 정직한 노력을 통해 빚어진 검증된 성과에서 비롯됩니다. 구호로만 일궈 낸 안온함은 현장의 현실 앞에서 쉽게 무너질 수 있는 일시적인 현상에 불과합니다. 위기의 순간에 더욱 가치를 드러내는 힘은 리더가 평소 현장에서 다져 온 구성원들과의 긴밀한 신뢰 관계입니다.

공동체가 얻는 최종적인 결실은 리더가 제시하는 비전의 크기가 아니라, 그 비전이 현장에서 얼마나 실질적인 변화를 이끌어 냈는가에 따라 결정됩니다. 업무가 이루어지는 매 순간 스스로를 살피며 오늘의 내가 현장의 어려움을 외면하지는 않았는지, 혹은 지시가 공허한 울림에 그치지는 않았는지 냉철하게 되짚어 보는 자세는 동료와 미래를 향한 진정성 있는 약속입니다. 지배의 욕망을 내려놓고 관계의 조화와 내면의 정직함에 집중하는 리더의 결단은 조직이라는 생태계에 새로운 활력을 제공합니다. 이러한 상생의 에너지는 모두를 연결하는 보이지 않는 고리가 되어, 우리 팀을 시대의 흐름을 주도하는 주인공으로 거듭나게 합니다.

> 손에 기름을 묻히지 않는 리더는 조직의 심장 소리를 들을 수 없다. 비전은 머리로 시작되지만, 오직 인내하는 발과 정직한 손에 의해 완성된다.
>
> — 혼다 소이치로(Soichiro Honda)

"공장이 곧 의회다. 현장에서 기술 혁신을 일군 혼다 소이치로"

일본 자동차 산업의 거인이자 불멸의 전설로 추앙받는 혼다(Honda)의 창업자 혼다 소이치로(Soichiro Honda)는, 리더의 비전이 단순히 관념적인 사유의 산물이 아니라 치열한 현장의 땀방울과 기름때 묻은 손끝에서 비로소 완성되는 실존적 실체임을 여실히 증명하는 경영사의 가장 상징적이며 독보적인 귀감입니다. 그는 안락한 집무실의 권위를 뒤로한 채 뜨거운 열기가 가득한 공사 현장과 생산의 최전선을 직접 지키며, 무형의 이상(Ideal)을 유형의 경이로운 기술적 성취로 치환해 내는 리더십의 진면목을 유감없이 보여 주었습니다. 이러한 그의 실천적 행보는 비전이란 대지 위에 굳건히 발을 딛고 땀 흘리는 자만이 도달할 수 있는 신성한 결실임을 웅변하는 위대한 기록으로 평가받기에 충분합니다.

그는 회사가 거대 기업으로 성장한 뒤에도 화려한 정장을 입고 집무실을 지키는 대신, 기름때 묻은 작업복을 입고 공장 바닥에서 엔지니어들과 함께 밤을 지새우는 자생적 현장 주의를 고수했습니다. 혼다 회장은 "공장이 곧 나의 의회이고, 도면보다 중요한 것은 현장의 기계 소리다"라고 강조하며 현장에서 발생하는 사소한 문제들조차 기술 혁신의 기회로 삼는 남다른 통찰을 보여 주었습니다. 리더가 현장의 고단함을 외면하지 않고 가장 낮은 곳에서 인재들과 함께 호흡하며 비전을 직접 구현해 보이자, 구성원들은 리더의 꿈을 자신의 숙명으로 받아들이며 열정적으로 투신하기 시작했습니다. 이러한 현장 중심의 강력한 실행력은 혼다가 세계 최고의 엔진 기술을 보유한 글로벌 기업으로 도약하는 근본적인 동력이 되었습니다.

리더가 설계도 뒤에 숨지 않고 현장의 땀방울 속에서 길을 찾자, 혼다는 시대를 선도하는 기술 공동체로 진화하였습니다. 혼다 소이치로의 사례는 리더의 비전이 현장의 열기 속에서 단련될 때 비로소 조직이 한계를 뛰어넘어 영속하는 성취의 반열에 오를 수 있음을 자명하게 실증하고 있습니다. 리더의 내면적 격(格)이 빚어낸 이 치열한 현장의 서사는, 이론과 숫자에만 매몰되어 실체 없는 비전을 남발하기 쉬운 현대 경영자들에게 시대를 관통하는 묵직한 지혜의 울림으로 남을 것입니다.

💡 성찰

- 당신은 오늘 화려한 비전을 선포하는 데에만 골몰했는가? 아니면 그 비전이 실현되는 현장의 고충을 해결하기 위해 직접 발로 뛰었는가?
- 우리 조직은 리더의 지시가 현장의 언어로 번역되지 못해 겉도는 곳인가? 아니면 리더와 구성원이 함께 땀 흘리며 성과를 빚어내는 역동적인 공사 현장인가?
- 당신은 리더로서 자신의 권위를 내려놓고 현장의 먼지를 기꺼이 뒤집어쓰며 구성원들에게 진심 어린 실행의 본을 보일 단단한 자아를 지니고 있는가?

🌊 명상

리더의 격(格)은 정교한 설계도보다 현장에서 증명한 땀방울의 진실함에 뿌리내립니다. 현장과 긴밀히 호흡하며 비전을 실질적인 성과로 바꾸는 정직함을 행동으로 옮기십시오. 이러한 실행의 정직함은 조직을 시대를 앞서가는 압도적인 목표 달성으로 귀결시킵니다.

제63장

현장의 숨소리가 경영의 나침반이 됩니다

리더의 진실한 지혜는 안락한 사무실의 정리된 서류가 아니라, 실제 업무가 진행되는 생생한 현장의 목소리에서 시작됩니다. 수치화된 데이터가 포착하지 못하는 구성원들의 미세한 변화나 현장의 사소한 징후를 세심하게 파악하는 감각은 위기를 미연에 방지하는 중요한 역량입니다. 이러한 현장 중심의 사고는 조직의 운영 방향을 적절히 수정하고 안정적인 성장을 이끄는 리더십의 핵심적인 자산입니다.

데이터라는 이름의 그림자가 실체를 가리는 시대에 리더가 마주하는 가장 위험한 환상은 사무실의 모니터가 세상의 전부라는 오만입니다. 보고서는 현장의 역동성을 거세한 뒤 정제된 결과물일 뿐이며, 그 과정에서 생략된 수많은 맥락 속에 진정한 경영의 해답이 숨겨져 있습니다. 리더가 현장의 공기를 직접 호흡하지 않을 때 조직은 관료주의라는 동맥경화에 걸리게 되며, 이는 결국 시장의 급격한 파고에 대응할 수 있는 유연한 복원력을 상실하게 만드는 치명적인 경영의 혜안이 현실과 멀어짐을 초래합니다.

진정한 혁신은 화려한 상부의 계획이 아니라, 현장의 수많은 숨결이 부딪히고 섞이는 뜨거운 접점에서 피어납니다. 진정한 격을 갖춘 리더는 정보를 가공하는 중간 전달자보다 현장을 지키는 실무자의 거친 손마디를 더 신뢰하며, 그들과 눈을 맞추고 대화하는 과정에서 전략의 빈틈을 메우는 자생적 지혜를 얻는 사람입니다. 현장의 숨소리에 귀를 기울인다는 것은 단순한 감시가 아니라, 조직의 세포 하나하나가 살아 움직이는 생명력을 리더의 사유 체계와 동기화하는 숭고한 공감의 행위입니다.

관념의 감옥을 탈출한다는 것은 리더 내면의 안일함과 지적인 우월감을 가감 없이 대변하고 진실이라는 시린 벌판 위에 기꺼이 자신을 세우는 단단한 자아를 구축하는 일입니다. 정교한 데이터가 정답을 알려 줄 것이라 믿기 쉽지만, 조직의 내실을 다지는 진짜 해답은 수치 너머에 있습니다. 리더가 현장에서 직접 보고 듣고 느끼며 체득한 '날것 그대로의 감각'이야말로 조직을 움직이는 가장 정직한 실체가 됩니다. 보고서에 의존하는 안도감은 작은 시련 앞에서도 금세 바닥을 드러내는 신기루와 같습니다. 진짜 위기가 닥쳤을 때 조직을 다시 일으켜 세우는 실체적인 저력은, 리더가 평소 현장의 숨소리를 함께 나누며 빚어낸 동료들과의 깊은 유대감에서 나옵니다.

공동체가 자아내는 최종적인 도약은 리더의 지능지수가 아니라 그가 얼마나 현장의 맥박을 정확히 짚어 내느냐에 의해 결정됩니다. 사무를 수행하는 매 찰나 현장의 목소리를 왜곡하지 않았는지, 시선이 가장 낮은 곳의 고충에 닿아 있었는지 매섭게 되짚는 자세는 함께 걷는 인재들에게 건넬 수 있는 가장 성숙한 신의의 표상입니다. 리더의 고찰이 수치로 증명되는 통제력을 넘어 인격적 유대와 본질적 진실에 닿을 때, 공동체는 비로소 자생적인 생기를 띠기 시작합니다. 그 공명하는 에너지는 모든 이의 가슴에 번져 우리를 시대의 파고를 넘어서는 독보적인 항해자로 완성해 낼 것입니다.

> 현장에 모든 해답이 있다. 리더가 현장을 떠나는 순간, 리더십은 화석
> 이 되고 조직은 성장을 멈춘다. 발바닥에 묻은 흙이 리더의 훈장이다.
>
> — 오노 다이이치(Taiichi Ohno)

"200일 넘게 현장을 누비며 유통의 기적을 쓴 코스트코의 짐 시네갈"

　세계적인 유통 기업 코스트코(Costco)의 공동 창립자 짐 시네갈(Jim Sinegal)은, 현장의 살아 있는 숨소리가 어떻게 거대 기업의 항로를 결정짓는 정교한 나침반으로 승화될 수 있는지를 절감하게 하는 경영사의 가장 정직하고도 묵직한 실증적 귀감입니다. 그는 화려한 지표나 차가운 통계 수치에 안주하기보다, 매장의 거친 숨결 속에 숨겨진 고객의 진심과 직원의 고충을 현장에서 직접 체득하며 비즈니스의 본질을 꿰뚫는 혜안을 발휘하였습니다. 이러한 그의 철저한 현장 중심 리더십은, 진정한 혁신이 리더의 집무실이 아닌 구성원들의 치열한 삶의 터전에서 시작됨을 여실히 투영하는 독보적인 사례로 평가받기에 충분합니다.

　짐 시네갈 회장은 CEO로 재직하는 동안 일 년 중 200일 이상을 직접 비행기를 타고 전 세계 매장을 방문하여 현장 직원들과 소통하는 자생적 현장주의를 실천했습니다. 그는 리더에게 주어진 화려한 집무실을 거부하고 전 직원이 언제든 접근할 수 있는 개방된 공간에서 근무했으며, 매장을 방문할 때마다 이름표를 단 채 직접 카트를 밀고 다니며 고객과 직원의 목소리를 가감 없이 들었습니다. 그는 현장에서 발견한 사소한 불편함조차 즉각적인 경영 개선의 실마리로 연결했고, "직원을 잘 대우하는 것이 결국 고객을 위하는 길이며, 그 답은 오직 현장에 있다"는 신념을 행동으로 정직하게 증명해 보였습니다.

　리더가 서류 뒤에 숨지 않고 현장의 땀방울 속에서 길을 찾자, 구성원들에게는 강력한 소속감과 자부심이 싹텄으며 코스트코는 유통업계에서 이직률이 가장 낮으면서도 생산성은 가장 높은 경이로운 기업으로 성장했습니다. 짐 시네갈의 사례는 리더의 시선이 현장의 낮은 곳에 머물 때 비로소 조직이 한계를 뛰어넘어 영속하는 성취의 반열에 오를 수 있음을 자명하게 실체화한 기록입니다. 리더의 내면적 격(格)이 빚어낸 이 치열한 현장의 서사는, 숫자에 가려진 인간의 얼굴을 놓치기 쉬운 현대 경영자들에게 시대를 관통하는 묵직한 지혜의 울림으로 남을 것입니다.

💡 성찰

- 당신은 오늘 보고서의 수치에 안도했는가? 아니면 현장에서 흘리는 구성원들의 땀방울 속에 숨겨진 진실을 읽으려 노력했는가?
- 우리 조직은 현장의 목소리가 리더에게 닿기 전에 차단되는 단절된 곳인가? 아니면 현장의 숨소리가 경영의 나침반이 되는 생동하는 유기체인가?
- 당신은 리더로서 자신의 권위를 내려놓고 현장의 실무자들과 진솔하게 소통하며 그들의 지혜를 수용할 수 있는 고결하고 단단한 자아를 지니고 있는가?

🌀 명상

리더의 격(格)은 전략의 화려함보다 그가 직접 발로 뛴 현장의 거리에서 증명됩니다. 현장의 생생한 진실을 나침반 삼아 조직의 실행력을 정직하게 매일 추진하십시오. 실행의 정직함은 우리 기업에 시대를 선도하는 지속 가능한 경영 성과를 선사합니다.

제64장

직관의 격(格)으로 보이지 않는
시장의 맥락을 짚어 내십시오

리더의 직관은 단순한 찰나의 예감이 아니라, 수천 번에 걸친 현장의 치열한 경험들이 무의식의 깊은 퇴적층에 견고히 쌓여 비로소 발현되는 고도의 지적 통찰입니다. 차가운 데이터와 숫자가 침묵하는 그 고요한 지점에서 시장의 미세한 숨결과 숨겨진 맥락을 기민하게 포착하여 과감하게 승부수를 던지는 결단이야말로, 정보의 홍수 속에 매몰되어 방향을 잃은 조직을 선구자의 길로 인도하는 리더십의 가장 예리하고도 숭고한 전략적 안목이 됩니다.

경영의 갈림길에서 리더를 가장 곤혹스럽게 만드는 것은 데이터가 보장하지 않는 미래의 불확실성입니다. 많은 이들이 통계와 분석에 의존하여 안전한 항로만을 찾으려 하지만, 시장의 거대한 틀이 바뀌는 지점에서 정답은 결코 과거의 수치 안에 있지 않습니다. 직관은 논리의 비약이 아니라, 파편화된 정보를 하나의 거대한 흐름으로 꿰어 내는 입체적인 인지 능력입니다. 리더가 직관의 힘을 신뢰하지 못하고 증명된 사실에만 매몰될 때, 조직은 기회를 포착하는 속도를 잃고 관성적인 추격자로 전락하는 치명적인 경영의 정체를 겪게 됩니다.

인식론적 통찰과 패턴 인식의 관점에서 고찰할 때, 탁월한 리더십은 보이지 않는 맥락을 읽어 내는 힘에서 나옵니다. 진정한 격을 갖춘 리더는 분석적인 이성과 본능적인 직관을 조화롭게 운용하며, 시장의 소음 속에서 본질적인 신호를 골라내는 자생적 감각을 연마하는 사람입니다. 맥락을 짚어 낸다는 것은 현재의 현상을 너머 그 이면에 도사린 대중의 욕망과 시대의 결을 선제적으로 감응하는 행위이며, 이는 조직이 가야 할 유일무이한 방향을 결정짓는 리더만의 고유한 주관적 확신입니다.

보이지 않는 가치를 포착한다는 것은 리더 내면의 조급함과 타인의 시선을 의식하는 유약함을 가감 없이 대면하고, 고독한 확신이라는 시린 파도 속에 기꺼이 자신을 세우는 단단한 자아를 형성하는 일입니다. 완벽한 정보가 승리를 보장할 것이라는 믿음은 때로 리더의 안목을 가두는 정교한 함정이 되기도 합니다. 성장을 향한 도약은 파편화된 데이터를 수합하는 부지런함이 아니라, 리더의 정직한 직관이 불확실성 속에서 빚어낸 '창조적 감각'에서 시작됩니다. 분석의 틀 안에서 누리는 일시적인 안온함은 혁신의 파동 앞에서 무력해지기 쉽지만, 리더의 직관으로 단련된 조직의 유연한 대응력은 어떤 위기 속에서도 길을 찾아내는 실체적인 에너지가 됩니다.

경영이 도달하는 최종적인 위상은 리더의 지능지수가 아니라 그가 시장의 결을 얼마나 입체적으로 느끼는가에 의해 결정됩니다. 사무실에서 일상적인 사무를 처리하는 매 찰나에 오늘의 내가 데이터나 보고서의 감옥에 갇히지는 않았는지, 혹은 나의 직관이 현장의 진실과 조화를 이루고 있는지 스스로 섬세하게 짚어 보는 자세는 함께 걷는 인재들에게 건넬 수 있는 가장 성숙한 동반자적 예우입니다. 권한의 행사를 넘어 내면의 진정성과 상호 존중의 가치를 먼저 헤아리는 리더의 심미안은 조직에 독창적인 숨결을 불어넣습니다. 그 공명하는 기운이 인재들의 가슴마다 전염되어, 공동체를 역사의 무대 위에서 가장 빛나는 창조적 주역으로 변모시키는 결정적인 자양분이 될 것입니다.

논리는 당신을 A에서 B로 데려다주지만, 직관은 당신을 어디로든 데려다 줄 수 있다. 리더는 남들이 보지 못하는 것을 보고, 남들이 느끼지 못하는 시장의 숨결을 포착해야 한다.

— 알베르트 아인슈타인(Albert Einstein)

📖 사례

"시장 조사를 거부하고 직관으로 '워크맨'의 신화를 쓴 소니의 아키오 모리타"

소니(SONY)의 공동 창립자 아키오 모리타(Akio Morita) 회장은, 리더의 예리한 직관이 어떻게 시대의 보이지 않는 공기를 읽어 내고 시장의 판도를 근본적으로 재편할 수 있는지를 웅변하는 경영사의 가장 선구적이고도 자명한 실증적 귀감입니다. 그는 숫자로 박제된 시장 조사 보고서의 한계에 안주하기보다, 인간의 내면에 잠복한 미시적인 욕망을 통찰하는 직관의 힘을 통해 누구도 가 보지 않은 새로운 문명의 지평을 열어젖혔습니다. 이러한 그의 과감한 행보는 차가운 논리를 넘어선 리더의 심미안이 어떻게 혁신의 역사를 창조하는지를 보여 주는 독보적인 이정표이자, 전 세계 리더들에게 영원히 회자될 위대한 경영의 귀감으로 남기에 충분합니다.

1970년대 말, 그가 휴대용 카세트 플레이어인 '워크맨(Walkman)'을 기획했을 때, 내부의 마케팅 부서와 시장 조사 전문가들은 입을 모아 반대했습니다. "녹음 기능도 없는 재생 전용 기기를 누가 사겠느냐"는 것이 논리적인 데이터의 결론이었지만, 아키오 모리타는 데이터 뒤에 숨겨진 '맥락'을 꿰뚫어 보았습니다. 그는 젊은 세대가 야외에서도 자신만의 음악 세계에 몰입하고 싶어 하는 잠재적 욕구를 직관적으로 포착했습니다. 그는 시장 조사를 중단시키고 "내가 바로 시장이다"라는 확신 아래 제품 출시를 밀어붙였습니다. 결과적으로 워크맨은 전 세계적인 문화 현상을 일으키며 소니를 글로벌 기업의

리더의 격(格)

반열에 올렸고, 인류의 라이프 스타일을 영구적으로 바꾸어 놓았습니다.

리더가 검증된 데이터의 안락함을 버리고 자신의 직관을 믿고 나아가자, 소니는 시대를 선도하는 창조적 공동체로 진화했습니다. 아키오 모리타의 사례는 리더의 직관이 시장의 보이지 않는 맥락과 맞닿을 때 비로소 조직이 한계를 뛰어넘어 영속하는 성취의 반열에 오를 수 있음을 실체적으로 입증한 기록입니다. 리더의 내면적 격(格)이 빚어낸 이 통찰의 서사는, 수익에만 의존하여 인간의 본질을 놓치기 쉬운 현대 경영자들에게 시대를 관통하는 묵직한 지혜의 울림이 될 것입니다.

💡 성찰

- 당신은 오늘 보고서에 적힌 성공 확률에 안주했는가? 아니면 시장의 행간에 숨겨진 고객의 진실한 결핍을 읽어 내려 노력했는가?
- 우리 조직은 증명된 사실만을 추종하는 수동적인 집단인가? 아니면 리더의 날카로운 직관 아래 미지의 영역을 개척하는 생동하는 탐험대인가?
- 당신은 리더로서 다수의 반대와 데이터의 부정적인 지표 속에서도 자신의 직관이 가리키는 방향으로 묵묵히 나아갈 단단한 자아를 지니고 있는가?

🫀 명상

리더의 격(格)은 방대한 정보의 양보다 숨겨진 맥락을 읽는 통찰에 깊게 자리합니다. 차가운 통계를 넘어 본질을 꿰뚫는 직관의 예리함을 매 순간 단호히 각인하십시오. 이 명징한 직관은 조직을 시대를 앞지르는 독보적인 성취의 지표로 힘차게 도약시킵니다.

제65장

리더의 품격은 본질에
근거한 반대에서 드러납니다

리더가 마주하는 날 선 이견은 상대를 무너뜨리는 공격이 아니라, 더 높은 진실을 향해 함께 통과해야 할 '숭고한 사유의 여정'입니다. 선입견을 잠재우고 상대 생각이 뿌리내린 배경을 응시한 뒤 건네는 정중한 언어야말로, 조직의 모든 에너지를 본질에 정렬시키는 가장 성숙한 지적 예의입니다.

토론과 의사 결정이 일어나는 모든 경영의 공간에서 리더가 마주하는 가장 위험한 유혹은 상대의 말이 끝나기도 전에 반박의 논리를 세우는 조급함입니다. 상대방을 온전히 이해하지 못한 상태에서 던지는 반대는 결코 설득력을 가질 수 없으며, 이는 결국 이슈를 해결하는 것이 아니라 사람 간의 감정적 대립으로 변질되어 조직의 화합을 저해하는 치명적인 경영의 균열을 초래합니다. 반대를 위한 반대는 조직의 창의성을 거세하고, 구성원들이 입을 닫게 만드는 침묵의 문화를 고착시킵니다.

조직 내 건강한 갈등은 의사소통 이론과 심리적 안정감의 관점에서 고찰할 때, 단순히 '나의 옳음'을 고집하는 경쟁을 넘어 '우리의 정답'을 함께 빚어내는 생산적인 여정으로 승화됩니다. 진정한 격을 갖춘 리더는 "그것은 틀렸다"라고 말하기 전에 "당신이 그렇게 생각한 배경을 더 자세히 알고 싶다"라고 물으며 상대의 관점을 충분히 수용하는 자생적 포용력을 지닌 사람입니다. 이슈에 집중한다는 것은 사람을 공격하지 않고 오직 문제의 본질만을 해부하는 정교한 분석력이며, 이는 리더와 구성원이 대등한 파트너로서 더 높은 탁월함으로 비상하게 만드는 최고의 촉매가 됩니다.

자신의 주관을 잠시 내려놓는다는 것은 리더 내면의 우월감과 경쟁심을 가감 없이 대면하고 겸손이라는 깊은 성찰 속에 기꺼이 자신을 녹여 내는 단단한 자아를 형성하는 일입니다.

우리는 흔히 빠른 판단과 단호한 거절을 리더의 카리스마라 믿곤 합니다. 하지만 가치 창출의 여정에서 마주하는 진정한 정답은 리더의 정직한 경청을 통과하며 정제된 합리적 의견뿐입니다. 감정으로 일궈 낸 일시적인 평온은 시련의 풍파 앞에 무너지는 파편에 불과합니다. 위기의 순간 더욱 확연하게 가치를 발휘하는 힘은 리더가 평소 깊은 이해를 전제로 쌓아 올린 조직의 논리적 단단함입니다.

위대한 경영의 결실은 리더의 언변이 얼마나 화려한가가 아니라 그가 얼마나 공정하게 타인의 의견을 예우했는가에 의해 그 색채가 정해집니다. 사무 활동이 이루어지는 매 순간 상대의 의도를 곡해하지는 않았는지, 혹은 이슈가 아닌 사람에게 화살을 돌리지는 않았는지 스스로 매섭게 돌아보는 태도는 함께 걷는 인재들에게 건넬 수 있는 최상의 인격적 신의입니다. 리더의 관심이 지배력보다 내면적 진실과 조화에 깊이 뿌리내릴 때, 공동체는 비로소 어떤 격변에도 무너지지 않는 자생적 규율을 갖게 되며 그 정제된 기운은 우리 조직을 시대의 물결 위에서 가장 우아하고 강력한 항해자로 탈바꿈시킬 것입니다.

> 자연은 우리에게 한 개의 혀와 두 개의 귀를 주었다. 우리가 말하는 것보다 두 배 더 많이 듣게 하기 위함이다. 이해한 후에야 비로소 반대할 자격이 생긴다.
>
> — 에픽테토스(Epictetus)

"반대 의견이 없을 때 결정을 유보하여 최선의 정답을 찾은 GM의 알프레드 슬론"

제너럴 모터스(GM)를 세계 최고의 반열에 올리며 '전문 경영인'의 효시로 추앙받는 알프레드 슬론(Alfred P. Sloan)은, 리더가 어떻게 지엽적인 논쟁을 넘어 본질적인 이슈에 천착하고 그 과정에서 '품격 있는 반대'를 이끌어 내어 조직의 지적 근력을 강화하는지를 여실히 투영하는 경영사의 가장 상징적이며 독보적인 실증적 귀감입니다. 그는 만장일치의 고요 뒤에 숨은 집단적 사고의 함정을 누구보다 예리하게 경계하였으며, 서로의 지성이 부딪히며 빚어내는 이성적 충돌의 불꽃이야말로 최선의 의사 결정이라는 진리에 도달하는 가장 정직한 항로임을 몸소 입증한 위대한 리더십의 전형(典型)으로 평가받기에 충분합니다.

어느 날 GM의 중요한 이사회에서 모든 임원이 제안된 안건에 대해 찬성하며 일치된 의견을 보였을 때, 슬론 회장은 결론을 내리는 대신 파격적인 선언을 단행했습니다. 그는 "여러분, 이 사안에 대해 우리 모두가 완전히 동의하고 있는 것 같습니다. 하지만 우리는 이 제안이 가진 문제점과 반대 논리를 충분히 이해할 때까지 결정을 미뤄야 합니다. 다음 회의까지 각자 이 안건을 반대할 근거를 찾아오십시오"라고 말하며 회의를 종결했습니다. 이는 리더가 안온한 합의의 뒤편에 도사린 무지를 경계하고, 조직의 지적 자생력을 일깨우기 위해 의도적으로 긴장의 공간을 마련한 고결한 결단이었습니다.

슬론은 단순히 반대를 위한 반대를 한 것이 아니라, 안건이 가진 이면의 맥락을 완벽히 이해하기 전에는 결정을 내리지 않겠다는 신중함의 격(格)을 보여 주었습니다. 리더가 만장일치의 위험성을 경계하고 이슈의 본질을 다각도에서 분석하도록 독려하자, 임원들은 감정적 대립 없이 냉철하게 안건의 실효성을 검증하기 시작했습니다. 이러한 합리적인 토론 문화는 GM이 수십 년 동안 흔들리지 않는 경영 성과를 거두는 견고한 주춧돌이 되었습니다. 알프레드 슬론의 사례는 리더가 충분한 이해를 바탕으로 이슈에 집중할 때 비로소 조직의 결정이 가장 높은 품격을 갖추게 됨을 자명하게 실증하고 있습니다. 리더의 내면적 격(格)이 빚어낸 이 '품격 있는 반대'의 서사는, 빠른 결론에만 급급하여 본질을 놓치기 쉬운 현대 경영자들에게 시대를 관통하는 묵직한 지혜의 울림으로 남을 것입니다.

💡 성찰

- 당신은 오늘 회의에서 부하 직원의 제안이 당신의 생각과 다르다는 이유로 그의 말이 끝나기도 전에 반박을 시작하지는 않았는가?
- 우리 조직은 반대 의견이 나오면 이를 인격적 공격으로 받아들이는 유약한 곳인가? 아니면 이슈의 본질을 파고드는 품격 있는 논쟁이 살아 숨 쉬는 곳인가?
- 당신은 리더로서 자신의 주장이 틀렸음을 입증하는 상대의 논리 앞에서도, 조직의 승리를 위해 기꺼이 미소 지으며 수용할 수 있는 고결하고 단단한 자아를 지니고 있는가?

🪷 명상

리더의 격(格)은 굴복시킨 상대의 수보다 수용한 반대 의견의 깊이에서 확인됩니다. 이해의 토대 위에 진실을 쌓아 올리는 정직한 포용을 매 순간 힘써 경주하십시오. 이러한 성찰은 조직을 시대를 관통하는 독보적인 가치 창출로 당당히 승격시킵니다.

제66장

위기관리의 본질은 원칙으로
신뢰를 재건하는 데 있습니다

위기의 거센 파고는 리더의 개인적 기량을 과시하는 화려한 무대가 아니라, 평온한 시절 그가 소중히 수호해 온 가치의 민낯이 가감 없이 드러나는 엄중한 심판대가 됩니다. 모든 질서가 해체되고 확실성이 사라진 혼돈의 소용돌이 속에서도 조직의 영혼이자 생명선인 '원칙'을 끝까지 부여잡는 숭고한 용기야말로, 상실된 신뢰의 잔해를 딛고 공동체를 이전보다 더욱 단단한 반석 위에 다시 세우는 리더의 가장 엄숙하고도 위대한 전략적 복원력이 됩니다.

경영의 전장(戰場)에서 예고 없이 찾아오는 재난은 조직의 존립을 위협하는 거대한 시련입니다. 이 긴박한 순간에 리더가 마주하는 가장 위험한 유혹은 눈앞의 손실을 모면하기 위해 진실을 왜곡하거나 임기응변식의 변명 뒤에 숨는 비겁함입니다. 위기 상황에서의 판단 착오는 단순한 경제적 손실을 넘어 조직이 수십 년간 쌓아 온 신뢰 자본을 단숨에 갉아먹는 치명적인 결과를 초래합니다. 진정한 위기관리의 핵심은 사태의 수습을 넘어, 우리 조직이 어떤 가치를 위해 존재하는지를 세상 앞에 다시 한번 증명해 내는 과정에 있습니다.

회복 탄력성과 윤리적 리더십의 관점에서 고찰할 때, 공동체의 생명력은 위기의 크기가 아니라 대응하는 태도의 투명성에서 결정됩니다. 격을 갖춘 리더는 비상사태일수록 더욱 엄격하게 원칙의 잣대를 들이대며, 단기적인 이익보다 장기적인 신용을 선택하는 자생적 결단을 내리는 사람입니다. 원칙으로 신뢰를 재건한다는 것은 무너진 체계를 단순히 복구하는 것이 아니라, 리더의 정직한 태도를 통해 구성원과 고객들에게 "우리는 여전히 믿을 만한 파트너"라는 인격적 확신을 심어 주는 행위입니다.

가장 아픈 진실을 대변한다는 것은 리더 내면의 공포와 손실 혐오를 가감 없이 직시하고, 책임이라는 시린 파도 속에 기꺼이 자신을 던지는 단단한 자아를 형성하는 일입니다. 우리는 흔히 유능한 위기 대응이 소리 소문 없이 문제를 덮는 것이라 오해하지만, 본연의 가치를 증명하는 과정에서 얻는 진정한 정답은 오직 리더의 정직한 사유를 통과하여 빚어낸 책임 있는 행동 뿐입니다. 변명으로 일궈 낸 평온은 다음 시련 앞에서 쉽게 무너질 사구(砂 丘)일 뿐이며, 위기의 순간 더욱 투명하게 빛을 발하며 조직을 구원하는 것 은 리더가 평소 목숨처럼 지켜 온 윤리적 나침반입니다.

위대한 경영의 결실은 리더가 얼마나 많은 풍파를 겪었는가가 아니라 그 고난을 통해 조직의 본질을 얼마나 더 견고하게 다졌는가에 의해 그 색채가 정해집니다. 사무실에서 일상적인 사무를 처리하는 매 찰나에 오늘의 내가 위기 앞에서 비겁한 계산기를 두드리지는 않았는지, 혹은 조직의 정체성을 훼손하며 편법을 찾지는 않았는지 스스로 차갑게 되짚어 보는 자세는 함께 걷는 인재들에게 건넬 수 있는 최상의 인격적 신의입니다. 리더의 관심이 수치적 지배력보다 내면적 진실과 조화에 깊이 뿌리내릴 때, 공동체는 비로 소 어떤 격변에도 무너지지 않는 자생적 규율을 갖게 되며 그 정제된 기운 은 우리 조직을 시대의 물결 위에서 가장 우아하고 강력한 항해자로 탈바꿈 시킬 것입니다.

하늘이 무너져도 정의를 세워라. 원칙은 상황에 따라 변하는 것이 아니라, 상황을 바로잡는 기준이어야 한다.

— 임마누엘 칸트(Immanuel Kant)

📖 사례

"기술적 완벽보다 정직한 책임을 선택하여 무너진 신뢰를 혁신으로 재건하다", 인텔의 앤디 그로브

1994년, 인텔(Intel)의 펜티엄 칩에서 미세한 계산 오류가 발견되었을 당시, CEO 앤디 그로브(Andy Grove)는 리더가 마주하는 가장 위험한 유혹인 '임기응변식 변명'의 심판대 앞에 섰습니다. 처음 인텔은 해당 결함이 발생할 확률이 극히 낮다는 통계적 수치 뒤에 숨어 문제의 심각성을 부정했습니다. 하지만 이 냉소적인 태도는 오히려 시장의 거센 분노를 불러일으켰고, 인텔이 쌓아 온 신뢰 자본은 단숨에 무너질 위기에 처했습니다.

앤디 그로브는 이 긴박한 순간에 눈앞의 손실을 모면하려는 비겁함을 버리고, '고객과의 신뢰'라는 경영의 본질적 원칙으로 돌아가는 자생적 결단을 내렸습니다. 그는 자신의 판단 착오를 가감 없이 인정하고, 4억 7,500만 달러라는 막대한 비용을 감수하면서 조건 없는 전량 교체 서비스를 선언했습니다. 이는 단순한 사후 수습을 넘어, 어떤 상황에서도 품질과 정직이라는 원칙을 타협하지 않겠다는 인격적 확신을 구성원과 고객들에게 심어 주는 행위였습니다.

리더가 가장 아픈 진실을 대면하고 책임이라는 시린 파도 속에 자신을 던졌을 때, 인텔은 비로소 위기를 기회로 전환하는 정제된 기운을 얻었습니다. 이 사건은 인텔을 단순한 부품 제조사에서 '신뢰의 아이콘'으로 거듭나게 했으며, 오늘날까지 전 세계 기술 기업들이 위기 상황에서 지켜야 할 가장 강력하고 우아한 윤리적 나침반이 되고 있습니다. 리더의 관심이 수치적인 지배력보다 내면의 진실에 머물 때 공동체가 어떤 격변에도 무너지지 않는다는 사실을 보여 주는 위대한 경영의 결실입니다.

💡 성찰

- 당신은 오늘 예상치 못한 실책이나 위기 앞에서 사실을 은폐하려 했는가? 아니면 우리 조직의 원칙에 따라 정직하게 책임을 지려 노력했는가?
- 우리 조직은 시련이 닥치면 각자도생하며 흩어지는 유약한 집단인가? 아니면 리더의 확고한 원칙 아래 하나로 뭉쳐 신뢰를 재건하는 강인한 공동체인가?
- 당신은 리더로서 막대한 손실을 감수하고서라도 조직의 명예와 원칙을 수호할 고결하고 단단한 자아를 지니고 있는가?

🫀 명상

리더의 격(格)은 누리는 평화보다 고난 속에서 견뎌 낸 시련의 깊이로 증명됩니다. 거센 위기 속에서도 더욱 선명하게 빛나는 경영의 원칙을 끝까지 고수하십시오. 이러한 숭고한 책임은 조직을 시대를 넘어 흔들림 없는 성장의 길로 안내합니다.

제67장

협업의 기술은 파트너십을 통해
무한한 확장성을 확보하십시오

리더십의 진면목은 폐쇄적인 권위가 아닌 '포용의 확장'에 있습니다. 리더가 성취의 독점욕을 떨쳐 내고 타인의 역량을 조직의 지향점과 결합할 때, 비로소 강력한 연대가 시작됩니다. 이 전략적 연대는 공동체의 한계를 뛰어넘어 우리를 무한한 성장의 궤도로 이끄는 가장 강력한 동력이 될 것입니다.

경영의 생태계가 날로 복잡해지는 현대 사회에서 리더가 마주하는 가장 치명적인 함정은 모든 과업을 스스로 해결해야 한다는 자기 완결성의 강박입니다. 홀로 모든 정답을 찾으려 고집하는 조직은 자원의 고갈과 시야의 협착이라는 벽에 부딪혀 결국 정체될 수밖에 없습니다. 협업은 단순한 자원 공유를 넘어, 서로의 결핍을 채우고 시너지를 창출하여 각자의 한계를 동시에 돌파하는 고도의 전략적 결단입니다. 리더가 파트너십의 가치를 외면할 때 조직은 고립된 섬으로 전락하며, 이는 급변하는 외부 환경의 위협에 대응할 수 있는 확장성을 상실하게 만듭니다.

전략적 제휴와 개방형 혁신의 관점에서 고찰할 때, 공동체의 위력은 조직의 자산 규모가 아니라 조직이 연결된 네트워크의 깊이에서 발현됩니다. 격을 갖춘 리더는 경쟁자조차 잠재적 동반자로 예우하는 포용력을 지닌 사람이며, 신뢰라는 무형의 자본을 바탕으로 외부의 탁월함을 우리 조직의 내실로 끌어들이는 영민한 설계자입니다. 파트너십을 통해 확장성을 확보한다는 것은 이익의 분할을 두려워하지 않고, 더 큰 가치의 파이를 함께 빚어내어 생태계 전체의 번영을 주도하겠다는 인격적 선언입니다.

타인의 손을 잡는다는 것은 리더 내면의 독점 욕구와 타인에 대한 불신을 가감 없이 대면하고, 상생이라는 넓은 대지 위에 기꺼이 자신을 투신하여 단단한 자아를 형성하는 일입니다. 우리는 홀로 얻은 승리가 고결하다고 생각하곤 합니다. 하지만 함께 성장하는 과정에서 마주하는 진짜 정답은, 리더의 열린 마음이 빚어낸 '연결된 탁월함'에 있습니다. 담장 안의 평온은 성장의 한계에 부딪히면 파편처럼 흩어질 뿐입니다. 오히려 위기 속에서 빛을 발하는 것은 리더가 평소 파트너십으로 단단히 다져 온 조직의 유연한 복원력입니다.

위대한 경영의 결실은 리더가 발산하는 명령의 세기가 아니라 그가 이끌어 낸 협력의 조화에 의해 결정됩니다. 사무실에서 일상적인 사무를 처리하는 매 찰나에 오늘의 내가 파트너의 이익을 먼저 헤아렸는지, 혹은 우리 조직의 폐쇄성이 타인의 창의성을 막지는 않았는지 꼼꼼하게 돌아보는 자세는 함께 걷는 동료들에게 건넬 수 있는 최상의 인격적 예우입니다. 리더의 관심이 손익의 집착보다 관계의 공생과 내면적 진실에 깊이 뿌리내릴 때, 공동체는 비로소 어떤 격변에도 무너지지 않는 자생적 생명력을 얻게 되며 그 공진화하는 기운은 우리를 시대를 선도하는 가장 위엄 있는 파트너십으로 완성하는 장엄한 결실이 될 것입니다.

> 개별적으로 우리는 한 방울에 불과하지만, 함께할 때 우리는 대양이 된다. 리더는 혼자서 목적지에 도달하는 사람이 아니라, 함께 갈 배를 짓고 그 배를 채울 동료를 모으는 사람이다.
>
> — 류노스케 사토로(Ryunosuke Satoro)

"'연결과 개발(Connect + Develop)'로 성장의 한계를 돌파한 P&G의 A.G. 래플리"

프록터 앤 갬블(P&G)을 세계 최고의 혁신 기업으로 재탄생시킨 리더 A.G. 래플리(A.G. Lafley)는, 독점의 견고한 울타리를 허무는 파트너십이 어떻게 조직의 확장성을 무한히 넓히고 경이로운 성장의 질서를 창조하는지를 여실히 투영하는 경영사의 가장 전형(典型)적이며 독보적인 실증적 귀감입니다. 그는 조직 내부의 자원에만 매몰되지 않고 외부의 탁월한 지성과 유기적으로 결합하는 개방형 혁신을 통해, 리더의 안목이 연대라는 매개체를 만날 때 조직의 영토가 얼마나 장엄하게 비상할 수 있는지를 자명하게 입증하였습니다. 이러한 그의 행보는 지식의 독점보다 공유의 가치를 예우하는 리더십의 정수를 보여 준 역사적인 기록으로 평가받기에 충분합니다.

2000년대 초반, P&G가 성장의 정체라는 늪에 빠졌을 때 그는 내부의 연구 개발(R&D)에만 의존하던 폐쇄적인 문화를 과감히 해체했습니다. 그는 "우리가 필요한 기술의 절반 이상을 외부에서 가져오겠다"는 파격적인 '연결과 개발(C+D)' 전략을 선포하며 조직의 격(格)을 새롭게 정의했습니다. 리더가 조직의 벽을 허물고 전 세계의 발명가, 학자, 심지어 경쟁사와도 정직하게 손을 잡자, P&G는 자체 인력만으로는 도저히 불가능했던 수많은 히트 제품을 쏟아 내기 시작했습니다. 그는 이익을 독점하려 하기보다 파트너들에게 정당한 보상을 제공하고 그들의 가치를 예우하는 자생적 생태계를 구축하여 전 세계의 지혜를 P&G라는 광장으로 모았습니다.

리더가 내부 지상주의라는 낡은 외투를 벗고 외부의 지혜를 수용하는 유연한 확장성을 선택하자, P&G는 시대를 선도하는 개방형 혁신의 아이콘으로 진화했습니다. A.G. 래플리의 사례는 리더가 파트너십의 가치를 경외하고 신뢰할 때 비로소 조직이 한계를 뛰어넘어 영속하는 성취의 반열에 오를 수 있음을 실체적으로 뒷받침한 위대한 자취입니다. 리더의 내면적 격(格)이 빚어낸 이 개방과 연대의 서사는, 고립된 성벽 안에서 홀로 분투하며 지쳐 가는 현대 경영자들에게 닫힌 사유의 빗장을 열고 공진화의 대양으로 나아가게 하는 서늘하고도 맑은 예지의 일침이 될 것입니다.

💡 성찰

- 당신은 오늘 우리 조직의 이익만을 극대화하기 위해 파트너사의 양보를 강요했는가? 아니면 그들의 성장이 곧 우리의 확장이라는 상생의 관점을 견지했는가?
- 우리 조직은 내부의 자원만으로 모든 것을 해결하려는 고립된 성채인가? 아니면 외부의 탁월함을 유연하게 흡수하여 무한히 확장하는 생동하는 네트워크인가?
- 당신은 리더로서 자신의 기득권을 내려놓고 타인과 성과를 정직하게 나눔으로써 더 큰 가치를 창출할 고결하고 단단한 자아를 지니고 있는가?

💗 명상

리더의 격(格)은 소유한 자본의 무게보다 경계를 넘어 연결된 동반자들의 신뢰에 머뭅니다. 단기적인 이익보다 함께 성장할 파트너와의 깊은 유대를 경영의 최우선 가치로 두십시오. 이러한 상호 성장의 토양은 기업을 시장의 격랑에도 무너지지 않는 거목으로 키워 냅니다.

제68장

인사의 결단은 미루지 않는 것이
리더의 가장 고결한 용기입니다

리더의 인적 쇄신은 조직의 혈류를 맑게 하는 실존적인 생명 활동입니다. 변화의 순간에 정(情)에 끌려 결정을 유예하는 방관은 조직 전체를 위태롭게 합니다. 자신의 살을 베어 내는 고통 속에서도 적기에 내리는 단호한 결단은, 조직의 품격을 완성하고 인재의 가치를 수호하는 리더의 가장 위대한 용기입니다.

의사 결정의 용광로 속에서 리더가 마주하는 가장 잔인한 시련은 사람에 대한 판단을 행동으로 옮기는 일입니다. 많은 경영자가 조직의 목표에 부합하지 않거나 팀의 기풍을 해치는 구성원을 인지하고서도, 과거의 정분이나 갈등에 대한 두려움 때문에 결정을 차일피일 미루곤 합니다. 하지만 리더의 주저함은 조직 내부에 성과와 태도가 중요하지 않다는 잘못된 신호를 보내며, 묵묵히 헌신하는 인재들의 사기를 꺾고 조직의 기강을 뿌리부터 뒤흔드는 전략적 태만을 초래합니다.

인적 자원 관리와 조직 역동성의 관점에서 고찰할 때, 인사는 단순히 자리를 채우는 행위가 아니라 조직의 문화와 에너지를 재배열하는 과정입니다. 진정한 격을 갖춘 리더는 인재를 영입하는 안목만큼이나, 인연이 다했음을 인정하고 정중하게 작별을 고하는 결단의 미학을 지닌 사람입니다. 미루지 않는 인사란 상대에 대한 가혹함이 아니라, 그 사람이 자신에게 더 잘 맞는 토양을 찾을 수 있도록 돕고 우리 공동체의 생존을 책임지겠다는 리더로서의 정직한 자기 증명입니다.

타인에 대한 판단을 집행한다는 것은 리더 내면의 우유부단함과 미움받을지 모른다는 공포를 가감 없이 대면하고, 공정함이라는 시린 거울 앞에 자신을 세우는 단단한 자아를 형성하는 일입니다. 침묵하며 지켜보는 것을 인품의 완성이라 착각하기 쉽지만 조직의 기틀을 바로잡는 길 위에서 얻는 핵심 가치는 리더의 소신 있는 행보를 거쳐 정립된 투명한 조직의 기강입니다. 온정주의로 일궈 낸 평온은 위기의 풍파 앞에서 쉽게 무너질 사구(砂丘)일 뿐이며, 시련의 순간 더욱 확연하게 가치를 발하는 것은 리더가 평소 결단을 통해 정제해 온 구성원들의 일치된 역량입니다.

탁월한 관리의 성취는 단순히 많은 무리를 이끄는 힘이 아니라 적확한 순간에 필요한 인적 쇄신을 얼마나 엄격히 실행했는가에서 비롯됩니다. 일과를 마칠 때마다 스스로를 돌아보며, 사람의 결함을 알고도 눈감아 주지는 않았는지, 혹은 사사로운 감정이 공적인 정의를 가리지 않았는지 자문해야 합니다. 이러한 엄격한 자기 고백은 동료와 미래 세대에게 보낼 수 있는 가장 정중한 신뢰의 약속입니다. 리더가 성과의 압박보다 관계의 공정함과 본질적인 진정성에 귀를 기울이면 조직은 리더의 깊은 이해가 담긴 자생적인 생동감을 갖추게 되며, 이 상생의 흐름은 구성원 하나하나에 스며들어 우리 모두를 시대의 흐름을 주도하는 찬연한 전형(典型)으로 승화시킬 것입니다.

> 아랫사람을 부리는 법은 엄격함에 있는 것이 아니라 공정함에 있고,
> 인재를 아끼는 법은 감싸 주는 데 있는 것이 아니라 적합한 자리를 찾
> 아 주는 데 있다. 리더가 인사의 시기를 놓치면 소인은 득세하고 군자
> 는 떠나간다. — 정관정요(Essentials of Government)

"키퍼 테스트(Keeper Test)로 탁월함의 밀도를 유지하는 넷플릭스의 리드 헤이스팅스"

전 세계 엔터테인먼트 시장의 지형도를 근본적으로 재정의한 넷플릭스(Netflix)의 창립자 리드 헤이스팅스(Reed Hastings)는, 인사의 결단이라는 엄중한 선택이 어떻게 조직의 정체된 공기를 걷어 내고 그 격조를 드높이는지를 웅변하는 현대 경영사의 가장 선명하고도 독보적인 실증적 귀감입니다. 그는 안온한 평범함이라는 늪을 단호히 거부하고 오직 탁월함만을 지향하는 엄정한 인사의 원칙을 통해, 리더의 결기가 조직의 DNA를 어떻게 진화시키고 지속 가능한 영광의 토대를 구축하는지를 여실히 보여 주는 위대한 경영의 귀감으로 평가받기에 충분합니다.

헤이스팅스 회장은 넷플릭스를 정에 매몰된 '가족'이 아닌 실력으로 승부하는 '프로 스포츠팀'으로 정의하며, 인사의 주저함을 철저히 경계하는 자생적 문화를 구축했습니다. 그가 도입한 '키퍼 테스트(Keeper Test)'는 리더가 스스로에게 던지는 가장 정직하고도 서늘한 질문입니다. "만약 우리 팀원이 오늘 그만두겠다고 한다면, 나는 그를 붙잡기 위해 필사적으로 노력할 것인가?". 만약 그 대답이 조금이라도 망설여지거나 "아니오"라면, 리더는 즉시 그 팀원과 작별하고 더 나은 인재를 찾아야 한다는 냉철한 원칙을 고수했습니다. 리더가 사사로운 감정에 휘둘리지 않고 오직 '탁월함의 밀도'를 유지하기 위해 인사의 결단을 미루지 않자, 넷플릭스는 전 세계에서 가장 창의적이고 유연한 인재들이 모이는 혁신의 성지가 되었습니다.

리더가 자신의 우유부단함을 버리고 조직의 성장을 위한 고결한 용기를 발휘하자, 넷플릭스는 거대한 관료주의의 파고에 매몰되지 않고 지속적으로 진화하는 유례없는 성공을 거두었습니다. 리드 헤이스팅스의 사례는 리더가 인사의 결단을 적기에 내릴 때 비로소 조직이 한계를 뛰어넘어 영속하는 성취의 반열에 오를 수 있음을 실체적으로 입증한 기록입니다. 리더의 내면적 격(格)이 빚어낸 이 엄정한 선별의 서사는, 인지상정이라는 명분 뒤에 숨어 조직의 하향 평준화를 방치하기 쉬운 현대 경영자들에게 안일한 온정주의를 깨부수고 진정한 수월성의 가치를 회복하게 하는 날카로운 이성의 경종이 될 것입니다.

💡 성찰

- 당신은 오늘 조직에 악영향을 끼치고 있는 구성원의 문제를 알고서도, 관계가 껄끄러워질까 두려워 침묵이라는 비겁한 안식처를 선택하지 않았는가?
- 우리 조직은 적절하지 않은 인사가 방치되어 유능한 인재들이 냉소하며 떠나가는 곳인가? 아니면 리더의 단호한 결단 아래 공정함이 살아 숨 쉬는 생동하는 무대인가?
- 당신은 리더로서 자신의 선택이 틀렸음을 인정하고 부적합한 인연을 정리할 때 느낄 정서적 고통을 이겨 낼 만큼, 고결하고 단단한 자아를 지니고 있는가?

💗 명상

리더의 격(格)은 사람을 얻는 기술보다 그들을 떠나보낼 때 보여 주는 예의에서 세워집니다. 인사의 시기를 놓치지 않는 결단으로 건강한 작별의 문화를 경영의 현장에 도입하십시오. 정당한 이별의 과정은 조직에 새로운 활력을 불어넣어 기업의 성장을 강력히 지원합니다.

제69장

조직의 건강을 위해
칼을 들어야 할 때를 아십시오

리더의 자애는 단순히 모든 허물을 덮어주는 관용이 아니라, 공동체의 생존을 위해 환부를 단호히 도려내는 외과 의사의 냉철한 사명감에서 완성됩니다. 조직의 토양을 부식시키는 독소를 방치하지 않고 제 살을 베어 내는 고통을 감수하며 칼을 드는 결단이야말로, 공동체의 생명력을 회복하고 영속적 가치를 수호하는 리더의 가장 엄숙한 전략적 도덕성입니다.

조직의 성장 궤적에서 리더가 마주하는 가장 참혹한 순간은, 한때 동지였거나 뛰어난 성과를 내던 인물이 조직의 핵심 가치를 훼손하는 발원지가 되었음을 직시할 때입니다. 많은 경영자가 그들의 과거 공로나 당장의 실적에 미련을 두어 결단을 미루지만, 부패한 세포를 방치하면 결국 신체 전체가 무너지듯 조직 또한 소수의 독소적 행동에 의해 신뢰와 기강이 송두리째 무너집니다. 칼을 든다는 것은 파괴를 위한 행위가 아니라, 더 건강한 생명력이 조직 전체로 흐르게 하기 위한 숭고한 치유의 시작입니다.

동양의 음양오행 사상에서 목(木)의 성장을 위해 금(金)의 기운으로 전지(剪枝)를 행하는 이치와 같이, 경영에서도 불필요한 비대함과 해로운 습성을 쳐내는 과정은 필연적입니다. 진정한 격을 갖춘 리더는 개인의 정(情)과 조직의 사(私)를 명확히 구분하며, 공동체의 대의를 위해 자신의 손에 피를 묻히는 고독을 기꺼이 수용하는 사람입니다. 이러한 결단은 단순히 인력을 감축하는 행위를 넘어, 우리 조직이 어떤 가치를 결코 타협하지 않는지를 구성원들에게 선포하는 가장 강력한 무언의 교육이 됩니다.

내면의 온정주의를 극복한다는 것은 리더 자신의 미움받을지 모른다는 유약함과 과거의 인연에 얽매인 집착을 가감 없이 대변하고, 공의(公義)라는 서슬 퍼런 거울 앞에 자신을 세우는 단단한 자아를 구축하는 일입니다. 무작정 인내하는 것이 리더의 미덕이라는 통념과 달리 성취를 향해 나아가는 과정에서 마주하는 진짜 해답은 리더의 결단력 있는 선택을 통해 확립된 인재 배치의 효율성입니다. 타협으로 일궈 낸 평온은 내부의 부패 앞에서 쉽게 무너질 허상일 뿐이며, 위기의 순간 더욱 확연하게 가치를 발하는 것은 리더가 평소 칼을 들어 수호해 온 조직의 정직한 기풍입니다.

경영의 드높은 결실은 포용의 크기보다 공동체의 정체성을 보전하고자 무엇을 결단력 있게 도려냈는가로 판가름 납니다. 사무실에서 일상을 보내며 매일 스스로의 궤적을 기록하며 조직의 앞날에 필수적인 직언을 주저하지 않았는지 아니면 고질적인 문제를 모른 척 지나치지는 않았는지 성찰하는 행위는 함께하는 사람들과 내일을 향해 건네는 가장 숭고한 약속입니다. 리더가 단기적인 실적에 매몰되지 않고 근원적인 조화와 내면의 진실에 마음을 쏟을 때 조직은 비로소 앞장선 이의 세심한 배려가 깃든 독창적인 활기를 띠게 됩니다. 그 동반 성장의 에너지는 모든 이에게 확산되어 집단 전체를 역사의 지평을 넘어서는 거대한 존재로 도약시키는 든든한 기반이 될 것입니다.

> 법을 세움에 있어 가장 큰 해악은 사사로운 정에 이끌려 벌해야 할 자를 벌하지 않는 것이다. 리더가 작은 자애에 얽매이면 큰 의로움을 해치게 되고, 결국 조직은 무법천지가 된다.
>
> — 한비자(Han Feizi)

"독소적 문화를 근절하기 위해 핵심 임원들을 퇴출한 콘티넨털 항공의 고든 베순"

1990년대 중반, 파산의 직전이라는 절망적인 심연에 빠져 있던 콘티넨털 항공(Continental Airlines)을 화려한 부활의 길로 인도했던 리더 고든 베순(Gordon Bethune)은, 조직의 본원적인 건강성을 회복하기 위해 리더가 휘두르는 '결단의 칼날'이 지닌 위엄을 여실히 보여 주는 경영사의 가장 전형적이며 독보적인 실증적 귀감입니다. 그는 조직의 혈맥을 가로막던 부패한 관행과 해묵은 패배주의를 과감히 도려내는 외과 의사적 결단을 통해, 진정한 리더십이란 때로 환부를 직시하고 칼을 들어야 하는 엄숙한 용기에서 시작됨을 온몸으로 입증하였습니다. 이러한 그의 행보는 사사로운 정(情)보다 공동체의 생존을 우선시하는 리더의 격(格)이 어떻게 죽어 가는 조직에 새로운 생명의 숨결을 불어넣는지를 보여 주는 기념비적인 기록으로 평가받기에 충분합니다.

그가 취임했을 당시 콘티넨털 항공은 업계 최하위의 서비스와 불신으로 가득 찬 독소적 문화에 신음하고 있었습니다. 베순 회장은 "우리는 이제 서로를 비난하는 대신 고객을 위해 협력할 것이다"라는 자생적 원칙을 세우고, 이 비전에 동참하지 않거나 과거의 관료주의적 폐습에 젖어 있던 고위 임원 60명 중 50명을 과감히 퇴출했습니다. 그들 중에는 개별적인 업무 능력 자체는 뛰어난 이들도 있었으나, 조직 전체의 신뢰를 무너뜨리는 '문화적 독소'라고 판단되자 베순은 한 치의 주저함 없이 칼을 들었습니다. 이는 리더가 지향하는 가치가 단순히 구호에 그치지 않고 조직의 실질적인 질서로 정착되기 위해 필요한 고결한 희생이었습니다.

리더가 조직의 건강을 해치는 환부를 단호히 도려내자, 남아 있던 인재들은 비로소 변화의 진정성을 믿고 하나로 뭉치기 시작했습니다. 콘티넨털 항 공은 불과 몇 년 만에 모든 지표에서 업계 1위를 탈환하며 '최악에서 최고 로(Worst to First)' 거듭났습니다. 고든 베순의 사례는 리더가 조직의 생존 을 위해 사사로운 정을 버리고 원칙의 칼을 휘두를 때, 비로소 조직이 한계 를 뛰어넘어 영속하는 성취의 반열에 오를 수 있음을 자명하게 실증하고 있 습니다. 리더의 내면적 격(格)이 빚어낸 이 단호한 혁신의 서사는, 인간관계 의 타성에 매몰되어 조직의 역량이 정체되는 것을 경계해야 할 현대 경영자 들에게 큰 울림을 줍니다. 공동체의 심장 박동을 다시 깨우기 위해 리더가 짊어져야 할 고독하고도 장엄한 책임의 무게를 일깨워 줄 것입니다. 리더가 집행하는 인적 쇄신은 단순한 행정적 절차를 넘어, 조직의 혈류를 정화하고 새로운 생명력을 순환시키는 가장 근본적인 생명 활동이기 때문입니다.

💡 성찰

- 당신은 오늘 조직의 기강을 해치는 이의 행동을 목격하고도 '좋은 게 좋 은 것'이라는 안일함 뒤로 숨지는 않았는가?
- 우리 조직은 실적만 좋으면 인격적 결함이나 문화적 파괴 행위도 묵인되 는 병든 곳인가? 아니면 리더의 단호한 결단 아래 핵심 가치가 서슬 퍼렇 게 살아 있는 건강한 공동체인가?
- 당신은 리더로서 조직 전체의 안녕을 위해 오랜 인연을 정리해야 하는 고통을 감수할 만큼, 고결하고 단단한 자아를 지니고 있는가?

리더의 격(格)은 베푼 자비보다 공동체의 안녕을 위해 결단한 서늘함에 머뭅니다. 조직의 앞날을 위협하는 환부를 도려내는 단호한 책임을 지금 즉시 완수하십시오. 이러한 고독한 결단은 기업을 건강한 체질로 바꾸어 지속 가능한 목표에 안착시킵니다.

제70장

리더의 최후의 격(格)은
자신을 비워 내는 결단으로 완성됩니다

리더가 도달할 지고의 경지는 권좌를 지키는 집착이 아니라, 자신의 부재 중에도 조직의 가치가 면면히 흐르게 만드는 자발적 비움에 있습니다. 자신을 비워 낸 여백을 통해 동료들이 주체적으로 사명을 실현하게 하는 결단이야말로, 한 시대를 넘어 영원히 사그라지지 않는 정신적 이정표가 될 것입니다.

성취의 정점에서 리더가 마주하는 가장 치명적인 유혹은 '내가 없으면 조직이 멈춘다'는 자기중심적 서사에 함몰되는 것입니다. 하지만 리더의 영향력이 비대해질수록 조직의 자생력은 오히려 위축되며, 이는 인재들을 리더 한 사람의 그늘 아래 머물게 하여 성장을 가로막는 역설적인 결과를 초래합니다. 진정한 격은 리더가 무대 중앙을 떠난 뒤에도 조직이 스스로 숨 쉬며 진화할 수 있는 체계와 문화를 완성했을 때 비로소 증명됩니다. 자신을 내려놓는다는 것은 권력을 포기하는 소극적 행위가 아니라, 조직의 영속성을 위해 리더라는 개인이 가진 유한한 틀을 과감히 허무는 가장 적극적인 전략적 선택입니다.

나아가 공동체의 진정한 완성은 리더의 존재감이 아닌, 리더의 부재조차 자연스러운 일상이 될 때 비로소 실현됩니다. 격을 갖춘 리더는 자신의 업적을 과시하기보다 다음 세대가 마음껏 역량을 펼칠 수 있는 터전을 마련해 주는 지혜로운 정원사가 되어야 합니다. 나를 내려놓는 결단이란, 자신의 인정 욕구와 통제 본능을 성찰하며 조직이라는 거대한 유기체의 생존을 위해 스스로 기꺼이 밑거름이 되는 인격적 승화입니다.

에고의 감옥에서 해방된다는 것은 리더 자신의 불멸에 대한 갈망과 권위의 단맛을 가감 없이 직시하고, 비움이라는 깊은 사유 속에 자신을 던지는 단단한 자아를 구축하는 일입니다. 우리는 흔히 리더의 강한 카리스마가 조직을 영원히 지탱할 것이라 믿지만, 조직의 완성을 향해 나아가는 길 위에서 얻는 최종적인 정답은 오직 리더의 정직한 물러남을 통해 정립된 자발적 질서뿐입니다. 집착으로 일궈 낸 성취는 리더의 퇴장과 함께 모래성처럼 흩어질 허상일 뿐이며, 시공을 초월하여 빛을 발하는 것은 리더가 평소 자신을 비워 냄으로써 채워 넣은 구성원들의 주체적인 사명감입니다.

공동체가 도달하는 고결한 경영의 마침표는 리더가 얼마나 오래 자리를 지켰는가가 아니라 그가 떠난 뒤 조직이 얼마나 더 견고해졌는가에 의해 그 색채가 정해집니다. 사무를 관장하는 치열한 현장에서 오늘의 내가 조직의 앞길을 막는 거대한 벽이 되지는 않았는지, 혹은 나의 권위가 인재들의 숨통을 조이지는 않았는지 매섭게 되짚어 보는 행위는 동료 및 미래 세대와 맺는 가장 정중한 인격적 약속입니다. 리더의 관심이 수치적인 지배력보다 존재의 비움과 내면적 진실에 깊이 뿌리내릴 때 조직은 비로소 앞장선 이의 세심한 배려가 깃든 독창적인 활기를 띠게 됩니다. 그 상생의 에너지는 모든 이의 가슴에 번져 우리 조직을 시대의 물결 위에서 영원히 퇴색하지 않는 승리의 상징으로 아로새길 것입니다.

공을 세우되 그곳에 머물지 마라. 머물지 않기에 그 공은 영원히 사라지지 않는다. 리더의 가장 큰 업적은 자신이 필요 없는 조직을 만드는 것이다.
　　　　　　　　　　　　　　　　　　　　　— 노자(老子), 도덕경(道德經)

　　　　　　　　　　　　　　　　　리더의 격(格)

"지구의 수호자가 되기 위해 회사를 내려놓은 파타고니아의 이본 쉬나드"

아웃도어 브랜드 파타고니아(Patagonia)의 창립자 이본 쉬나드(Yvon Chouinard)는, 리더가 자신의 소유권을 내려놓는 지극히 사적인 결단이 어떻게 지구를 구원하는 장엄한 격(格)으로 승화될 수 있는지를 여실히 투영하는 21세기 경영사의 가장 경이롭고도 숭고한 실증적 귀감입니다. 그는 자본의 논리를 초월하여 기업의 존재 목적을 생태적 사명으로 재정의함으로써, 진정한 리더십의 위엄이 '무엇을 소유하는가'가 아닌 '무엇을 위해 자신을 비워 내는가'에 있음을 온몸으로 웅변하는 독보적인 전형(典型)으로 평가받기에 충분합니다. 이러한 그의 행보는 단순한 기업 경영을 넘어 지속가능한 인류의 미래를 설계한 위대한 정신적 지표로 역사에 영원히 각인될 것입니다.

2022년, 그는 자신과 가족이 소유한 30억 달러(약 4조 원) 가치의 회사 지분 전체를 환경 보호를 위해 기부하며, "지구가 우리의 유일한 주주(Earth is now our only shareholder)"라고 선포하는 자생적 결단을 내렸습니다. 쉬나드는 자신의 부를 축적하거나 리더로서의 권력을 세습하는 대신, 기업의 존재 이유를 수호하기 위해 자신을 완전히 내려놓는 고결한 선택을 감행했습니다. 그는 "나는 결코 사업가가 되고 싶지 않았다. 이 회사가 내가 떠난 후에도 지구를 지키는 도구로 남기를 바란다"며 경영권과 소유권을 모두 비워 냈습니다. 이러한 리더의 고결한 내려놓음은 전 세계 구성원과 소비자들에게 강렬한 전율을 선사했으며, 파타고니아를 단순한 의류 회사를 넘어 하나의 거대한 신념 공동체로 완성했습니다.

리더가 자신의 '나(I)'를 지우고 '사명(Mission)'을 앞세우자, 조직은 창업자의 한계를 넘어 영속하는 가치의 반열에 올랐습니다. 이본 쉬나드의 사례는 리더가 자신을 내려놓는 결단을 내릴 때 비로소 그가 일궈 온 모든 성취가 시대의 유산으로 완성됨을 자명하게 실증하고 있습니다. 리더의 내면적 격(格)이 빚어낸 이 무소유의 서사는, 소유의 크기로 성취를 증명하려다 본질을 잃어 가는 현대 경영자들에게 자신을 비워 냄으로써 세상을 가득 채우는 리더십의 역설을 깨닫게 하는 서늘하고도 맑은 성찰의 경종이 될 것입니다.

💡 성찰

- 당신은 오늘 조직의 성공을 '나의 공로'로 돌리며 자신의 영향력을 더 공고히 하려 했는가? 아니면 다음 세대가 주역이 될 수 있도록 기꺼이 무대 뒤로 물러날 준비를 했는가?
- 우리 조직은 리더 한 사람의 결단에 모든 것이 좌우되는 취약한 곳인가? 아니면 리더의 부재 속에서도 핵심 가치가 스스로 작동하는 단단한 내실을 갖춘 곳인가?
- 당신은 리더로서 자신의 이름이 잊히더라도 조직의 가치가 영원히 지속될 수 있다면, 그 고독한 내려놓음을 기꺼이 수용할 만큼 고결하고 단단한 자아를 지니고 있는가?

🧘 명상

리더의 격(格)은 손에 쥔 권력의 무게보다 스스로 비워 낸 자리의 깊이로 결정됩니다. 탐욕을 내려놓고 조직을 살리는 진정한 비움을 경영의 현장에서 오늘 과감히 단행하십시오. 이러한 비움의 철학은 조직의 자생력을 높여 압도적인 시장 경쟁력을 확실히 보장합니다.

 리더의 격(格)

제8부

내적 질서:
리더의 품격을 높이는 경영의 중심

"지도자의 내적 질서는 조직이라는 거대한 함선을 지탱하는 보이지 않는 평형수이며, 외부의 소란에 흔들리지 않는 고요한 내면의 중심이야말로 경영의 격을 결정짓는 가장 본질적인 에너지원입니다. 리더의 품격은 화려한 장식에서 나오는 것이 아니라 절제된 일상의 습관과 정제된 사유의 깊이에서 우러나기에, 자신의 내면을 맑은 거울처럼 닦아 내어 조직의 질서를 투영하는 지도자의 고결한 자기 관리야말로 공동체를 시대를 관통하는 거인의 품위로 안내하는 가장 숭고한 경영의 뿌리가 됩니다."

제71장

정갈한 외양은
리더의 내면을 비추는 거울입니다

리더가 세상이라는 무대 위에 자신을 드러내는 첫 번째 문장인 외양은, 내밀하게 구축된 정신의 질서를 시각화한 엄숙한 무언의 언어입니다. 흐트러짐 없는 단정한 몸가짐은 자신을 향한 서슬 퍼런 엄격함과 타인을 향한 지극한 예우를 동시에 실천하는 고결한 미적 선언이 됩니다.

세상의 시선이 교차하는 경영의 접점에서 리더의 외양은 그가 지닌 철학의 농도를 증명하는 가장 직접적인 지표입니다. 많은 이들이 외면의 단장을 형식적인 겉치레로 치부하지만, 사실 흐트러진 넥타이와 거친 옷차림 이면에는 대개 정돈되지 못한 생각의 파편들이 숨어 있기 마련입니다. 외양을 정갈하게 가꾸는 행위는 자신을 돋보이게 하려는 욕망이 아니라, 리더로서 마주하는 매 순간을 신성하게 여기겠다는 다짐이자 공동체의 가치를 수호하겠다는 무언의 약속입니다. 리더가 스스로의 정갈함을 잃을 때 조직의 기강 역시 보이지 않는 균열을 겪게 되며, 이는 결국 구성원들이 리더의 권위보다 그의 가벼움을 먼저 인지하게 만드는 치명적인 품격의 누수를 초래합니다.

미학적 윤리와 자기 결정성의 관점에서 고찰할 때, 정갈함은 타인의 시선에 종속된 수동적 꾸밈이 아니라 자신의 삶을 주체적으로 설계하겠다는 강력한 의지의 발현입니다. 진정한 격을 갖춘 리더는 유행의 첨단을 걷기보다

리더의 격(格)

자신만의 고유한 결을 유지하는 사람이며, 절제된 의복과 단정한 용모를 통해 조직의 문화적 수준을 상징적으로 보여 주는 사람입니다. 외양을 거울로 삼는다는 것은 매일 아침 옷을 입으며 자신의 마음가짐을 투명하게 들여다보고, 리더라는 직분이 요구하는 엄중한 품위를 스스로에게 환기하는 숭고한 자기 성찰의 과정입니다.

형식의 굴레를 넘어선다는 것은 리더 내면의 게으름과 타인에게 잘 보이고 싶은 허영심을 가감 없이 대변하고, 단정함이라는 시린 샘물 속에 기꺼이 자신을 정박시키는 단단한 자아를 구축하는 일입니다. 우리는 흔히 겉모습의 자유로움이 곧 수평적인 문화라고 오해하곤 합니다. 하지만 진정한 성장을 이끄는 힘은 리더가 스스로를 갈고닦아 보여 주는 정제된 준비성에서 비롯됩니다. 무질서한 편안함은 시련의 파도를 견디지 못합니다. 리더가 매일 지켜 온 단정한 태도가 구성원들에게 변치 않는 믿음의 뿌리가 되어 줄 때, 비로소 위기의 순간에 그 진정한 가치가 빛나게 됩니다.

공동체가 도달하는 경영의 궁극적인 완성도는 리더가 구사하는 수사학의 화려함이 아니라 그가 보여 주는 몸가짐의 단정함에 의해 그 깊이가 결정됩니다. 사무의 흐름이 이어지는 매 찰나에 스스로를 돌아보며 오늘 나의 태도가 타인에게 결례가 되지는 않았는지, 혹은 리더로서 나의 품격이 조직의 자부심을 충분히 대변하고 있는지 점검하는 행위는 함께하는 인재들과 더 나은 앞날을 위해 맺는 가장 진실한 약속입니다. 리더가 숫자의 지배보다 존재의 격조와 내면적 진실에 귀를 기울일 때 조직은 비로소 리더의 깊은 배려가 담긴 고유한 생명력을 얻게 됩니다. 그 공진화하는 기운은 모든 이의 가슴에 번져 우리 공동체를 시대의 파고를 넘어서는 영원히 사그라지지 않는 고결한 향기로 아로새길 것입니다.

옷은 사람의 성품을 말해 주고, 외양은 마음의 창문이다. 정갈하게 차

려입는 것은 자신을 존중하는 첫 번째 걸음이자, 타인을 존중한다는
가장 확실한 증거이다.　　　　　　— 브루넬로 쿠치넬리(Brunello Cucinelli)

📖 사례

"철학을 입는 리더십, 인문학적 정갈함으로 브랜드를 일군 브루넬로 쿠치넬리"

　이탈리아의 하이엔드 캐시미어 브랜드 '브루넬로 쿠치넬리(Brunello Cucinelli)'
의 창립자 브루넬로 쿠치넬리는, 리더의 외양(Appearance)이 단순한 치장을 넘
어 그 내면에 갈무리된 숭고한 정신적 질서를 투영하는 가장 정직한 거울임을
보여 주는 경영사의 고결하고도 독보적인 실증적 귀감입니다. 그는 절제된 우
아함 속에 깃든 인문주의적 철학을 통해, 리더의 흐트러짐 없는 외양이 곧 조직
과 인간을 대하는 지극한 예우이자 스스로를 향한 엄격한 수련의 결과임을 전
세계 경영 현장에 여실히 입증해 보였습니다. 이러한 그의 행보는 외면의 심미
성과 내면의 품격이 완벽한 조화를 이룰 때 비로소 리더십의 진정한 위엄이 완
성됨을 일러 주는 위대한 경영의 전형(典型)으로 평가받기에 충분합니다.

　그는 단순히 값비싼 옷을 파는 경영자가 아니라, 스스로가 정갈한 외양과
인문학적 성찰을 결합한 '인문주의 경영'의 상징 그 자체입니다. 쿠치넬리
는 매일 아침 단정한 의복을 갖추는 행위를 인간의 존엄성을 수호하는 신성
한 의식으로 여깁니다. 리더의 이러한 정갈함은 조직 내부로 전이되어, 그
는 직원들에게도 정해진 시간에 퇴근하여 가족과 정갈한 식사를 할 것을 권
장하며 노동의 현장이 품위를 잃지 않도록 세심하게 배려합니다. 리더가 스
스로 단정한 모습으로 일터에 서고 그 품격이 제품의 품질과 조직의 문화로
흐르자, 브랜드는 화려한 로고 대신 소재의 순수함과 디자인의 절제미로 전
세계적인 존경을 받는 반열에 올랐습니다. 이는 외양이 어떻게 리더의 깊은
철학을 소리 없이 웅변할 수 있는지를 자명하게 뒷받침하는 대목입니다.

　　　　　　　　　　　　　　　　　　　　　　리더의 격(格)

리더가 자신의 외양을 내면의 정직한 거울로 삼자, 조직은 단순한 기업을 넘어 하나의 예술적 공동체로 진화했습니다. 브루넬로 쿠치넬리의 사례는 리더의 정갈한 몸가짐이 조직원들의 자부심을 고취하고 영속하는 성취의 근간이 됨을 보여 주는 경영의 격(格) 그 자체입니다. 리더의 내면적 격이 빚어낸 이 품격의 서사는, 외면의 화려함으로 내면의 빈곤을 가리기에 급급한 현대 경영자들에게 자신의 흐트러진 매무새를 갈무리하고 인간 본연의 고결함을 회복하게 하는 은은하고도 깊은 향기를 지닌 지혜의 서(書)가 될 것입니다.

💡 성찰

- 당신은 오늘 현관을 나서며 거울 속의 자신을 바라볼 때, 타인에게 신뢰와 평온을 줄 수 있는 정갈한 모습이었는가?
- 우리 조직은 리더의 흐트러진 외양으로 인해 구성원들의 기강까지 헐거워진 곳인가? 아니면 리더의 단정한 품격 아래 모두가 자신의 과업에 엄격히 임하는 곳인가?
- 당신은 리더로서 값비싼 장식보다 정제된 절제를 선택하며, 자신의 외양을 통해 조직이 지향하는 가치를 정직하게 드러낼 단단한 자아를 지니고 있는가?

💗 명상

리더의 격(格)은 걸친 옷의 가격보다 스스로를 정갈하게 관리하는 성실함에서 더욱 돋보입니다. 자신을 단정하게 다듬어 상대를 진심으로 예우하는 품격 있는 태도를 항상 지켜 나가십시오. 이러한 정성스러운 예절은 조직의 결속을 다져 독보적인 경영 성과를 힘차게 구축합니다.

제72장

공과 사의 경계가 무너질 때
리더의 품격도 무너집니다

공적 가치의 성전 안에 사적인 욕망의 그림자가 침투하는 순간, 리더가 평생을 바쳐 쌓아 온 신용의 탑은 소리 없이 무너져 내립니다. 공동체의 이익을 위해 부여받은 권한을 오직 정의로운 목적으로만 투명하게 집행하겠다는 서슬 퍼런 자기 절제야말로, 조직의 기틀을 바로 세우고 리더의 이름을 역사의 갈피 속에 영원한 향기로 남기는 인격적 토대가 됩니다.

조직이라는 거대한 유기체가 건강하게 숨 쉬기 위해서는 리더의 모든 판단이 사적인 이해관계로부터 완벽하게 독립되어야 합니다. 사사로움이라는 미세한 균열은 처음에는 작고 사소해 보이지만, 시간이 흐를수록 조직의 기강을 좀먹고 결국에는 거대한 함선을 침몰시키는 치명적인 결함으로 번집니다. 리더가 공적인 자산이나 직위를 개인적인 편의를 위해 전용하는 순간, 구성원들의 눈에는 리더의 권위가 아닌 탐욕의 잔상만이 남게 되며 이는 공동체 전체에 불신의 독소를 퍼뜨리는 도화선이 됩니다.

정의론과 대리인 이론의 관점에서 고찰할 때, 리더십의 본질은 위탁받은 권력을 공동의 가치 창출을 위해 공명정대하게 집행하는 데 있습니다. 진정한 격을 갖춘 리더는 "이 결정이 진정 누구를 위한 것인가?"를 끊임없이 자문하며, 자신의 손에 쥔 칼자루가 결코 사사로운 인연이나 개인적 이득을 위해 휘둘리지 않도록 내면의 기준을 매 순간 정렬하는 사람입니다. 공과 사를 엄격히 구별하는 것은 단순히 법적 의무를 지키는 차원을 넘어, 리더라는 존재가 조직의 사명을 온몸으로 대변한다는 인격적 선언이자 동료들에 대한 지극한 존중의 표현입니다.

자아의 유혹을 뿌리친다는 것은 리더 내면의 소유욕과 특권 의식을 가감 없이 직시하고, 청렴이라는 시린 새벽 물에 매일 자신의 영혼을 씻어 내는 단단한 자아를 구축하는 일입니다. 우리는 흔히 작은 편의를 봐주는 것이 융통성이라 오해하지만, 가치 창조의 항로에서 얻는 유일한 정답은 오직 리더의 정직한 결벽을 통과하여 정제된 투명한 질서뿐입니다. 사사로운 정으로 일궈 낸 안온함은 시련의 풍파 앞에서 쉽게 휘발될 파편일 뿐이며, 위기의 순간 더욱 투명하게 빛을 발하며 조직을 구원하는 것은 리더가 평소 공과 사를 엄격히 갈라 세운 덕에 얻은 무결한 신용입니다.

공동체가 도달하는 고결한 경영의 마침표는 리더가 얼마나 많은 부를 축적했는가가 아니라 그가 얼마나 깨끗한 뒷모습을 남겼는가에 의해 그 색채가 정해집니다. 사무를 집행하는 치열한 현장에서 조직의 자원을 나의 필요를 위해 사용하지는 않았는지, 혹은 공적인 자리에 사적인 감정을 앞세우지는 않았는지 철저하게 되짚어 보는 행위는 동료 및 미래 세대와 맺는 가장 진실한 도덕적 서약입니다. 리더의 관심이 사적인 욕망에 따른 지배력보다 존재의 무결함과 내면적 진실에 깊이 뿌리내릴 때 조직은 비로소 정직한 신뢰가 자아내는 건강한 맥박을 얻게 됩니다. 그 맑고 투명한 성찰은 모든 구성원의 가슴에 닿아, 우리 조직을 시대의 부조리 속에서도 변색되지 않는 가장 명징하고 장엄한 정신적 귀감으로 완성할 것입니다.

내가 생선을 좋아하기 때문에 더욱 생선을 받지 않는 것이다. 만약 생선을 받았다면 법을 어겼을 것이고, 법을 어겼다면 곧 자리를 잃었을 것이니, 그렇게 되면 다시는 생선을 먹을 수 없게 된다.

— 공의휴(公儀休), 노나라의 재상

📖 사례

"생선 선물을 거절하여 평생의 품격을 지킨 노나라의 재상, 공의휴"

중국 춘추시대 노나라의 재상 공의휴(公儀休)가 보여 준 서슬 퍼런 자기 절제는, 리더의 소박한 기호(嗜好)조차 공적인 책무라는 엄중한 저울 위에서는 한 치의 오차도 허용되지 않는 경영의 본질임을 여실히 증명하는 역사적 고전의 독보적인 실증적 귀감입니다. 그는 생선을 유독 좋아했던 자신의 내밀한 욕망이 권력이라는 도구와 결합할 때, 그것이 조직의 질서를 무너뜨리는 치명적인 균열의 시작점이 될 수 있음을 누구보다 예리하게 간파하였습니다. 제자들이 의아해할 정도로 철저했던 그의 거절은 단순한 도덕적 강박이 아니라, 눈앞의 작은 탐닉이 리더의 공정한 안목을 가리고 결국 법과 원칙을 훼손하여 공동체 전체를 파멸로 몰아넣을 것이라는 냉철한 '전략적 안목'의 산물이었습니다.

그는 "지금 생선을 받지 않는 것이야말로 영원히 생선을 즐길 수 있는 길"이라는 역설적인 선언을 통해, 리더가 지켜 낸 사소한 원칙 하나가 어떻게 조직의 기강을 바로 세우고 구성원들의 절대적인 신뢰를 이끌어 내는 위대한 구심점이 되는지를 온몸으로 웅변해 보였습니다. 자신의 존재 가치를 사적인 욕망과 맞바꾸지 않는 공의휴의 기개는, 오늘날 불확실성의 파고를 넘는 리더들에게 진정한 '격(格)'이란 가장 화려한 자리에서 가장 낮은 곳의 유혹을 이겨 내는 엄숙한 용기임을 일깨워 주는 불멸의 이정표로 남기에 충분합니다. 이러한 고결한 자기 부인은 한 시대를 풍미하는 권력자가 도달할 수 있는 가장 숭고한 정신적 경지이자, 조직을 영속하게 만드는 리더십의 가장 견고한 주춧돌이 됩니다.

리더의 격(格)

리더가 자신의 작은 취향을 공적인 대의(大義) 앞에 정직하게 내려놓자, 공의휴의 정치는 시대를 관통하여 전해지는 청렴의 전형이 되었습니다. 공의휴의 사례는 리더가 원칙을 수호하기 위해 스스로를 엄격히 다스릴 때 비로소 조직이 한계를 뛰어넘어 영속하는 성취의 반열에 오를 수 있음을 자명하게 실증하고 있습니다. 리더의 내면적 격(格)이 빚어낸 이 절제의 서사는, 작은 특혜를 당연하게 여기다 거대한 신뢰를 잃어 가는 현대 경영자들에게 말갛게 씻어 낸 거울처럼 자신의 본분을 비추어 보게 하는 숭고한 지혜의 경종이 될 것입니다.

💡 성찰

- 당신은 오늘 회사 법인 카드를 사용하거나 조직의 인력을 부릴 때, 단 1%의 사적인 편의도 섞이지 않았다고 하늘을 우러러 떳떳하게 말할 수 있는가?
- 우리 조직은 리더의 사사로운 인맥이나 기분에 따라 규칙이 고무줄처럼 변하는 불투명한 곳인가? 아니면 공사의 구별이 엄격하여 누구나 결과를 신뢰할 수 있는 정갈한 곳인가?
- 당신은 리더로서 당장의 작은 이득이나 안락함보다, 자신의 품격을 영원히 지켜줄 '정직한 가난'을 선택할 수 있는 고결하고 단단한 자아를 지니고 있는가?

💗 명상

리더의 격(格)은 지략의 화려함보다 정직한 가난을 택하는 고결한 자기 절제에서 빛납니다. 사적인 편의를 버리고 공사의 구별을 엄격히 세우는 투명한 경영 기강을 몸소 실증하십시오. 이러한 숭고한 책임은 조직을 역사의 향기가 배어나는 존경받는 일류 기업으로 격상시킵니다.

제73장

리더의 자기 관리는
조직을 향한 성실한 책임입니다

리더의 육체는 개인의 소유가 아닌 조직의 운명을 지탱하는 마지막 보루이며, 격랑 속에서도 중심을 잃지 않게 하는 실존적 뿌리입니다. 자신을 다스리는 철저한 규율이야말로 구성원의 삶을 지키고 미래를 보장하는 리더십의 가장 근본적인 책무입니다.

리더의 체력은 단순한 건강의 지표를 넘어 조직의 결단력을 가늠하는 척도가 됩니다. 신체의 기운이 메마른 상태에서 내리는 선택은 대개 조급함과 피로에 오염되어 공동체를 위태로운 항로로 이끌기 때문입니다. 강인한 육체는 단순히 오래 버티는 힘이 아니라, 극한의 상황에서도 감정의 동요를 다스리고 본질을 꿰뚫어 보는 평정심을 유지하는 힘의 토양입니다. 자신의 건강 관리를 소홀히 하는 순간, 조직의 보이지 않는 내적 규율은 무너지기 시작하며 이는 결국 리더의 판단력 저하로 인한 막대한 기회비용을 발생시킵니다.

생명력의 조화는 조직 전체의 지성을 깨우는 유기적인 에너지입니다. 진정한 품격을 갖춘 리더는 건강이 곧 가장 귀중한 경영 자원임을 명확히 인지하며, 규칙적인 운동과 절제된 식습관을 통해 자신의 상태를 최상으로 유지하는 자생적 규율을 실천하는 사람입니다. 몸을 다스리는 것은 마음을 다

리더의 격(格)

스리는 행위의 출발이며, 정갈한 몸가짐에서 우러나오는 생생한 기운은 구성원들에게 무언의 신뢰와 심리적 안정을 전달하는 가장 강력한 리더십의 아우라가 됩니다.

리더가 자신의 한계를 인정하고 건강을 돌보는 과정은 내면의 과도한 욕심을 내려놓고 성실하게 자신을 관리하는 성숙한 자세를 갖추는 일입니다. 단순히 열정이라는 이름으로 휴식을 미루기보다, 최상의 컨디션을 유지하며 명료한 판단력을 기르는 노력이 필요합니다. 피로가 누적된 상태에서 유지하는 일시적인 안정이 아니라, 규칙적인 생활을 통해 다져진 일관된 평정심이 위기의 순간에 조직을 지탱하는 실질적인 힘이 됩니다.

리더의 활기찬 에너지는 구성원들과 나누는 소통의 질을 높이는 중요한 요소입니다. 일과를 마칠 때마다 자신의 피로 때문에 동료들의 의견을 소홀히 대하지 않았는지 스스로 점검하는 태도는 함께 일하는 이들을 향한 진실한 존중입니다. 리더가 외적인 성과에만 매몰되지 않고 자신의 건강과 내면의 평온에 집중할 때 조직은 건강한 생동감을 얻습니다. 이러한 긍정적인 영향력은 팀 전체로 확산되어 우리를 변화를 주도하는 주인공으로 도약하게 하며, 조직의 지속 가능한 발전을 뒷받침하는 든든한 밑거름이 됩니다.

> 건강은 모든 것의 기초다. 건강하지 못한 상태에서 내리는 리더의 결정은 조직의 재앙이 될 수 있다. 나를 다스리지 못하는 자가 어찌 만인을 다스릴 수 있겠는가.
>
> — 아르투어 쇼펜하우어(Arthur Schopenhauer)

"새벽 4시의 규율로 거대 제국을 움직이는 활력을 얻다. 디즈니의 밥 아이거"

월트 디즈니(Walt Disney)의 눈부신 전성기를 견인하며 전 세계에 꿈과 환상을 선사했던 리더 밥 아이거(Bob Iger)는, 리더의 지치지 않는 신체적 활력이 어떻게 조직 고유의 창의적 에너지를 지탱하고 증폭시키는 거대한 엔진이 되는지를 여실히 투영하는 경영사의 가장 전형적이며 독보적인 실증적 귀감입니다. 그는 매일 새벽 고요를 깨우는 철저한 자기 수련과 신체적 단련을 통해, 거대 콘텐츠 제국을 항해하는 데 필수적인 이성적 명료함과 뜨거운 열정을 한결같이 유지하였습니다. 이러한 그의 육체적 강건함은 디즈니의 상상력이 현실의 장벽을 넘어 찬란한 결실로 맺어지게 하는 든든한 버팀목이 되었으며, 리더의 생동하는 에너지가 조직 전체의 창조적 영감으로 전이되는 과정을 증명하는 위대한 경영의 귀감으로 평가받기에 충분합니다.

그는 수많은 인수합병과 글로벌 비즈니스의 격무 속에서도 매일 새벽 4시 15분에 일어나 운동을 하는 자생적 규율을 단 하루도 거르지 않는 것으로 유명합니다. 아이거 회장에게 이 시간은 단순히 근육을 단련하는 웨이트 트레이닝의 시간이 아니라, 세상을 깨우기 전 자신의 내면을 정돈하고 하루를 이끌어 갈 지적 예리함을 확보하는 숭고한 의식이었습니다. 리더가 신체적 활력을 최상으로 유지하며 흔들림 없는 평정심을 보여 주자, 디즈니는 마블, 루카스필름, 픽사 등을 연이어 인수하며 역사상 가장 역동적인 확장을 이뤄 냈습니다. 이는 리더의 체력이 어떻게 거대한 전략적 의사 결정을 뒷받침하는 보이지 않는 자본이 되는지를 자명하게 실증하는 대목입니다.

그의 지치지 않는 에너지는 전 세계 디즈니 구성원들에게 전염되었으며, 리더의 건강한 몸가짐이 조직 전체의 창의적 기풍을 얼마나 높일 수 있는지를 증명했습니다. 밥 아이거의 사례는 리더의 육체적 관리가 개인의 취미를 넘어, 조직을 영속하게 만드는 가장 강력한 전략적 자본임을 확연하게 입증하고 있습니다. 리더의 내면적 격(格)이 빚어낸 이 활력의 서사는, 번아웃의 위협 속에 창의의 불꽃이 사그라져 가는 현대 경영자들에게 조직의 심장 박동을 다시 깨우는 뜨거운 생명의 혈류이자, 멈추지 않는 상상력의 대양을 향해 끊임없이 나아가게 하는 강인한 의지의 닻이 될 것입니다.

💡 성찰

- 당신은 오늘 바쁘다는 핑계로 자신의 몸이 보내는 적신호를 외면하고, 조직의 미래를 담보로 무리한 정신 승리를 강요하지는 않았는가?
- 우리 조직은 리더의 만성 피로로 인해 창의적 토론이 사라진 침체된 곳인가? 아니면 리더의 생기 넘치는 에너지 아래 모두가 즐겁게 과업에 몰입하는 곳인가?
- 당신은 리더로서 자신의 건강을 지키는 것이 곧 구성원들의 생존권을 지키는 것과 같음을 인식하고, 매일의 운동과 휴식을 성스러운 경영 활동으로 대우할 단단한 자아를 지니고 있는가?

🧘 명상

리더의 격(格)은 화려한 지략보다 조직이라는 거함을 추진하는 강건한 체력에서 명확히 구현됩니다. 자신의 몸을 각별히 아끼며 맑은 정신을 유지하는 성실한 절제를 매일 수행하십시오. 이 강인한 생명력은 기업을 격랑 너머 영원히 지속되는 가치 창출로 강력히 견인합니다.

제74장

감정 조절은 조직의 안정을
지키는 리더의 책임입니다

리더의 마음속에서 솟구치는 찰나의 격분은 평생을 바쳐 가꾼 조직이라는 울창한 숲을 한순간에 잿더미로 만들 수 있는 위험한 불씨와 같습니다. 격렬한 감정이 이성을 마비시키는 위기의 순간, 자신을 제삼자의 눈으로 고요하게 바라보며 평정심을 유지하는 절제야말로 구성원들의 위축된 마음을 감싸안는 가장 고귀한 보루가 됩니다.

리더의 사무실에서 감정은 소리 없이 전염되는 공기이자 조직의 기후를 결정짓는 보이지 않는 지배자입니다. 리더가 순간적인 격분을 참지 못하고 쏟아내는 언어의 파편들은 인재들의 창의성을 마비시키고 신뢰라는 이름의 성벽에 지울 수 없는 균열을 남깁니다. 분노는 대개 리더 자신의 통제 욕구가 좌절될 때 발생하는 자기방어의 산물이지, 그것이 타인을 향할 때는 해결책을 찾는 이성을 가리고 오직 상처만을 남기는 치명적인 경영의 누수가 됩니다. 감정을 다스리지 못하는 리더는 결코 타인의 마음을 다스릴 수 없으며, 이는 결국 조직 전체가 리더의 눈치를 살피며 복지부동하는 정체된 문화를 야기합니다.

정서적 지능과 회복 탄력성의 관점에서 고찰할 때, 리더의 평정심은 조직의 위기 대응 능력을 지탱하는 심리적 기둥입니다. 진정한 격을 갖춘 리더는 자극과 반응 사이의 공간에 침묵이라는 여백을 둘 줄 아는 사람이며, 자신의 분노를 정의로운 분노와 사적인 화로 구별하여 정제할 줄 아는 사람입니다. 감정을 다스린다는 것은 단순히 억누르는 것이 아니라, 거친 파도를 잠재워 심연의 진실을 투영하는 맑은 수면을 유지하는 행위이며, 이는 구성원들에게 리더의 흔들림 없는 중심을 신뢰하게 만드는 인격적 웅변이 됩니다.

내면의 감정을 다스리는 것은 리더가 자신의 부족한 인정 욕구와 무력감을 솔직하게 마주하고, 절제라는 깊은 사유를 통해 스스로를 단단하게 만드는 과정입니다. 흔히 불같은 성정을 카리스마라고 착각하기 쉽지만, 공동의 목표를 향해 나아가는 과정에서 얻는 진짜 정답은 오직 리더의 정직한 인내를 통해 얻어진 냉철한 판단뿐입니다. 감정에 휩쓸려 만든 평화는 시련 앞에 금세 사라질 환상일 뿐이며, 진짜 위기의 순간에 조직을 살리는 힘은 리더가 평소 분노를 참으며 쌓아 온 구성원들과의 깊은 정서적 유대감입니다.

리더십의 참된 깊이는 밖으로 내뱉는 호통의 크기가 아니라 그 말을 실어 나르는 마음의 결이 얼마나 투명한가에 의해 결정됩니다. 매일 사무를 마치고 스스로를 되돌아보며 오늘 나의 불편한 감정이 타인에게 화풀이로 전달되지는 않았는지, 혹은 나의 불필요한 분노가 동료들의 열정을 시들게 하지는 않았는지 가감 없이 살피는 것은 함께하는 인재들의 앞날을 향한 가장 명징한 서약입니다. 리더가 건조한 성과의 압박에서 벗어나 인격적 교감과 내적인 진실함에 귀를 기울일 때, 조직은 비로소 앞장선 이의 따스한 배려가 스며든 독자적인 생동감을 얻게 됩니다. 그 상호 진화하는 에너지는 모든 이에게 전파되어 우리 공동체를 시대의 파고를 넘어서는 영원히 사그라지지 않는 고결한 신의의 상징으로 완성할 것입니다.

> 화를 내지 않는 것이 덕이 아니라, 화를 낼 만한 일에도 내지 않는 것이 곧 격이다. 나를 정복하는 자가 곧 세상을 정복하는 자다.
>
> — 마르쿠스 아우렐리우스(Marcus Aurelius)

📖 사례

"분노를 다스려 분열된 국가를 하나로 묶은 에이브러햄 링컨"

미국의 제16대 대통령 에이브러햄 링컨(Abraham Lincoln)은, 내면에서 들끓는 분노라는 파괴적 감정을 어떻게 조직을 치유하고 결속시키는 리더십의 고결한 품격으로 승화시킬 수 있는지를 생생하게 보여 주는 역사상 가장 위대하고도 독보적인 실증적 전형(典型)입니다. 그는 국가 존망의 위기 속에서 마주한 수많은 비난과 좌절의 순간에도, 즉각적인 감정의 폭발 대신 '부치지 않는 편지'와 고요한 성찰을 선택함으로써 인간이 가진 가장 원초적인 분노를 가장 차원 높은 인내로 치환해 냈습니다. 이러한 그의 정서적 다스림은 분열된 국론을 하나로 모으는 강력한 도덕적 구심점이 되었습니다. 리더의 격(格)이란 거친 감정의 파고를 잠재워 공동체를 향한 자애로운 헌신으로 바꾸어 내는 '감정의 연금술'에 있음을 보여 주는 불멸의 귀감입니다.

그는 남북전쟁이라는 절체절명의 위기 속에서 수많은 정적과 무능한 장군들로부터 끊임없는 비난과 도전을 받았으나, 결코 감정적으로 대응하지 않았습니다. 링컨은 누군가에게 극심한 분노를 느낄 때면 즉시 반응하는 대신, 자신의 감정을 가감 없이 담은 격렬한 편지를 써 내려갔습니다. 하지만 그는 그 편지를 결코 발송하지 않고 서랍 깊숙이 넣어 둔 뒤, 마음이 가라앉았을 때 비로소 이성적인 해법을 찾았습니다. 그에게 글쓰기는 분노의 독소를 정화하는 자생적 필터였으며, 찰나의 격정을 갈무리하여 조직의 안녕을 위한 지혜로 승화시키는 숭고한 절제의 과정이었습니다.

리더가 자신의 감정을 다스리며 포용의 언어를 선택하자, 분열되어 있던 미국은 다시 하나로 뭉쳐 전쟁을 승리로 이끌 수 있었습니다. 에이브러햄 링컨의 사례는 리더의 절제된 감정이 어떻게 무너져 가는 공동체를 구원하고 영속하는 가치를 창조하는지를 자명하게 실증하고 있습니다. 리더의 내면적 격(格)이 빚어낸 이 인내의 서사는, 순간의 화를 참지 못해 공든 탑을 무너뜨리기 쉬운 현대 경영자들에게 감정의 불꽃을 잠재우고 이성의 빛을 밝히는 서늘한 지혜의 샘물이자, 혼란의 시대를 평정하는 가장 고결한 정신적 요새가 될 것입니다.

💡 성찰

- 당신은 오늘 누군가의 실수를 마주했을 때, 문제의 해결보다 당신의 일그러진 기분을 표현하는 데 더 많은 에너지를 쏟지는 않았는가?
- 우리 조직은 리더의 기분에 따라 공기의 온도가 급변하는 불안한 곳인가? 아니면 리더의 고요한 평정심 아래 누구나 안심하고 도전할 수 있는 평화의 대지인가?
- 당신은 리더로서 자신의 감정을 객관화하여 바라볼 수 있는 마음의 거울을 지니고 있으며, 분노의 파고가 덮쳐 올 때 고요히 자신을 정박시킬 단단한 자아를 지니고 있는가?

💗 명상

리더의 격(格)은 감정을 휘두르는 위력보다 분노를 고요히 집어삼킨 내면의 깊이에서 발현됩니다. 자신의 기분을 객관적으로 성찰하는 마음의 거울을 닦아 공동체의 평화로운 안녕을 사수하십시오. 이러한 단단한 자아는 기업을 감정의 격랑에도 흔들림 없는 고유한 명예로 영속시킵니다.

제75장

절제의 미학은 지나침이 모자람만 못함을 늘 기억하는 데 있습니다

리더의 절제는 끊임없는 욕망의 범람으로부터 조직을 보호하는 강력한 방어벽이 됩니다. 최고의 성취를 이룬 순간에도 '멈춤'의 지점을 냉철하게 판단하는 리더의 안목은 조직의 번아웃을 막는 핵심 동력입니다. 이러한 균형 감각이야말로 조직에 지속 가능한 생명력을 부여하는 가장 품격 있는 리더십의 정수입니다.

사유의 뜰에서 마주하는 경영의 본질은 끊임없는 팽창이 아니라 적절한 수렴에 있습니다. 많은 리더가 성장의 속도에 도취하여 조직의 역량을 넘어서는 과욕을 부리곤 하지만, 이는 결국 인재들의 영혼을 메마르게 하고 조직의 기초 체력을 갉아먹는 치명적인 독소가 됩니다. 절제는 성장을 멈추는 것이 아니라, 가장 아름답게 꽃피울 수 있는 최적의 상태를 유지하려는 전략적 인내입니다. 리더가 스스로의 권력과 욕심을 절제하지 못할 때 조직은 방향을 잃고 비대해진 몸집에 눌려 자멸의 길로 접어들게 됩니다.

조직의 안정은 과잉 에너지를 조절하는 리더의 섬세한 리더십으로 완성됩니다. 이는 중용의 도를 시스템 조절 원리로 구현하는 과정입니다. 진정한 격을 갖춘 리더는 더 많이보다 더 나은 가치에 집중하며, 승리의 순간에 오히려 고삐를 죄어 다음을 준비하는 자생적 겸손을 지닌 사람입니다. 절제의 미학을 실천한다는 것은 자신의 영향력을 과시하지 않고, 조직원들이 각자의 자리에서 스스로 빛날 수 있도록 여백을 만들어 주는 고도의 인격적 배려입니다.

자아의 비대함을 경계한다는 것은 리더가 내면의 허영과 결핍을 있는 그대로 응시하며, 충분함이라는 사유의 바다에 기꺼이 자신을 담그는 단단한 인격을 빚는 일입니다. 맹목적인 규모의 팽창을 유능함의 증거로 믿는 통념과 달리, 지속 가능한 성장의 토대는 리더의 용기 있는 멈춤을 통해 비로소 완성됩니다. 탐욕으로 쌓아 올린 공든 탑은 시련 앞에서 거품처럼 사라지기 마련이지만, 평소 절제로 다져 온 내실은 위기의 순간 조직을 지켜 내는 가장 견고한 방패가 됩니다.

탁월한 관리의 결실은 앞장선 이의 목소리가 얼마나 큰가가 아니라, 그가 스스로의 욕심을 얼마나 깊이 있게 다스렸는가에 따라 달라집니다. 하루의 끝에서 기록을 남기며, 오늘 내가 조직의 실상보다 나의 명예를 앞세우지는 않았는지, 혹은 멈춰야 할 때를 아는 지혜를 발휘했는지 되짚는 것은 함께하는 인재들과 약속한 미래를 향한 가장 경건한 다짐입니다. 리더가 실적이라는 지표를 넘어 존재의 조화와 진실함에 마음을 기울일 때, 조직은 리더의 세심한 배려가 스며든 자생적 활기를 얻게 됩니다. 이러한 상생의 에너지는 공동체 모두에게 스며들어 우리 전체를 시대의 파고 속에서도 흔들리지 않는 가장 명료하고 단단한 정신적 지주로 완성할 것입니다.

> 행복은 원하는 것을 얻는 데 있는 것이 아니라, 가지고 있는 것을 충분하다고 느끼는 데 있다. 리더의 절제는 조직의 평화를 만드는 가장 강력한 무기다.
>
> — 에피쿠로스(Epicurus)

"검소와 절제의 원칙으로 세계 최대의 가구 제국을 세운 이케아의 잉바르 캄프라드"

이케아(IKEA)의 창립자 잉바르 캄프라드(Ingvar Kamprad)는, 리더의 절제의 미학이 단순한 개인의 미덕을 넘어 어떻게 거대한 비즈니스 생태계를 지탱하고 영속하게 만드는지를 웅변하는 경영사의 가장 전형적이며 독보적인 실증적 귀감입니다. 그는 세속적인 화려함을 뒤로한 채 본질에 집중하는 검소함을 평생의 신념으로 삼았으며, 이러한 리더의 절제된 삶의 양식이 조직 전체의 강력한 원가 경쟁력과 실용적인 기업 문화로 승화될 수 있음을 여실히 증명해 보였습니다. 자신의 욕망을 다스려 대중에게 더 나은 삶을 선사하고자 했던 그의 숭고한 헌신은, 리더의 절제가 조직의 생명력을 불어넣는 가장 정직하고도 위대한 경영의 지표임을 일러 주는 불멸의 이정표로 평가받기에 충분합니다.

그는 세계적인 자산가였음에도 불구하고 중고차를 몰고 이코노미석을 이용하며, 메모지의 뒷면까지 사용하는 철저한 자생적 절제를 평생 실천했습니다. 캄프라드의 이러한 절제는 단순한 인색함이 아니라, 리더가 먼저 낭비를 줄여야만 고객에게 가장 합리적인 가격을 제공할 수 있다는 경영 철학의 실천이었습니다. 그는 회사가 거대해진 뒤에도 화려한 본사 건물을 짓는 대신, 그 자원을 제품의 질을 높이고 가격을 낮추는 데 집중하는 전략적 인내를 보였습니다. 리더가 스스로 낮은 곳을 지향하며 낭비의 요소를 근절해 보이자, 구성원들은 리더의 삶에서 조직이 나아가야 할 가장 정직한 방향성을 발견했습니다.

리더가 스스로의 욕망을 절제하며 본질에 집중하자, 전 세계 이케아 구성원들은 근검절약을 핵심 가치로 받아들여 경쟁사가 흉내 낼 수 없는 압도적인 효율성을 만들어 냈습니다. 잉바르 캄프라드의 사례는 리더의 절제된 삶이 조직의 격을 높이고 영속하는 성취를 가능케 함을 자명하게 뒷받침하고 있습니다. 리더의 내면적 격(格)이 빚어낸 이 검소함의 서사는, 외형의 비대함으로 성공을 과시하려다 내실의 붕괴를 초래하기 쉬운 현대 경영자들에게 자극적인 장식을 덜어 내고 본연의 단단함을 회복하게 하는 시린 물빛 같은 일깨움이자, 조직을 지탱하는 가장 담백하고도 견고한 주춧돌이 될 것입니다.

💡 성찰

- 당신은 오늘 더 큰 목표를 달성하기 위해 구성원들의 한계치를 넘어서는 무리한 지시를 내리며, 그것을 열정이라는 이름으로 포장하지는 않았는가?
- 우리 조직은 리더의 과시욕 때문에 불필요한 외형 확장에 에너지를 쏟는 허약한 곳인가? 아니면 절제의 미학 아래 내실을 다지는 단단한 공동체인가?
- 당신은 리더로서 성취의 정점에서 기꺼이 멈춰 서서, 그 공로를 동료들에게 돌리며 자신의 에고를 낮출 수 있는 고결하고 단단한 자아를 지니고 있는가?

🧠 명상

리더의 격(格)은 채운 업적의 양보다 비워 낸 과욕의 공간에서 더욱 빛납니다. 성취의 정점에서 기꺼이 멈춰 서서 그 공로를 동료에게 돌리는 미덕을 실천하십시오. 부족함과 넘침 사이의 황금률을 지키는 절제는 조직을 불멸의 명예로운 반열에 올립니다.

제76장

고독을 견디는 시간은
리더의 내실을 완성합니다

리더의 고독은 세상으로부터 단절된 쓸쓸한 소외나 고립이 아니라, 오히려 자신의 내밀한 영혼 속에 펼쳐진 광활한 우주를 향해 홀로 떠나는 장엄하고도 고결한 탐험이 됩니다. 세속의 화려한 함성과 겉도는 기대를 잠시 뒤로한 채, 오직 시퍼런 양심의 거울 앞에 서서 자신과 대면하는 그 침묵의 무게야말로 복잡하게 얽힌 판단의 미로를 단숨에 뚫고 조직의 본질을 명징하게 직시하게 만드는 리더십의 가장 시리고도 성스러운 지적 세례가 됩니다.

소음이 지배하는 경영의 일상에서 리더가 갖추어야 할 가장 희귀한 자산은 온전한 홀로 있음입니다. 수많은 보고와 회의, 끝없는 결정의 연속 속에서 리더의 영혼은 쉽게 파편화되고 타인의 시선에 잠식당하기 마련입니다. 고독은 흩어진 자아의 조각들을 모아 하나의 단단한 중심으로 엮어 내는 신성한 성찰의 시간입니다. 홀로 있는 시간의 무게를 견뎌 내지 못하는 리더는 결국 여론의 풍향계에 휘둘리는 유약한 모습을 보이게 되지만, 고독의 심연에서 자신을 정박시킨 리더는 어떤 거센 풍랑 속에서도 조직이 나아갈 올바른 방향을 잃지 않습니다.

생각의 깊이를 더한다는 것은 리더가 누군가에게 인정받고 싶어 하는 욕심과 외로움에 대한 두려움을 솔직하게 마주하고, 고요함 속에서 자신을 객관적으로 바라볼 수 있는 단단한 내면을 만드는 과정입니다. 우리는 흔히 발이 넓은 것이 리더의 유능함이라 착각하기 쉽지만, 새로운 가치를 만들어 내는 여정에서 마주하는 본질은 오직 리더가 홀로 견뎌 낸 고뇌의 시간을 통해 길러 낸 예리한 통찰뿐입니다. 타인의 환호에 기대어 얻은 찰나의 평온은 거친 시련이 닥치면 이내 흩어져 버릴 조각에 불과합니다. 정작 위태로운 순간에 조직을 보듬으며 가장 선명하게 빛을 발하는 것은, 리더가 홀로 자신을 응시하며 묵묵히 쌓아 올린 흔들림 없는 자기 확신입니다.

공동체가 자아내는 성취의 깊이는 리더가 얼마나 화려한 인맥을 자랑하는가가 아니라, 그가 얼마나 깊은 고독의 무게를 묵묵히 견뎌냈는가에 달려 있습니다. 사무를 수행하는 과정에서 스스로의 행보를 기록하는 순간마다 오늘 내가 주변의 평판에 휘둘려 본질을 놓치지는 않았는지, 혹은 홀로 결정해야 할 지점을 외면하지는 않았는지 자문하는 행위는 함께하는 사람들과 약속한 내일을 향한 가장 단단한 다짐입니다. 리더가 눈에 보이는 수치적 성과를 넘어 내면의 고요와 진실함에 귀를 기울일 때 조직은 비로소 리더의 깊은 사유가 깃든 독자적인 생명력을 얻게 됩니다.

이와 같이 정제된 사유의 힘은 구성원 개개인의 가슴에 울림을 주어 공동체 전체에 생동하는 기운을 불어넣습니다. 리더가 고독 속에서 길어 올린 정직한 결단은 타인의 간섭이나 일시적인 유행에 흔들리지 않는 조직의 굳건한 뼈대가 되어 줍니다. 이러한 상생의 흐름은 모든 이에게 전해져 우리 전체를 시대의 파고 속에서 흔들리지 않는 고결한 승리의 상징으로 아로새길 것입니다.

> 당신의 고독 속으로 들어가라. 고독은 당신을 보호하고, 당신의 길을 명확하게 만들어 주는 거룩한 집이다. 리더는 그 집에서 비로소 진정한 자신과 만난다.
> — 라이너 마리아 릴케(Rainer Maria Rilke)

"'생각 주간(Think Week)'이라는 자발적 고독으로 마이크로소프트를 혁신한 빌 게이츠"

마이크로소프트(Microsoft)의 창립자 빌 게이츠(Bill Gates)는, 세속의 번잡한 소음을 과감히 차단하고 오직 사유의 심연으로 침잠하는 의도적인 고독이 어떻게 거대 기업의 명운을 바꾸는 위대한 통찰로 화(化)하는지를 보여 주는 경영사의 가장 상징적이며 독보적인 실증 사례입니다. 그는 1년에 두 차례, 문명과 단절된 고요한 숲속으로 자신을 스스로 유폐시키는 생각 주간(Think Week)이라는 숭고한 고독의 의식을 통해, 리더의 안목이 번잡함을 털어 내고 본질의 핵심을 꿰뚫을 때 비로소 시대를 앞서가는 혁신의 항로가 열림을 전 세계에 입증해 보였습니다. 이러한 그의 행보는 고독이 단순한 고립이 아니라 미래의 지도를 그리기 위한 가장 치열하고도 장엄한 지적 투쟁임을 일러 주는 위대한 경영의 귀감으로 평가받기에 충분합니다.

그는 매년 두 차례, 일주일 동안 모든 연락을 끊고 숲속의 외딴 오두막으로 떠나는 자생적 사색의 시간을 가졌습니다. 그는 이 고독의 시간 동안 누구의 방해도 받지 않은 채 수백 건의 기술 보고서와 논문을 읽으며 세상의 변화를 예민하게 읽어 냈습니다. 1995년, 인터넷의 폭발적 성장을 예견하며 마이크로소프트의 모든 역량을 인터넷에 집중시킨 전설적인 '인터넷 문명의 거대한 물결(Internet Tidal Wave)'이라는 메모 역시 바로 이 고독의 공간에서 탄생했습니다. 리더가 군중의 소음에서 벗어나 홀로 있는 시간의 무게를 기꺼이 짊어지자, 조직은 미래의 맥락을 선점하는 자생적 진화를 이뤄 낼 수 있었습니다.

리더가 스스로를 사유의 감옥에 가둠으로써 얻어 낸 통찰은 마이크로소프트를 전 세계 소프트웨어 시장의 독보적인 지배자로 군림하게 만들었습니다. 빌 게이츠의 사례는 리더의 고독이 단순한 휴식이 아니라, 조직의 생존을 결정짓는 가장 치열한 전략적 사유의 시간임을 자명하게 뒷받침하고 있습니다. 리더의 내면적 격(格)이 빚어낸 이 침묵의 서사는, 속도전의 강박 속에 본질을 놓치기 쉬운 현대 경영자들에게 번잡한 소음을 걷어 내고 미래의 물길을 트는 서늘한 예지의 공간을 회복하게 하는 장엄한 지적 투쟁의 기록이자, 혼돈의 바다를 건너게 하는 가장 정교한 나침반이 될 것입니다.

💡 성찰

- 당신은 오늘 타인과의 끊임없는 소통 속에서 자신을 소진하지는 않았는가? 아니면 단 30분이라도 온전히 자신만의 내면으로 침잠할 고독의 여백을 확보했는가?
- 우리 조직은 리더가 고독하게 사유할 틈도 없이 몰아붙이는 숨 가쁜 곳인가? 아니면 리더의 고요한 통찰 아래 모든 결정이 숙성되는 품격 있는 곳인가?
- 당신은 리더로서 홀로 결정을 내려야 하는 그 시린 고독의 무게를 피하지 않고, 자신의 양심과 정직하게 대화할 수 있는 고결하고 단단한 자아를 지니고 있는가?

🐦 명상

리더의 격(格)은 번잡한 회의실보다 홀로 지켜 낸 고독의 방에서 깊게 무르익습니다. 소음에서 벗어나 자신의 영혼을 정제하는 고독의 여백을 오늘 단 삼십 분만 확보하십시오. 고귀한 침묵은 기업을 격랑에 흔들리지 않는 가장 안전한 목표에 단단히 귀착시킵니다.

제77장

멈추지 않는 탐구의 습관으로
리더의 격을 깊이 하십시오

리더의 끊임없는 지적 탐구는 공동체라는 대지에 마르지 않는 생명력을 공급하는 근원적인 수액이 됩니다. 과거의 성취가 주는 달콤한 안식에 안주하기보다, 더 깊은 진실을 찾아 사유의 지평을 넓혀 가는 고결한 열망이야말로 관습의 틀을 깨고 조직을 진보의 정점으로 이끄는 리더십의 가장 품격 있는 지적 태도입니다.

변화가 일상이 된 경영 환경에서 리더가 경계해야 할 가장 무거운 정체는 자신의 경험을 절대화하는 오만입니다. 세상은 쉼 없이 변모하는데 리더의 지혜가 어제에 고착되어 있다면, 조직은 결국 도태의 길을 걷게 됩니다. 배움이란 단순히 새로운 정보를 습득하는 행위를 넘어, 자신의 무지를 겸허히 인정하고 매일 새로운 시각으로 세상을 재구성하려는 실존적 투쟁입니다. 지적 탐구를 멈춘 리더는 더 이상 혁신의 산소를 공급하지 못하며, 이는 조직 내부에 고정관념의 벽을 세워 집단 지성을 마비시키는 치명적인 결과를 초래합니다.

지적 외연을 확장한다는 것은 리더가 스스로의 편견과 이미 모든 것을 알고 있다는 착각을 용기 있게 마주하는 과정입니다. 우리는 흔히 화려한 경력이 실력을 보증한다 믿지만, 불확실성의 파고 속에서 살아남기 위한 핵심 열쇠는 오직 부단한 배움을 통해 연마된 유연한 사고의 힘입니다. 과거의 성공 공식에 매몰되는 것은 변화의 바람 앞에 무너질 모래 언덕과 같으며, 결정적인 순간에 조직을 구원하는 힘은 리더가 평소 탐구하는 습관을 통해 길러 낸 다각적인 문제 해결 역량에서 나옵니다.

경영의 탁월한 결실은 리더가 내리는 지시의 강도가 아니라, 그가 던지는 질문이 얼마나 본질을 꿰뚫고 있는가에 달려 있습니다. 사무를 마무리하는 찰나마다 스스로의 행보를 기록하며, 오늘 내가 새롭게 깨달은 지혜는 무엇인지 혹은 나의 고정관념이 동료들의 잠재력을 가두지는 않았는지 성찰하는 행위는 인재들과 내일을 향해 건네는 가장 신중한 약속입니다. 리더가 계량화된 지표보다 지혜의 균형과 내밀한 진실함에 마음을 둘 때, 조직은 리더의 사려 깊은 시선이 깃든 독창적인 생명력을 얻게 됩니다.

이러한 상생의 흐름은 모든 구성원에게 스며들어 공동체 전체를 시대를 앞서가는 주역으로 비상하게 만드는 든든한 토양이 됩니다. 리더가 보여 주는 지적 겸손과 탐구의 자세는 조직원 개개인에게 배움의 동기를 부여하며, 전 조직이 자발적으로 진화하는 유기적인 문화를 형성하게 합니다. 끊임없이 자기를 쇄신하는 리더의 열정이 모든 이의 가슴에 닿을 때, 우리 조직은 어떤 격변 속에서도 흔들리지 않는 고결한 존재로 자리매김하게 될 것입니다.

나는 여전히 배우고 있다(Ancora Imparo). 여든이 넘은 나이에도 자신의 부족함을 고백했던 거장의 말처럼, 리더의 격은 멈추지 않는 배움의 태도에서 완성된다.

— 미켈란젤로(Michelangelo)

"매일 500페이지를 읽으며 지식의 복리 효과를 증명하는 워런 버핏"

투자의 귀재이자 버크셔 해서웨이(Berkshire Hathaway)의 살아 있는 전설인 워런 버핏(Warren Buffett)은, 리더의 쉼 없는 학습 습관이 어떻게 경영의 심도를 결정하고 조직에 영속적인 가치를 부여하는지를 장엄하게 투영하는 경영사의 가장 상징적이며 경이로운 실증적 귀감입니다. 그는 지식의 복리를 쌓아 가는 지적 성실함을 통해 리더의 안목이 정교하게 단련될수록 공동체의 운명을 바꾸는 경영의 격 또한 드높아질 수 있음을 온 세계에 유감없이 증명해 보였습니다. 지적 탐구가 멈추는 순간 리더십의 진화 또한 종결된다는 그의 준엄한 철학은, 배움에 대한 겸손이 한 조직을 얼마나 위대한 성취의 반열로 인도하는지를 일깨워 주는 독보적인 전형(典型)으로 평가받기에 충분합니다.

그는 자신의 업무 시간 중 80% 이상을 독서와 사유에 할애하는 것으로 널리 알려져 있으며, 매일 500페이지 분량의 기업 보고서와 신문 그리고 서적을 탐독하며 지식은 복리 이자처럼 쌓인다는 자생적 학습 철학을 평생에 걸쳐 실천해 왔습니다. 버핏 회장에게 독서는 단순한 정보 습득의 수단이 아니라, 현상의 이면에 숨겨진 본질을 꿰뚫기 위한 가장 치열한 정신적 수련이자 리더로서의 직관을 날카롭게 갈고닦는 엄숙한 과정이었습니다. 리더가 시장의 소란스러운 소음에 휘둘리지 않고 고요히 지적 자본을 축적하는 일에 매진하자, 버크셔 해서웨이는 단순한 투자 회사를 넘어 시대를 통찰하는 지혜의 상징이자 가장 견고한 가치 공동체로 진화했습니다.

리더가 수십 년간 축적한 지적 자본은 불확실성의 파고 속에서도 본질적인 가치를 찾아내는 탁월한 안목의 근간이 되었으며, 이는 조직의 영속성을 담보하는 가장 강력한 전략적 자산이 되었습니다. 워런 버핏의 사례는 리더의 학습이 개인의 취향을 넘어 조직의 명운을 결정짓는 가장 공세적인 경영의 도구임을 자명하게 입증하고 있습니다. 리더의 내면적 격(格)이 빚어낸 이 탐구의 서사는, 즉각적인 정보와 단기적 판단에만 매몰되어 지혜의 깊이를 잃어 가는 현대 경영자들에게 사유의 심연에서 길어 올린 통찰의 무게를 회복하게 하는 서늘하고도 맑은 예지의 샘물이자, 시간의 풍화를 견디며 거대한 가치의 숲을 이루게 하는 가장 비옥한 정신적 토양이 될 것입니다.

💡 성찰

- 당신은 오늘 하루를 마감하며, 어제보다 조금 더 지혜로워졌다고 자신 있게 말할 수 있는 새로운 배움을 얻었는가?
- 우리 조직은 리더의 낡은 경험칙에 갇혀 질식해 가는 곳인가? 아니면 리더의 멈추지 않는 탐구 아래 매일 새로운 영감이 솟구치는 생동하는 광장인가?
- 당신은 리더로서 자신의 무지를 드러내는 것을 두려워하지 않고, 가장 낮은 자의 목소리에서도 진리를 배울 수 있는 고결하고 단단한 자아를 지니고 있는가?

💚 명상

리더의 격(格)은 차지한 높은 직위보다 어제보다 조금 더 나아지려는 의지에 담겨 있습니다. 스스로의 모름을 솔직히 인정하고 모두에게 배우려는 열린 마음을 항상 잊지 마십시오. 배움을 멈추지 않는 성실함은 조직을 새로운 기회와 더 넓은 미래로 연결합니다.

제78장

정직의 보상은 스스로에게
부끄럽지 않은 선택에 있습니다

리더의 정직이란 타인의 시선을 의식해 덧씌운 가식의 허울이 아니라, 칠흑 같은 어둠 속에서도 스스로의 실존적 항로를 명징하게 밝혀 주는 고결한 내면의 등불입니다. 당장 눈앞을 유혹하는 이익보다 영혼의 무결함을 택하는 그 서슬 퍼런 용기야말로 공동체의 신의를 흔들림 없는 반석 위에 세우는 가장 근본적인 기틀이 되며, 시대를 넘어 불어오는 역사의 거센 풍파 속에서도 결코 침몰하지 않을 위엄을 선사하는 도덕적 승리의 정수가 됩니다.

이해관계가 복잡하게 얽힌 경영의 미로에서 리더가 마주하는 가장 치명적인 함정은 결과만 좋으면 과정은 덮어질 것이라는 자기기만입니다. 순간의 위기를 모면하기 위한 작은 거짓은 처음에는 달콤한 피신처가 될 수 있으나, 시간이 흐를수록 리더의 내면을 갉아먹고 종국에는 조직 전체를 불신이라는 잿빛 늪에 빠뜨리는 파괴적인 연쇄 작용을 일으킵니다. 정직은 단순히 사실을 말하는 행위를 넘어, 자신의 가치관과 행동을 일치시키려는 치열한 존재론적 투쟁입니다. 스스로에게 떳떳한 선택을 내리는 리더만이 구성원들에게 당당히 헌신을 요구할 수 있으며, 그 당당함이야말로 어떤 위기에도 흔들리지 않는 조직의 실질적인 결집력이 됩니다.

리더의 무결함은 인격적 통합과 신뢰 자산의 관점에서 고찰할 때, 조직

내 불필요한 거래 비용을 걷어 내고 성과를 앞당기는 가장 정교하고 효율적인 경영 기술로 그 진가를 드러냅니다. 진정한 격을 갖춘 리더는 아무도 보지 않을 때 나는 누구인가를 끊임없이 자문하며, 자신의 양심이 허락하지 않는 길에는 단 일 인치의 발걸음도 허용하지 않는 자생적 결벽을 지닌 사람입니다. 스스로에게 부끄럽지 않다는 자부심은 외부의 비난이나 환경의 변화에 일희일비하지 않게 하는 심리적 요새가 되며, 이는 구성원들에게 리더의 판단이 사적인 욕망에 오염되지 않았다는 가장 강력한 무언의 확신을 심어 줍니다.

내면의 진실과 마주한다는 것은 리더가 스스로의 비겁함이나 사사로운 욕심을 정직하게 대면하고, 매일 새벽의 맑은 기운으로 영혼을 닦아 내듯 단단한 자아를 세우는 과정입니다. 흔히 영리한 타협이 실리적인 선택이라 믿기 쉽지만, 가치를 일구어 가는 여정에서 얻는 진짜 해답은 리더가 정직한 고뇌를 거쳐 빚어진 떳떳한 결단뿐입니다. 거짓으로 얻은 평온은 진실의 빛 앞에서 금세 사라질 안개와 같으며, 결정적인 위기의 순간 조직을 살려 내는 힘은 리더가 평소 정직함을 통해 다져 온 흔들림 없는 자기 확신입니다.

경영의 참된 보람은 리더가 내리는 명령의 위압감이 아니라 그가 지켜 온 양심의 깊이에 의해 그 색채가 정해집니다. 사무를 처리하는 일상의 끝에서 성찰의 기록을 남기며, 오늘 내가 눈앞의 이득을 위해 타인을 속이지는 않았는지 혹은 스스로에게 부끄러운 합리화를 하지는 않았는지 되짚어 보는 행위는 동료 및 미래 세대와 맺는 가장 숭고한 약속입니다. 리더가 수치의 지배보다 존재의 정직함과 내면적 진실함에 귀를 기울일 때 조직은 비로소 리더의 세심한 배려가 담긴 독창적인 생명력을 얻게 되며, 이러한 상생의 흐름은 구성원 모두에게 전해져 공동체 전체를 시대의 흐름을 주도하는 찬연한 귀감으로 승화시킬 것입니다.

당신의 인격이 당신의 운명이다. 정직은 단순히 가장 좋은 방책이 아니라, 리더가 가질 수 있는 유일한 생존 방식이다. 스스로에게 정직한 자는 세상 그 무엇도 두렵지 않다.

— 다그 함마르셸드(Dag Hammarskjöld)

📖 사례

"지구의 약탈자에서 파수꾼으로, 자신의 과오를 정직하게 시인한 인터페이스의 레이 앤더슨"

세계 최대의 상업용 타일 카펫 기업인 인터페이스(Interface Inc.)의 창립자 리더 레이 앤더슨(Ray Anderson)은, 자신의 과오를 직시하는 리더의 용기 있는 자기 고백이 어떻게 조직의 정체성을 근본적으로 혁신하고 공동체의 격(格)을 위대하게 드높이는지를 웅변하는 현대 경영사의 가장 경이롭고도 상징적인 실증이 됩니다. 그는 기업이 지구에 가해 온 상처를 정직하게 시인함으로써 미션 제로(Mission Zero)라는 숭고한 소명을 일구어 냈으며, 리더의 투명한 고백이 조직원들의 영혼을 깨워 세상을 치유하는 거대한 흐름으로 나아가게 한 위대한 경영의 귀감으로 평가받기에 충분합니다. 이러한 그의 행보는 진정한 리더십의 권위가 완벽함이라는 가식이 아닌, 진실을 마주하는 정직한 성찰에서 비롯됨을 일러 주는 불멸의 이정표로 남을 것입니다.

그는 1994년 어느 날, 자신의 회사가 지구 자원을 약탈하며 환경을 파괴하고 있다는 사실을 정직하게 깨달았습니다. 앤더슨은 이 사실을 숨기거나 변명하는 대신, 직원들과 주주들 앞에서 나는 지구의 약탈자였으며, 우리의 비즈니스 방식은 틀렸다고 정직하게 선언했습니다. 그는 회사의 목표를 환경 파괴 제로(Mission Zero)로 재설정하고, 자신의 과오를 바로잡기 위한 고통스러운 혁신을 시작했습니다. 리더가 자신의 부끄러운 진실을 대면하고 정직하게 나아가자, 구성원들은 감동하며 혁신에 동참했고 인터페이스는 환경 경영의 세계적인 선구자로 거듭났습니다. 이는 리더의 자생적 참회가 어떻게 조직 전체의 사명감을 일깨우고 새로운 산업 표준을 제시할 수 있는 지를 여실히 투영하는 대목입니다.

리더가 스스로에게 부끄럽지 않은 선택을 내리자, 인터페이스는 단순한 제조 기업을 넘어 인류에게 영감을 주는 성취의 반열에 올랐습니다. 레이 앤더슨의 사례는 리더가 과오를 인정하는 용기를 발휘할 때 비로소 조직이 한계를 뛰어넘어 영속하는 가치의 지평을 열 수 있음을 자명하게 보여 주고 있습니다. 리더의 내면적 격이 빚어낸 이 진실의 서사는, 완벽이라는 가면 뒤에 숨어 시대적 책임을 외면하기 쉬운 현대 경영자들에게 자신의 허물을 씻어 내고 조직의 영혼을 정화하는 서늘한 예지의 샘물이자, 어둠을 뚫고 찬란한 새벽을 불러오는 가장 정직한 양심의 파수꾼이 될 것입니다.

💡 성찰

- 당신은 오늘 타인의 비난을 피하기 위해 혹은 조직의 실적을 방어하기 위해 사실의 한 조각을 교묘하게 왜곡하지는 않았는가?
- 우리 조직은 리더의 정직한 자기 성찰 아래 실수를 솔직하게 인정하는 곳 인가? 아니면 체면을 차리기 위해 거짓된 성공담만을 나열하는 곳인가?
- 당신은 리더로서 막대한 이익과 자신의 양심을 맞바꿔야 하는 순간이 온 다면, 기꺼이 이익을 포기하고 영혼의 평화를 선택할 만큼 고결하고 단 단한 자아를 지니고 있는가?

리더의 격(格)은 통장의 숫자보다 거울 속 자신과 당당히 마주하는 진실함으로 정립됩니다. 실적을 위해 사실을 왜곡하지 말고 실수를 솔직히 인정하는 투명한 경영을 천명하십시오. 이러한 영혼의 평화는 조직을 유혹에 흔들리지 않는 단단한 성장의 길로 이끌어 냅니다.

제79장

작은 공로를 크게 예우하는 것이
리더의 품격입니다

리더가 건네는 진심 어린 치하와 예우는 타인의 평범한 수고를 고결한 기여의 가치로 승화시키는 가장 따스한 인격적 연금술입니다. 아무도 주목하지 않는 그늘진 자리에서 묵묵히 소임을 다하는 작은 헌신조차 섬세하게 포착하여 명예의 빛을 비추는 사려 깊은 시선이야말로, 인재들의 잠든 영혼을 깨우고 공동체를 하나의 거대한 신뢰의 합창으로 긴밀하게 엮어 내는 리더십의 가장 아름답고 찬란한 정서적 지표가 됩니다.

경영이라는 삭막한 수림(樹林) 속에서 리더가 빠지기 쉬운 가장 안타까운 착각은 구성원의 정직한 헌신을 금전적 보상에 따른 당연한 권리로 치부하는 오만입니다. 물질적 가치가 영혼의 인정을 대신할 수 없음을 망각할 때, 조직의 생동감은 메마른 낙엽처럼 바스러지기 마련입니다. 감사는 단순한 예절의 수사가 아니라, 상대의 존재 가치를 증명하는 가장 강력한 인격적 승인입니다. 리더가 작은 성취 뒤에 숨은 거친 땀방울을 예우할 때, 조직원들은 단순한 도구가 아닌 역사의 주역임을 자각하며, 이는 어떤 보상체계로도 빚어낼 수 없는 자발적 헌신을 불러일으킵니다.

타인의 숨은 가치를 발굴하는 일은 리더가 자신의 무관심과 영광을 독차지하려는 자기도취를 정직하게 대면하는 과정입니다. 그것은 겸손이라는 깊은 사유의 바다에 기꺼이 자신을 낮추어 담그고, 내면의 근육을 묵묵히 단련해 가는 숭고한 성찰입니다. 강압적인 규율보다 조직을 견고히 지탱하는 핵심은 오직 리더의 진심 어린 감사를 통해 정제된 마음의 유대뿐입니다. 물질로만 쌓아 올린 협력은 시련 앞에 허물어질 사구와 같으나, 평소 건넨 고마움은 결정적인 순간 조직을 일으켜 세우는 뜨거운 열망이 됩니다.

공동체가 일궈낸 진실한 도약은 리더가 내세우는 위세의 크기가 아니라, 그가 일궈낸 울림의 파동이 얼마나 깊은가에 따라 결정됩니다. 매 순간 동료의 헌신을 당연히 여기지는 않았는지, 고맙다는 표현을 옹졸한 자존심 때문에 억누르지는 않았는지 성찰하는 행위는 미래를 향한 가장 숭고한 약속입니다. 실적보다 존재의 빛남에 마음을 기울일 때, 조직은 리더의 세심한 존중이 깃든 자생적 생동감을 얻게 됩니다. 리더의 진심이 담긴 예우가 조직의 말단까지 흐를 때, 인재들은 한계를 넘어서는 헌신을 기꺼이 선택하며, 이 투명한 신뢰의 결합은 우리를 어떤 격변 속에서도 흔들리지 않는 명예로운 주역으로 자리매김하게 할 것입니다.

> 감사는 마음의 기억이다. 리더가 구성원의 작은 기여를 기억하고 예우할 때, 그 조직은 불가능을 가능케 하는 기적의 공동체가 된다.
>
> — 마쓰시타 고노스케(Konosuke Matsushita)

📖 사례

"화장실 청소부의 손을 잡으며 감사의 경영을 실천한 '경영의 신', 마쓰시타 고노스케"

일본의 파나소닉(Panasonic)을 창립한 경영의 성자 마쓰시타 고노스케(Matsushita Konosuke)는, 리더의 진심 어린 감사가 어떻게 구성원의 상처

입은 영혼을 치유하고 잠든 열정을 일깨우는 숭고한 원동력이 되는지를 보여 주는 경영사의 가장 독보적이며 아름다운 실증적 귀감입니다. 그는 격변하는 시대적 시련 속에서도 자신과 함께 험난한 길을 걷는 인재들을 향해 낮은 자세로 건네는 '감사'의 한마디야말로, 리더가 선사할 수 있는 가장 고결한 예우이자 조직의 결속을 견고히 다지는 최상의 경영 철학임을 평생의 삶으로 유감없이 입증해 보였습니다. 보이지 않는 곳에서 묵묵히 헌신하는 이들의 가치를 세심하게 발견하고 그들에게 전한 그의 따스한 고마움은, 단순한 인사의 차원을 넘어 조직 전체에 깊은 신뢰와 자긍심이라는 새로운 생명력을 불어넣는 위대한 구심점이 되었습니다.

그는 평소 "나의 성공은 나보다 똑똑한 사람들의 도움 덕분이었다"는 말을 입에 달고 살며, 가장 낮은 곳에서 일하는 사람들에게 지극한 감사를 표하는 자생적 예우를 성실히 실천했습니다. 어느 날 그는 공장을 방문하여 남들이 꺼리는 화장실을 청소하는 직원 앞에 멈춰 섰습니다. 그는 직원의 거친 손을 두 손으로 맞잡고 "당신 덕분에 우리 직원들이 쾌적하게 일하며 좋은 제품을 만들 수 있습니다. 진심으로 감사합니다"라고 말하며 정중히 머리를 숙여 경의를 표했습니다. 리더가 이처럼 보이지 않는 곳의 작은 공로를 크게 예우하자, 그 감동은 조직 전체로 번져 나갔고 직원들은 회사를 자신의 집처럼 아끼며 세계 최고의 품질을 만들어 내는 강력한 원동력을 발휘하게 되었습니다.

리더의 감사가 지닌 이 경이로운 치유와 일깨움의 힘은, 오늘날 복잡한 경영 환경 속에서도 인간에 대한 지극한 존중이야말로 조직을 가장 높은 곳으로 비상하게 만드는 불멸의 경영 자산임을 역사의 갈피 속에 명징하게 각인시키고 있습니다. 마쓰시타의 사례는 리더의 정직한 감사가 개인의 자존감을 바로 세우고, 그것이 모여 어떻게 위대한 기업의 격(格)을 완성하는지를 자명하게 실증하고 있습니다. 리더의 내면적 격이 빚어낸 이 감사의 서사는, 성과라는 차가운 숫자 뒤에 숨은 인재들의 고단함을 잊기 쉬운 현대 경영자들에게 메마른 조직의 대지를 적시는 따스한 봄비이자, 구성원의 가슴속에 꺼지지 않는 자부심의 등불을 밝히는 고결한 사랑의 기록이 될 것입니다.

💡 성찰

- 당신은 오늘 하루 동안 함께 일한 동료들에게 그들의 수고가 결코 헛되지 않았음을 증명해 주는 감사의 언어를 단 한 번이라도 건넸는가?
- 우리 조직은 성과를 당연시하여 열정이 식어 가는 삭막한 일터인가? 아니면 리더의 세심한 예우 아래 누구나 자신의 가치를 인정받는 따스한 광장인가?
- 당신은 리더로서 자신의 성취가 수많은 이름 없는 조력자들의 희생 위에 세워진 것임을 잊지 않고, 기꺼이 그들에게 공을 돌릴 단단한 자아를 지니고 있는가?

🧠 명상

리더의 격(格)은 자신이 받은 찬사보다 동료에게 건네는 감사의 농도에서 비로소 드러납니다. 모든 성취가 수많은 조력자의 희생 덕분임을 인정하며 진심 어린 예우를 매일 베푸십시오. 타인의 공로를 귀하게 여기는 태도는 조직을 자발적인 헌신과 성취의 광장으로 완성합니다.

 리더의 격(格)

제80장

언행일치는 리더십의 신뢰를 증명하는 가장 확실한 방법입니다

리더의 언어는 단순한 선언이 아니라 조직의 성과로 연결되는 책임 있는 약속입니다. 화려한 수식보다 구체적인 실행으로 자신의 말을 증명하는 자세는 리더십의 신뢰를 구축하는 가장 확실한 방법입니다. 이러한 언행일치의 태도는 조직 내 확고한 신뢰 관계를 형성하며, 어떤 경영 환경 변화 속에서도 팀이 흔들림 없이 목표를 달성하게 돕는 실질적인 기반이 됩니다.

사유의 벼랑 끝에서 리더가 마주하는 가장 집요한 유혹은 자신의 혀가 내뱉은 '언어의 과잉' 뒤로 숨는 것입니다. 많은 리더가 비전을 선포한다는 명분 아래 거창한 구호로 미래를 치장하지만, 그 말들이 행동이라는 육신을 얻지 못할 때 구성원들의 가슴 속에는 냉소라는 잿빛 이끼가 자라나기 시작합니다. 언행일치는 단순히 거짓을 멀리하는 차원을 넘어, 자신의 존재 전체를 걸고 내뱉은 말의 무게를 삶으로 감당해 내는 치열한 자기 증명입니다. 말의 그림자가 행동의 빛을 가릴 때 리더의 위엄은 어둠 속으로 매몰되며, 이는 결국 조직의 지향점을 잃게 만드는 치명적인 영혼의 파산을 초래합니다.

인격적 통합성과 사회적 자본의 관점에서 고찰할 때, 리더의 말과 행동 사이의 간극은 조직의 거래 비용을 결정짓는 핵심 변수가 됩니다. 진정한 격을 갖춘 리더는 "말하기 전에 행하고, 행한 후에 말하라"는 고전의 가르침을 자생적 규율로 삼으며, 자신의 언어가 행동이라는 필터를 통과하여 정제될 때까지 침묵을 선택할 줄 아는 사람입니다. 말의 그림자를 단속한다는 것은 타인의 귀를 즐겁게 하려는 유혹을 뿌리치고, 오직 자신이 책임질 수 있는 영토만큼만 언어의 지평을 넓히겠다는 인격적 결벽입니다.

내면의 겉치레를 걷어 낸다는 것은 리더가 남들의 시선을 갈구하는 명예욕과 서두름을 있는 그대로 응시하고, 정직이라는 투명한 거울 앞에 매일 자신의 말과 마음을 비추며 흔들림 없는 자아를 빚는 과정입니다. 흔히 호기로운 선포가 집단에 생기를 불어넣는다 착각하기 쉽지만, 비전의 항로에서 마주하는 진짜 해답은 오직 리더의 진솔한 행동을 거쳐 여과된 '책임 있는 침묵'뿐입니다. 유려한 말솜씨로 쌓아 올린 안온함은 시련의 바람 앞에 허무하게 흩어질 거품과 같으며, 위기의 한복판에서 조직을 결집하는 핵심 동력은 리더가 평소 언행일치를 통해 쌓아 온 구성원들의 견고한 믿음입니다.

리더의 깊은 격조는 늘어놓는 미사여구의 화려함이 아니라 그가 묵묵히 걸어온 실천의 궤적에 의해 판가름 납니다. 사무실에서 업무를 갈무리하며 스스로를 성찰하는 기록을 남기고, 오늘 나의 화술이 타인의 눈을 가리지는 않았는지 혹은 나의 발걸음이 앞선 다짐을 충실히 따르고 있는지 되짚는 행위는 인재 및 미래 세대와 맺는 가장 엄중한 약속입니다. 리더가 수치적 결과보다 삶의 일관성과 본질적인 진실함에 마음을 기울일 때, 조직은 비로소 앞선 이의 세심한 존중이 깃든 독자적인 생명력을 얻게 됩니다. 그 상생의 에너지는 모두의 가슴에 스며들어 공동체 전체를 시대를 관통하는 위대한 주역으로 비상하게 만드는 든든한 기틀이 될 것입니다.

> 군자는 말하기를 부끄러워하고 행하기를 민첩하게 한다. 말이 행동을 앞서는 것을 스스로 경계하지 않는다면, 그가 세운 공적은 모래 위에 지은 집과 같다.
>
> — 공자(Confucius)

"품질과의 약속을 지키기 위해 전 매장의 문을 닫은 스타벅스의 하워드 슐츠"

스타벅스(Starbucks)의 중흥을 이끌며 커피라는 매개체를 하나의 문화적 현상으로 격상시킨 하워드 슐츠(Howard Schultz) 회장은, 리더의 언행일치가 무너져 가는 브랜드의 격(格)을 어떻게 다시 세우고 조직의 본질을 회복시키는지를 보여 주는 경영사의 가장 자명하고도 강렬한 실증적 귀감입니다. 그는 화려한 말솜씨로 위기를 모면하기보다, 약속의 무게를 변치 않는 금보다 더 단단하게 다듬어 고객의 신뢰를 되찾은 경영자의 본보기가 되었습니다. 리더의 진짜 권위는 유려한 언변이 아닌 단호한 실천에서 나온다는 사실을 그는 몸소 증명했습니다. 이는 리더의 진정성이 실질적인 행동으로 옮겨질 때 조직에 얼마나 강력한 변화를 불러일으키는지 여실히 보여 줍니다.

2008년, 스타벅스가 지나친 확장의 늪에 빠져 '스타벅스의 경험'이라는 본질적 가치를 상실해 가고 있다고 판단하자 그는 파격적인 결단을 내렸습니다. 그는 "우리는 다시 최고의 커피 품질로 돌아가겠다"는 약속을 행동으로 증명하기 위해, 미국 전역 7,100여 개 매장의 문을 동시에 닫고 전 직원을 대상으로 에스프레소 추출 교육을 다시 실시하는 전무후무한 행보를 보였습니다. 수백만 달러의 매출 손실이 예상되는 긴박한 상황이었음에도 불구하고, 리더가 내뱉은 '품질 최우선'이라는 가치가 단순한 구호가 아님을 온몸으로 실천하자 고객과 시장은 다시 스타벅스를 신뢰하기 시작했습니다. 이는 리더가 내뱉은 약속을 증명하기 위해 묵묵히 놓았던 실천의 징검다리가 어떻게 조직의 생명력을 되살리고 브랜드의 영혼을 정화하는지를 자명하게 실증하는 대목입니다.

리더의 언어가 행동이라는 실체를 입을 때 비로소 조직은 한계를 뛰어넘어 영속하는 성취의 반열에 오를 수 있습니다. 하워드 슐츠의 사례는 숫자의 성과보다 가치의 진정성을 우선시하는 리더의 격(格)이 조직에 어떤 기적을 불러오는지를 명확히 보여 줍니다. 리더의 내면적 격이 빚어낸 이 실천의 서사는, 번드르르한 말의 성벽 뒤에 숨어 실질적인 행동을 주저하는 현대 경영자들에게 진실의 무게를 회복하게 하는 묵직한 경종이자, 브랜드의 본질을 일깨워 다시금 찬란한 비상을 가능케 하는 가장 강력한 신뢰의 자양분이 될 것입니다.

💡 성찰

- 당신은 오늘 회의에서 부하 직원들에게 강조했던 그 원칙을, 아무도 보지 않는 당신의 집무실에서도 스스로 엄격하게 지키고 있는가?
- 우리 조직은 리더의 화려한 말잔치 뒤에 가려진 공허한 일터인가? 아니면 리더의 묵직한 실천 아래 누구나 약속의 가치를 신뢰하는 단단한 공동체인가?
- 당신은 리더로서 자신의 언행이 불일치했음을 깨닫는 순간, 즉시 자신의 실책을 인정하고 행동을 수정할 만큼 고결하고 단단한 자아를 지니고 있는가?

💗 명상

리더의 격(格)은 말의 수려함보다 아무도 보지 않는 공간의 엄격한 실천에서 빚어집니다. 말의 그림자를 지워 내고 약속의 가치를 묵직한 행동으로 직접 증명하며 실책을 바로잡으십시오. 이러한 언행일치의 무게는 조직을 신뢰와 존중이 살아 있는 불멸의 가치 창출로 지탱합니다.

 리더의 격(格)

제9부

♛

시대적 통찰:
변화의 파고를 넘는 거시적 안목

"시대적 통찰이란 눈앞의 파도에 일희일비하지 않고 그 파도를 만드는 심해의 조류를 읽어내는 선구자의 감각이며, 찰나의 현상 뒤에 숨겨진 역사의 거대한 맥락을 포착하여 조직의 항로를 근본적으로 재설정하는 지적 용기입니다. 리더의 안목이 성과라는 지표의 감옥에 갇히지 않고 삶의 현장이라는 드넓은 지평으로 확장될 때, 경영은 단순한 생존의 기술을 넘어 시대를 선도하는 예술의 경지에 이르게 되며, 변화라는 시린 바람을 혁신의 돛으로 바꾸는 거시적 혜안이야말로 공동체를 미래의 불확실성 속에서도 가장 안전하고 위대한 항구로 인도하는 리더십의 최전선이 됩니다."

제81장

고객 이해는 데이터가 아닌 삶의 맥락에 있습니다

리더의 전략적 직관은 단순한 통계 수치를 넘어 고객의 일상과 실제 요구 사항을 명확히 파악하는 역량입니다. 데이터만으로는 확인하기 어려운 사용자의 불편함을 깊이 이해하고 실질적인 해결책으로 전환하는 통찰이 중요합니다. 이러한 깊이 있는 고객 이해는 시장의 복잡한 변화 속에서도 차별화된 가치를 창출하며, 조직의 성과를 극대화하는 실질적인 토대가 됩니다.

정보의 범람 속에 사는 현대의 리더가 빠지기 쉬운 가장 우아한 함정은 그래프와 도표가 인간의 본질을 대변한다고 믿는 지적 오만입니다. 숫자는 현상의 그림자일 뿐, 그 그림자를 만드는 실체는 고객의 땀방울 섞인 생활과 그들이 꿈꾸는 내일의 풍경에 있습니다. 삶의 맥락을 읽는다는 것은 타인의 구두 밑창이 닳아가는 이유를 헤아리는 일이며, 그들이 소비를 통해 채우고자 하는 심리적 공허를 리더의 시선으로 보듬는 과정입니다. 맥락을 거세한 데이터 경영은 영혼 없는 기계를 만드는 일과 같으며, 이는 결국 고객의 마음을 얻지 못하고 숫자의 유효기간과 함께 소멸하는 치명적인 경영의 빈곤을 초래합니다.

인류학적 통찰과 행동 경제학의 관점에서 고찰할 때, 시장의 승리는 지갑의 점유율이 아니라 '삶의 점유율'에서 결정됩니다. 진정한 격을 갖춘 리더는 "얼마나 팔렸는가"보다 "우리의 가치가 그들의 삶을 어떻게 아름답게 바꾸었는가"를 집요하게 묻는 사람입니다. 맥락을 읽는다는 것은 고객의 언어 뒤에 숨은 침묵까지 세심하게 경청하는 행위이며, 사람의 따뜻한 온기를 비즈니스의 언어로 정성껏 번역해 내는 고도의 인격적 승화입니다. 데이터의 수렁에서 벗어난다는 것은 리더가 단기적 성과에 매달리는 조급함을 솔직하게 대변하고, '공감'이라는 깊은 사색의 바다에 기꺼이 자신을 던져 성숙한 내면을 가꾸는 과정입니다. 우리는 흔히 정교한 알고리즘이 해답을 줄 것이라 믿지만, 가치를 창조하는 긴 여정에서 마주하는 진짜 정답은 오직 리더의 생생한 감각을 거쳐 정제된 '삶의 진실'뿐입니다. 수치로만 쌓아 올린 안온함은 새로운 유행의 파도 앞에 금세 허물어질 모래 언덕과 같으며, 위기의 순간 조직을 구원하며 빛을 발하는 것은 리더가 평소 삶의 맥락을 짚어 가며 쌓아 온 고객과의 깊은 정서적 유대입니다.

경영의 탁월한 결실은 리더가 구사하는 화려한 수사가 아니라, 그가 어루만진 고객의 시린 가슴이 얼마나 따스해졌는가에 의해 결정됩니다. 사무를 관장하는 매 순간 스스로를 살피는 기록을 남기며, 오늘 내가 숫자의 감옥에 갇혀 인재와 고객의 진솔한 표정을 놓치지는 않았는지 되짚어 보는 행위는 동료 및 미래 세대와 맺는 가장 엄중한 약속입니다. 리더가 메마른 통계보다 존재의 서사와 내면의 진실에 귀를 기울일 때, 조직은 리더의 세심한 배려가 스며든 고유한 생명력을 얻게 됩니다. 이러한 상생의 기운은 모든 구성원에게 번져 공동체 전체를 역사의 지평을 넓히는 독보적인 상징으로 아로새길 것입니다.

> 고객은 자신이 무엇을 원하는지 모른다. 그들의 삶 속에 들어가 그들이 차마 말하지 못한 갈증을 먼저 찾아내어 보여 주는 것, 그것이 리더의 통찰이다.
>
> — 스티브 잡스(Steve Jobs)

"기술의 정점은 화려한 수치가 아니라 사용자의 고단함을 덜어 주는 다정한 시선에 있습니다", 다이슨의 제임스 다이슨

영국의 혁신 기업 다이슨(Dyson)의 창업자 제임스 다이슨(James Dyson)은, 리더의 시선이 차가운 시장 데이터가 아닌 사용자의 '삶의 맥락'에 머물 때 기술이 어떻게 예술의 경지로 승화되는지를 보여 주는 명징한 기록이자 자명한 서사가 됩니다. 그는 진공청소기 시장이 먼지 봉투의 수익성에 매몰되어 고객의 불편을 데이터의 함정 아래 가둬 두었을 때, 화려한 통계 지표 너머에서 사용자의 일상을 파고드는 집요한 응시를 멈추지 않았습니다.

다이슨은 먼지 봉투가 차오를수록 흡입력이 떨어지는 현상을 단순한 기계적 결함이 아닌, 청소를 하는 사람들의 '심리적 허기'와 '생활의 고단함'으로 읽어 냈습니다. 그는 5,127번의 실패라는 고독한 기록의 시간을 거치며, 정교한 알고리즘이 내놓은 효율의 정답보다 현장에서 마주한 사용자의 땀방울 섞인 진실을 더 가치 있는 자본으로 예우했습니다. 리더가 수치로 쌓아 올린 안온함을 버리고 삶의 깊은 맥락을 비즈니스의 언어로 정성껏 번역해 내자, 세상은 비로소 기술 속에 담긴 인간에 대한 따뜻한 온기를 발견하기 시작했습니다.

이러한 인류학적 통찰은 다이슨을 단순한 가전 브랜드를 넘어 시대를 이끄는 혁신의 이정표로 우뚝 세운 강력한 동력이 되었습니다. 숫자가 아닌 사용자의 구두 밑창이 닳아 가는 이유를 먼저 헤아린 리더의 고결한 격(格)은, 한 시대를 풍미하는 거대한 성공의 유산으로 완성되어 오늘날 우리에게 경영의 참된 의미를 엄숙히 일깨워 주고 있습니다. 맥락을 거세한 데이터 경영이 영혼 없는 기계를 만드는 일이라면, 다이슨의 행보는 타인의 삶을 아름답게 바꾸고자 하는 리더의 집요한 질문이 일궈 낸 고도의 인격적 승화라 부를 만합니다.

💡 성찰

- 당신은 오늘 보고서에 적힌 매출 수치에 안도했는가? 아니면 그 숫자를 만들어 낸 한 고객의 고단한 일상을 단 1분이라도 상상해 보았는가?
- 우리 조직은 고객을 데이터상의 점으로 취급하는 차가운 곳인가? 아니면 그들의 삶의 맥락을 존중하며 함께 성장하는 따뜻한 공동체인가?
- 당신은 리더로서 화려한 통계 지표 뒤에 숨겨진 불편한 진실을 직시하고, 본질적인 가치를 위해 기꺼이 기존의 성공 공식을 버릴 단단한 자아를 지니고 있는가?

💚 명상

리더의 격(格)은 화려한 매출 수치보다 고객의 고단한 일상을 헤아리는 공감에서 피어납니다. 통계 지표 너머의 불편한 진실을 직시하며 본질적인 가치를 경영의 토대로 삼으십시오. 삶의 맥락을 존중하는 따뜻한 동행은 조직을 시대를 선도하는 탁월한 성취로 수렴됩니다.

제82장

기술 활용의 본질은 도구를 넘어선 새로운 가치 창출에 있습니다

기술은 조직의 역량을 확장하는 유용한 수단이지만, 그 활용 방향을 결정하는 핵심은 리더의 명확한 가치관입니다. 기계적인 효율성을 넘어 인간의 가치를 중심에 두는 안목은 급격한 기술 변화 속에서도 조직이 본질을 잃지 않게 돕습니다. 이러한 사람 중심의 접근은 조직이 나아갈 올바른 기준을 제시하며, 지속 가능한 성장을 가능하게 하는 실질적인 토대가 됩니다.

혁신의 물결이 휘몰아치는 시대에 리더가 마주하는 가장 기만적인 풍경은 기술 그 자체가 모든 해답을 줄 것이라는 맹신입니다. 인공지능과 자동화라는 이름의 새로운 도구들이 쏟아져 나오지만, 그것은 경영이라는 거대한 건축물을 짓기 위한 수단일 뿐 건축물의 품격과 쓰임새를 결정하는 것은 설계자의 영혼입니다. 기술에 매몰된 리더는 속도를 얻는 대신 방향을 잃게 되며, 이는 결국 조직의 모든 활동이 인간의 삶을 풍요롭게 한다는 본질에서 멀어지게 만드는 치명적인 가치의 전도를 초래합니다. 진보란 단순히 더 빠른 길을 찾는 것이 아니라, 더 가치 있는 목적지에 도달하기 위해 기술을 수단으로 예우하는 과정이어야 합니다.

도구의 효율성과 가치 실현의 관점에서 고찰할 때, 진정한 가치는 도구의 정교함이 아니라 그 도구를 통해 구현되는 인간적 경험에서 창출됩니다. 격을 갖춘 리더는 어떤 기술을 도입할 것인가보다 이 기술이 우리 구성원과 고객의 존엄성을 어떻게 드높일 것인가를 집요하게 묻는 사람입니다. 기술의 진보를 진정한 가치로 치환한다는 것은 시스템의 최적화나 산업적 효율을 높이는 기술적 도달을 넘어, 그 성취가 공동체의 일상에 어떤 따스한 온기를 전하는지를 깊이 헤아리는 리더의 철학적 결단입니다. 수단의 노예가 되지 않는다는 것은 리더가 최신 기술에만 눈이 멀어 맹목적으로 뒤쫓는 조급함을 내려놓고, 본질적인 의미라는 깊은 성찰의 숲에서 자신의 지성을 새롭게 가다듬는 일입니다. 우리는 흔히 방대한 데이터가 곧 지혜를 대신할 것이라 믿지만, 가치를 일구어 가는 긴 여정에서 얻는 진짜 해답은 오직 리더의 확고한 가치관을 거쳐 정제된 기술과의 조화로운 균형뿐입니다. 효율성만을 앞세워 쌓은 성취는 더 혁신적인 도구가 등장하면 금세 뒤처질 신기루일 뿐이며, 결정적인 위기의 순간 조직을 지켜 내는 힘은 리더가 기술 너머의 인간을 존중하며 다져 온 조직의 근본적인 사명감입니다.

경영의 참된 결실은 리더가 휘두르는 지시의 위엄이 아니라, 기술을 통해 빚어낸 가치의 밀도가 얼마나 깊은가에 의해 결정됩니다. 사무 활동을 갈무리하는 시간마다 내면의 흐름을 조용히 관조하며, 오늘 내가 도구의 편리함에 취해 동료들의 창의적인 영감을 억누르지는 않았는지 혹은 우리 조직의 품격보다 기술의 속도를 앞세우지는 않았는지 되짚는 행위는 인재 및 미래 세대와 맺는 가장 엄중한 약속입니다. 리더가 메마른 성과의 지배보다 존재의 고귀함과 내면의 진실에 마음을 쏟을 때, 조직은 비로소 리더의 세심한 정성이 투영된 독창적인 생명력을 얻게 됩니다. 이러한 상생의 흐름은 모든 이에게 전해져 공동체 전체를 시대를 선도하는 영원히 마르지 않는 생명의 샘으로 보전할 것입니다.

기술은 훌륭한 하인이지만, 끔찍한 주인이다. 리더는 도구의 화려함에 눈멀지 않고, 그 도구가 인간의 선을 위해 쓰이도록 사유의 고삐를 놓지 말아야 한다.

— 한스 요나스(Hans Jonas)

📖 사례

"기술의 진보는 속도가 아니라 인간을 향한 방향에 있습니다", 토요타의 아키오 토요다

토요타자동차의 아키오 토요다(Akio Toyoda) 회장은 인공지능과 자율주행이라는 첨단 기술이 쏟아지는 시대에, 리더의 시선이 기술의 정교함이 아니라 그 기술이 빚어낼 '인간의 삶'에 머물러야 함을 보여 주는 가장 정직한 사례가 됩니다. 그는 자동차 제조라는 도구의 영역을 넘어 '모두를 위한 이동의 자유(Mobility for All)'라는 본질적인 가치를 향해 나아갈 때, 기술이 비로소 따스한 생명력을 얻는다는 사실을 일깨워 주었습니다.

그는 '우븐 시티(Woven City)'라는 거대한 실험을 시작하며, 그것이 단순히 첨단 기술을 테스트하는 똑똑한 도시가 아니라 '사람 중심의 살아 있는 실험실'임을 강조했습니다. 기술에 매몰된 리더는 속도를 얻는 대신 방향을 잃기 쉽지만, 아키오 회장은 기술을 경영이라는 건축물의 품격과 쓰임새를 결정하는 '설계자의 영혼'으로 예우했습니다. 시스템의 최적화나 산업적 효율을 높이는 도달점을 넘어, 그 기술적 성취가 공동체의 일상에 어떤 온기를 전하는지를 깊이 헤아리는 리더의 철학적 결단을 보여 준 것입니다.

리더가 최신 기술에만 눈이 멀어 맹목적으로 뒤쫓는 조급함을 내려놓고 성찰의 숲에서 자신의 지성을 새롭게 가다듬을 때, 조직은 비로소 시대를 이끄는 주역으로 성장합니다. 아키오 회장이 일궈 낸 기술과의 조화로운 균

　　　　　　　리더의 격(格)

형은, 효율성만을 앞세워 쌓은 성취가 새로운 도구 앞에 금세 뒤처질 신기루일 뿐임을 우리에게 역설합니다. 기술을 수단으로 예우하며 더 가치 있는 목적지에 도달하기 위해 묵묵히 걸어가는 그의 발자취는, 오늘날 우리에게 경영의 참된 격이 어디에서 비롯되는지를 엄숙히 전해 주고 있습니다.

💡 성찰

- 당신은 오늘 새로운 기술적 도구를 도입하며 그 효율성에 감탄했는가? 아니면 그 기술이 우리 구성원들의 노동을 얼마나 더 의미 있게 만들지 고민해 보았는가?
- 우리 조직은 최첨단 시스템의 노예가 되어 인간미를 상실한 차가운 공장인가? 아니면 기술을 수단 삼아 더 높은 차원의 가치를 창조하는 지혜로운 공동체인가?
- 당신은 리더로서 기술이 가져올 편리함 뒤에 숨겨진 윤리적 책임과 인격적 소외의 가능성을 직시하고, 본질적인 인간 존중을 위해 기꺼이 기술의 속도를 조절할 단단한 자아를 지니고 있는가?

🫶 명상

리더의 격(格)은 기술의 편리함보다 구성원의 노동을 가치 있게 만드는 지혜에 있습니다. 도구가 가져올 소외를 경계하며 인간미 살아 있는 따뜻한 공동체를 힘써 일구십시오. 사람 중심의 기술 운용은 기업을 시장의 흐름을 주도하는 최고의 가치로 성장시킵니다.

제83장

글로벌 감수성은 현지 문화를 존중하는 유연함에서 시작됩니다

글로벌 리더십은 세계를 하나의 기준으로 규정하기보다 각 지역의 고유한 특성을 존중하며 최적의 조화를 찾아내는 역량입니다. 서로의 차이를 인정하고 현지의 문화를 조직의 경영 철학과 유연하게 결합하는 태도는 물리적 경계를 넘어 새로운 가치를 창출하는 핵심입니다. 이러한 개방적인 사고는 시장의 복잡한 변화에 기민하게 대응하며 조직의 영역을 확장하는 실질적인 기반이 됩니다.

국경이 희미해진 경영의 영토에서 리더가 마주하는 가장 치명적인 오만은 자신이 성공했던 방식이 세계 어디에서나 통용될 것이라는 '보편성의 함정'입니다. 진정한 세계화는 영토의 확장이 아니라 마음의 확장이며, 현지인들의 삶 속에 흐르는 역사적 맥락과 관습의 무늬를 정직하게 관찰하고 존중하는 태도에서 시작됩니다. 글로벌 감수성이 결여된 리더는 시장을 숫자로만 파악하여 물리적 점유율은 높일 수 있을지언정, 그 땅의 사람들과 정서적 유대를 맺는 데 실패하여 결국 이방인의 한계에 부딪히고 맙니다. 유연함은 원칙의 포기가 아니라, 원칙이라는 단단한 씨앗을 각기 다른 토양의 특성에 맞춰 가장 아름답게 꽃피우는 고도의 경영 기술입니다.

문화적 지능과 초국적 리더십의 관점에서 고찰할 때, 글로벌 시장의 승부

리더의 격(格)

는 규격화된 효율성이 아니라 '맥락적 공감'에서 결정됩니다. 격을 갖춘 리더는 "우리가 무엇을 제공할 것인가"를 고민하기에 앞서 "그들이 무엇을 진정 소중히 여기는가"를 먼저 묻는 사람입니다. 시장의 결을 존중한다는 것은 낯선 현장에서 뿜어져 나오는 생생한 활기와 그 속에 흐르는 공동체 의식을 조직의 자양분으로 겸허히 받아들이는 태도입니다. 이는 리더의 시선이 자기중심적인 편견을 벗어나 인류 보편의 존엄성 위에서 세계를 조망할 때 비로소 완성됩니다. 익숙한 관습에서 벗어난다는 것은 리더가 무의식중에 품어 온 선민의식과 변화에 대한 두려움을 정직하게 마주하는 일입니다. 이는 '낯선 다름'을 수용하는 넓은 사유의 바다에 기꺼이 자신을 내맡기며, 어떤 환경에서도 흔들리지 않는 유연한 자아를 일궈 가는 과정입니다. 우리는 흔히 보편적인 기준이 조직의 질서를 세울 것이라 믿지만, 가치 창조의 항로에서 마주하는 진짜 해답은 오직 리더의 열린 마음을 통해 정제된 '현지화된 탁월함'뿐입니다. 힘의 논리로 밀어붙인 확장은 저항의 파도 앞에 쉽게 허물어질 모래 언덕일 뿐이며, 위기의 순간 조직을 지탱하는 핵심적인 힘은 리더가 평소 현지 사회의 문법을 존중하며 쌓아 온 깊은 신뢰 관계입니다.

경영의 진정한 보람은 리더가 내리는 지시의 단호함이 아니라, 그가 시장의 숨은 맥락을 얼마나 우아하게 수용했는가에 의해 결정됩니다. 사무 활동을 갈무리하며 스스로의 사유를 기록으로 남기고, 오늘 내가 낯선 문화를 편견의 잣대로 재단하지는 않았는지 혹은 나의 명령이 현지의 정서를 해치지는 않았는지 되짚는 행위는 인재 및 미래 세대와 맺는 가장 엄숙한 약속입니다. 리더가 계량화된 지표보다 존재의 조화와 내면적 진실에 마음을 쏟을 때, 조직은 리더의 세심한 배려가 스며든 고유한 생명력을 얻게 됩니다. 이러한 상생의 에너지는 모든 이에게 전해져 공동체 전체를 시대를 선도하는 위엄 있는 존재로 비상하게 만드는 최고의 토대가 될 것입니다.

상대방이 이해하는 언어로 말하면 그의 머리에 전달되지만, 상대방의
고유한 언어로 말하면 그의 심장에 닿습니다.

— 넬슨 만델라(Nelson Mandela)

📖 사례

"시장의 결을 읽어 인도의 입맛을 사로잡은 맥도날드의 '마하라자 맥'"

글로벌 기업의 대명사인 맥도날드(McDonald's)가 인도 시장에 성공적으로 안착한 과정은, 리더의 글로벌 감수성이 단순히 낯선 문화를 수용하는 차원을 넘어 어떻게 경영의 격(格)을 완성하고 새로운 영토의 영혼을 사로잡는지를 보여 주는 가장 전형적이며 자명한 실증이 됩니다. 그들은 자사의 고유한 시스템을 유지하면서도 현지의 종교적 금기를 깊이 존중하며 그 땅의 식문화와 조화롭게 공명하는 현지화의 미학을 유연하게 발휘하였습니다. 이러한 맥도날드의 결단은 글로벌 리더십이 지녀야 할 진정한 미덕이 타자의 문화를 규격화된 잣대로 재단하는 것이 아니라, 현지의 전통과 숨결 속에 조직의 철학을 녹여 내어 지속 가능한 가치를 창조하는 것임을 전 세계 경영 현장에 여실히 입증해 보였습니다.

맥도날드는 소고기를 신성시하고 돼지고기를 멀리하는 인도의 종교적·문화적 결을 무시하고 기존의 성공 공식을 고집했다면 결코 성공할 수 없었을 것입니다. 그들은 빅맥이라는 자사의 상징을 과감히 내려놓고, 소고기 대신 닭고기나 양고기를 사용하고 인도 특유의 향신료를 가미한 마하라자 맥(Maharaja Mac)을 출시하는 자생적 유연함을 보였습니다. 또한 세계 최초로 육류가 전혀 없는 채식주의자 전용 매장을 여는 등 현지인들의 삶의 결을 지극히 존중했습니다. 리더십이 글로벌 표준의 오만함을 버리고 현지의 진실에 귀를 기울이자, 맥도날드는 인도의 식문화를 파괴하는 침략자가 아

리더의 격(格)

닌 인도의 일상에 녹아든 친숙한 브랜드로 사랑받게 되었습니다.

리더가 시장의 결을 존중하는 유연함을 발휘할 때 비로소 조직은 국경을 넘어 영속하는 성취의 반열에 오를 수 있음을 맥도날드의 사례는 실체적으로 입증하고 있습니다. 리더의 내면적 격(格)이 빚어낸 이 현지화의 서사는, 글로벌 표준이라는 오만함에 갇혀 외국의 고유한 삶을 재단하기 쉬운 현대 경영자들에게 국경의 경계를 허물고 타인의 가슴속에 깊이 가닿는 법을 일러 주는 서늘하고도 따스한 지혜의 숨결이자, 서로 다른 문화가 하나의 아름다운 선율로 어우러지게 하는 장엄한 소통의 교향곡이 될 것입니다.

💡 성찰

- 당신은 오늘 해외 시장이나 낯선 조직의 문화를 대할 때, 당신의 잣대로 그들을 평가했는가 아니면 그들의 시선으로 세상을 바라보려 노력했는가?
- 우리 조직은 글로벌 스탠다드라는 이름 아래 현장의 생생한 목소리와 고유한 정서를 억압하고 있지는 않은가?
- 당신은 리더로서 자신의 성공 경험이 다른 환경에서는 독이 될 수 있음을 인정하고, 기꺼이 초심자의 마음으로 타인의 문화를 배울 단단한 자아를 지니고 있는가?

💗 명상

리더의 격(格)은 정복한 시장의 크기보다 품어 낸 현지 문화의 깊이에서 결정됩니다. 자신의 성공 경험을 내려놓고 초심자의 마음으로 타인의 고유한 정서를 존중하십시오. 이러한 유연한 포용은 조직을 세계 시장을 주도하는 압도적인 성취로 당당히 이끌어 냅니다.

제84장

갈등 중재는 충돌을
혁신의 기회로 바꾸는 핵심 역량입니다

조직 내 의견 대립은 정체된 사고를 깨우고 새로운 변화를 이끄는 긍정적인 자극이 됩니다. 서로 다른 견해를 조율하여 집단 지성의 성과로 연결하는 리더의 중재 능력은 조직의 낡은 관행을 개선하고 새로운 도약을 가능하게 하는 실질적인 전략입니다. 이러한 정교한 조율은 조직의 비전을 명확히 하고 팀의 결속력을 다지는 중요한 토대가 됩니다.

경영이라는 거대한 용광로 안에서 리더가 마주하는 가장 까다로운 원료는 구성원 간의 이견입니다. 많은 이들이 갈등을 조직의 화합을 해치는 악으로 규정하여 덮어 두려 하지만, 침묵하는 평화는 대개 변화의 흐름을 상실한 공동체의 가사 상태에 불과합니다. 갈등을 중재한다는 것은 단순히 중간 지점을 찾는 타협이 아니라, 양 극단의 주장이 가진 에너지를 흡수하여 제삼의 대안을 빚어내는 창조적 긴장의 유지입니다. 리더가 갈등의 소음을 혁신의 신호로 번역해 내지 못할 때 조직은 획일화의 늪에 빠지게 되며, 이는 결국 복잡한 외부 환경의 도전에 대응할 수 있는 지적 유연성을 상실하게 만듭니다.

사회적 역동성과 변증법적 통합의 관점에서 고찰할 때, 공동체의 진보는 충돌하는 가치들이 서로를 깎아내리며 본질로 수렴할 때 발생합니다. 격을 갖춘 리더는 갈등을 두려워하는 회피자가 아니라 갈등의 한복판에서 대화의 물꼬를 트는 지혜로운 도강자가 되어야 합니다. 충돌의 에너지를 동력으로 바꾼다는 것은 현장의 치열함과 조직의 전략이 맞부딪힐 때, 어느 한쪽의 승리가 아니라 우리 모두의 진화를 선택하는 인격적 결단입니다.

자신의 고정관념을 깨고 타인의 가능성을 발견한다는 것은 리더가 스스로의 권위 의식과 내밀한 불안을 정직하게 응시하며, 진지한 성찰이라는 정갈한 샘물로 아집을 씻어 내어 단단한 내면을 세우는 과정입니다. 우리는 흔히 강압적인 지시가 분쟁을 잠재운다 믿지만, 가치를 일구는 여정에서 얻는 진정한 해답은 오직 리더의 진심 어린 중재를 거쳐 정제된 창의적 합의뿐입니다. 힘으로 억누른 안온함은 잠재된 불만 앞에 금세 무너질 모래성과 같으며, 위기의 순간 조직을 지탱하는 힘은 리더가 평소 건강한 갈등을 통해 다져 온 구성원들의 토론 문화입니다.

경영의 참된 보람은 리더가 내리는 명령의 위엄이 아니라 그가 조율해 낸 충돌의 하모니가 얼마나 조화로운가에 의해 결정됩니다. 사무실에서 업무를 갈무리하며 스스로를 돌아보고 오늘 내가 내부의 불협화음을 외면하지는 않았는지, 혹은 나의 서툰 중재가 누군가의 뜨거운 열정을 식히지는 않았는지 되짚는 행위는 조직의 인재 및 미래 세대와 맺는 가장 엄중한 약속입니다. 리더가 수치의 압박보다 존재의 공명과 내면적 진실에 귀를 기울일 때, 조직은 리더의 세심한 배려가 스며든 자생적인 생동감을 얻게 됩니다. 그 상생의 에너지는 모두의 가슴에 번져 공동체 전체를 시대를 앞서가는 주역으로 비상하게 만드는 든든한 토대가 될 것입니다.

> 갈등이 없는 곳에는 진보도 없다. 서로 다른 생각이 부딪칠 때 생기는 불꽃이 어둠을 밝히는 등불이 된다. 리더는 그 불꽃에 손을 데지 않으면서 길을 비추는 사람이다. ― 메리 파커 폴릿(Mary Parker Follett)

"생산적 갈등(Constructive Confrontation)으로 인텔의 전성기를 이끈 앤디 그로브"

인텔(Intel)의 전설적인 수장 앤디 그로브(Andy Grove)는, 조직 내부에 잠복한 갈등의 불씨를 사장(死藏)시키지 않고 오히려 이를 거대한 혁신의 동력으로 치환해 낸 경영사의 가장 자명하고도 강렬한 실증적 귀감이 됩니다. 그는 침묵하는 동의보다 치열한 논쟁이 조직의 생명력을 지속시킨다는 확고한 신념 아래, 건설적 대립이라는 고도의 지적 투쟁을 장려함으로써 관성이라는 낡은 껍질을 깨고 인텔을 세계 최고의 반도체 제국으로 우뚝 세웠습니다. 갈등의 소음을 혁신의 선율로 바꾸는 리더의 연금술이 조직을 어떻게 진화시키는지를 보여 준 그의 행보는, 오늘날 불확실성의 시대를 건너는 모든 경영자에게 시대를 꿰뚫는 준엄한 이정표를 제시하고 있습니다.

그는 인텔의 핵심 문화로 생산적 갈등을 선포하며, 상사의 눈치를 보지 않고 오직 데이터와 논리로 치열하게 논쟁할 것을 독려했습니다. 그로브 회장은 갈등이 발생했을 때 이를 감정적으로 대응하지 않고, "우리가 모르는 것은 무엇인가?"라는 질문을 던져 문제의 본질로 조직의 에너지를 정렬시켰습니다. 리더가 갈등을 지적인 탐구의 과정으로 예우하자, 인텔은 메모리 칩 회사에서 마이크로프로세서 제국으로 변모하는 고통스러운 세대교체 속에서도 단 한 번의 균열 없이 나아갈 수 있었습니다. 이는 리더가 충돌의 에너지를 혁신의 동력으로 삼을 때 비로소 조직이 한계를 뛰어넘어 영속하는 성취의 반열에 오를 수 있음을 실체적으로 입증하는 대목입니다.

앤디 그로브의 사례는 리더가 불편한 진실을 외면하지 않고 논쟁의 광장으로 끌어올릴 때, 비로소 조직의 지성이 극한으로 발휘될 수 있음을 자명하게 보여 주고 있습니다.

리더의 단호한 결기가 조직의 격(格)을 어떻게 혁명적으로 바꾸는지를 보여 주는 그의 궤적은, 평범함의 함정에 빠진 현대 경영자들에게 시대를 관통하는 서늘하고도 묵직한 통찰의 경종이 될 것입니다.

💡 성찰

- 당신은 오늘 부하 직원들 간의 이견이 발생했을 때, 이를 귀찮은 소음으로 여겼는가? 아니면 새로운 아이디어가 태동하는 전조로 보았는가?
- 우리 조직은 리더의 비위를 맞추기 위해 침묵하는 죽은 곳인가? 아니면 더 나은 정답을 찾기 위해 격렬하게 토론하는 살아 있는 광장인가?
- 당신은 리더로서 자신의 주장이 틀렸음을 입증하는 구성원의 날카로운 비판 앞에서도, 조직의 승리를 위해 기꺼이 미소 지으며 수용할 단단한 자아를 지니고 있는가?

🧠 명상

리더의 격(格)은 억눌린 침묵보다 격렬한 토론이 빚어낸 집단 지성에서 형성됩니다. 이견을 아이디어의 태동으로 여기며 충돌을 혁신으로 바꾸는 결단을 과감히 내리십시오. 정직한 중재의 힘은 기업을 시대를 관통하는 독보적인 성과로 더욱 강력히 승화시킵니다.

제85장

애자일 리더십은 완벽함보다 기민한 실행과 유연한 조정입니다

리더의 기민함은 완벽한 계획에 집착하기보다 작은 시도를 통해 얻은 피드백을 신속하게 현장에 반영하는 데 있습니다. 불확실한 경영 환경에서는 고정된 전략보다 실행 과정에서 발견되는 실무적인 지표를 바탕으로 방향을 수정하는 유연한 태도가 필요합니다. 이러한 속도감 있는 대응은 조직의 시행착오를 줄이고 목표를 향해 효율적으로 나아가게 하는 핵심적인 역량입니다.

오늘날 경영의 전장은 거대한 체구가 지배하는 곳이 아니라, 현장의 변화에 가장 기민하게 반응하는 유기체가 승리하는 생태계로 변모했습니다. 많은 경영자가 실패를 줄이기 위해 완벽한 시나리오를 짜는 데 귀중한 자원을 낭비하곤 하지만, 이는 사실상 변동성이 극심한 시장 환경에서 스스로의 눈을 가리는 전략적 고립과 다름없습니다. 계획이 치밀할수록 조직은 그 계획의 노예가 되어 현장의 살아 있는 신호를 무시하게 되며, 이는 결국 기회가 지나간 뒤에야 빈 그물을 끌어올리는 인지적 지체 현상을 초래합니다.

전략적 기동성의 관점에서 고찰할 때, 지도력의 핵심은 계획의 완결성이 아닌 환류의 속도에 경영의 성패를 거는 행위입니다. 리더가 웅장한 중장기 경로를 과감히 폐기하고 현장에서의 즉각적인 반응을 바탕으로 의사 결정

리더의 격(格)

을 수정해 나갈 때, 조직은 비로소 외부 환경과 실시간으로 공명하는 자생적 적응력을 갖추게 됩니다. 완벽주의라는 갑옷을 벗어던진 리더십은 가벼워진 만큼 빨라지며, 그 빠른 발걸음은 경쟁자가 분석에 매몰되어 있는 동안 시장의 과실을 선점하는 힘이 됩니다. 품격 있는 리더는 정답을 미리 안다고 자만하지 않고, 수많은 실험을 통해 정답을 함께 찾아가는 과정을 예우하는 사람입니다.

시도와 수정을 경영의 중심에 둔다는 것은 자신의 직관에 대한 과신을 가감 없이 대면하고, 정보 기반의 학습이라는 파도에 기꺼이 몸을 던지는 단단한 자아를 형성하는 일입니다. 우리는 흔히 일관성이 리더의 미덕이라 믿지만, 경영의 예술에서 진정한 정답이란 오직 리더의 정직한 성찰을 통과하여 도출된 유연한 항로 변경뿐입니다. 고착화된 원칙은 시련의 파고 앞에서 부러지기 쉬운 낡은 닻일 뿐이며, 위기의 순간 더욱 투명한 방향타가 되어 조직을 구원하는 것은 현장의 실체를 즉각 수용하는 리더의 열린 감각입니다.

조직이 자아내는 참된 도약은 리더의 치밀한 기획력이 아니라 리더가 조직에 불어넣는 실천의 응집력에 의해 결정됩니다. 사무실에서 업무를 수행하며 거창한 보고서보다 작동하는 시제품을 먼저 살피고, 실패한 시도에서 얻은 교훈을 성공의 지표로 예우하는 것은 인재들과 맺는 가장 엄숙한 약속입니다. 리더가 숫자의 정확성보다 시장의 맥박과 내면적 진실에 귀를 기울일 때, 조직은 비로소 리더의 깊은 배려가 담긴 고유한 생명력을 얻게 되며 그 기민한 혁신은 구성원들에게 전염되어 공동체 전체를 자립적인 존재로 비상하게 만드는 최고의 자양분이 될 것입니다.

> 완벽한 계획은 환상이다. 리더는 계획을 세우는 대신, 변화에 즉각적으로 반응할 수 있는 시스템을 만들어야 한다. 속도가 곧 전략이다.
>
> — 아만시오 오르테가(Amancio Ortega)

'2주의 마법'으로 패션 산업의 문법을 바꾼 자라(ZARA)의 인디텍스

글로벌 패션 제국 인디텍스(Inditex)의 심장부인 자라(ZARA)는, 변화를 거부하는 견고한 계획보다 유연한 대응이 어떻게 시장의 거친 파도를 지배하는지를 보여 주는 가장 혁신적이며 독보적인 실증이 됩니다. 전통적인 패션 기업들이 육 개월 전부터 다음 시즌을 완벽하게 예견하고 대량 생산의 관습에 안주하고 있을 때, 창업주 아만시오 오르테가(Amancio Ortega)는 "우리는 계획하지 않고 반응한다"는 파격적인 선언을 통해 리더십의 격(格)이 고정된 형식이 아닌 유동적인 생명력에 있음을 온 세계에 여실히 입증해 보였습니다. 미래를 단정 짓는 오만함을 버리고 현재의 숨결에 즉각적으로 응답하는 그의 철학은, 정체된 관성을 깨뜨리는 것만이 변화의 시대에 생존할 수 있는 유일한 지혜임을 일깨워 주는 불멸의 경영 지표로 평가받기에 충분합니다.

자라는 디자인부터 매장 진열까지 단 이 주일 만에 끝내는 울트라 패스트 패션(Ultra-fast fashion) 시스템을 구축하여 시간의 물리적 한계를 뛰어넘었습니다. 리더십은 완벽한 디자인이라는 고착된 이상을 고집하는 대신, 소량의 제품을 먼저 시장에 내놓고 고객의 반응이라는 진실에 귀를 기울이며 생산량을 조절하거나 디자인을 수정하는 자생적 유연함을 발휘했습니다. 이들에게 계획의 수정은 실패의 흔적이 아니라 승리를 향한 필연적인 조율의 과정이었으며, 리더가 완벽이라는 허상을 과감히 내려놓자 자라는 재고라는 무거운 짐을 벗어던지고 전 세계 트렌드를 가장 빠르게 주도하는 독보적인 거인으로 우뚝 설 수 있었습니다.

리더가 완벽의 강박에서 벗어나 실시간 데이터라는 현장의 진실에 모든 자원을 정렬시킬 때, 비로소 조직은 한계를 뛰어넘어 영속하는 성취의 반열에 오를 수 있음을 자라의 사례는 자명하게 실증하고 있습니다. 리더의 내면적 격(格)이 빚어낸 이 애자일 리더십의 서사는, 과거의 데이터로 미래의 성벽을 쌓으려다 시대의 조류에서 소외되기 쉬운 현대 경영자들에게 정해진 각본을 버리고 현장의 선율에 맞춰 춤추게 하는 서늘하고도 맑은 예지의 소나기이자, 거대한 대양의 흐름을 거스르지 않고 오히려 그 파도를 타고 가장 빠르게 목적지에 가닿게 하는 찬란한 혁신의 돛이 될 것입니다.

💡 성찰

- 당신은 오늘 계획의 완벽함을 기하느라 우리 조직이 마땅히 내디뎠어야 할 '첫 번째 발걸음'을 지체시키지는 않았는가?
- 우리 조직은 한 번 세운 계획을 고수하기 위해 현장의 경고를 무시하는 경직된 곳인가? 아니면 새로운 정보 앞에서 기꺼이 어제의 결정을 뒤집는 '기민한 유기체'인가?
- 당신은 리더로서 자신의 예측이 틀렸음을 정직하게 인정하고, 더 나은 방향을 향해 조직의 키를 즉각 꺾을 수 있는 고결하고 단단한 자아를 지니고 있는가?

🧘 명상

리더의 격(格)은 무결한 계획보다 실수를 기꺼이 인정하는 유연한 태도에 달려 있습니다. 완벽을 기다리기보다 현장의 경고를 학습의 기회로 삼아 즉시 방향을 전환하십시오. 이러한 기민한 변화는 조직을 정체된 계획 너머 실질적인 성과 창출로 가속합니다.

제86장

변화의 수용은 두려움을 설렘으로 바꾸는 경영의 예술입니다

변화는 조직의 안온함을 무너뜨리는 침입자가 아니라, 낡은 허물을 벗고 더 강인한 생명력을 얻기 위해 찾아오는 필연적인 성장의 계절입니다. 미지의 영역이 주는 두려움을 혁신의 설렘으로 승화시키는 리더의 심오한 안목이야말로, 공동체의 잠재력을 깨우고 미래를 향한 장엄한 대서사시를 써 내려가는 경영의 숭고한 예술이 됩니다.

대전환의 길목에서 리더가 마주하는 가장 본질적인 장애는 안락함에 안주하려는 본성과 익숙한 체계에 대한 집착입니다. 많은 기업이 변화를 생존을 위협하는 위기로만 인식하여 방어적인 태도를 보이지만, 고여 있는 조직의 문화는 결국 경쟁력을 잃고 쇠퇴하기 마련입니다. 변화를 수용한다는 것은 단순히 새로운 제도를 도입하는 차원을 넘어, 리더 스스로가 미지의 가능성 속으로 먼저 발을 내디뎌 그곳이 기회의 땅임을 실천으로 증명하는 일입니다. 리더가 변화를 성장의 기쁨으로 해석해 내지 못할 때 기업은 과거의 방식에 매몰되어 결국 시대의 흐름에서 소외되는 치명적인 정체를 겪게 됩니다.

모든 소멸은 새로운 생성의 씨앗을 품고 있다는 순환의 원리를 이해할 때 조직은 진정한 도약을 시작합니다. 격을 갖춘 리더는 무엇이 변하는가를 격정하기보다 우리 조직이 변치 않고 수호해야 할 근본적인 가치를 먼저 정립함으로써 구성원들의 심리적 안정을 도모하는 사람입니다. 두려움을 설렘으로 바꾼다는 것은 시장의 질서가 재편되는 격동의 순간마다, 그것을 리더가 꿈꿔 온 인격적 경영을 완성할 결정적인 기회로 인식하는 고도의 결단입니다. 이러한 철학적 태도는 단순한 위기관리를 넘어 기업의 정체성을 더욱 단단하게 벼려 내는 실존적 성취가 됩니다.

불확실성이 주는 막연한 불안을 성장의 동력으로 탈바꿈시킨다는 것은 리더가 통제권을 잃을지 모른다는 내면의 두려움을 정직하게 응시하고, 유연한 사고로 자신을 새롭게 빚어내는 과정입니다. 정교한 계획이 미래를 완벽히 담보할 것이라 믿는 자만을 내려놓을 때, 변화의 한복판에서 마주하는 진짜 해답은 오직 리더의 용기 있는 선택을 거쳐 정제된 민첩한 적응력뿐입니다. 고집스럽게 유지해 온 과거의 관행은 변혁의 거센 물결 앞에 쉽게 바스러질 파편일 뿐이며, 결정적인 순간에 기업을 다시 일으켜 세우는 힘은 리더가 평소 변화를 능동적으로 대하며 일깨운 구성원들의 역동적인 도전 정신입니다.

경영의 성숙한 결실은 리더가 내뿜는 명령의 날카로움이 아니라 변화를 대하는 그의 태도에 깃든 여유의 깊이에 의해 판가름 납니다. 사무를 수행하는 매 순간 내면을 살피며 기록을 남기고, 오늘 나의 주저함이 동료들의 창의적인 열망을 가로막지는 않았는지 혹은 변화의 징후를 애써 외면하지는 않았는지 되짚는 행위는 함께하는 인재들과 약속한 앞날을 향한 가장 진실한 다짐입니다. 리더가 계량화된 지표의 압박보다 존재의 진화와 내면적 진실에 귀를 기울일 때, 조직은 리더의 세심한 배려가 스며든 고유한 생명력을 얻게 됩니다. 이러한 상호 작용의 에너지는 모든 이에게 전해져 공동체 전체를 시대를 관통하는 명예로운 주역으로 비상하게 만드는 최고의 자양분이 될 것입니다.

비관론자는 바람이 불면 투덜대고, 낙관론자는 바람이 바뀌기를 기다리지만, 리더는 바람에 맞춰 돛을 조정한다.

— 윌리엄 아서 워드(William Arthur Ward)

📖 사례

"안정의 함정을 벗어나 클라우드라는 미지의 바다로 나아가다", 어도비의 샨타누 나라옌

2011년, 어도비(Adobe)의 CEO 샨타누 나라옌(Shantanu Narayen)은 주력 제품인 '크리에이티브 스위트'가 매년 수조 원의 안정적인 매출을 기록하고 있었음에도 불구하고, 이를 통째로 폐기하고 클라우드 구독 모델로 전환하는 파괴적 혁신을 선언했습니다. 당시 시장은 당장의 수익 감소를 우려하며 냉소적인 반응을 보였고, 내부 구성원들 역시 익숙한 체계를 벗어나는 것에 대한 극심한 두려움을 호소했습니다. 하지만 나라옌은 변화를 조직의 안온함을 무너뜨리는 침입자가 아닌, 더 강인한 생명력을 얻기 위해 찾아오는 필연적인 성장으로 받아들였습니다.

나라옌은 리더가 변화를 성장의 기쁨으로 해석해 내지 못할 때 기업은 과거의 방식에 매몰되어 정체된다는 사실을 직시했습니다. 그는 불확실성이 주는 막연한 불안을 미래를 설계하는 설렘으로 바꾸기 위해, '모든 기기에서 누구나 창의성을 발휘하게 한다'는 본질적인 가치를 정립하는 데 집중했습니다. 이러한 철학적 태도는 단순한 위기 관리를 넘어 기업의 정체성을 더욱 단단하게 벼려 내는 실존적 성취로 이어졌으며, 어도비는 소프트웨어 제조사를 넘어 디지털 경험을 선도하는 주역으로 비상하게 되었습니다.

리더가 계량화된 지표의 압박보다 존재의 진화와 내면적 진실에 귀를 기울였을 때, 어도비의 시가총액은 전환기 대비 수십 배로 성장하는 경이로운

리더의 격(格)

결실을 얻었습니다. 변화의 한복판에서 마주하는 진짜 해답은 오직 리더의 용기 있는 선택을 거쳐 정제된 민첩한 적응력뿐임을 보여 준 그의 행보는, 우리 공동체가 시대를 관통하는 명예로운 주역으로 도약하게 하는 최고의 자양분이 되었습니다. 이는 리더의 여유로운 깊이가 어떻게 두려움의 파도를 혁신의 돛으로 바꿀 수 있는지를 증명하는 가장 선명한 경영의 예술입니다.

💡 성찰

- 당신은 오늘 예상치 못한 환경의 변화를 마주했을 때, 당황하며 대책을 강구했는가 아니면 그 변화 속에 숨겨진 새로운 가능성에 심장이 뛰었는가?
- 우리 조직은 과거의 성공 방식에 갇혀 변화를 거부하는 박물관인가? 아니면 매일 새로운 파도를 기다리는 역동적인 서퍼들의 바다인가?
- 당신은 리더로서 자신의 권위가 무너질지 모르는 급격한 변화 앞에서도, 공동체의 진화를 위해 기꺼이 낡은 자신을 버릴 단단한 자아를 지니고 있는가?

🕊 명상

리더의 격(格)은 낡은 성공의 관습을 버리고 새로운 변화를 맞이하는 설렘에 깃듭니다. 무너질지 모르는 권위를 내려놓고 공동체의 진화를 위한 정직한 혁신을 과감히 감행하십시오. 불확실성을 성장의 축제로 예우하는 태도는 조직을 시대를 선도하는 압도적인 성취로 직결시킵니다.

제87장

공익의 실천은 기업의 존재 이유를 사회적 가치에서 찾는 데 있습니다

기업의 존재 이유는 자본 증식의 메마른 울타리를 넘어, 사회라는 광활한 숲을 비옥하게 가꾸는 공익의 실천에 그 궁극적인 지향점이 있습니다. 우리 조직의 성취가 타인의 고통이나 대지의 희생 위에 쌓아 올린 위태로운 성채가 되지 않도록 스스로를 경계하는 도덕적 안목이야말로, 이윤의 한계를 돌파하여 공동체의 찬사 속에 영속하는 기업으로 거듭나게 만드는 리더의 가장 고결하고도 장엄한 존재론적 선언이 됩니다.

자본의 논리가 지배하는 경영의 각축장에서 리더가 마주하는 가장 근원적인 질문은 '우리 기업이 누구를 위해 존재하는가?'입니다. 이윤은 기업이 생존하기 위한 산소와 같지만, 산소를 마시는 것 자체가 삶의 목적이 될 수 없듯 기업 또한 수익 그 자체를 목적으로 삼을 때 그 영혼은 서서히 고사하기 시작합니다. 공익의 실천은 기업의 부채가 아니라, 사회로부터 허락받은 사업권에 대한 정직한 보답입니다. 리더가 기업의 존재 이유를 사회적 가치에서 찾지 못할 때 조직은 이기적인 집단으로 전락하게 되며, 이는 결국 대중의 외면과 내부 구성원들의 사명감 결여라는 치명적인 경영의 허무를 초래합니다.

공유 가치 창출과 이해관계자 자본주의의 관점에서 고찰할 때, 기업의 지속 가능성은 사회적 문제를 해결하는 해법을 제시할 때 극대화됩니다. 격을 갖춘 리더는 얼마를 벌 것인가보다 세상의 어떤 결핍을 채울 것인가를 집요하게 묻는 사람입니다. 공익을 실천한다는 것은 비즈니스의 전문성을 통해 타인의 꿈을 지원하고 공동체의 격을 높이는 행위이며, 이는 리더의 시선이 사적인 소유권을 넘어 공적인 책임감으로 확장될 때 비로소 완성됩니다. 이러한 통찰은 단순한 기부를 넘어 기업의 핵심 역량이 사회의 진보와 맞물려 돌아가게 하는 지혜로운 전략적 결단입니다.

사적인 욕망을 공공의 정의로 다스린다는 것은 리더가 내면에 도사린 끝없는 소유욕과 성장에 대한 강박을 정직하게 마주하고, 나눔이라는 정갈한 새벽 물에 자신의 성공을 투영하여 단단한 자아를 빚는 과정입니다. 우리는 흔히 사회 기여를 부수적인 활동으로 치부하곤 하지만, 비전을 향해 나아가는 길목에서 얻는 진짜 정답은 오직 리더의 진실한 헌신을 거쳐 정제된 존경받는 결실뿐입니다. 독점과 착취로 쌓은 업적은 분노의 물결 앞에 속절없이 흩어질 파편일 뿐이며, 위기의 한복판에서 조직을 구원하는 핵심 동력은 리더가 평소 공익을 위해 쌓아 온 두터운 사회적 믿음입니다.

경영의 참된 결실은 리더가 내리는 결단의 위엄이 아니라 그가 사회에 남긴 선한 궤적이 얼마나 깊은 울림을 주는가에 달려 있습니다. 사무를 집행하는 치열한 현장에서 사유의 기록을 남기며, 오늘 나의 결정이 누군가의 삶을 위태롭게 하지는 않았는지 혹은 우리의 성장이 지역 공동체의 격을 높였는지 되짚는 행위는 함께하는 인재들과 맺는 가장 엄중한 인격적 약속입니다. 리더가 수치의 압박에서 벗어나 가치의 공유와 내면적 진실에 귀를 기울일 때, 조직은 리더의 세심한 정성이 깃든 독창적인 생기(生氣)를 얻게 되며 그 상생의 에너지는 구성원 모두에게 전해져 공동체 전체를 시대를 초월하는 선명한 상징으로 비상하게 만드는 최고의 기틀이 됩니다.

기업은 사회의 것이며, 사회의 이익을 위해 봉사할 때 비로소 존재 가
치가 있다. 이윤은 그 봉사에 대한 사회의 보답일 뿐이다.

— 유일한(Yu Il-han)

📖 사례

"전 재산을 사회에 환원하고 민족의 기업을 세운 유한양행의 유일한 박사"

한국 경영사의 가장 숭고한 거목이자 공익 실천의 고결한 사표가 되는 유
한양행의 창립자 유일한 박사는, 기업의 존재 이유가 단순한 자본의 축적이
아닌 사회를 향한 헌신과 공의(公義)의 실천에 있음을 온몸으로 증명해 보
인 경영사의 가장 독보적이며 성스러운 실증이 됩니다. 그는 사사로운 욕망
을 뒤로하고 기업의 소유와 경영을 철저히 분리하며 자신의 전 재산을 사회
에 환원함으로써, 리더의 도덕적 안목이 어떻게 공동체의 박수 속에 영속하
는 기업의 기틀을 닦는지를 역사 앞에 여실히 입증해 보였습니다. 자신의
삶 자체를 하나의 거대한 존립적 선언으로 승화시킨 그의 행보는, 이윤의
한계를 넘어 인간 존엄과 사회적 책임을 다하는 리더십의 격(格)이 무엇인
지를 일깨워 주는 불멸의 이정표로 평가받기에 충분합니다.

그는 가장 좋은 상품을 만들어 국가와 동포에게 도움을 주자는 자생적 철
학을 바탕으로 기업을 일궈 냈습니다. 유일한 박사는 정치적 압력 속에서
도 정직하게 세금을 납부하는 납세의 의무를 기업의 최우선 가치로 삼았으
며, 자신의 주식을 전 직원에게 나누어 주는 파격적인 공유 경영을 실천했
습니다. 특히 그가 세상을 떠나며 전 재산을 사회에 환원하고 자식들에게는
스스로의 길을 가도록 한 결단은, 기업이 리더 개인의 사유물이 아니라 사
회의 공적 자산임을 보여 주는 장엄한 마침표였습니다. 리더가 공익을 위해
자신을 비워 내자 유한양행은 창립자가 떠난 뒤에도 한국에서 가장 신뢰받

리더의 격(格)

는 기업으로 영속하고 있습니다.

유일한 박사의 사례는 리더가 기업의 목적을 사회적 가치에 둘 때 비로소 그 성취가 시대를 관통하여 불멸의 유산이 됨을 실체적으로 입증하고 있습니다. 리더의 내면적 격(格)이 빚어낸 이 무소유의 서사는, 소유의 크기로 자신의 위엄을 증명하려다 본질을 잃어 가는 현대 경영자들에게 스스로를 비움으로써 세상을 가득 채우는 서늘하고도 맑은 예지의 샘물이자, 자본의 거친 바다 위에서 영혼을 잃지 않고 항해하는 모든 이에게 진정한 성공이란 대지를 향한 숭고한 귀환임을 속삭이는 영원한 울림이 될 것입니다.

💡 성찰

- 당신은 오늘 기업의 이익을 극대화하는 결정을 내리며, 그것이 우리 사회에 가져올 장기적인 영향에 대해 단 1분이라도 숙고해 보았는가?
- 우리 조직은 사회의 고통을 외면한 채 숫자만 키워 가는 고립된 섬인가? 아니면 이웃의 눈물을 닦아 주며 함께 성장하는 비옥한 대지인가?
- 당신은 리더로서 자신의 성공이 오직 자신의 능력 때문이 아니라 사회가 제공한 토양 덕분임을 인정하고, 기꺼이 그 혜택을 환원할 단단한 자아를 지니고 있는가?

💗 명상

리더의 격(格)은 기업의 이익보다 사회가 그 존재를 얼마나 간절히 원하는가로 좌우됩니다. 자신의 성공이 사회의 도움 덕분임을 인정하며 공익을 위한 정직한 기여를 넓혀 가십시오. 상생을 향한 진심은 조직을 시대를 넘어 사회와 함께 성장하는 기업으로 성숙시킵니다.

제88장

현지화의 격은 지역의 목소리에 겸손히 귀 기울이는 데 있습니다

현지화는 자본의 위세로 타국의 영토를 점령하는 오만한 정복의 서사가 아니라, 그 땅이 오랜 세월 동안 간직해 온 문화적 자부심 앞에 스스로를 낮추어 정서적 시민권을 획득해 가는 리더의 고결하고도 심오한 예우가 됩니다. 보편적 시스템의 골조 위에 현지의 미세한 감수성이라는 숨결을 정교하게 덧입히는 유연함이야말로, 국경의 장벽을 허물고 이방인의 사업을 지역의 영속적인 자산으로 승화시키는 리더의 가장 지혜롭고도 장엄한 인류학적 안목이 됩니다.

글로벌 비즈니스의 최전선에서 리더가 대면하는 가장 거대한 벽은 물리적인 국경이 아니라 현지인들의 마음속에 자리 잡은 문화적 경계심입니다. 많은 리더가 자신의 성공 공식을 표준이라는 이름으로 강요하지만, 현지의 전통과 관습을 배제한 효율성은 결국 차가운 배척을 불러올 뿐입니다. 현지화의 격을 세운다는 것은 그 땅의 언어와 풍습, 그리고 그들이 세상을 바라보는 눈높이를 진심으로 배우고 닮아 가는 과정입니다. 리더가 지역의 목소리에 귀를 기울이지 않고 독백만을 이어 갈 때 조직은 현지 사회로부터 고립된 섬이 되며, 이는 결국 지속 가능한 성장의 뿌리를 내리지 못하고 소멸하는 치명적인 경영의 허상을 초래합니다.

인류학적 동화와 상생 경영의 관점에서 고찰할 때, 비즈니스의 성공은 시장의 점유가 아니라 존중의 점유에서 시작됩니다. 격을 갖춘 리더는 "우리가 무엇을 얻을 것인가"보다 "이 터전의 가치를 어떻게 드높일 것인가"를 끊임없이 고민하는 사람입니다. 현지화의 진정한 격을 실천한다는 것은 거친 비즈니스 현장에서 오랜 세월 기업을 일궈 온 것처럼, 현지 구성원들을 단순한 노동력이 아닌 공동체의 동반자로 예우하며 그들의 삶 속에 조직의 철학을 자연스럽게 녹여 내는 숭고한 결단입니다. 이러한 통찰은 리더의 시선이 자국 중심주의를 넘어 인류 보편의 존엄성 위에서 세계를 조망할 때 비로소 완성됩니다.

자문화 중심의 우월감을 걷어 낸다는 것은 리더가 익숙한 환경에 안주하려는 갈망을 정직하게 마주하고, 포용이라는 넓은 대지 위에 자신을 겸허히 내려놓으며 유연한 내면을 가꾸는 일입니다. 우리는 강력한 중앙집권적 통제가 조직의 일관성을 만든다고 믿기 쉽지만, 가치 창조의 항로에서 마주하는 진짜 해답은 리더의 진실한 경청을 통해 현장의 결에 맞게 빚어낸 최적의 탁월함뿐입니다. 강압적인 힘으로 밀어붙인 확장은 현지의 저항 앞에 쉽게 무너질 신기루와 같으며, 위기의 순간 조직을 구원하며 빛을 발하는 것은 리더가 평소 지역의 목소리를 존중하며 쌓아 온 끈끈한 사회적 유대입니다.

경영의 성숙한 결실은 리더가 발산하는 명령의 날카로움이 아니라 그가 현지인의 마음에 남긴 울림의 깊이에 의해 결정됩니다. 사무를 수행하는 매 순간 내면을 살피며 기록을 남기고, 오늘 내가 현지의 관습을 편견으로 재단하지는 않았는지 혹은 나의 지시가 지역 사회의 고유한 정서를 해치지는 않았는지 되짚는 행위는 현지의 미래 세대와 맺는 가장 엄중한 약속입니다. 리더가 손익의 집착보다 존재의 화답과 내면적 진실에 귀를 기울일 때, 조직은 비로소 리더의 깊은 배려가 담긴 독자적인 활기를 얻게 됩니다. 이러한 상생의 기운은 모든 구성원에게 전해져 공동체 전체를 시대를 뛰어넘는 명예로운 주역으로 비상하게 만드는 최고의 밑거름이 될 것입니다.

진정한 경영은 설득이 아니라 삶의 맥락을 깊이 이해하여, 우리의 제
안이 일상의 한 조각처럼 자연스럽게 스며들게 하는 것입니다.

— 피터 드러커(Peter Drucker)

📖 사례

"철저한 현지화로 중국인의 아침 식탁을 점령한 KFC의 샘 수(Sam Su)"

KFC가 중국 시장에서 맥도날드를 압도하며 단순한 외식 브랜드를 넘어 국민 브랜드의 반열에 오른 과정은, 리더의 현지화 전략이 도달할 수 있는 최상의 격(格)이 무엇인지를 보여 주는 경영사의 가장 자명하고도 독보적인 실증적 귀감이 됩니다. 그들은 자국 시스템의 우월함을 강요하는 오만한 정복의 서사를 과감히 배격하고 대륙의 유구한 식문화와 정서에 깊이 침잠함으로써, 리더의 유연한 안목이 어떻게 이방인의 사업을 지역의 영속적인 자산으로 승화시키는지를 전 세계 경영 현장에 여실히 증명해 보였습니다. 현지의 숨결 속에 조직의 철학을 정교하게 녹여 내어 정서적 시민권을 획득한 이들의 행보는, 진정한 글로벌 리더십이란 물리적 경계를 넘어 타자의 영혼과 공명하는 인류학적 예우에 있음을 일깨워 주는 위대한 경영의 전형으로 평가받기에 충분합니다.

전임 CEO 샘 수는 중국 시장에 진입할 때 미국의 패스트푸드 표준을 고집하지 않고, 중국인의 식습관이라는 맥락을 정직하고 세밀하게 관찰하였습니다. 그는 중국인들이 아침 식사로 죽(콘지)과 튀긴 빵(요우티아오)을 즐긴다는 사실에 주목하여, KFC 매장에서 이를 주력 메뉴로 판매하는 파격적인 현지화 전략을 펼치는 자생적 유연함을 보였습니다. 중국인을 위한, 중국에 의한 브랜드를 만들겠다는 리더의 결단이 실행되자, 중국 소비자들은 KFC를 서구 문물의 침략자가 아닌 자신들의 일상을 깊이 이해하는 친근한

 리더의 격(格)

이웃으로 기꺼이 받아들였습니다. 이는 리더가 타자의 삶을 예우하는 태도가 어떻게 브랜드의 영혼을 현지의 대지에 뿌리내리게 하는지를 실체적으로 입증하는 대목입니다.

리더가 지역의 목소리에 겸손히 귀를 기울이자 KFC는 전 세계 매장 중 중국에서 가장 높은 수익성을 기록하며 독보적인 유산을 남겼습니다. 이 사례는 리더가 현지화의 격을 발휘할 때 비로소 조직이 국경이라는 한계를 뛰어넘어 영속하는 성취의 반열에 오를 수 있음을 자명하게 실증하고 있습니다. 리더의 내면적 격(格)이 빚어낸 이 존중의 서사는, 글로벌 표준이라는 오만함에 갇혀 현지의 진실을 재단하기 쉬운 현대 경영자들에게 타자의 문화를 정복의 대상이 아닌 공존의 동반자로 대하게 하는 서늘하고도 맑은 예지의 샘물이자, 낯선 땅의 식탁 위에서 피어난 가장 따스하고 정교한 인문학적 교감의 성찬이 될 것입니다.

💡 성찰

- 당신은 오늘 현지 직원이나 파트너와의 대화에서 당신의 기준을 설득하려 했는가? 아니면 그들의 목소리 뒤에 숨겨진 지역적 가치를 먼저 이해하려 노력했는가?
- 우리 조직은 글로벌 표준이라는 이름 아래 현장의 고유한 색채를 지워버리는 무채색의 공간인가? 아니면 지역의 특성이 살아 숨 쉬는 다채로운 무지개인가?
- 당신은 리더로서 자신의 성공 경험이 다른 토양에서는 독이 될 수 있음을 시인하고, 기꺼이 초심자의 마음으로 현지의 문화를 배울 단단한 자아를 지니고 있는가?

리더의 격(格)은 자신의 기준보다 현장의 서로 다른 가치를 먼저 이해하며 세워집니다. 과거의 성공 경험을 내려놓고 처음 배우는 사람의 자세로 현지 문화를 받아들이십시오. 서로 다른 특징이 살아 있는 다채로운 공존은 기업을 세계 시장의 승리로 묶어 줍니다.

제89장

유연한 조직은 고정관념이라는 성벽을 과감히 허무는 데 있습니다

조직을 가두는 고정관념은 과거의 화려했던 승전보를 벽돌 삼아 스스로를 가두어 버린 견고한 감옥이자, 성찰 없는 관성이 쌓아 올린 유산이 됩니다. 그 높고 단단한 성벽을 과감히 허물고 미지의 가능성이 요동치는 유연한 대지로 용기 있게 발을 내딛는 결단이야말로, 거센 변화의 폭풍우 속에서도 공동체의 생명력을 영속하게 만드는 리더십의 가장 지혜롭고도 장엄한 해방 선언이 됩니다.

성공의 기억은 리더의 눈을 가리는 가장 화려한 안대입니다. "우리는 항상 이렇게 해 왔다"는 관성은 조직의 혈관을 굳게 만드는 석회화와 같아서, 새로운 시대의 요구가 밀려올 때 유연한 대응을 가로막는 치명적인 장애물이 됩니다. 고정관념이라는 성벽을 허문다는 것은 단순히 혁신을 외치는 것이 아니라, 리더 스스로가 자신이 쌓아 온 경험의 권위를 의심하고 인재들이 마음껏 상상의 나래를 펼칠 수 있도록 심리적 공간을 열어 주는 고도의 파괴적 창조 과정입니다. 성벽을 허문 자리에 흐르는 유연한 소통이야말로 조직을 살아 있는 유기체로 숨 쉬게 하는 가장 근본적인 에너지원이 됩니다.

조직의 유연성은 구조의 개편이 아니라 사유의 태도에서 시작됩니다. 리더가 쥔 정답이라는 권위가 강해질수록 조직원들의 사고는 성벽 안에 갇혀

경직되며, 이는 결국 복잡한 외부 환경의 변화를 감지하지 못하는 지적 폐
쇄성을 초래합니다. 유연한 조직이란 어떠한 외부 충격에도 깨지지 않는 강
철이 아니라, 지형에 맞춰 자신의 모양을 바꾸면서도 본질의 흐름을 잃지
않는 강물과 같아야 합니다. 리더는 과거의 지도가 현재의 지형과 맞지 않
을 때, 과감히 지도를 버리고 현장의 숨소리에 귀를 기울이는 용기를 발휘
해야 합니다.

　과거의 성공이라는 감옥에서 벗어난다는 것은 리더가 내면에 도사린 지
배 욕구와 통제에 대한 갈망을 가감 없이 마주하고, 모른다는 겸손함이라는
시린 새벽 물에 낡은 지식을 씻어 내어 유연한 자아를 일구는 과정입니다.
우리는 흔히 확신에 찬 결단만이 리더십의 정점이라 믿기 쉽지만, 가치를
창조하는 항로에서 마주하는 진정한 해답은 오직 리더의 정직한 유연함을
거쳐 정제된 열린 가능성뿐입니다. 고정관념으로 쌓아 올린 안온함은 혁신
의 거센 파도 앞에 맥없이 허물어질 허상일 뿐이며, 위기의 순간 조직을 다
시 일으켜 세우는 힘은 리더가 평소 유연함을 통해 길러 온 구성원들의 주
체적인 적응력입니다.

　경영의 독보적인 결실은 리더가 내뿜는 명령의 단호함이 아니라 그가 허
용하는 사유의 여백이 얼마나 넓은가에 의해 결정됩니다. 사무실에서 업무
를 갈무리하며 스스로를 돌아보는 기록을 남기고, 오늘 내가 과거의 영광에
취해 인재들의 참신한 제안을 묵살하지는 않았는지 혹은 나의 선입견이 조
직의 미래를 가로막지는 않았는지 되짚어 보는 행위는 함께하는 이들과 약
속한 앞날을 향한 가장 진실한 다짐입니다. 리더가 수치적 성과보다 존재의
다채로운 변주와 내면의 진실에 마음을 쏟을 때, 조직은 비로소 리더의 깊
은 배려가 스며든 독창적인 활기를 띠게 되며 그 상생의 에너지는 모든 이
에게 번져 공동체 전체를 시대의 흐름을 주도하는 주인공으로 비상하게 만
드는 생명력의 근원이 됩니다.

　　　　　　　　　　　　　　　　　　　　리더의 격(格)

가장 위험한 항해는 어제의 지도로 오늘의 바다를 건너는 것이다. 지도를 버리고 별을 보며 길을 찾는 유연함이 리더를 살리고 조직을 살린다.

— 피터 드러커(Peter Drucker)

📖 사례

"160년 전통의 '종이'라는 성벽을 허물고 디지털 구독의 새로운 지평을 열다", 뉴욕타임스의 마크 톰슨

2012년 뉴욕타임스(The New York Times)의 CEO로 취임한 마크 톰슨(Mark Thompson)은 리더의 눈을 가리는 가장 화려한 안대가 바로 '과거의 찬란했던 인쇄 매체의 영광'임을 직시했습니다. 당시 뉴욕타임스는 "신문은 종이로 읽어야 한다"는 낡은 관성과 고정관념에 사로잡혀 디지털이라는 시대의 요구를 가로막는 지적 폐쇄성에 갇혀 있었습니다. 톰슨은 이러한 고립된 성벽을 허물지 않고서는 거센 변화의 폭풍우 속에서 공동체의 생명력을 유지할 수 없다는 사실을 깊이 통찰했습니다.

그는 160년 넘게 이어 온 인쇄 중심의 성공 공식을 과감히 의심하고, 인재들이 디지털 환경에서 마음껏 상상의 나래를 펼칠 수 있도록 조직의 사유 체계를 근본적으로 개편했습니다. 톰슨은 리더가 권위라는 성벽 뒤에 숨지 않고, "우리는 신문을 파는 회사가 아니라 진실을 파는 콘텐츠 기업"이라는 본질의 흐름에 집중하며 지형에 맞춰 조직의 모양을 바꾸는 유연함을 발휘했습니다. 그는 과거의 지도가 더 이상 현재의 지형과 맞지 않음을 인정하고, 종이 신문의 매출 감소라는 두려움을 디지털 구독의 설렘으로 승화시키는 파괴적 창조 과정을 주도했습니다.

리더가 안온한 합의 대신 정체된 사고의 틀을 깨뜨리는 유연한 자아를 일구었을 때, 뉴욕타임스는 전 세계 디지털 구독 시장을 선도하는 강력한 생

명력을 얻게 되었습니다. 톰슨의 이러한 실천적 적응력은 단순히 수익 구조를 바꾼 것을 넘어, 조직원들이 스스로 미래를 설계하게 만드는 주체적인 에너지원이 되었습니다. 어제의 지도를 버리고 별을 보며 길을 찾아 나선 그의 용기는, 우리 공동체가 어떤 위기 속에서도 영속하는 유기체로 거듭나게 하는 가장 지혜롭고도 장엄한 해방 선언이 되었습니다.

💡 성찰

- 당신은 오늘 부하 직원의 낯선 제안을 들었을 때, "그건 우리 방식이 아니야"라고 즉각적으로 거부했는가? 아니면 그 생각 속에 숨은 새로운 기회의 결을 읽으려 노력했는가?
- 우리 조직은 과거의 영광을 지키기 위해 성벽을 높이 쌓은 고립된 요새인가? 아니면 세상의 흐름에 맞춰 언제든 형태를 바꿀 수 있는 유연한 광장인가?
- 당신은 리더로서 자신의 오랜 경험이 오히려 독이 될 수 있음을 시인하고, 기꺼이 초심자의 마음으로 자신의 상식을 의심할 단단한 자아를 지니고 있는가?

🧡 명상

리더의 격(格)은 과거의 성공 방식보다 새로운 제안을 품는 유연한 태도로 자리 잡습니다. 자신의 경험을 내려놓고 낯선 제안 속의 새로운 기회를 오늘 당장 직접 확인하십시오. 낡은 관습을 벗어던지는 유연한 태도는 조직을 영구히 도약하는 혁신의 광장으로 바꿔 놓습니다.

제90장

미래 설계는 리더의
전략적 판단에서 시작됩니다

리더의 시선은 현재의 번잡한 소음이 감히 닿지 못하는 아득한 지평선 너머, 대지의 침묵을 깨우는 태고의 새벽빛을 고요히 응시해야 합니다. 눈앞의 작은 성취라는 유혹을 넘어 십 년 뒤의 황무지를 울창한 숲으로 일궈 낼 그 고독한 결단이야말로, 변화의 사나운 파도 속에서도 공동체의 심장을 일관되게 박동하게 만드는 리더십의 가장 엄숙하고도 창조적인 예언이 됩니다.

경영의 시계가 빠르게 돌아가는 시대일수록 리더가 마주하는 가장 시린 풍경은 내일이라는 안개에 가려진 십 년 뒤의 지형입니다. 당장의 분기 실적과 눈앞의 위기는 분주한 대화로 풀어 갈 수 있으나, 다음 세대의 먹거리를 결정하고 조직의 존재 이유를 재정립하는 일은 오직 리더의 정직한 고독 속에서만 잉태됩니다. 미래의 설계는 단순히 계획을 세우는 기술이 아니라, 불확실성이라는 어둠 속에 자신의 신념을 등불 삼아 홀로 걸어 들어가는 실존적 투쟁입니다. 리더가 십 년 뒤의 좌표를 고독하게 사유하지 못할 때 조직은 표류하게 되며, 이는 결국 시대의 조류에 밀려 서서히 침몰하는 경영의 나태를 초래합니다.

미래를 향한 직관과 장기적인 가치라는 시선으로 삶을 조망할 때, 우리가 마주할 진정한 결실은 현재 누리는 찰나의 정점이 아니라 먼 훗날에도 변함

없이 빛을 발할 미래의 유효함 속에서 비로소 결정됩니다. 격을 갖춘 리더는 지금 무엇을 얻을 것인가보다 십 년 뒤에도 우리는 여전히 가치 있는 존재인가를 집요하게 묻는 사람입니다. 미래를 설계한다는 것은 현재의 안온함을 과감히 희생하여 다음 세대의 기회를 사는 행위이며, 이는 리더의 시선이 찰나의 유행을 넘어 영원한 본질로 향할 때 비로소 완성됩니다. 고독한 결단이란 타인의 박수가 없는 황무지에서 십 년 뒤의 풍요를 꿈꾸며 첫 씨앗을 심는 지혜로운 농부의 마음과 같습니다.

독자적인 확신의 무게를 감당한다는 것은 리더가 내면에 도사린 회의감과 대중의 소외로부터 오는 근원적인 두려움을 정직하게 응시하며, 통찰이라는 서슬 퍼런 새벽빛 아래 매일 자신의 시야를 닦아 내어 굳건한 내면의 질서를 세우는 과정입니다. 우리는 흔히 다수의 합의가 안전한 내일을 담보한다 믿지만, 새로운 가치를 일구는 고독한 여정에서 마주하는 궁극의 해답은 오직 리더의 정직한 사유를 거쳐 추출된 독창적인 혜안뿐입니다. 타인의 기호에 맞추어 얻은 일시적인 평안은 세월의 파도 앞에 맥없이 흩어질 모래톱일 뿐이며, 위기의 순간 조직을 구원하며 선명하게 빛나는 것은 리더가 평소 미래를 조망하며 정립한 조직의 본원적인 지향점입니다.

경영의 숭고한 결말은 리더가 내뿜는 명령의 기세가 아니라 그가 응시하는 미래의 심연이 얼마나 깊은가에 의해 판가름 납니다. 사무 활동의 틈새마다 사유의 궤적을 남기고, 오늘 내가 놓은 초석이 십 년 뒤의 후배들에게 떳떳한 이정표가 될지 혹은 나의 조급한 성과주의가 조직의 잠재력을 훼손하지는 않았는지 되짚어 보는 행위는 인재 및 미래 세대와 맺는 가장 엄중한 인격적 다짐입니다. 리더가 계량화된 지표보다 존재의 영속성과 내적 진실함에 귀를 기울일 때, 조직은 비로소 리더의 세심한 염원이 깃든 독자적인 생동감을 얻게 됩니다. 이러한 공생의 기운은 구성원 모두에게 스며들어 공동체 전체를 시대를 선도하는 자립적인 존재로 비상하게 만드는 최고의 자양분이 될 것입니다.

리더의 격(格)

경영은 오늘을 관리하는 것이 아니라 미래를 창조하는 것이다. 리더가 10년 뒤를 보지 않는다면, 그 조직에 오늘 이후의 미래는 존재하지 않는다.

— 피터 드러커(Peter Drucker)

📖 사례

"검은 화석 연료의 성벽을 허물고 푸른 에너지의 미래를 설계하다", 오스테드의 헨릭 폴센

덴마크의 국영 에너지 기업이었던 DONG 에너지는 2012년 헨릭 폴센(Henrik Poulsen)이 CEO로 취임할 당시, 전체 수익의 대부분을 석유와 석탄에서 얻는 전형적인 화석 연료 기업이었습니다. 당시 탄소 중립은 아득한 지평선 너머의 이야기였고 대다수 기업이 당장의 수익 지표에 안주할 때, 폴센은 십 년 뒤의 지구적 환경 변화와 에너지 지형을 응시하며 "우리의 미래는 더 이상 검은 기름 속에 있지 않다"는 고독한 전략적 판단을 내렸습니다.

폴센은 리더의 시선이 찰나의 유행이 아닌 영원한 본질로 향해야 함을 믿고, 기업명 자체를 위대한 과학자의 이름을 딴 '오스테드(Ørsted)'로 바꾸며 화석 연료 자산을 모두 매각하는 파괴적 혁신을 단행했습니다. 이는 불확실성이라는 어둠 속에 자신의 신념을 등불 삼아 홀로 걸어 들어가는 실존적 투쟁이었습니다. 그는 "우리는 석탄 기업에서 녹색 에너지 기업으로 변신할 것"이라는 독자적인 확신을 굽히지 않았으며, 타인의 박수가 없는 황무지에서 해상 풍력이라는 미래의 씨앗을 심는 지혜로운 농부의 마음을 견지했습니다.

리더가 계량화된 지표의 압박보다 존재의 영속성과 내면적 진실에 귀를 기울였을 때, 오스테드는 불과 10년 만에 세계 최대의 해상 풍력 기업으로 비상하는 경이로운 결실을 얻었습니다. 폴센의 이러한 미래 지향적 직관은 안일한 안온함을 과감히 희생하여 다음 세대의 기회를 사는 숭고한 결단이었으며, 이는 우리 공동체 전체를 시대를 선도하는 자립적인 존재로 세우는 최고의 자양분이 되었습니다. 리더가 10년 뒤를 보지 못한다면 그 조직에 미래는 존재하지 않는다는 통찰을 가장 선명하게 입증하는 시대의 이정표입니다.

💡 성찰

- 당신은 오늘 현재의 위기를 수습하는 데 모든 에너지를 쏟았는가? 아니면 10년 뒤 우리 조직이 서 있을 지점을 상상하며 고독한 사유의 시간을 가졌는가?
- 우리 조직은 눈앞의 숫자를 쫓아 하루하루를 연명하는 곳인가? 아니면 리더의 장기적인 안목 아래 미래의 숲을 가꾸는 단단한 공동체인가?
- 당신은 리더로서 자신의 결정이 당장은 비난받더라도 10년 뒤의 정의로움을 위해 기꺼이 그 고독을 짊어질 단단한 자아를 지니고 있는가?

〰️ 명상

리더의 격(格)은 눈앞의 숫자보다 십 년 뒤를 상상하며 견디는 고독에 놓여 있습니다. 당장의 비난을 두려워 말고 훗날의 정의를 향해 오늘을 정직하게 기꺼이 헌신하십시오. 미래를 가꾸는 단단한 인내심은 조직을 영속하는 승리의 지평으로 확실히 힘차게 열어젖힙니다.

리더의 격(格)

제10부

영속의 가치:
시대를 관통하는 위대한 유산

"영속의 가치는 리더가 무대를 떠난 뒤에도 조직의 혈관을 타고 흐르는 보이지 않는 숨결이며, 한 존재의 물리적 시간이 멈춘 지점에서 시작되는 가치의 무한한 변주곡입니다. 진정한 지도자는 당대의 박수 소리에 귀를 닫고 미래의 고요한 존경에 가슴을 여는 사람이며, 자신이 일궈 낸 성취가 개인의 업적을 넘어 인류의 보편적 선(善)으로 승화되기를 꿈꾸는 영원한 현역입니다. 리더가 남긴 정신적 유산이 구성원들의 삶 속에 나침반으로 살아 숨 쉴 때, 경영은 비로소 시대를 관통하는 위대한 전설이 되며, 그 숭고한 잔향이야말로 공동체를 영원히 마르지 않는 생명력의 근원으로 안내하는 리더십의 최종적인 완성점이 됩니다."

제91장

리더의 유산은 당신이 떠난 뒤에 남는 것으로 증명됩니다

리더의 진정한 유산은 그가 생전에 거머쥐었던 권력의 무거운 질량이 아니라, 그가 떠나며 비워 낸 고요한 자리에 은은하게 잔향으로 남은 사유의 숭고한 향기가 됩니다. 비록 자신의 이름 석 자는 세월의 흐름 속에 잊히더라도 평생을 걸어 수호해 온 가치들이 타인의 고단한 삶 속에서 찬란하게 꽃피기를 소망하는 그 거룩한 비움이야말로, 육신의 죽음을 넘어 공동체를 영원히 박동하게 만드는 리더의 가장 눈부시고도 장엄한 인격적 마침표가 됩니다.

경영의 황혼 녘에서 리더가 대면해야 할 가장 투명한 질문은 '내가 떠난 뒤 무엇이 남을 것인가?'입니다. 화려했던 직함과 쌓아 올린 숫자의 성벽은 시간이라는 파도 앞에 모래성처럼 허물어지지만, 리더가 조직의 영혼에 새겨 놓은 무형의 가치는 세대를 거쳐 흐르는 견고한 암반이 됩니다. 유산을 생각한다는 것은 자신의 필멸성을 정직하게 수용하고, 나라는 작은 강물이 조직이라는 거대한 바다로 온전히 스며들게 하는 이타적 전환입니다. 리더가 떠난 자리에 원망과 혼란이 아닌, 감사와 자생적 질서가 남을 때 그 경영은 비로소 격을 갖춘 유산으로 등극합니다.

존재의 영속성과 가치가 전해지는 흐름 속에서 조망해 본다면, 위대한 유산은 리더의 부재가 조직의 위기로 남는 것이 아니라 그가 남긴 가치들이 저마다의 실천으로 증명될 때 비로소 온전한 결실을 맺습니다. 격을 갖춘 리더는 얼마나 오래 통치할 것인가보다 어떻게 아름답게 잊힐 것인가를 집요하게 묻는 사람입니다. 유산을 남기는 길은 자신의 업적을 문자로 기록하는 것이 아니라, 자신의 철학을 인재들의 심장에 이식하여 그들이 스스로 미래를 빚어내게 하는 인격적 공명입니다. 이는 리더의 시선이 나의 시대를 넘어 우리의 역사로 확장될 때 비로소 도달할 수 있는 경지입니다.

에고의 소멸을 축복으로 수용한다는 것은 리더가 내밀한 소유욕과 영원히 기억되고자 하는 집착을 가감 없이 직시하고, 내려놓음이라는 정갈한 세심의 냇가에서 자신의 명예를 씻어 내어 투명한 인격을 빚어내는 과업입니다. 우리는 흔히 가시적인 기념비를 남기는 것이 유업이라 여기지만, 새로운 가치를 일구는 여정에서 얻는 궁극의 결실은 오직 리더의 정직한 뒷모습을 통해 여과된 정신적 유산으로 귀결됩니다. 욕심으로 일궈 낸 명성은 리더의 부재와 동시에 흩어질 덧없는 그림자일 뿐이며, 시대를 넘어 더욱 선명한 빛을 발하며 조직을 구원하는 힘은 리더가 평소 떠난 후를 준비하며 다져 온 구성원들의 자율적인 도덕적 품격입니다.

경영의 진정한 깊이는 리더가 발산하는 명령의 강도가 아니라 그가 심어 놓은 가치의 밀도에 의해 판가름 납니다. 일상의 집무를 갈무리하며 성찰의 흔적을 남기고, 오늘 내가 조직의 내일을 위해 어떤 탐욕을 기꺼이 덜어 냈는지 혹은 내가 머물렀던 자리가 다음 세대를 위한 풍요로운 들판이 될 수 있을지 자문하는 행위는 구성원 및 미래와 나누는 가장 경건한 서약입니다. 리더가 계량화된 수치보다 존재의 숭고함과 내면의 진실함에 마음을 쏟을 때, 조직은 비로소 리더의 세심한 정성이 깃든 고유한 생명력을 꽃피우게 됩니다. 이러한 공진화의 흐름은 모든 이에게 스며들어 공동체 전체를 역사의 지평을 넓히는 존재로 비상하게 만드는 뿌리 깊은 숨결이 될 것입니다.

숲을 떠나는 나무는 말이 없지만, 그가 남긴 낙엽은 숲을 살찌우는 양분
이 된다. 리더의 가장 큰 업적은 자신이 필요 없는 세상을 만드는 것이다.
— 요한 볼프강 폰 괴테(Johann Wolfgang von Goethe)

📖 사례

"'HP Way'라는 영원한 가치를 남기고 떠난 데이비드 패커드"

휴렛팩커드(HP)의 공동 창업자 데이비드 패커드(David Packard)는, 리더
가 남기는 유산이 권력의 질량이 아닌 사유의 향기로서 어떻게 시대를 도도
하게 관통하며 영속하는지를 보여 주는 경영사의 가장 고결하고도 장엄한
실증이 됩니다. 그는 자신의 이름이 세월의 풍파 속에 잊히더라도 그가 평
생을 걸어 수호했던 인본주의적 가치들이 조직원들의 고단한 삶 속에서 찬
란하게 꽃피기를 소망하였으며, 이러한 리더의 거룩한 비움이야말로 죽음
을 넘어 공동체를 영생하게 만드는 가장 눈부신 인격적 마침표임을 역사 앞
에 여실히 입증해 보였습니다. 생전의 권위를 내려놓고 시대를 관통하는 정
신적 유산을 남긴 그의 행보는, 리더의 진정한 무게가 그가 거머쥐었던 것
이 아니라 그가 기꺼이 비워 낸 자리에 남은 숭고한 가치에 있음을 자명하
게 확인시켜 주고 있습니다.

그는 단순히 기술적인 성취에 머물지 않고, 인간 존중과 정직, 공동체 의
식을 핵심으로 하는 HP Way라는 경영 철학을 조직의 유전자에 깊이 새겼
습니다. 패커드 회장은 자신의 권위를 과시하기보다 직원들이 자율적으로
창의성을 발휘할 수 있는 환경을 만드는 데 헌신하였으며, 이는 리더가 부
재한 상황에서도 조직이 스스로 혁신할 수 있는 자생적 토양을 구축한 위대
한 결단이었습니다. 그가 세상을 떠난 뒤에도 실리콘밸리의 수많은 기업에
영감을 준 HP Way는, 리더십의 본질이 통제가 아닌 해방에 있음을 일러 주

 리더의 격(格)

는 실천적 지표가 되었습니다. 또한 그는 자신의 지분을 사회에 환원하며 마지막까지 리더의 유산이 사적인 소유가 아닌 공적인 가치임을 실체적으로 증명했습니다.

리더가 자신을 비우고 가치를 남길 때 비로소 그 성취는 시대를 관통하여 영원히 살아 숨 쉬는 위대한 유산이 됨을 데이비드 패커드의 사례는 실증하고 있습니다. 리더의 내면적 격(格)이 빚어낸 이 비움의 서사는, 소유의 크기로 존재를 증명하려 애쓰는 현대 경영자들에게 자신을 지움으로써 비로소 영속하는 법을 깨닫게 하는 서늘하고도 맑은 예지의 샘물이자, 해가 진 뒤에도 대지를 은은하게 비추는 노을처럼 조직의 앞길을 오래도록 밝혀 주는 고결한 사유의 등불이 될 것입니다.

💡 성찰

- 당신은 오늘 내린 결정이 당신의 임기가 끝난 후에도 우리 조직의 자랑스러운 역사로 남을 만큼 정의로운 것이었는가?
- 우리 조직은 리더인 당신의 카리스마에 의존하는 위태로운 곳인가? 아니면 당신이 지금 당장 떠나도 가치가 흐트러짐 없이 작동하는 단단한 공동체인가?
- 당신은 리더로서 자신의 이름이 잊히는 고독을 기꺼이 감수하면서까지, 다음 세대가 더 높은 곳에서 시작할 수 있도록 주춧돌이 되어 줄 단단한 자아를 지니고 있는가?

리더의 격(格)은 남긴 업적의 화려함보다 떠난 자리에 피어난 타인의 성취로 확인됩니다. 자신의 이름을 기꺼이 지워 다음 세대가 더 높이 도약하도록 든든한 주춧돌을 자처하십시오. 이러한 헌신은 조직을 리더가 없어도 스스로 작동하는 영원한 가치의 공동체로 탈바꿈합니다.

<h1 style="text-align:center">제92장</h1>

승계의 예술은 다음 세대를 세우는
숭고한 책임에 있습니다

리더에게 승계는 단순한 권력 이양이 아니라, 조직의 가치가 영속되도록 생의 마지막까지 정성을 다해 놓는 인문적 가교입니다. 자신의 존재감이 사라진 자리에서도 공동체의 정신이 살아 박동하도록 후배를 조탁해 내는 인내야말로 아득한 미래와 맺는 가장 엄숙한 인격적 약속이 됩니다.

기업 활동의 긴 흐름 속에서 리더가 마주하는 가장 치명적인 시험대는 자신의 부재를 준비하는 과정입니다. 많은 지도자가 성취의 정점에서 자리에 집착하지만, 진정한 승계는 개인의 틀을 허물고 조직이라는 무한한 유기체에 생명력을 불어넣는 행위입니다. 리더가 다음 세대를 세우는 책임을 다하지 못하면 조직은 퇴장과 함께 정체성을 잃게 되며, 이는 결국 시대의 성취를 찰나의 신기루로 만드는 경영의 누수를 초래합니다.

리더가 일궈 온 전략적 자산을 온전히 보존하고 키워 가는 길을 고찰할 때, 승계는 리더십의 마침표가 아니라 다음 세대로 이어져 더 크게 뻗어나가는 거대한 확장의 시작입니다. 격을 갖춘 리더는 "누가 나를 대신할 것인가"보다 "어떻게 우리의 사명이 고결하게 이어질 것인가"를 집요하게 묻는 사람입니다. 자신의 그림자를 거두어 후임자가 빛날 빈터를 마련해 주는 일은 리더의 시선이 당대의 갈채를 넘어 미래의 안녕으로 향할 때 비로소 완성되는 아름다운 자기 초월입니다.

　지위의 독점을 경계한다는 것은 가슴 깊은 지배욕과 아집을 직시하고, 전수라는 샘물로 매일 자신의 욕망을 닦아 내어 내면의 중심을 세우는 과업입니다. 뛰어난 후임 발굴을 넘어 가치 창조의 장기적 여정에서 얻는 진짜 정답은 오직 리더의 헌신적 조력을 거쳐 빚어진 준비된 지도력뿐입니다. 후계자를 경쟁자로 간주하며 쌓은 안온함은 사라질 잔상일 뿐이며, 시대를 넘어 조직을 지켜 내는 힘은 리더가 평소 구축해 온 자생적 계승 체계입니다.

　경영의 궁극적 결실은 지시의 단호함이 아니라 북돋운 인재의 역량이 얼마나 깊게 뿌리내렸는가에 달려 있습니다. 사무실에서 업무를 갈무리하며 사유를 기록하고, 오늘 나의 완고함이 후배의 앞길을 가로막지는 않았는지 혹은 체득한 지혜를 아낌없이 나누었는지 되짚는 행위는 미래와 나누는 숭고한 서약입니다. 리더가 계량화된 지표보다 세대의 연결과 진실에 귀를 기울일 때 조직은 독창적인 생명력을 꽃피우며 시대를 초월하는 위엄 있는 존재로 비상하게 됩니다.

리더의 마지막 임무는 또 다른 리더를 남기는 것이다. 자신이 떠난 뒤
조직이 더 강해졌다면, 그 리더는 비로소 성공한 것이다.

— 잭 웰치(Jack Welch)

"철저한 준비와 가치 이식으로 100년 기업의 기틀을 다진 제너럴 일렉트릭 (GE)의 승계 시스템"

잭 웰치(Jack Welch) 전 회장이 이끌던 제너럴 일렉트릭(GE)의 사례는, 리더의 승계라는 예술이 어떻게 조직의 영속성을 굳건히 담보하며 시대를 넘나드는 생명력을 부여하는지를 보여 주는 경영사의 가장 고전적이고 상징적인 실증이 됩니다. 그는 단순히 물리적인 권좌의 이양을 넘어, 조직이 품은 숭고한 가치가 다음 세대의 주역들에게 보석처럼 조탁(彫琢)되어 온전히 전해지도록 평생의 정성을 다해 가치의 가교를 건설하였습니다. 자신의 존재감이 역사의 뒤안길로 고요히 사라진 이후에도 공동체의 정신이 정체되지 않고 형형히 살아 박동하게 만든 그의 고독한 인내와 치밀한 준비는, 리더가 아득한 미래와 맺을 수 있는 가장 엄숙하고도 고결한 인격적 계약의 정수를 여실히 보여 주었습니다. 조직의 영혼을 계승하는 이 숭고한 인문적 건축이야말로 경영의 격(格)을 완성하는 최후의 결실임을 GE의 사례는 역사의 갈피 속에 각인시키고 있습니다.

웰치 회장은 자신의 퇴임을 7년 전부터 준비하며, 수많은 후보군을 다각도로 검증하는 자생적 리더 육성 시스템을 가동했습니다. 그는 단순히 업무 능력이 뛰어난 사람을 찾는 데 그치지 않고, GE의 핵심 가치인 정직과 혁신을 온몸으로 실천할 수 있는 인물을 조탁했습니다. 리더가 승계 과정을 하나의 신성한 경영 전략으로 대우하자, 조직 내에서는 건강한 경쟁과 성장이 동시에 일어났습니다. 2001년 제프 이멜트에게 바통을 넘기는 순간까지, 웰치는 자신의 권위보다 조직의 미래 질서를 우선시했습니다. 이는 리더가 승계를 숭고한 책임으로 인식하고 정교하게 설계할 때, 비로소 그가 일궈 온 모든 업적이 시대를 관통하여 영원히 살아 숨 쉬는 위대한 유산으로 완성됨을 실증하고 있습니다.

리더가 자신의 나(I)를 지우고 다음 세대의 우리(We)를 위한 토양을 닦을 때 비로소 조직은 한계를 뛰어넘어 영속하는 성취의 반열에 오를 수 있습니다. 잭 웰치의 사례는 리더가 물러나는 뒷모습마저도 경영의 격을 완성하는 하나의 예술 작품이 되어야 함을 일러 주는 대표적인 상징이자, 거대 함선이 대를 이어 찬란한 항해를 지속하게 하는 가장 견고한 사명의 주춧돌이 될 것입니다.

💡 성찰

- 당신은 오늘 부하 직원의 유능함을 보며 위협을 느꼈는가? 아니면 우리 조직의 미래를 짊어질 든든한 주역으로 예우하며 그를 격려했는가?
- 우리 조직은 리더 한 사람의 부재로 인해 모든 시계가 멈추는 취약한 곳인가? 아니면 준비된 인재들이 언제든 바통을 이어받아 달릴 수 있는 단단한 트랙을 갖춘 곳인가?
- 당신은 리더로서 자신의 이름이 지워진 자리에서도 다음 세대가 당신의 철학을 토대 삼아 새로운 역사를 써 내려가기를 진심으로 축복할 만큼 고결하고 단단한 자아를 지니고 있는가?

🫶 명상

리더의 격(格)은 홀로 빛나는 성취보다 후배의 유능함을 진심으로 축복하는 품격에 뿌리내립니다. 인재의 성장을 위협으로 느끼지 말고 그들이 바통을 이어받을 든든한 트랙을 직접 닦으십시오. 인재를 키우려는 진솔한 투자만이 리더의 부재 속에서도 조직의 찬란한 내일이 시작됩니다.

리더의 격(格)

제93장

사명의 재정립은 초심으로 돌아가 본질을 수호하는 데 있습니다

조직의 사명은 변화의 바다에서 길을 잃었을 때 가장 먼저 우러러보아야 할 고결한 북극성이며, 과거의 성공이라는 안일한 관성 속에 가려진 초심을 선명하게 닦아 내어 본질을 사수하는 결단이 됩니다. 사나운 폭풍 속에서도 공동체의 영혼을 지켜 내고 시대를 초월하는 영속의 숨결을 불어넣는 리더의 장엄한 정신적 회귀가 됩니다.

성장의 가속도가 붙은 경영의 현장에서 리더가 마주하는 가장 은밀한 위기는 왜 이 일을 시작했는가에 대한 망각입니다. 이윤과 확장의 숫자가 사명을 대신할 때 조직은 생기를 잃은 기계로 전락하며 그 끝은 언제나 본질의 붕괴로 이어집니다. 사명의 재정립은 과거로의 단순한 후퇴가 아니라 우리를 뛰게 했던 그 순수한 뜨거움을 현재의 지혜로 재해석하여 미래의 동력으로 삼는 일입니다. 리더가 초심이라는 닻을 내리지 못하면 조직은 유행에 휩쓸리게 되며 이는 결국 존재의 가치를 잃고 소멸하는 경영의 허무를 초래합니다.

진정한 경쟁력은 기술의 정교함이 아니라 사명의 순도에서 결정됩니다. 격을 갖춘 리더는 얼마나 더 벌 것인가보다 우리의 시작은 어떤 약속이었는가를 집요하게 묻는 사람입니다. 본질을 수호한다는 것은 처음 사업의 길에 들어서며 품었던 정갈한 초심과 오랜 시간 체득한 지혜를 인재들에게 전하려는 진솔한 마음을 하나의 맥락으로 잇는 일입니다. 이는 리더의 시선이 외형적인 팽창보다 내면의 단단한 성숙을 향해 침잠할 때 비로소 완성되는 고귀한 성찰의 결실입니다.

에고의 비대함을 경계한다는 것은 성공에 대한 조바심을 솔직하게 대면하고, 초심이라는 투명한 거울 앞에 매일 자신의 의도를 비추며 흔들림 없는 구심점을 세우는 일입니다. 우리는 흔히 외형적 확장이 유능함의 증거라 믿지만 가치를 빛내는 여정에서 마주하는 진정한 해답은 오직 리더가 스스로를 매섭게 돌아보며 길러 낸 근원적 효용뿐입니다. 성과로 일궈 낸 안락함은 변화의 바람 앞에 이내 자취를 감추는 안개와 같으나, 정작 위태로운 순간 조직을 굳건히 지탱하는 것은 리더가 평소 철학을 벼리며 일깨워 온 구성원들의 흔들림 없는 의기투합입니다.

경영의 고귀한 결실은 리더가 발산하는 권위의 위압감이 아니라 수호해 온 원칙의 투명함에 의해 증명됩니다. 일상의 집무를 끝내고 자성의 기록을 남기며 오늘 나의 선택이 조직의 지향점과 맞닿아 있는지 혹은 나의 아집이 사명을 가로막지는 않았는지 자문하는 행위는 미래 세대와 맺는 신중한 신의입니다. 리더가 숫자의 지배보다 내적 진실에 마음을 쏟을 때 조직은 세심한 정성이 깃든 자생적 활력을 갖게 되며, 이러한 화합의 에너지는 공동체 전체를 시대를 주도하는 주역으로 도약시키는 가장 튼튼한 토양이 됩니다.

> 사명은 무엇을 할 것인가의 문제가 아니라, 우리는 왜 존재하는가에
> 대한 선언이다. 본질을 잃은 성장은 암세포의 증식과 다를 바 없다.
>
> — 피터 드러커(Peter Drucker)

　　"성장의 안개 속에서도 초심이라는 북극성을 따라 브랜드의 사명을 수호한 리바이 스트라우스의 월터 하스 주니어"

　　1950년대 미국 사회가 차별과 편견의 거센 폭풍 속에 놓여 있을 무렵, 리바이 스트라우스(Levi Strauss & Co.)의 월터 하스 주니어(Walter Haas Jr.) 회장이 보여 준 행보는 리더의 초심이 어떻게 공동체의 영혼을 지켜 내는 고결한 북극성이 되는지를 보여 주는 가장 명징한 서사입니다. 당시 그는 기업이 외형적 확장에 매몰되어 처음에 품었던 '인간 존엄'이라는 정갈한 약속을 잊어 가는 위기 앞에서, 과거의 관성 뒤로 숨는 대신 본질을 사수하는 장엄한 정신적 회귀를 선택했습니다.

　　그는 공장 통합 과정에서 인종 분리 정책을 거부하며, 이것이 단순히 비즈니스의 전략이 아니라 우리가 처음 사업의 길에 들어서며 품었던 순수한 뜨거움을 현재의 지혜로 재해석하는 일임을 선언했습니다. 자본의 논리로만 보면 사회적 반발이라는 유행에 휩쓸려 존재의 가치를 잃기 쉬운 위태로운 순간이었으나, 하스 주니어 회장은 '초심'이라는 닻을 내림으로써 조직이 나아가야 할 분명한 구심점을 세웠습니다. 리더가 성공에 대한 조바심을 정직하게 대면하고 스스로를 매섭게 돌아보자, 기업의 사명은 비로소 시대를 초월하는 영속의 숨결을 얻게 되었습니다.

　　리더가 외형적인 팽창보다 내면의 단단한 성숙을 향해 침잠할 때, 그 성찰의 결실은 인재들이 자발적으로 따르는 가장 경건한 훈육이 됩니다. 하스 주니어의 결단은 리바이스를 단순히 옷을 파는 기업을 넘어, 시대의 안개 속에서도 자취를 감추지 않는 선명한 이정표로 우뚝 세웠습니다. 숫자가 아닌 사명의 순도를 먼저 헤아린 리더의 고결한 격(格)은, 오늘날 우리에게 진정한 경쟁력이 기술의 정교함이 아니라 우리가 처음 시작했을 때 어떤 약속을 했는가를 집요하게 묻는 '초심의 힘'에 있음을 엄숙히 일깨워 줍니다.

💡 성찰

- 당신은 오늘 내린 결정이 우리 조직의 '창업 정신' 혹은 당신이 리더로서 가졌던 '첫 마음'과 정직하게 맞닿아 있는가?
- 우리 조직은 숫자의 노예가 되어 존재의 이유를 잃어 가는 시든 나무인가? 아니면 확고한 사명의 뿌리 위에서 매일 새로운 꽃을 피우는 생명의 숲인가?
- 당신은 리더로서 더 큰 성장을 포기해야 하더라도, 우리 조직의 본질적 가치를 지켜 내기 위해 "아니오"라고 말할 단단한 자아를 지니고 있는가?

💚 명상

리더의 격(格)은 숫자의 크기보다 창업 당시의 순수한 초심을 지키는 진정성에서 발견됩니다. 성장의 유혹을 멈추고 조직의 본질을 지키는 소신 있는 거절을 오늘 당장 선택하십시오. 사명이라는 뿌리로 돌아가는 성찰은 기업을 영원히 시들지 않는 생명의 숲으로 존속시킵니다.

리더의 격(格)

제94장

조직의 품격이 가치 경영을 완성합니다

가치 경영의 완성은 조직의 이익이 사회의 아픔을 보듬는 치유의 손길로 변모하는 순간에 있습니다. 숫자에 대한 집착을 넘어 인간의 존엄과 공생의 미학을 실천하는 조직의 격조는, 메마른 세상에 단비처럼 스며들어 공동체의 영혼을 회복시키는 리더십의 가장 장엄하고도 숭고한 도덕적 승리가 됩니다.

경영의 삭막한 수풀 속에서 리더가 도달해야 할 최종적인 고지는 사회적 치유입니다. 많은 조직이 효율과 성과만을 쫓으며 구성원과 고객의 영혼을 소모시키지만, 격이 있는 조직은 존재 자체로 주변의 결핍을 채우고 갈등을 잠재우는 선한 에너지를 발산합니다. 가치 경영을 완성한다는 것은 단순히 윤리적 지침을 지키는 수준을 넘어, 우리 조직의 활동이 타인의 삶에 어떤 위로와 희망이 되는지를 집요하게 성찰하는 일입니다. 리더가 가치의 나침반을 치유의 방향으로 고정할 때, 조직은 비로소 이기적인 집단을 넘어 시대를 치유하는 거룩한 공동체로 거듭나게 됩니다.

사회적 자본의 회복과 인본주의 경영의 관점에서 고찰할 때, 조직의 품격은 위기의 순간에 가장 투명하게 드러납니다. 격을 갖춘 리더는 얼마나 더 큰 이익을 얻을 것인가보다 어떻게 사람의 생명과 안전을 수호할 것인가를 먼저 묻는 사람입니다. 세상을 치유하는 경영이란 산업의 치열한 현장에서부터 평범한 일상의 공간에 이르기까지, 발길이 닿는 곳마다 상생의 씨앗을 심고 인재들의 가능성을 꽃피우는 예우의 실천입니다. 이는 리더의 시선이 조직의 벽을 넘어 인류 보편의 아픔에 공감할 때 비로소 완성되는 숭고한 가치의 미학입니다.

이기심이라는 장벽을 걷어 내는 과정은 리더가 마음속에 품은 소유욕과 폐쇄적인 편협함을 정직하게 직시하고, 공익이라는 청량한 샘물로 자신의 판단을 매일 갈고닦아 유연한 내면의 중심을 세우는 일입니다. 외현으로 드러나는 시혜의 손길이 선함의 전부를 대변할 수는 없습니다. 가치의 원형을 찾아가는 기나긴 탐색 속에서 얻는 명징한 해답은, 오직 리더의 정직한 내면이라는 여과기를 거쳐 발현되는 숭고한 자기 연소에 있습니다. 가식으로 쌓아 올린 명예는 진실의 무게 앞에 속절없이 허물어질 모래톱에 불과할 뿐입니다. 시련의 순간 조직을 다시 일으켜 세우는 힘은, 리더가 평소 사회적 가치를 중시하며 세상과 더불어 묵묵히 다져 온 저 깊은 유대감으로부터 비로소 피어납니다.

경영의 참된 결실은 리더가 휘두르는 위세의 정도가 아니라 그가 사회에 전하는 치유의 농도에 의해 좌우됩니다. 하루의 사무를 매듭지으며 성찰의 흔적을 남기고, 오늘 나의 결단이 누군가에게 소리 없는 아픔을 주지는 않았는지 혹은 우리 조직이 동시대의 고통을 방관하지는 않았는지 반추하는 행위는 함께하는 인재 및 미래 세대와 나누는 가장 숭고한 약속입니다.

리더가 차가운 숫자의 압박에서 잠시 벗어나, 스스로가 지닌 빛나는 가치와 마음속 진실에 가만히 귀를 기울일 때, 조직은 비로소 리더의 간절한 바람이 깃든 독창적인 생명력을 꽃피우게 됩니다. 서로가 서로를 살리는 이 아름다운 울림은 구성원 모두의 마음에 스며들어, 우리 공동체를 시대를 이끄는 든든한 거목으로 키워 내는 가장 따뜻한 밑거름이 되어 줍니다.

비즈니스의 목적은 부를 쌓는 것이 아니라 세상을 더 나은 곳으로 만드는 것이다. 치유할 줄 모르는 리더는 진정한 성공을 거둘 수 없다.

— 제임스 버크(James Burke)

📖 사례

"이윤보다 숭고한 것은 인류의 아픔을 보듬는 치유의 손길입니다", 메르크(Merck)의 로이 바겔로스

1980년대 후반, 글로벌 제약사 메르크(Merck)의 로이 바겔로스(Roy Vagelos) 회장이 내린 결단은, 조직의 품격이 어떻게 사회적 치유를 완성하고 공동체의 영혼을 회복시키는지를 보여 주는 가장 장엄한 서사이자 자명한 이치가 됩니다. 당시 메르크는 아프리카와 중남미의 수많은 사람을 실명의 공포로 몰아넣은 '강변 실명증'을 치료할 수 있는 획기적인 약물을 개발했으나, 정작 그 약이 절실한 이들은 이를 구매할 경제적 능력이 전혀 없는 가난한 이들이었습니다.

바겔로스 회장은 이익에 대한 집착을 넘어 인간의 존엄과 공생의 미학을 실천하기 위해, 약물을 필요로 하는 모든 이들에게 '영구히 무상으로' 공급하겠다는 전례 없는 도덕적 승리를 선택했습니다. 이는 단순히 기업의 이익을 포기하는 행위를 넘어, 우리 조직의 활동이 타인의 삶에 어떤 위로와 희망이 되는지를 집요하게 성찰한 리더의 고결한 결단이었습니다. 리더가 가치의 나침반을 치유의 방향으로 고정하자, 메르크는 단순한 이윤 추구 집단을 넘어 시대를 치유하는 거룩한 공동체로 거듭나게 되었습니다.

리더의 시선이 조직의 벽을 넘어 인류 보편의 아픔에 공감할 때, 비로소 가치 경영의 원형이 완성됩니다. 바겔로스의 결단은 메르크를 세계에서 가장 존경받는 기업 반열에 올렸으며, 이는 진정한 가치를 일구는 여정에서 발견하는 궁극의 해답이 오직 리더의 정직한 내면이라는 여과기를 거쳐 발현되는 숭고한 헌신뿐임을 우리에게 엄숙히 전해 줍니다. 외현으로 드러나는 시혜의 손길이 아닌, 고결한 격(格)으로 빚어낸 이 치유의 기록은 오늘날 우리에게 경영이 도달해야 할 최후의 고지가 어디인지를 선명하게 비추는 등불이 됩니다.

💡 성찰

- 당신은 오늘 수익을 창출하는 과정에서 누군가의 희생을 당연시하지 않았는지, 우리 조직의 존재가 사회에 미안한 일은 아니었는지 성찰해 보았는가?
- 우리 조직은 세상의 경쟁을 부추기는 날카로운 칼날인가? 아니면 갈등을 조율하고 아픔을 어루만지는 따뜻한 손길인가?
- 당신은 리더로서 조직의 이익이 훼손되더라도 사람의 존엄성을 지켜 내기 위해 기꺼이 자신을 비울 단단한 자아를 지니고 있는가?

💗 명상

리더의 격(格)은 장부의 흑자보다 세상에 남긴 따뜻한 치유의 흔적에서 완성됩니다. 조직의 이익보다 사람의 존엄성을 우선하며 타인의 고통을 귀하게 진심으로 예우하십시오. 이러한 따뜻한 손길은 기업을 사회가 존중하는 영원한 명예의 지평으로 당당히 인도합니다.

제95장

무위(無爲)의 리더십은
팀의 자율성을 끌어내는 신뢰의 기술입니다

리더의 무위(無爲)는 방관이 아니라 구성원들이 자신의 역량을 최대한 발휘할 수 있도록 최적의 환경을 조성하는 고도의 전략입니다. 리더가 전면에 나서기보다 보이지 않는 곳에서 원칙과 질서를 확립하고, 인재들이 스스로 의사 결정의 주체가 되도록 지지하는 태도는 조직의 자생력을 키우는 핵심입니다. 이러한 신뢰 기반의 리더십은 조직의 지속 가능한 성장을 이끌며 리더십의 질적인 성숙을 증명합니다.

경영의 절정에서 리더가 대면해야 할 가장 어려운 과제는 자신의 영향력을 스스로 절제하는 일입니다. 많은 리더가 자신의 유능함을 증명하기 위해 끊임없이 지시하고 개입하지만, 리더의 목소리가 커질수록 조직원들의 주체적인 사고는 위축되기 마련입니다. 무위의 리더십을 실천한다는 것은 강물의 흐름을 억지로 바꾸려 하지 않고 둑을 정비하여 물이 스스로 낮은 곳으로 흐르게 하듯, 조직의 시스템과 문화가 리더의 부재 시에도 완벽하게 작동하도록 정교한 질서를 이식하는 과정입니다. 리더가 드러나지 않을 때 조직은 비로소 리더의 사적 욕망에서 해방되어, 공동의 가치를 향해 자생적으로 진화하는 강인한 생명력을 얻게 됩니다.

시스템 경영의 원리와 생태계적 관점에서 고찰할 때, 최상의 리더십은 구성원들이 스스로 성취했다는 확신을 갖게 만드는 데 있습니다. 내면의 격을 갖춘 리더는 자신의 업적을 과시하기보다, 동료들이 성공의 보람을 충분히 만끽할 수 있도록 자신을 기꺼이 배경으로 밀어 넣는 지혜를 발휘합니다. 작위적인 개입 없이 성과를 내는 경지는 오랜 경영의 현장에서 단기적인 카리스마 대신 확고한 원칙과 인간적 존중이라는 본질적인 자양분을 조직의 체질에 깊이 각인시켜 온 세월의 결실입니다. 이는 리더의 의식이 누군가를 소유하거나 지배하려는 충동을 넘어 조화와 균형의 미학으로 향할 때 비로소 맞이하게 되는 고귀한 사유의 지평입니다.

자아를 과시하려는 열망을 내려놓고 전체의 조화로운 흐름에 순응한다는 것은, 리더가 내면의 인정 욕구와 통제에 대한 집착을 정직하게 대면하며 비움이라는 고요한 성찰 속에 매일 자신의 권위를 씻어 내어 단단한 자아를 일구는 과정입니다. 흔히들 화려한 말솜씨가 리더의 품격을 높여 줄 거라 믿곤 하지만, 사실 가치를 만들어 가는 긴 여정에서 마주하는 진짜 해답은 리더의 정직한 침묵 속에 있습니다. 그 고요한 침묵을 거쳐 투명하게 정제된 스스로의 질서야말로, 우리 조직을 가장 리더답게 세워 주는 진정한 힘이 됩니다. 과도한 간섭으로 얻은 성취는 리더의 시선이 닿지 않는 순간 맥없이 허물어질 환상일 뿐이며, 시공을 초월하여 조직을 지탱하는 힘은 리더가 평소 무위(無爲)의 미학을 통해 갈고닦은 구성원들의 성숙한 책임 의식입니다.

경영의 드높은 위대함은 리더가 발산하는 명령의 날카로움이 아니라 그가 자아낸 여백의 크기가 얼마나 조화로운가에 의해 결정됩니다. 일상의 갈무리마다 내면을 응시하며 오늘 나의 서툰 개입이 조직의 자연스러운 흐름을 방해하지는 않았는지, 혹은 나의 과도한 참견이 인재들의 성장을 가로막지는 않았는지 되짚어 보는 행위는 함께하는 동료 및 미래 세대와 맺는 가장 엄숙한 가치 계약입니다. 리더가 수치의 압박보다 존재의 자율성과 내면

 리더의 격(格)

적 진실에 귀를 기울일 때, 조직은 비로소 리더의 깊은 배려가 담긴 고유한 생명력을 얻게 됩니다. 이러한 공진화의 에너지는 모든 이에게 전해져 공동체 전체를 시대를 뛰어넘는 위대한 주역으로 비상하게 만드는 최고의 토대가 됩니다.

> 가장 뛰어난 경영자는 자신이 원하는 바를 수행할 적임자를 고르는 안목을 지닌 사람이며, 그들이 과업을 완수하는 동안 섣불리 개입하지 않는 절제력을 갖춘 사람입니다.
>
> — 시어도어 루스벨트(Theodore Roosevelt)

"드러나지 않는 리더십으로 위대한 기업을 만든 '단계 5의 리더들'"

경영학의 석학 짐 콜린스(Jim Collins)가 그의 저서 《좋은 기업을 넘어 위대한 기업으로》에서 깊이 있게 통찰한 단계 5의 리더(Level 5 Leader)들은, 자신을 겸허히 비워 조직의 장엄한 흐름을 완성하는 무위(無爲)의 리더십이 현대 경영이라는 치열한 각축장 속에서 어떻게 가장 고결하고도 강인한 서사로 피어날 수 있는지를 보여 주는 대표적인 사례들 입니다. 이들은 화려한 수사나 강력한 카리스마로 자신을 증명하려 애쓰는 대신, 깊은 내면의 겸손과 숭고한 직업적 의지를 하나로 묶어 조직의 본질을 일깨우며 헌신하였습니다. 리더의 격(格)이란 자신을 드러내는 빛의 세기가 아니라, 조직의 사명을 위해 스스로를 지워 낼 수 있는 절제의 깊이에서 완성됨을 짐 콜린스의 통찰은 자명하게 뒷받침하고 있습니다.

킴벌리 클라크의 다윈 스미스나 질레트의 콜먼 목러 같은 리더들은 결코 자신을 전면에 내세워 환호받기를 원치 않았습니다. 그들은 눈부신 성공의 순간에는 창밖을 응시하며 운과 동료들의 헌신에 그 공을 돌렸고, 뼈아픈 실패의 갈림길에서는 거울을 마주하며 모든 책임을 스스로에게 묻는 준엄한 자세를 취했습니다. 리더가 이처럼 자신을 지우고 조직의 숭고한 목적에 온전히 투신할 때, 구성원들은 비로소 리더의 명령 없이도 기업의 핵심 가치를 자발적으로 수호하는 지고한 응집력을 발휘하게 됩니다. 이는 리더의 자생적 겸손이 어떻게 조직 전체의 주인의식으로 전이되어 영속하는 성취의 근간이 되는지를 실체적으로 입증하는 대목입니다.

리더가 무위의 격(格)을 갖출 때 비로소 조직은 인간의 한계를 뛰어넘어 영속하는 성취의 반열에 오를 수 있음을 짐 콜린스의 연구는 장엄하게 증명하고 있습니다. 리더의 내면적 격이 빚어낸 이 겸손의 서사는, 외형의 화려함으로 실력을 위장하려다 내실을 잃어 가는 현대 경영자들에게 자신을 비움으로써 비로소 거대한 대의를 담아내는 리더십의 역설을 깨닫게 하는 지혜의 기준이 될 것입니다. 또한 이는 리더라는 개인이 사라진 자리에서 비로소 피어나는 조직의 찬란한 영광이자, 깊은 산속의 고요한 중력이 숲 전체의 생태계를 지탱하듯 소리 없이 공동체를 위대함으로 이끄는 가장 고결한 정신적 자양분이 될 것입니다.

💡 성찰

- 당신은 오늘 회의에서 부하 직원들에게 정답을 지시했는가? 아니면 그들이 스스로 답을 찾아낼 수 있도록 정갈한 질문의 여백을 남겨 주었는가?
- 우리 조직은 리더인 당신의 일거수일투족에 따라 움직이는 수동적인 기계인가? 아니면 당신이 자리를 비워도 철학에 따라 박동하는 자율적인 생명체인가?
- 당신은 리더로서 자신의 이름이 성과 뒤에 가려지는 것을 진심으로 기뻐하며, 타인이 빛날 때 기꺼이 그늘이 되어 줄 만큼 고결하고 단단한 자아를 지니고 있는가?

🫶 명상

리더의 격(格)은 직접 내린 정답보다 동료 스스로 답을 찾는 여백에서 살아납니다. 자신의 이름을 지우고 타인이 빛나도록 기꺼이 넓은 그늘이 되어 주는 용기를 발휘하십시오. 자율적으로 성과를 내는 실행력은 조직을 위기 앞에서도 무너지지 않는 진짜 실력으로 단련시킵니다.

제96장

리더의 긍정적인 태도는
위기를 기회로 바꾸는 전략적 자산입니다

리더의 긍정은 막연한 낙관이 아니라, 어려운 경영 환경 속에서도 구체적인 해결책을 찾아내려는 의지이자 전략적인 선택입니다. 위기의 순간에 리더가 유지하는 평정심은 조직 전체에 확산되어 구성원들이 목표에 집중하게 만드는 실효성 있는 기반이 됩니다. 이러한 태도는 조직의 회복 탄력성을 높이며, 불확실한 미래를 안정적인 성장으로 이끄는 핵심적인 역량이 됩니다.

경영의 과정에서 마주하는 가장 힘겨운 과제는 예고 없이 찾아오는 절망을 다스리는 일입니다. 많은 이가 성공의 가도를 달릴 때는 당당하나, 거대한 실패 앞에서는 쉽게 무력감에 빠지곤 합니다. 긍정의 유전자를 깨우는 것은 폭풍을 부정하는 것이 아니라, 그 비가 대지를 적셔 새로운 생명을 키워 낼 자양분이 됨을 믿는 통찰의 과정입니다. 리더의 시선이 빛을 향할 때 조직은 공포에서 해방되어 자생적으로 진화하는 강인한 생명력을 얻게 됩니다.

체계적인 경영의 관점에서 최상의 리더십은 구성원들이 스스로의 지혜로 성취했다는 자부심을 품게 하는 데 있습니다. 격을 갖춘 리더는 자신의 공로를 앞세우기보다 동료들이 결실을 누리도록 기꺼이 조력자가 됩니다. 인위적인 개입 없이 성과를 내는 경지는 본질적인 가치를 조직의 토양에 깊이 심어 온 인고의 세월이 만든 결실입니다. 이는 리더의 시선이 지배를 넘어 조화로운 상생의 미학으로 향할 때 비로소 도달하는 고귀한 정신적 지평입니다.

강인한 조직은 리더가 심어 주는 내면의 확신에서 비롯됩니다. 지혜로운 리더는 운을 자랑하기보다 동료들이 역경 속에서도 도약의 기회를 발견하도록 든든한 버팀목이 되어 줍니다. 자아의 과시를 멈추고 공동체의 흐름에 순응한다는 것은 통제에 대한 갈망을 직시하며 자신의 권위를 씻어 내어 단단한 인격을 빚는 과업입니다. 정직한 인내를 통해 정립된 긍정적인 질서는 조직이 스스로 움직이게 하는 가장 강력한 동력이 됩니다.

경영의 참된 열매는 리더의 단호한 지시가 아니라, 조직이 스스로 부드럽게 움직이는 그 자연스러운 흐름 속에서 비로소 영급니다. 하루의 일상을 갈무리하며 '오늘 나의 지나친 걱정이 인재들의 용기 있는 도전을 가로막지는 않았는지' 가만히 되짚어 보는 일. 이 소중한 성찰의 발자국은 미래 세대와 맺는 가장 엄숙한 약속이자, 우리 공동체를 다시 숨 쉬게 하는 가장 단단한 뿌리가 되어 줄 것입니다.

> 인간에게서 모든 것을 빼앗아 갈 수 있어도, 단 한 가지 자유만은 빼앗을 수 없다. 그것은 어떤 상황에 놓이더라도 자신의 태도를 선택하고, 자기만의 길을 선택할 수 있는 자유이다.
>
> — 빅터 프랭클(Viktor Frankl)

📖 사례

"절망의 얼음 바다에서 전원이 생존한 섀클턴의 위대한 항해"

지구의 끝, 생명조차 허락되지 않는 남극의 얼어붙은 심연 속에서 어니스트 섀클턴(Ernest Shackleton) 경과 그의 탐험대 인듀어런스(Endurance)호가 써 내려간 위대한 생존의 서사는, 리더의 내면에 깊이 각인된 긍정의 유전자가 가혹한 현실을 어떻게 숭고한 기적으로 뒤바꾸어 놓는지를 증명하는 경영사상 가장 강렬하고도 전율적인 실증 사례입니다. 절망이 일상이 된 극한의 고립 속에서도 리더가 끝내 포기하지 않고 발산했던 그 희망의 빛은, 단순히 탐험대 전원을 사지에서 구해 내는 데 그치지 않고 경영이라는 냉혹한 각축장에서 리더십이 지향해야 할 가장 높은 곳의 격(格)이 무엇인지를 우리에게 엄숙히 일깨워 줍니다. 리더의 긍정은 불가능해 보이는 상황에서도 길을 찾아내는 가장 강력한 전략적 자산이며, 그 고결한 의지가 빚어낸 생존의 기록은 오늘날의 경영자들에게 시대를 초월하는 영감의 원천이 되고 있습니다.

1914년, 남극 횡단에 나섰던 배가 빙하에 갇혀 침몰하는 절망적인 상황 속에서도 섀클턴은 단 한 명의 대원도 포기하지 않았습니다. 그는 대원들이 무력감에 빠지지 않도록 매일의 규칙을 만들고 희망을 잃지 않는 서사를 끊임없이 공유했습니다. 섀클턴은 리더로서 자신의 두려움을 안으로 삭이고, 대원들에게는 반드시 돌아갈 수 있다는 확신을 심어 주었습니다. 그는 위기 속에서 비난의 대상을 찾기보다 대원들의 심리적 안정을 최우선으로 고려했으며, 리더가 먼저 품은 그 긍정의 유전자는 634일간의 사투 끝에 28명 전원 무사 귀환이라는 불가능한 성취를 이루어 냈습니다.

리더가 긍정의 격(格)을 갖출 때, 그 에너지가 조직 전체로 전이되어 죽음과 같은 절망 앞에서도 영속하는 생명의 길을 열 수 있음을 섀클턴의 사례

 리더의 격(格)

는 실체적으로 보여 줍니다. 리더의 내면적 격이 빚어낸 이 희망의 서사는, 예기치 못한 시련 앞에 좌절하고 주저앉고 싶은 현대의 경영자들에게 어둠을 뚫고 찬란한 새벽을 불러오는 서늘하고도 맑은 예지의 소나기이자, 어떤 거친 풍랑 속에서도 인간의 존엄을 지켜 내며 기어이 약속의 땅에 가닿게 하는 가장 강인한 정신적 나침반이 될 것입니다.

💡 성찰

- 당신은 오늘 위기 앞에서 부하 직원들에게 절망의 근거를 늘어놓았는가? 아니면 그들이 다시 일어설 수 있도록 가능성의 한 조각을 발견하여 공유하였는가?
- 우리 조직은 외부 환경의 변화에 쉽게 흔들리는 연약한 기계인가? 아니면 당신이 심어 놓은 긍정의 유전자를 통해 어떤 난관도 도약의 발판으로 삼는 강인한 생명체인가?
- 당신은 리더로서 고난의 시기를 묵묵히 견뎌 내며, 스스로가 희망의 근거가 될 만큼 내면이 단단하고 고결한 자아를 지니고 있는가?

🫶 명상

리더의 격(格)은 위기 속 절망보다 동료들에게 심어 준 희망의 근거로 입증됩니다. 스스로가 희망의 근거가 되어 모든 난관을 도약의 발판으로 삼는 긍정을 전파하십시오. 이러한 내면의 단단함은 조직을 어떤 시련에도 굴하지 않는 강인한 실력으로 무장시킵니다.

제97장

용서와 화해는 조직의 상처를
보듬는 리더의 넓은 품입니다

리더의 용서는 과오를 묵인하는 유약함이 아니라, 과거의 사슬을 끊고 미래로 조직을 해방시키는 결단입니다. 갈등의 상처를 화해로 치유하여 구성원이 서로를 신뢰하며 전진하게 만드는 포용이야말로 리더십이 도달하는 가장 따뜻하고 강인한 완성점이 됩니다.

리더에게 가장 고통스러운 순간은 신뢰했던 이의 과오나 조직 내의 치열한 반목을 목격할 때입니다. 많은 이가 엄격한 잣대와 징벌로 기강을 잡으려 하지만, 증오와 비난의 기운이 지배하는 조직은 결코 창의적인 도약을 이룰 수 없습니다. 용서와 화해를 실천한다는 것은 무조건적인 관용을 베푸는 것이 아니라, 갈등이라는 뜨거운 불길을 함께 통과하며 조직의 결속을 더욱 견고하게 다지는 연금술적 과정입니다.

진정한 화합은 리더가 먼저 손을 내미는 용기에서 시작됩니다. 격을 갖춘 리더는 구성원의 실수를 비난의 화살로 삼기보다, 그 실패가 성장의 자양분으로 치환될 수 있도록 포용의 문화를 구축하는 사람입니다. 용서는 불이 지나간 자리에 새살이 돋게 하는 비옥한 단비와 같으며, 이는 리더의 시선이 개인의 감정을 넘어 조직의 영속적인 안녕으로 향할 때 비로소 도달하는 거룩한 정신적 지평입니다.

아집을 내려놓고 타인의 마음과 공명한다는 것은, 내면 깊숙이 숨은 분노와 서운함을 정직하게 마주하는 일입니다. 그것은 이해라는 투명한 시냇물에 편견의 얼룩을 씻어 내어, 부드럽고 유연한 자아를 일궈 가는 과정이기도 합니다. 날카로운 이성이 리더를 빛낸다고 믿기 쉽지만, 정작 조직이 위기에 처했을 때 해답을 찾아 주는 것은 결국 인내 끝에 정제된 화해의 마음뿐입니다. 리더가 보여 준 진심 어린 용서에 마음이 움직인 구성원들은, 보이지 않는 곳에서도 조직의 가치를 스스로 지켜 내는 가장 든든하고 강력한 동반자가 되어 줄 것입니다.

경영에서 얻는 가장 값진 열매는 리더의 날카로운 지적보다는, 그가 얼마나 넓은 품으로 사람들을 안아 주었는가에 따라 달라집니다. 하루 일과를 마치고 사무실에 앉아 '오늘 나의 좁은 생각이 화합을 깨뜨리지는 않았는지, 혹은 나의 지나친 엄격함이 누군가의 가능성을 꺾지는 않았는지' 조용히 되새겨 보는 일. 이런 매일의 성찰은 함께 걷는 인재들과 앞으로 올 세대에게 전하는 가장 진실하고 엄숙한 약속이기도 합니다. 리더가 차가운 지표보다 사람의 아픔과 진심 어린 이야기에 귀를 기울일 때 조직은 비로소 살아 숨쉬는 활력을 얻게 되며, 그 따뜻한 에너지는 우리 모두에게 번져 공동체 전체가 이 시대를 이끄는 주인공으로 당당히 날아오를 수 있는 든든한 바탕이 되어 줍니다.

> 용서한다는 것은 과거에 대한 기억을 지우는 것이 아니라, 그 기억에 대한 권력을 내려놓는 것이다. 용서는 자신을 가둔 감옥의 문을 여는 열쇠다.
>
> — 넬슨 만델라(Nelson Mandela)

"용서와 화해로 국가와 조직을 재건한 넬슨 만델라"

넬슨 만델라는 27년간의 수감 생활이라는 아득하고도 혹독한 시련의 세월을 견뎌 내고도, 자신을 옥죄었던 증오의 사슬 대신 용서라는 숭고한 선택을 내림으로써 전 세계에 진정한 리더십의 격(格)이 무엇인지를 장엄하게 보여 주었습니다. 그가 보여 준 이 경이로운 포용은 단순히 개인적인 고통을 승화시킨 것을 넘어, 갈등과 반목으로 점철된 인류사에 화해라는 새로운 지평을 열어젖힌 리더십의 가장 고결한 성찰이자 도덕적 승리의 서사가 됩니다. 리더의 용서가 어떻게 한 시대의 상처를 치유하고 공동체의 영혼을 다시 숨 쉬게 만드는지를 보여 주는 그의 삶은, 시대를 초월하여 리더십이 도달해야 할 가장 깊고도 투명한 완성점으로 기록될 것입니다.

남아프리카 공화국 대통령에 취임한 후, 그는 자신을 탄압했던 이들을 처벌하는 대신 진실과 화해 위원회를 통해 과거의 상처를 정직하게 대면하고 용서하는 길을 열었습니다. 만델라는 럭비 월드컵에서 백인들의 전유물이었던 스프링복스 팀을 응원하며 흑인과 백인이 스포츠를 통해 하나가 되도록 이끌었습니다. 리더가 먼저 과거의 사슬을 끊고 화해의 손길을 내밀자, 분열되었던 국민은 리더의 지시 없이도 무지개 국가라는 공동의 비전을 향해 자발적으로 힘을 모으기 시작했습니다. 이 사례는 리더가 용서의 격을 갖출 때 비로소 조직이나 국가가 한계를 뛰어넘어 영속하는 평화와 번영의 반열에 오를 수 있음을 자명하게 실증하고 있습니다.

리더가 증오의 칼날을 거두고 사랑의 방패를 들어 올릴 때, 비로소 공동체는 복수의 순환을 끊고 위대한 전진을 시작할 수 있습니다. 넬슨 만델라의 사례는 리더의 시선이 과거의 원한이 아닌 미래의 공존을 향할 때, 조직의 격이 얼마나 장엄하게 높아질 수 있는지를 일깨워 주는 명징한 통찰의 경종이 될 것입니다. 리더의 내면적 격이 빚어낸 이 화해의 서사는, 작은 이해관계에 매몰되어 갈등의 골을 깊게 파기 쉬운 현대 경영자들에게 얼어붙은 대지를 녹여 생명의 싹을 틔우는 따스한 봄볕이자, 어둠의 터널을 지나 상생의 태양으로 인도하는 가장 고결한 영혼의 등불이 될 것입니다.

💡 성찰

- 당신은 오늘 직원의 잘못에 대해 차가운 비난을 던졌는가? 아니면 그가 스스로를 돌아보고 다시 일어설 수 있도록 따뜻한 용서의 여백을 남겨 주었는가?
- 우리 조직은 내부의 갈등으로 에너지를 소모하는 연약한 구조인가? 아니면 당신이 보여 준 화해의 정신을 통해 상처마저도 성장의 동력으로 삼는 강인한 생명체인가?
- 당신은 리더로서 자신의 자존심보다 조직의 화합을 우선시하며, 타인의 허물을 덮어 줄 때 진정으로 기뻐할 만큼 고결하고 단단한 자아를 지니고 있는가?

💗 명상

리더의 격(格)은 차가운 비난보다 타인의 실수를 감싸는 따뜻한 용서에서 비로소 생겨납니다. 자신의 자존심을 과감히 내려놓고 갈등을 화해의 에너지로 바꾸는 포용력을 현장에서 보여 주십시오. 타인의 허물을 덮어 주는 배려는 조직을 어떤 풍파에도 흔들리지 않는 유대로 이어 줍니다.

제98장

마지막 진실은 경영이 결국 사람을 사랑하는 일이라는 데 있습니다

경영의 끝은 화려한 숫자의 잔치가 아니라, 그 뒤에서 애쓰는 사람들의 숨결에 가만히 귀를 기울이는 데 있습니다. 리더가 곁에 있는 이들을 온 마음으로 품어 안을 때, 조직은 차가운 기계적 결합을 넘어 살아 숨 쉬는 따뜻한 공동체로 거듭납니다. 사람을 향한 이 깊은 애정이야말로 경영의 품격을 완성하는 가장 고결한 마지막 진실입니다.

경영의 근저를 깊숙이 파고들면 결국 하나의 본질로 귀결됩니다. 많은 리더가 기술적 변혁이나 자본의 역학에 매몰되어 조직 운영을 건조한 기계적 설계로 오해하곤 하지만, 모든 사업의 시작과 끝에는 인간이 자리합니다. 구성원을 향한 진정성 있는 관심 없이 추진되는 성장은 영혼 없는 형상과 같아서 작은 풍파에도 쉽게 무너지고 맙니다. 리더가 품은 인간적인 유대감은 동료들이 자신의 잠재력을 신뢰하고 조직 안에서 자아를 실현하게 만드는 가장 강력한 동인입니다.

인본주의적 관점에서 볼 때 리더는 인재들이 마음껏 역량을 펼칠 수 있는 기름진 옥토가 되어야 합니다. 성숙한 리더는 구성원을 목표 달성을 위한 도구로 보지 않고, 그 존재 자체를 존엄한 목적지로 예우하는 사람입니다. 지식을 전달하는 기교보다 중요한 것은 동료들이 시대를 선도하는 주역으로 거듭나기를 바라는 리더의 절실한 마음입니다. 리더의 헌신은 일시적인 자극을 넘어 성장이라는 영구적인 가치를 조직의 체질에 각인시키는 고귀한 유산이 됩니다.

내면의 과욕을 걷어 내고 타인의 삶을 감싸안는다는 것은 리더 내부의 이기심과 결과에 집착하는 강박을 투명하게 직시하며 배려라는 온기 아래 자신의 권위를 녹여 내는 과정입니다. 대게 냉철한 판단력이 리더의 전유물이라 여기지만, 진정으로 공동체를 구원하는 힘은 리더의 치열한 고뇌를 거쳐 정제된 인간 존중의 질서에서 나옵니다. 압박으로 일궈 낸 성취는 감시의 시선이 사라지는 순간 물거품처럼 흩어지지만, 리더가 보여 준 진심에 감동한 인재들은 조직의 이념을 자발적으로 전파하는 가장 위대한 전달자가 됩니다.

경영의 숭고한 결실은 리더가 구사하는 지시의 날카로움이 아니라 그가 빚어낸 조화로운 사랑의 크기에 의해 판가름 납니다. 매일 사무실에서 성찰의 자취를 남기며 오늘 나의 선택이 조직원들의 고충을 충분히 헤아렸는지, 혹은 나의 조급한 목표 설정이 인재들의 삶을 훼손하지는 않았는지 되짚는 행위는 사람 및 미래와 맺는 가장 엄중한 약속입니다. 리더가 계량화된 지표보다 존재의 행복과 내면의 진실에 귀를 기울일 때 조직은 독창적인 생명력을 얻게 되며, 그 상생의 기운은 공동체 전체를 시대를 선도하는 주역으로 도약시키는 최고의 기틀이 됩니다.

> 꽃을 사랑한다고 말하면서 물을 주지 않는다면 그것은 사랑이 아니다.
> 사람을 아낀다고 말하면서 그들의 영혼을 돌보지 않는다면 그것은 경영이 아니다.
>
> — 에리히 프롬(Erich Fromm)

"사람을 사랑하는 마음으로 커피 제국을 세운 하워드 슐츠"

스타벅스의 명예회장 하워드 슐츠(Howard Schultz)는 경영의 정수가 차가운 수치의 나열이 아니라, 인간을 향한 지극한 애정의 실천임을 자신의 철학을 통해 몸소 증명해 보인 리더입니다. 한 사람의 존재 가치를 온 마음으로 품어 안는 그 따스한 인류애야말로 기업을 영속하게 만드는 가장 강력한 동력이자, 경영의 격(格)을 완성하는 가장 고결한 진실임을 그는 우리에게 자명하게 실증하고 있습니다. 리더의 안목이 숫자가 아닌 사람의 영혼에 머물 때, 비로소 조직은 단순한 사업체를 넘어 하나의 찬란한 가치 공동체로 진화할 수 있음을 하워드 슐츠의 행보는 여실히 보여 줍니다.

그는 스타벅스를 단순히 커피를 파는 상업적 공간이 아니라, 사람들이 서로 연결되고 삶의 위안을 얻는 제3의 공간으로 정의하였습니다. 슐츠 회장은 함께 일하는 동료들을 파트너라 부르며 존중하였고, 미국 업계 최초로 파트타임 직원들에게까지 건강보험 혜택과 스톡옵션을 제공하는 파격적인 결단을 내리는 자생적 예우를 보였습니다. 그의 이러한 인본주의 경영은 위기의 순간에 더욱 눈부신 빛을 발했습니다. 경영난으로 복귀했을 때, 그는 단기적인 비용 절감을 위해 직원의 복지를 축소하는 대신, 오히려 미국 전역의 모든 매장 문을 일시적으로 닫고 바리스타들에게 커피의 본질과 고객 응대에 대한 재교육을 실시하며 사람에 집중하는 전략적 인내를 선택했습니다.

리더가 먼저 직원을 아끼고 사랑하자 파트너들은 고객에게 진심 어린 서비스로 화답하기 시작했고, 이는 스타벅스를 전 세계에서 가장 사랑받는 브랜드의 반열로 다시금 복귀시켰습니다. 하워드 슐츠의 사례는 리더가 사랑의 격을 갖출 때 비로소 조직이 이익의 숫자를 넘어 영속하는 가치의 반열에 오를 수 있음을 실체적으로 입증하고 있습니다. 리더의 내면적 격이 빚어낸 이 사랑의 서사는, 효율과 성과라는 이름 아래 인간의 온기를 지워 가는 현대 경영자들에게 메마른 조직에 생명력을 불어넣는 따스한 맥박이자, 사람의 마음을 얻는 것이야말로 경영이 도달할 수 있는 가장 장엄한 성취임을 깨닫게 하는 숭고한 지혜의 등불이 될 것입니다.

💡 성찰

- 당신은 오늘 성과를 독촉하며 직원을 수단으로 대했는가? 아니면 그들의 삶과 성장을 진심으로 걱정하는 사랑의 눈길을 보냈는가?
- 우리 조직은 차가운 규율로만 움직이는 경직된 기계인가? 아니면 당신이 심어 놓은 사람에 대한 애정을 통해 스스로 온기를 나누는 따뜻한 생명체인가?
- 당신은 리더로서 자신의 성공보다 구성원들의 행복을 우선시하며, 그들이 빛날 때 진정으로 기뻐할 만큼 고결하고 단단한 자아를 지니고 있는가?

💚 명상

리더의 격(格)은 휘두르는 권력의 무게보다 구성원을 향한 따뜻한 애정에서 진실하게 묻어납니다. 성과를 위한 수단으로 대하지 말고 그들의 행복과 성장을 사랑으로 깊이 정성껏 살피십시오. 사람을 아끼는 진심 어린 온기는 조직을 어떤 풍파에도 무너지지 않는 건강한 생명체로 변모시킵니다.

제99장

일상의 성실함은 지속 가능한 성과를 만드는 리더십의 기초입니다

리더십의 본질은 일시적인 영감이 아니라 매일 반복되는 업무를 성실하게 수행하는 태도에 있습니다. 일상의 루틴을 체계적으로 관리하며 꾸준히 쌓아 온 신뢰는 조직이 외부의 변화에도 흔들리지 않게 돕는 실질적인 역량이 됩니다. 이러한 성실함의 축적은 조직의 운영 기반을 강화하며, 장기적인 목표를 차질 없이 달성하게 하는 핵심적인 자산이 됩니다.

경영의 현장에서 기적으로 불리는 성취들은 어느 날 갑자기 하늘에서 떨어진 우연의 산물이 아닙니다. 그것은 매일의 과업을 정직하게 수행하고, 약속된 시간을 엄수하며, 흐트러짐 없이 기본을 지켜 온 성실함이 임계점을 넘어 발현된 필연의 결과입니다. 리더의 격은 화려한 연설이나 파격적인 결단보다, 매일 정해진 시간에 현안을 살피고 현장의 작은 목소리에도 귀를 기울이는 평범한 꾸준함에서 단단하게 형성됩니다. 일상의 평범함을 지속하는 힘이야말로 리더가 갖추어야 할 가장 희귀하고도 고귀한 덕목입니다.

위대한 조직은 남다른 비책을 가진 곳이 아니라, 마땅히 지켜야 할 기본을 가장 정직하게 실천하는 곳입니다. 화려한 기술보다 본질에 충실한 성실함이야말로 조직을 지탱하는 가장 견고하고 강력한 시스템입니다. 업무의 흐름을 꼼꼼히 체크하고, 고객과의 약속을 천금처럼 여기며, 어제보다 나은 오늘을 위해 작은 개선을 반복하는 일상의 성실함이 결국 수십 년의 영속을 지탱하는 힘이 됩니다. 리더의 성실함은 조직의 질서를 잡는 보이지 않는 닻과 같아서, 외부 환경이 격변할수록 그 진가는 더욱 선명하게 드러나게 됩니다. 이는 리더의 시선이 화려한 결과가 아닌 정직한 과정으로 향할 때 비로소 도달할 수 있는 숭고한 정신적 지평입니다.

일상의 성실함은 리더의 마음 근육을 단련하여 내면의 격을 높이는 치열한 수양의 과정입니다. 자극적인 성과나 단기적인 숫자에 매몰되지 않고 평범한 하루의 가치를 온전하게 존중할 때, 리더는 비로소 어떤 위기에도 흔들리지 않는 깊은 뿌리를 갖게 됩니다. 매일 아침 자신을 비우고 정직하게 오늘을 준비하는 일은 리더의 내면을 맑게 정화하여, 칠흑 같은 어둠 속에서도 가장 바른 길을 선택할 수 있게 돕는 가장 강력한 전략적 자산이 됩니다. 리더의 격을 완성하는 정답은 멀리 있는 것이 아니라, 오늘 우리가 마주한 평범한 업무 속에 숨어 있습니다.

평범함의 위대함은 리더를 넘어 조직 전체의 문화로 전이되어 강력한 생명력을 발휘합니다. 리더가 작은 약속을 무겁게 여기고 일상의 규칙을 몸소 준수할 때, 구성원들은 리더의 진정성을 신뢰하며 자신의 자리에서 묵묵히 최선을 다하는 법을 배우게 됩니다. 이러한 평범한 성실함이 모여 조직의 견고한 해자를 이루고, 그 안에서 자라난 자발적 책임감은 기업을 시대를 관통하여 살아남는 위대한 유산으로 거듭나게 합니다. 리더가 심은 성실함이라는 씨앗이 인재들의 땀방울과 만나 꽃을 피울 때, 조직은 비로소 인간적인 온기와 실력의 강인함을 동시에 갖춘 존재로 비상하게 됩니다.

처음엔 우리가 습관을 선택하지만, 마지막 순간 우리를 증명하는 것은 우리가 지나온 습관의 발자취다.

— 존 드라이든(John Dryden)

"매일의 작은 개선으로 세계 정상을 지키는 토요타의 카이젠(改善)"

일본의 자동차 기업 토요타(Toyota)는 평범함의 위대함이라는 가치가 경영의 현장에서 어떻게 가장 완벽하고도 장엄하게 실현될 수 있는지를 보여주는 전 지구적인 실증이 됩니다. 그들의 핵심 철학인 카이젠(改善)은 하늘을 뒤흔드는 거창한 혁신의 구호나 단 한 번의 거대한 도약이 아니라, 공정 현장의 직원들이 매일의 작업 속에서 발견하는 아주 작은 문제점들을 꾸준히 개선해 나가는 평범한 성실함에 그 깊은 뿌리를 두고 있습니다. 이러한 성실함의 반복은 단순한 노동을 넘어 조직의 영혼을 빚어내는 숭고한 과정으로 승화되었으며, 리더의 격(格)이 화려한 외형이 아닌 일상의 정교함에서 비롯됨을 여실히 입증하고 있습니다.

토요타의 리더들은 현장에서 발생하는 사소한 낭비조차 결코 소홀히 여기지 않았으며, 매일 반복되는 단조로운 루틴 속에서 완벽함을 추구하는 정교한 문화를 조직의 영혼으로 정착시켰습니다. 이는 매일의 평범한 행위를 숭고한 의식으로 승화시키는 과정이었으며, 이러한 일상의 성실함이 수십 년이라는 시간의 결을 따라 켜켜이 쌓인 결과 토요타는 전 세계에서 가장 효율적이고 견고한 생산 시스템을 갖춘 독보적인 기업으로 우뚝 서게 되었습니다. 리더가 눈부시고 화려한 외부적 전략보다 현장의 땀방울이 서린 성실한 개선 활동을 더 높이 평가하며 예우하자, 구성원들은 비로소 자신의 평범한 일상이 위대한 기적을 만드는 거대한 주춧돌임을 깨닫고 깊은 자부심을 느끼기 시작했습니다.

리더가 일상의 성실함이라는 격(格)을 갖출 때, 조직은 그 어떤 외부의 위협에도 흔들리지 않는 강인한 생명력을 얻게 됩니다. 토요타의 사례는 리더의 안목이 찰나의 성과가 아닌 지속적인 정진에 머물 때 조직의 품격이 얼

마나 단단해질 수 있는지를 보여 주는 가장 명징한 예지의 징표가 될 것입
니다. 리더의 내면적 격이 빚어낸 이 평범함의 서사는, 자극적인 혁신의 환
상에 빠져 일상의 소중함을 망각하기 쉬운 현대 경영자들에게 매일의 작은
걸음이 모여 거대한 산맥을 이루는 순리를 깨닫게 하는 묵직한 가르침이자,
시간의 풍화를 견디며 영원히 퇴색되지 않는 가장 정직한 성공의 기록이 될
것입니다.

💡 성찰

- 당신은 오늘 거창한 미래 전략을 세우는 데만 몰두했는가? 아니면 눈앞의
  작은 업무 하나를 가장 정직하고 성실하게 처리하여 기본을 다졌는가?
- 우리 조직은 일시적인 행운이나 요행에 기대어 성과를 내는 곳인가? 아
  니면 구성원들의 매일 같은 성실함이 쌓여 흔들리지 않는 실력을 갖춘
  생명체인가?
- 당신은 리더로서 화려한 조명을 받는 찰나의 순간보다, 아무도 보지 않
  는 곳에서 묵묵히 자신의 자리를 지키며 책임을 다하는 성실함의 가치를
  더 고귀하게 여기는가?

🌊 명상

리더의 격(格)은 화려한 천재성보다 평범한 하루를 매일 묵묵히 채우는
성실함으로 단단해집니다. 눈앞의 작은 업무 하나를 가장 정직하고 성실하
게 매일 처리하며 기본을 묵묵히 다지십시오. 평범한 하루의 축적은 조직을
어떤 행운보다 강력한 실력을 갖춘 생명체로 당당히 만듭니다.

제100장

격(格)의 완성은 자신을 비워
모두를 채우는 리더십에 있습니다

리더십의 마지막 품격은 내가 얼마나 유능한지 증명하려는 마지막 욕심마저 내려놓고, 스스로를 맑은 그릇으로 비워 낼 때 비로소 완성됩니다. 그 빈자리에 동료들의 꿈과 가능성이 가득 채워지도록 나를 잠시 지워 내는 일. 리더라는 이름의 그림자가 사라진 곳에서 조직이 비로소 스스로 찬란하게 빛을 발할 때, 경영은 가장 깊고 아름다운 마침표를 찍게 됩니다.

경영의 험준한 산맥을 넘어 마침내 도달해야 할 최정상의 풍경은 리더가 홀로 빛나는 자리가 아니라, 리더가 비워 낸 자리에 인재들이 숲을 이루는 장관입니다. 1장부터 달려온 긴 여정의 끝에서 우리가 마주하는 진실은 역설적이게도 비움입니다. 많은 리더가 자신의 권위와 지식으로 조직을 가득 채우려 하지만, 리더의 자아가 비대해질수록 조직원들이 숨 쉴 공간은 사라지게 마련입니다. 자신을 비운다는 것은 리더로서의 책임을 회피하는 것이 아니라, 자신의 아집과 고정관념을 걷어 내어 조직 전체가 우주의 순리처럼 자율적이고 조화롭게 움직이도록 하는 고도의 정신적 결단입니다.

내면의 깊이를 갖춘 경영은 구성원 개개인이 성과의 진정한 주역임을 스스로 자각하게 만드는 과정에서 그 정점에 도달합니다. 탁월한 리더는 자신의 공적을 내세워 시선을 독점하기보다, 동료들이 성취의 희열을 오롯이 느낄 수 있도록 기꺼이 무대의 조연으로 물러나는 지혜를 발휘합니다. 인위적인 압박 없이도 조직이 유기적으로 움직이는 경지는, 단기적인 처방에 의존하는 대신 오랜 시간 존중과 원칙이라는 보이지 않는 뿌리를 조직의 밑바탕에 견고하게 내린 결과입니다. 이는 리더의 의식이 지배의 욕구를 넘어 조화로운 상생의 지평을 지향할 때 비로소 맞이하게 되는 고귀한 결실입니다.

　자아를 증명하려는 강박을 내려놓고 전체의 흐름에 순응한다는 것은, 리더 내부의 인정 욕구와 통제의 유혹을 투명하게 직시하며 비움이라는 사유의 공간 속에 매일 자신의 권위를 정제하여 유연한 인격을 일구는 과업입니다. 대게 화려한 언변이 조직의 기강을 세운다 믿지만, 가치를 빚어내는 여정에서 마주하는 진정한 해답은 오직 리더의 정직한 침묵을 통해 발현된 자율적인 질서뿐입니다. 억지로 끌어낸 결과는 리더의 시선이 머물 때만 유효한 신기루일 뿐입니다. 세월의 풍파에도 흔들리지 않는 조직의 토대는, 리더가 '무위(無爲)의 미학'으로 인내하며 일궈 낸 구성원들의 성숙한 책임 의식에서 비롯됩니다. 경영의 숭고한 성취는 리더가 내뿜는 명령의 기세가 아니라 그가 자아낸 사유의 여백이 얼마나 조화로운가에 의해 판가름 납니다. 매일 사무실에서 성찰의 자취를 남기며 오늘 나의 서툰 우려가 인재들의 창의적인 도전을 가로막지는 않았는지, 혹은 나의 과도한 개입이 조직의 자연스러운 진화를 방해하지는 않았는지 되짚는 행위는 함께하는 이들과 미래를 향해 맺는 가장 엄중한 인격적 약속입니다. 리더가 계량화된 지표보다 존재의 자생성과 내면적 진실에 마음을 쏟을 때, 조직은 비로소 리더의 세심한 배려가 스며든 고유한 생명력을 얻게 됩니다. 이러한 공진화의 에너지는 공동체 전체를 시대를 선도하는 주역으로 도약시키는 최고의 토대가 되며, 리더의 자취가 사라진 뒤에도 그가 남긴 철학이 조직의 박동으로 살아 움직일 때 비로소 경영의 품격은 완성됩니다.

누가 공로를 인정받을 것인지에 대해 신경 쓰지 않는다면, 인간이 이
룰 수 있는 선한 영향력과 성취에는 한계가 없습니다.

— 로널드 레이건(Ronald Reagan)

📖 사례

"리더는 존재하되 느껴지지 않는 공기와 같아야 합니다", 자신을 비워 전 사원을 주역으로 세운 하이얼의 장루이민

글로벌 가전 기업 하이얼(Haier)을 세계 정상으로 이끈 장루이민(Zhang Ruimin) 회장의 행보는, 리더의 격(格)이 어떻게 자신을 비움으로써 조직 전체의 생명력으로 치환되는지를 증명하는 경영사의 가장 고결한 마침표가 됩니다. 그는 리더가 자신의 유능함을 증명하려는 마지막 욕망마저 내려놓고 스스로를 투명한 그릇으로 비워 넬 때, 비로소 구성원들의 꿈과 무한한 가능성이 그 빈자리를 온전히 채울 수 있다는 역설의 지혜를 실천했습니다.

그는 "기업은 스스로 진화하는 생태계가 되어야 하며, 리더는 그 안에서 보이지 않는 공기처럼 존재해야 한다"는 철학으로 자신의 막강한 권한을 해체하여 전 사원을 독립적인 경영자로 만드는 '소마이크로(Small Micro)' 경영을 단행했습니다. 이는 리더라는 이름의 그림자가 사라진 곳에서 조직이라는 찬란한 실체가 스스로 빛을 발하게 만드는 가장 깊고도 거룩한 결단이었습니다. 자신의 아집과 고정관념을 걷어 내고 조직 전체가 우주의 순리처럼 자율적으로 움직이도록 허락한 그의 뒷모습은, 지배의 욕구를 넘어 조화로운 상생의 지평을 지향하는 리더십의 정수를 보여 줍니다.

리더가 무대의 중심에서 내려와 기꺼이 조연으로 물러날 때, 구성원들은 비로소 자신이 성과의 진정한 주역임을 깨닫고 스스로의 잠재력을 꽃피우기 시작합니다. 장루이민이 일궈 낸 이 '비움의 제국'은 리더가 비워 낸 자리

　　　　　　　　　　　　　　　리더의 격(格)

에 인재들이 숲을 이루는 장관을 연출하며, 경영이 도달할 수 있는 가장 아름다운 종착지가 어디인지를 우리에게 엄숙히 전해 줍니다. 자아를 증명하려는 강박을 내려놓고 전체의 흐름에 순응하며 비움이라는 사유의 공간을 지켜 낸 그의 고결한 격은, 오늘날 우리에게 리더십의 완성이 화려한 성취가 아닌 투명한 비움에 있음을 선명하게 비추는 영원한 등불이 될 것입니다.

🔆 성찰

- 당신은 오늘 회의에서 부하 직원들에게 정답을 지시했는가? 아니면 그들이 스스로 답을 찾아낼 수 있도록 정갈한 질문의 여백을 남겨 주었는가?
- 우리 조직은 리더인 당신의 일거수일투족에 따라 움직이는 수동적인 기계인가? 아니면 당신이 자리를 비워도 철학에 따라 박동하는 자율적인 생명체인가?
- 당신은 리더로서 자신의 이름이 성과 뒤에 가려지는 것을 진심으로 기뻐하며, 타인이 빛날 때 기꺼이 그늘이 되어 줄 만큼 고결하고 단단한 자아를 지니고 있는가?

〰️ 명상

리더의 격(格)은 정답보다 질문으로 동료 스스로 답을 찾게 하는 배려에서 나옵니다. 본인 이름을 앞세우지 말고 동료가 주인공이 되도록 넉넉한 울타리가 되어 지원하십시오. 스스로 성과를 만드는 실행력은 조직을 어떤 위기에도 흔들리지 않는 실력으로 단련합니다.

텅 빈 자리에 남겨진 잔향, 그리고 영원한 시작

백 개의 계단을 하나씩 딛고 올라, 어느덧 이 장대한 여정의 끝자락에 섰습니다. 리더의 기초라는 낮은 토대에서 시작해 지혜의 능선을 넘어, '위대함'이라는 소중한 유산을 남기는 정상에 이르기까지 우리는 참 숨 가쁘게 달려왔습니다. 이 길 위에서 우리는 배웠습니다. 화려한 승전보보다 깊은 성찰의 시간이 더 귀하다는 것을, 그리고 누군가를 지배하기에 앞서 자신을 먼저 이겨 내는 일이 무엇보다 앞서야 한다는 사실을 말입니다.

그러나 책의 마지막 장을 덮는 이 순간, 우리를 기다리는 것은 정복자의 요란한 환호성이 아니라 경영이라는 치열한 삶의 전장 끝에 찾아온 고요하고도 깊은 평화입니다. 진정한 경영의 완성은 무엇을 가득 채웠는가에 있지 않고, 리더가 떠난 빈자리에 어떤 향기가 잔향으로 남아 흐르는가에 있음을 비로소 깨닫기 때문입니다. 그 향기는 눈에 보이지 않으나 조직의 구석구석을 채우며, 리더가 부재한 순간에도 올바른 방향을 지시하는 무언의 나침반이 될 것입니다.

이 백 편의 사유를 관통하는 핵심적인 전언은 자명합니다. 그것은 경영이란 결국 나 자신을 다스리는 내적 질서의 확장이며, 타인의 삶 속에 선한 길을 내는 숭고한 헌신이라는 점입니다. 우리는 무엇보다 리더의 내면을 정돈하는 일이 리더십의 모든 것이라는 사실을 확인했습니다. 리더의 표정이 곧 조직의 기상도가 되고, 분노를 다스리는 평온함이 가장 강력한 전략적 자산이 된다는 통찰은, 리더가 서 있는 자리가 단순한 권력의 정점이 아닌 치열한 수행의 장소임을 여실히 입증해 줍니다. 또한 성과라는 숫자의 감옥에 갇히기보다 사람의 마음결을 먼저 읽고, 정직이라는 무형의 자본을 쌓아 올리며, 사소한 약속의 이행을 통해 거대한 신뢰의 둑을 지탱하는 것이 얼마나 지고한 가치인지를 우리는 깊이 사유하였습니다. 리더의 격(格)은 그가 내린 거창한 지시가 아니라, 보이지 않는 곳에서 지켜 낸 정직의 무게에 의해 결정됩니다.

전략적 측면에서 우리는 본질을 향한 예리한 안목을 길러 냈습니다. 현상의 곁가지에 급급한 소방관의 조급함을 넘어 문제의 뿌리를 치유하는 의사의 심장으로 조직을 바라보아야 하며, 어제의 확신이라는 함정에서 벗어나 변화하는 전제 조건에 맞춰 자신의 결단을 부단히 진화시켜야 합니다. 특히 인공지능과 데이터가 범람하는 시대일수록 리더는 차가운 숫자 너머에 따스한 의미를 부여하는 존재여야 하며, 기술의 속도보다 인간의 존엄을 먼저 살피는 도덕적 권위를 갖추어야 함을 다시금 확인하였습니다. 모름을 인정하는 담대함이 집단 지성의 문을 열고, 명령보다 부탁의 진심이 사람의 영혼을 움직인다는 진리는 기술 지상주의 시대에 리더가 붙들어야 할 최후의 보루가 될 것입니다. 효율이 인간의 자리를 대체할수록, 리더가 내뿜는 인격의 온기는 조직을 살아 있게 만드는 유일한 생명력이 됩니다.

마지막으로 우리가 마주한 가장 장엄한 진실은 유산(Legacy)의 가치입니다. 리더십의 완성은 영원히 왕좌를 지키는 것이 아니라, 자신보다 뛰어난 후계자를 위해 기꺼이 횃불을 넘겨주는 은퇴의 미학에 있습니다. 당신의 이름이 세월의 풍화 속에 잊힐수록 조직의 가치는 더욱 선명해지고, 당신이 떠난 빈자리에서 당신이 심은 가치들이 울창한 숲을 이루는 것을 바라보는 것, 그것이야말로 리더가 거둘 수 있는 가장 완벽하고도 위대한 최후의 승리입니다. 리더의 삶은 유한합니다. 아무리 견고한 성을 쌓아도 시간이라는 무심한 파도는 결국 모든 흔적을 휩쓸어 갈 것입니다. 그러나 당신이 고난의 현장에서 보여 주었던 정직한 눈물, 벼랑 끝에서도 포기하지 않았던 인간적 존엄, 그리고 구성원들을 위해 기꺼이 내어 주었던 따스한 어깨는 눈에 보이지 않는 정신적 DNA가 되어 조직의 맥박 속에 영원히 살아 숨 쉬게 될 것입니다. 당신은 사라지는 것이 아니라, 조직의 근간이 되는 영원한 가치로 다시 태어나는 것입니다.

이제 당신은 다시 리더라는 이름의 격렬한 무대로 돌아가야 합니다. 여전히 세상은 당신의 결단을 가혹하게 다그칠 것이고, 숫자는 당신의 실력을 증명하라며 몰아세울 것입니다. 하지만 이제 당신은 알고 있습니다. 당신의 격(格)이 곧 조직의 결을 결정하며, 당신의 내면이 평온할 때 비로소 세상의 무질서도 질서를 찾아간다는 준엄한 사실을 말입니다. 당신이 내리는 결단 속에 나를 넘어선 우리가 있고, 이윤을 넘어선 공존의 가치가 살아 있다면 당신은 이미 마침표가 없는 위대한 문장을 써 내려가고 있는 것입니다. 아름다운 마침표는 자리에 연연하지 않는 뒷모습에서 나옵니다. 떠날 때를 아는 나무가 숲의 미래를 열듯, 당신의 텅 빈 자리에 남겨진 그 고결한 잔향이 새로운 시대의 영원한 시작이 되기를 간절히 소망합니다. 당신이 남긴 격의 깊이가 곧 우리 공동체가 나아갈 미래의 높이가 될 것입니다.

리더의 격(格)

내 삶의 격을 빚어낸 숭고한 인연들에게

마흔 해라는 긴 항해를 마치고 정박한 이 사유의 기록들은 결코 저 혼자만의 것이 아닙니다. '정상의 고독에서 길어 올린 백 가지 사유'의 이면에는, 제가 길을 잃고 방황할 때마다 묵묵히 저의 등을 밀어 주며 삶의 이정표가 되어 준 소중한 인연들이 있었습니다.

무엇보다 지금의 저를 있게 한 유일한 존재, 이제는 하늘의 별이 되어 저를 비춰 주시는 어머니께 이 책을 온전히 바칩니다. 1963년 전북 부안에서 시작된 저의 생(生)이 모진 풍파에도 꺾이지 않았던 것은, 홀로 험한 일을 감당하시며 자식의 앞날을 직조해 오신 어머니의 거룩한 희생 덕분이었습니다. 열네 살 어린 나이에 아버지를 여읜 저의 손을 끝까지 놓지 않으셨던 분, 저를 부안에서 전주로, 다시 서울의 대학으로 밀어 올리기 위해 평생을 기꺼이 바치셨던 그 거친 손마디는 제 인생의 가장 아픈 긍지이자 영원한 나침반입니다. 2017년, 고단했던 삶의 짐을 내려놓으시고 안식에 드신 어머니께, 이 투박한 결실이 하늘에 닿는 따뜻한 위로가 되기를 간절히 소망합니다.

오늘날 저의 가장 큰 자부심인 APEX 가족들에게도 깊은 존경과 사랑을 전합니다. 여러분이 흘린 정직한 땀방울은 제 경영 철학의 가장 강력한 인격적 승인이자, 이 책을 관통하는 '현장의 지혜' 그 자체였습니다. 또한, 학문의 깊이를 더해 주고 사유의 지평을 넓혀 준 스승님들과 동료 학도들, 그리고 저의 지혜를 경청해 준 사랑하는 제자들에게도 감사를 드립니다. 여러분과의 대화는 경영이라는 실전 위에 인문학적 품격을 입히는 소중한 성소(聖所)가 되었습니다.

마지막으로, 각자의 고독한 정상에서 분투하며 이 책을 펼쳐 든 동료 리더들에게 이 글을 전합니다. 저의 고백이 당신들의 지친 마음에 잠시 숨을 고를 수 있는 작은 쉼터가 된다면, 저자로서 그보다 더 찬연한 명예는 없을 것입니다. 함께 걷는 인재들에게 건넬 수 있는 가장 성숙한 신의의 표상은 바로 '잊지 않는 감사'임을 가슴에 새기며, 저의 마흔 해를 완성해 준 모든 인연에 깊은 경의를 표합니다.

2026년 봄

장은갑 올림

장은갑 경영학 박사

채움의 화려함이 욕망의 소치라면, 비움의 정갈함은 리더의 격(格)이다.
"Splendor is the desire to fill; Caliber is the serenity to empty."

그는 지난 마흔 해의 세월을 진정한 경영의 본질을 길어 올리기 위한 치열한 사유와 고뇌 속에 머물며, 삶의 진실에 닿기 위한 정직한 여정을 묵묵히 이어왔습니다. 1992년 운명처럼 마주한 필리핀의 낯선 대지는 그에게 새로운 삶의 지평이 되었고, 1997년 청춘의 무모한 용기 하나를 나침반 삼아 세운 APEX는 현지 최초의 한국계 국제물류기업으로서 글로벌 비즈니스의 거친 숨결을 온몸으로 겪어낸 치열한 수행의 장이었습니다. 세계와 필리핀을 잇는 40년의 긴 항해 속에서 2008년 한국신문방송연구원 '자랑스러운 해외경영인상'과 2010년 대한민국 '산업포장' 수훈이라는 영예로운 흔적을 남기기도 했으나, 그는 눈부신 성취의 기록보다 그 이면에 깊게 새겨진 시행착오의 흔적과 고독한 성찰의 시간을 더 소중한 자산으로 가슴 깊이 새기며 오늘도 묵묵히 길을 냅니다.

그에게 경영은 누군가의 우위에 서는 기술이 아니었습니다. 매일 아침 거울 앞에 서서 흐트러진 마음의 결을 다잡는 고요한 수행이자, 내면의 격(格)을 세우는 치열한 자기 연단이었습니다. 필리핀 한국상공회의소 회장으로 혼신을 쏟았던 6년의 시간 또한 공동체의 짐을 기꺼이 짊어지며 리더의 본질적인 무게를 몸소 익혔던 소중한 성소(聖所)였습니다.

현재는 모교인 한국외국어대학교 강단에서 젊은 영혼들과 마주하며, 현장의 거친 야생에서 길어 올린 투박한 지혜들을 나누고 있습니다. 그는 미래를 일궈갈 제자들에게 차가운 숫자보다 사람의 온기를, 정복의 성취보다 공존의 결을 먼저 살피는 '비움'이야말로 리더가 갖추어야 할 진정한 격(格)임을 나직이 전하고 있습니다.

이 책『리더의 격(格)』은 그가 마흔 해 삶의 현장에서 길어 올린 치열한 야생성과 학문적 사유를 정교하게 결합해 빚어낸 100편의 고백록이자 명상록입니다. 그는 이 글들이 누군가에게 오만한 정답을 가르치기보다, 고독한 결단 앞에 서 있는 동료 리더들에게 나직한 위로와 잠시 멈추어 숨을 고를 수 있는 작은 쉼터가 되기를 소망합니다. 오늘도 그는 화려한 채움을 지향하기보다 비움의 정갈한 격을 향해, 정직하고 본연에 충실한 '단 한 사람의 인간'으로 남기 위한 삶의 현장을 묵묵히 걷고 있습니다.